RECUEIL COMPLET

DES

TRAVAUX PRÉPARATOIRES

DU

CODE CIVIL.

IMPRIMERIE D'HIPPOLYTE TILLIARD,

RUE SAINT-HYACINTHE SAINT-MICHEL, N° 3o.

RECUEIL COMPLET

DES

TRAVAUX PRÉPARATOIRES

DU

 # CODE CIVIL,

COMPRENANT SANS MORCELLEMENT; 1° LE TEXTE DES DIVERS PROJETS;
2° CELUI DES OBSERVATIONS DU TRIBUNAL DE CASSATION ET DES TRIBUNAUX
D'APPEL; 3° TOUTES LES DISCUSSIONS PUISÉES LITTÉRALEMENT TANT DANS LES
PROCÈS-VERBAUX DU CONSEIL-D'ÉTAT, QUE DANS CEUX DU TRIBUNAT, ET
4° LES EXPOSÉS DE MOTIFS, RAPPORTS, OPINIONS ET DISCOURS TELS QU'ILS
ONT ÉTÉ PRONONCÉS AU CORPS LÉGISLATIF ET AU TRIBUNAT;

Par P. A. FENET,

AVOCAT A LA COUR ROYALE DE PARIS.

TOME HUITIÈME.

———◦◦◦———

PARIS,

VIDECOQ, LIBRAIRE, PLACE DU PANTHÉON, 6,

PRÈS L'ÉCOLE DE DROIT.

—

1836.

DISCUSSIONS,

MOTIFS,

RAPPORTS ET DISCOURS.

———•◦•———

TOME TROISIÈME.

RECUEIL COMPLET

DES

TRAVAUX PRÉPARATOIRES

DU

CODE CIVIL.

DISCUSSIONS,

MOTIFS, RAPPORTS ET DISCOURS.

LIVRE PREMIER.

DES PERSONNES.

TITRE SECOND.

Des Actes de l'état civil.

DISCUSSION DU CONSEIL D'ÉTAT.

(Procès-verbal de la séance du 6 fructidor an IX.— 24 août 1801.)

M. Thibaudeau présente le titre *des Actes destinés à constater l'état civil.*

Les *dispositions générales* du titre sont soumises à la discussion. ch. 1er.

L'article 1er est adopté; il est ainsi conçu :

« Les actes de l'état civil énonceront l'année, le jour et

« l'heure où ils seront reçus, les prénoms, noms, âge,
« professions et domiciles de tous ceux qui y seront dé-
« nommés. »

35   L'article 2 est discuté ; il porte :

« Les officiers de l'état civil chargés de recevoir ces actes
« ne pourront y rien insérer, soit par note, soit par énon-
« ciation quelconque, que ce qui doit être déclaré par les
« comparans. »

M. Fourcroy demande qu'on exprime que les actes seront
écrits en français, afin que dans quelques départemens
réunis on ne se croie pas autorisé, par le silence de la loi,
à se servir d'une langue étrangère à celle de la République.

M. Regnaud (de Saint-Jean-d'Angely) observe qu'il importe de savoir d'abord quels officiers seront chargés de recevoir ces actes, parce que, si cette fonction est confiée aux
maires dans les départemens réunis, les actes ne pourront
être rédigés qu'en flamand ou en allemand.

Le Premier Consul dit que les formules des actes seront
si simples, qu'il deviendra facile de les copier dans tous les
départemens ; qu'il est même avantageux d'accoutumer tous
les Français à se servir de la langue nationale.

M. Regnaud (de Saint-Jean-d'Angely) dit que déjà des
formules d'actes, rédigées par la section de l'intérieur, ont
été envoyées aux officiers de l'état civil, et que néanmoins,
dans les départemens réunis, on a continué à rédiger les
actes en flamand ou en allemand.

M. Boulay observe que l'objet dont le Conseil s'occupe
est purement réglementaire.

Le Consul Cambacérès demande s'il ne serait pas nécessaire de s'expliquer sur l'application de la loi du timbre aux
actes de l'état civil.

M. Duchatel rappelle que la loi s'en est elle-même expli-
quée.

L'article est adopté.

L'article 3 est soumis à la discussion, et adopté en ces 36
termes :

« Dans les cas où les parties intéressées ne seront point
« obligées de comparaître en personne, elles pourront se faire
« représenter par un fondé de procuration spéciale et au-
« thentique. »

L'article 4 est soumis à la discussion; il est ainsi conçu : 37
« Les témoins appelés aux actes de l'état civil ne pourront
« être que du sexe masculin, âgés de vingt-un ans au moins,
« et choisis par les personnes intéressées. »

LE MINISTRE DE LA JUSTICE demande pourquoi l'article dit
que les témoins seront choisis par les personnes intéressées.
Ce choix ne peut avoir lieu dans les actes de naissance et de
décès.

M. THIBAUDEAU répond qu'il n'y a pas un acte à la rédaction duquel il n'y ait quelqu'un d'intéressé.

M. TRONCHET observe qu'il n'y en a pas lorsqu'un individu
meurt loin du lieu de son domicile et dans un pays où il est
inconnu; qu'il en est de même lorsqu'un enfant nouveau-né
a été exposé.

M. ROEDERER demande pourquoi les hommes seuls sont
admis à être témoins; autrefois les femmes y étaient également admises.

M. THIBAUDEAU répond qu'autrefois on ne distinguait pas,
dans les actes de naissance, les témoins d'avec les déclarans ;
le parrain et la marraine remplissaient les deux ministères :
c'est la disposition formelle de l'article 4 de la déclaration
de 1736. Mais depuis, la loi du 21 septembre 1792 a établi
un nouveau système; elle a exigé la déclaration de la naissance, et la présence de témoins pour la solennité de l'acte.
La déclaration peut être faite par une femme; mais la loi
veut que les témoins soient mâles. Il n'y a aucun motif de
changer ces dispositions ; les actes de l'état civil sont aussi

importans que les testamens, pour lesquels les lois l'ont ainsi ordonné.

M. Roederer dit que les femmes sont celles qui, ordinairement, peuvent le mieux attester le fait de la naissance.

M. Boulay dit qu'elles le certifieront comme déclarantes.

M. Thibaudeau dit qu'il faut toujours en revenir à distinguer les déclarans qui attestent le fait de la naissance et l'origine de l'enfant, et les témoins appelés pour donner à l'acte la forme solennelle.

M. Cretet rappelle l'observation de M. *Tronchet* sur le choix déféré aux parties intéressées.

M. Boulay dit que les hypothèses présentées par M. *Tronchet* sont rares.

M. Bigot-Préameneu dit que, pour prévenir toute difficulté, on avait proposé de faire appeler les témoins par les déclarans. Il serait utile aussi de prononcer formellement que les parens pourront servir de témoins. Les officiers de l'état civil ne les ont pas repoussés jusqu'ici ; mais les tribunaux demandent que la capacité des parens soit déclarée par une disposition expresse.

M. Boulay objecte qu'il est des actes qui, par leur nature, n'admettent pas de déclarans ; qu'ainsi la rédaction que rappelle M. *Bigot-Préameneu* ne serait pas assez générale ; que l'expression *les parties intéressées* n'exclut pas les parens.

M. Regnaud (de Saint-Jean-d'Angely) dit que l'amendement de M. *Bigot-Préameneu* tend à prévenir les caprices des officiers de l'état civil.

Il propose d'ajouter *ou appelés par l'officier public*, afin que cet officier ait une règle sûre pour les cas où personne ne serait intéressé à présenter des témoins, comme, par exemple, lorsqu'on trouve un cadavre ou un enfant exposé.

M. Roederer demande qu'on substitue le mot *produits* au mot *appelés,* lequel suppose une autorité que n'exercent pas les particuliers par qui les témoins sont présentés.

Le Consul Cambacérès propose de rédiger ainsi : « Les « actes de l'état civil seront reçus en présence de témoins. »

L'article est adopté avec les amendemens de M. *Bigot-Préameneu*, et la substitution du mot *produits* au mot *appelés*.

M. Duchatel propose de retrancher le mot *que*, en tant qu'il s'applique à ces mots, *choisis par les personnes intéressées*.

Cet amendement est adopté.

L'article 5 est soumis à la discussion ; il est ainsi conçu : 39
« Ces actes seront signés par l'officier de l'état civil et par « toutes les parties comparantes, ou mention sera faite de la « cause qui les empêche de signer. »

Le Consul Cambacérès dit que ces mots, *ou mention sera faite de la cause qui les empêche de signer*, semblent, d'après la forme de la rédaction, s'appliquer aussi à l'officier de l'état civil ; qu'il convient de faire disparaître cette ambiguïté.

L'article est adopté avec l'amendement du Consul.

L'article 6 est soumis à la discussion ; il est ainsi conçu : 38
« L'officier civil en donnera lecture aux parties comparantes « ou a leurs fondés de procuration, et aux témoins : il y sera « fait mention de l'accomplissement de cette formalité. »

M. Regnaud (de Saint-Jean-d'Angely) demande que cet 38-39. article soit placé avant l'article 5, lequel, en réglant la forme des signatures, suppose l'acte terminé.

Cette proposition et l'article sont adoptés.

L'article 7 est soumis à la discussion ; il porte : 40-43
« Il y aura dans chaque commune, pour chaque espèce « d'actes de l'état civil, un registre double, dont l'un restera « dans les archives de la commune, et l'autre sera déposé « au greffe du tribunal de l'arrondissement : ils seront clos « et arrêtés, par l'officier de l'état civil, à la fin de chaque « année. »

LE CONSUL CAMBACÉRÈS dit que la multiplicité de registres occasionera beaucoup d'embarras et d'erreurs.

M. THIBAUDEAU dit que les rédacteurs du Code civil avaient proposé trois registres pour chaque nature d'actes; que la section, pour prévenir la confusion et l'embarras, les a réduits à deux; mais qu'elle a cru que ce nombre était nécessaire, afin que la perte d'un registre ne détruisît pas la preuve de l'état civil.

LE CONSUL CAMBACÉRÈS dit qu'on pourrait opérer d'une autre manière la réduction des registres, en faisant inscrire, sur le même, des actes de nature différente.

M. THIBAUDEAU observe que la diversité des formules pourrait s'y opposer.

M. REGNAUD (de Saint-Jean-d'Angely) dit que cet obstacle n'est pas réel, parce que les formules ne sont pas imprimées dans les registres qu'on distribue aux petites communes; on se contente de les placer au premier feuillet. Mais il y aurait un autre inconvénient à n'employer que deux registres pour les actes de l'état civil; il en résulterait un conflit entre les autorités administratives et judiciaires.

Les tribunaux prétendront avoir, comme autrefois, le droit de prononcer sur les questions qui s'élèveront sur la réception et la rédaction des actes non encore attaqués devant eux, et de devenir dépositaires de l'un des registres : ainsi, les préfets se trouveraient privés des élémens dont ils ont besoin pour former les tables décennales.

L'opinion de M. *Regnaud* est, qu'indépendamment du registre qui reste à la commune, il en doit être remis un au tribunal, et un autre à l'administration; que, si l'on persiste à n'établir que deux registres, le double qui ne reste pas à la commune doit être remis aux autorités administratives.

LE CONSUL CAMBACÉRÈS dit qu'il existe des règles certaines pour faire cesser le conflit dont a parlé M. *Regnaud;* que, d'ailleurs, en substituant les officiers civils aux ministres du culte, rien n'a été changé dans la législation, à l'égard du jugement des questions d'état, qui reposent toujours sur la validité des actes de l'état civil. Les fonctions des officiers de l'état civil se réduisent à recevoir les actes ; c'est à l'autorité judiciaire qu'il appartient de prononcer sur les difficultés qui s'élèvent à raison de ces mêmes actes.

Quant à la confection des tables décennales, jusqu'ici on l'a tentée sans succès, et les efforts qu'on a faits pour y parvenir n'ont servi qu'à prouver qu'elle est très-difficile.

M. REGNAUD (de saint-Jean-d'Angely) convient que le jugement des questions d'état n'appartient qu'aux tribunaux ; mais il pense que la signature et le paraphe des registres n'appartiennent qu'à l'administration. La section déroge à ce dernier principe : c'est une innovation qui peut être utile, mais qui mérite d'être mûrement examinée.

M. ROEDERER dit que les officiers de l'état civil seront nécessairement pris parmi les agens de l'administration. On ne voit, dans l'ordre judiciaire, que les juges de paix qui pourraient recevoir les actes de l'état civil ; mais ces fonctionnaires ne sont pas assez nombreux pour qu'il soit possible de les en charger. Si donc il est inévitable de confier ces fonctions à des agens administratifs, on ne peut se dispenser aussi de faire déposer les registres entre les mains d'administrateurs, parce qu'il faut les porter à ceux qui ont caractère pour en surveiller la tenue, et que des agens d'administration ne sont soumis qu'à la surveillance de leurs supérieurs dans l'ordre administratif.

Les contestations sur l'état civil sont rares ; mais, quand il s'en élevera, les tribunaux pourront les décider sur les extraits de registres que leur délivrera l'administration.

Si, autrefois, les registres étaient déposés au greffe des bailliages royaux, c'est qu'alors ils étaient tenus par les curés, et que les bailliages étaient les autorités auxquelles la loi déférait la réception des curés : ainsi, l'analogie, en sens inverse, renvoie aujourd'hui le dépôt des registres aux supérieurs administratifs. Les préfets, d'ailleurs, ont intérêt de connaître la population de leurs départemens respectifs, et de la faire connaître au gouvernement.

M. PORTALIS répond que les tribunaux sont aussi dans la République, et ont autant d'intérêt que toute autre autorité à la servir avec zèle.

Il faut distinguer la police d'administration, qui n'appartient pas aux autorités judiciaires, d'une autre police qui ne peut leur être contestée : c'est cette dernière police qui doit veiller à la conservation d'un dépôt permanent, tel qu'est celui des registres de l'état civil; elle le doit, parce que les tribunaux sont des corps permanens, qui ne sont pas exposés à changer comme les préfets. Il est même naturel que les registres soient déposés près de l'autorité qui prononce sur les altérations. On n'ôte rien par là aux préfets; car les fonctions de la police administrative se bornent à pourvoir les communes de registres. Si, ensuite, ces registres sont altérés, il s'élevera ou un procès criminel ou une contestation civile qui ne regarde plus que les tribunaux. L'état civil, en effet, est une propriété qui, comme toutes les autres, est sous la protection de la justice : c'était cette considération seule qui, dans le temps que les registres étaient tenus par les curés, avait déterminé à les faire déposer dans les bailliages; c'était afin qu'ils fussent conservés par l'autorité chargée de protéger l'état des citoyens. Cette protection sera d'ailleurs bien plus efficace que celle d'un préfet, qui n'a pas, comme les commissaires du gouvernement, le pouvoir de dénoncer les officiers négligens ou prévaricateurs, et qui, distrait par d'autres soins, n'userait pas de ce pouvoir s'il lui était donné.

Mais, dit-on, le préfet peut avoir besoin de connaître la population de son département.

Quand ce besoin existera, le commissaire du gouvernement requerra que les registres et tous les renseignemens nécessaires soient communiqués au préfet; et l'on ne doit pas craindre que le commissaire ne fasse pas son devoir, car il peut être destitué.

M. REGNAUD (de Saint-Jean-d'Angely) observe que M. *Portalis* raisonne dans les principes du système ancien, où la haute police d'administration était confiée aux sénéchaussées et aux parlemens : aujourd'hui cette police appartient aux autorités administratives, lesquelles ne sont pas moins permanentes que les tribunaux.

Les maires sont nommés ou installés par les préfets, et ne peuvent être mis en accusation sans l'autorisation du préfet : celui-ci a donc sur eux la surveillance et la police ; et dès-lors il a le droit de les dénoncer s'ils prévariquent ou sont négligens dans la tenue des registres de l'état civil. En suivant dans toutes ses conséquences le système de M. *Portalis*, il faudrait en conclure aussi que les tribunaux, comme chargés de punir les prévarications, doivent avoir le dépôt des archives des communes où sont un grand nombre d'actes relatifs aux droits civils et politiques, et à la propriété des citoyens.

Cependant, si le Conseil décidait que le double du registre sera déposé aux tribunaux, il serait nécessaire de faire recevoir les actes de l'état civil, non par les maires, mais par les notaires, afin qu'ils le fussent par un officier placé naturellement sous la surveillance judiciaire.

M. BOULAY dit que les notaires ne sont pas assez multipliés pour qu'on puisse les charger de ces fonctions.

Il ajoute qu'autrefois on ne tenait que deux registres, dont un était déposé aux tribunaux, et que la législation nouvelle n'a rien changé à cet ordre. Il faudrait donc aujourd'hui, si l'on voulait l'intervertir, ou dépouiller les tribunaux, ou faire tenir un troisième registre : or, les tribunaux, continuant de prononcer sur les questions d'état, il n'y a pas de motif de leur ôter le moyen de s'éclairer ; il n'y en a évidemment pas qui justifie l'utilité d'un troisième registre.

LE MINISTRE DE LA JUSTICE dit que la tenue d'un second registre n'est pas fondée sur des raisons de juridiction ; qu'elle n'est établie que pour la sûreté de l'état des citoyens : il con-

vient donc de ne l'ordonner que dans cette vue, et pour que
la perte d'un registre n'entraîne pas celle des droits de famille. Les raisons de juridiction écartées, une autorité n'est
pas plus appelée qu'une autre à devenir dépositaire du second registre; et alors on ne doit plus se déterminer, dans
son choix, que par la sûreté et par la commodité des citoyens.
Le dépôt dans un greffe permanent, bien organisé, bien sur-
veillé, présente une grande sûreté; il est aussi plus commode,
pour la majorité des citoyens, d'aller interroger les registres
dans un tribunal placé près d'eux qu'au chef-lieu de leur
département. Pour leur ménager la même facilité, il faudrait déposer le registre dans les sous-préfectures, si l'on
préférait de le confier aux autorités administratives.

M. Defermon observe que, sous la précédente Constitution, il n'y avait qu'un tribunal civil par département, et
par conséquent un dépôt unique des registres : en multipliant
davantage les dépôts, on en affaiblirait la sûreté.

M. Roederer dit que les chefs-lieux de département sont
aussi immobiles que les siéges des tribunaux; que d'ailleurs
les grandes attributions dont les préfets sont chargés aujour-
d'hui exigent qu'ils aient des archives organisées.

M. Tronchet dit que la commission, en s'occupant des
registres de l'état civil, a eu surtout en vue d'assurer l'état
des citoyens. Cette propriété précieuse repose, comme les
autres, sous l'égide des tribunaux; c'est pourquoi les tribunaux doivent viser et parapher les registres qui en sont le
fondement : si on leur ôtait ce droit, ils seraient réduits à
faire vérifier la signature et le paraphe du préfet à chaque
difficulté qui leur serait soumise.

Pour tout concilier, la commission avait proposé de faire
tenir le registre triple, afin qu'un exemplaire donnât à l'administration des élémens de statistique; un autre serait resté
à la commune pour que les citoyens pussent lever, sans se
déplacer, les extraits dont ils auraient besoin. Elle avait
pensé que ce registre pourrait être transmis d'un maire à un

autre, de la même manière qu'il l'était sous les curés, et comme les minutes des notaires le sont à leurs successeurs : elle avait considéré encore que les fonctions de maire étant gratuites, où y attachait une légère indemnité, en laissant à ces fonctionnaires la rétribution que produit la levée des extraits ; et que cette rétribution leur échapperait, si on leur enlevait les registres des années antérieures à l'année courante ; que peut-être cette privation les rendrait moins soigneux dans la tenue des registres.

M. Roederer observe,

1°. Que, si l'état civil est une propriété, l'état politique en est une aussi, et que cependant l'administration est dépositaire des registres qui le constatent ;

2°. Que, puisque, dans tous les systèmes, il doit demeurer un registre dans la commune, la crainte d'occasioner des déplacemens aux citoyens ne peut influer sur le choix du lieu où sera déposé le second ;

3°. Que l'intérêt de suppléer un registre perdu n'est pas le seul motif qui en fasse établir un double ; que ce mode est exigé par la nécessité d'inspecter les registres, et de les inspecter fréquemment, surtout aujourd'hui que les fonctionnaires chargés de les tenir n'ont pas encore acquis l'habitude de leurs fonctions ; que cette inspection ne peut être faite que par l'administration, si les officiers de l'état civil sont de l'ordre administratif ;

4°. Qu'il serait impossible à un préfet de donner de fréquens documens sur la population, s'il était obligé de les rassembler ; que même il deviendrait difficile de les rassembler, parce qu'un greffier, comme tout autre dépositaire, ne pouvant perdre de vue son dépôt, le préfet serait obligé d'envoyer prendre des renseignemens sur les lieux ;

5°. Que, si l'on allègue devant les tribunaux des altérations de registres, ou qu'il y ait d'autres doutes, on fera devant eux la même preuve que lorsqu'il s'agit d'une question d'état politique.

Le Consul Cambacérès dit qu'on n'a point encore prononcé sur les fonctionnaires qui tiendront les registres de l'état civil. La loi du 19 vendémiaire en chargeait les maires ; l'expérience a prouvé que ce mode présentait de graves inconvéniens. Peut-être établira-t-on des fonctionnaires *ad hoc ;* et alors il sera facile de les placer, soit dans la hiérarchie administrative, soit dans la hiérarchie judiciaire.

Au surplus, la question se divise.

Il y a quelque avantage à faire parapher les registres par les préfets ou par les sous-préfets, et à les autoriser à diriger, par des instructions, les officiers chargés de tenir ces registres. Lorsque les actes sont dressés, ils doivent être tout-à-fait étrangers à l'administration : si elle en conservait l'inspection, bientôt elle réclamerait le droit de les rectifier ; et, par ce moyen, elle acquerrait le droit de prononcer sur les questions dont la solution ne peut appartenir qu'aux juges.

Il est vrai que la difficulté de former des tableaux statistiques subsistera ; mais, comme on l'a déjà observé, l'expérience a découvert que cette mesure serait presque impossible à exécuter : comment, d'ailleurs, réunir à la préfecture tous les élémens des tables décennales ? Un département composé de quatre mille communes fournirait par an douze mille registres, et par dix ans cent vingt mille : quel vaste local il faudrait pour placer une collection si immense, laquelle, d'ailleurs, exigerait l'institution d'un garde des archives particulier !

Enfin le dépôt des registres à une autre autorité qu'à celle qui les prend pour base de ses décisions, produit des contestations perpétuelles : les administrations se refusent souvent à livrer ces registres aux tribunaux.

M. Tronchet dit qu'il n'est pas indifférent de laisser ou d'ôter aux tribunaux le droit de parapher les registres. Lorsque le signataire est pris dans leur sein, ils ne peuvent être ni trompés ni en doute sur sa signature.

M. Boulay observe que le Conseil a été forcé d'autoriser beaucoup de mises en jugement pour altérations de registres faites par des maires.

On passe à la discussion de la question de savoir si l'on inscrira plusieurs espèces d'actes sur un même registre.

M. Thibaudeau dit qu'en inscrivant tous les actes sur un même registre, il conviendrait peut-être de les classer suivant leur différente nature, pour en prévenir la confusion.

M. Defermon dit que le nombre des registres est un objet purement réglementaire ; que la loi doit se borner à décider s'ils seront tenus en double ou en triple.

M. Duchatel dit que les registres de l'état civil ne doivent pas être clos et arrêtés par celui qui les tient ; qu'il convient aussi de déterminer l'époque où se fera le dépôt.

M. Bigot-Préameneu propose de donner à l'officier de l'état civil la garde des registres, et de ne pas les déposer dans les archives des communes, où la garde en est toujours négligée.

L'article est adopté.

L'article 8 est adopté ; il est ainsi conçu :

« Ces registres seront cotés par premier et dernier, et pa-
« raphés sur chaque feuille, sans frais, par le président du
« tribunal de l'arrondissement, ou par le juge qui le rem-
« placera. »

L'article 9 est soumis à la discussion ; il porte :

« Les actes seront inscrits sur ces registres, de suite, sans
« aucun blanc, et conformément aux modèles. Les ratures et
« les renvois seront approuvés et signés de la même manière
« que le corps de l'acte. Rien n'y sera écrit par abréviation,
« ni aucune date mise en chiffres. »

Le Consul. Cambacérès dit que le projet de Code civil qui fut présenté au Conseil des Cinq-cents portait aussi que les actes seraient rédigés conformément aux modèles : on réclama contre cette disposition, sur le fondement que le remplacement d'un mot par un ¦mot équivalent entraînerait la nullité de l'acte.

M. Thibaudeau dit que la section ne s'est pas encore occupée de la nullité des actes, et qu'elle se propose même de soumettre au Conseil la question de savoir s'il faut admettre des nullités.

M. Tronchet dit que les tribunaux ont demandé des lois sur les nullités : mais il est impossible d'établir sur ce sujet des règles générales; car ce sera toujours par les circonstances qu'il faudra juger de la nullité des actes. On peut cependant donner quelques règles sur les actes de mariage, parce que le contrat de mariage est précédé et accompagné de formalités et soumis à des conditions; mais les nullités qu'on établirait pour les actes de naissance et de décès ne détruiraient, en aucun cas, la certitude de la date, laquelle en est une des parties les plus essentielles. S'il y avait dans la date même une erreur, si, par exemple, on avait exprimé une année pour l'autre, la méprise devenant évidente par la contexture du registre entier, il y aurait lieu de rectifier et non d'annuler l'acte.

L'article est adopté.

44   L'article 10 est soumis à la discussion ; il est ainsi conçu :
« Les procurations, ou les autres pièces dont la représen-
« tation sera exigée pour la rédaction des actes de l'état civil,
« demeureront annexées au registre, qui devra être déposé
« au greffe du tribunal, après qu'elles auront été paraphées
« par la personne qui les aura produites et par l'officier de
« l'état civil. »

36   M. Tronchet dit qu'autrefois on se bornait à faire certifier les procurations ; que ce serait engager les parties dans des frais inutiles que d'exiger d'eux des procurations authentiques.

M. Thibaudeau répond que les frais des procurations sont

peu considérables, et que les tribunaux demandent qu'elles soient authentiques.

L'article est adopté. 44

On passe à la discussion de l'article 11, lequel est ainsi 45 conçu :

« Toute personne pourra se faire délivrer, par les déposi-
« taires des registres de l'état civil, des extraits des actes ins-
« crits sur ces registres. Ces actes, et les extraits qui en se-
« ront délivrés conformes auxdits registres, feront foi jusqu'à
« inscription de faux. »

Le Consul Cambacérès dit qu'il est nécessaire de parler dans cet article de la légalisation des signatures apposées aux extraits délivrés.

M. Thibaudeau dit qu'on ajoutera cette formalité ; mais que c'est ici que se présente naturellement l'amendement re-latif à la délivrance des extraits du registre et à l'indemnité qui sera payée.

M. Tronchet dit que la fixation de l'indemnité est un ob-jet purement réglementaire ; que la loi doit se borner à indi-quer les dépositaires du registre.

L'article est adopté.

L'article 12 est présenté à la discussion ; il est ainsi conçu : 46
« S'il n'a pas existé de registres, ou s'ils sont perdus, la
« preuve en sera reçue tant par titres que par témoins ; et,
« dans ces cas, les mariages, naissances et décès pourront
« être justifiés tant par les registres ou papiers domestiques
« des pères et mères décédés, que par témoins ; sauf la véri-
« fication du contraire par les parties intéressées. »

Le Consul Cambacérès dit que le tribunal d'appel de Lyon a demandé si la preuve admise par cet article dans le cas de la non-existence ou de la perte des registres, le serait égale-ment pour réparer l'omission des actes.

M. Thibaudeau répond qu'il serait très-dangereux que la loi prévît le cas de l'omission, et qu'il était plus convenable que les contestations auxquelles les omissions pourraient donner lieu fussent portées devant les tribunaux, qui y statueraient suivant les circonstances.

M. REGNIER ajoute qu'il n'est d'ailleurs aucun moyen de réparer les omissions par les registres.

LE CONSUL CAMBACÉRÈS dit qu'il faudra voir, au titre *de la Paternité et de la Filiation*, si cet article ne contrarie pas les principes sur la possession d'état.

L'article est adopté.

47   L'article 13 est soumis à la discussion ; il est ainsi conçu :

« Les actes de l'état civil des Français et des étrangers, en
« pays étranger, feront foi s'ils ont été rédigés dans les formes
« qui y sont usitées. »

M. TRONCHET propose d'ajouter à l'article, « que les actes
« faits en pays étranger seront reportés sur les registres tenus
« en France, » attendu que ces registres doivent contenir tout ce qui concerne l'état civil des Français.

M. BIGOT—PRÉAMENEU demande si l'omission de cette formalité opérerait la nullité de l'acte.

M. TRONCHET répond que non ; mais qu'il est utile de prescrire la transcription.

M. BERLIER observe qu'il serait toujours impossible de reporter l'acte à sa date sur les registres.

M. TRONCHET retire sa proposition.

L'article est adopté.

49   L'article 14 est adopté ; il est ainsi conçu :

« Dans tous les cas où la mention d'un acte relatif à l'état
« civil, en marge d'un autre acte déjà inscrit, sera ordonnée,
« elle sera faite par l'officier de l'état civil lorsque les re-
« gistres seront encore entre ses mains, et par les déposi-
« taires des registres lorsqu'ils auront été déposés. »

50   L'article 15 porte : « Toute contravention aux articles ɪ
« et 2, de la part des officiers de l'état civil, sera punie d'une
« amende qui ne pourra excéder 100 francs. »

Le Consul Cambacérès propose d'ajouter à l'article, « sans « préjudice de peines plus graves s'il y a lieu. »

Le Ministre de la Justice propose d'ajouter, « et des « dommages-intérêts des parties. »

L'article est adopté avec ces amendemens.

L'article 16 est adopté ; il est ainsi conçu :

« Les condamnations aux amendes et aux dommages-in-« térêts, dans les cas prévus, seront prononcées par le tribu-« nal de l'arrondissement dans le ressort duquel les actes « auront été rédigés, à la diligence des parties intéressées, « ou du commissaire du gouvernement, sauf l'appel. »

L'article 17 est soumis à la discussion ; il est ainsi conçu :

« L'officier de l'état civil sera responsable des altérations « qui surviendront aux registres pendant qu'ils seront en sa « possession.

« La même responsabilité aura lieu à l'égard des déposi-« taires desdits registres. »

M. Regnier reproche à cet article d'établir une responsa-bilité indéfinie, et qui serait la même pour tous les cas, quoi-que toutes les fautes ne soient pas également graves, et ne doivent pas être punies indistinctement avec la même rigueur.

M. Thibaudeau dit que l'article 18 fait les distinctions ré-clamées par M. Regnier.

Le Consul Cambacérès demande si la section n'a pas in-tention de proposer un article qui défende d'admettre la preuve outre et contre ce qui est contenu aux actes.

M. Tronchet répond que la place naturelle de cet article est au titre des Preuves, et que sa disposition doit être éten-due à toutes les espèces d'actes authentiques.

M. Maleville demande que l'article 17 soit placé avant l'article 16.

L'article est adopté avec cette transposition.

L'article 18 est soumis à la discussion ; il est ainsi conçu :

2.

« Toute altération ou faux dans les actes de l'état civil,
« toute inscription de ces actes faite sur une feuille volante et
« autrement que sur les registres publics à ce destinés, se-
« ront punis des peines portées au Code pénal, sauf les dom-
« mages-intérêts des parties. »

M. Regnier dit qu'en rapprochant cet article de l'article
qui vient d'être adopté, on pourrait en induire que la responsabilité indéfinie, établie par le premier, doit être poursuivie, en vertu du second, contre le dépositaire des registres, lorsque l'auteur du faux n'est pas connu; qu'il serait
juste de rédiger l'article de manière à prévenir cette équivoque.

L'article est adopté avec cet amendement.

ch. 2.   M. Thibaudeau présente la section première du titre. Elle
est intitulée, *Règles particulières aux actes de naissance.*

55   L'article 19 est soumis à la discussion, il porte :

« Les déclarations de naissance seront faites, dans les
« vingt-quatre heures, à l'officier de l'état civil du lieu de
« l'accouchement : l'enfant lui sera présenté. »

Le Consul Cambacérès dit qu'il importe de donner à l'officier de l'état civil une règle de conduite pour le cas où un
enfant lui serait présenté long-temps après sa naissance. La
preuve d'une inscription tardive ne laisserait pas d'avoir
quelque force.

M. Tronchet dit que les tribunaux des départemens réunis demandent une disposition sur ce sujet pour le passé. Ils
se fondent sur ce que la tenue des registres de ces départemens
a été fort négligée. Le principe général est que les tribunaux
prononcent entre l'individu qui réclame son état sans produire d'acte, et les personnes intéressées à le lui contester.

Le Ministre de la Justice fait observer que l'on a omis,
dans l'article, une disposition sage de la loi du 20 septembre 1792 : cette loi autorisait le transport de l'officier, en cas
de péril imminent.

M. RÉAL dit qu'en général la présentation de l'enfant à l'officier est inutile, parce que l'acte ne tire sa force que de la déclaration.

LE MINISTRE DE LA JUSTICE soutient que l'officier doit se convaincre par ses yeux de l'existence de l'enfant.

M. RÉAL répond que quelquefois des obstacles naturels s'opposent à l'accomplissement de cette formalité; comme, par exemple, la mort de l'enfant.

LE MINISTRE DE LA JUSTICE dit que, dans ce cas, on dressera un procès-verbal, dans lequel on insérera la déclaration de la naissance.

LE PREMIER CONSUL demande si le délai de vingt-quatre heures n'est pas trop court : il préfère un délai de trois jours.

L'article est adopté avec l'amendement du Ministre de la Justice et celui du Premier Consul.

L'article 20 est soumis à la discussion; il est ainsi conçu : 56

« La naissance de l'enfant sera déclarée par le père, ou, à « défaut du père, par les officiers de santé ou autres per- « sonnes qui auront assisté à l'accouchement, ou par la per- « sonne qui commandera dans la maison, lorsque la mère « sera accouchée hors de son domicile. »

LE CONSUL CAMBACÉRÈS dit qu'il serait utile d'ordonner que, dans l'acte, il sera fait mention du mariage du père.

M. RÉAL répond que ce mariage n'est pas toujours connu.

LE CONSUL CAMBACÉRÈS dit que l'omission de la formalité qu'il propose d'établir, peut donner lieu de supposer à l'enfant un autre père que le sien.

M. THIBAUDEAU dit que la paternité est certaine par la règle, *pater is est quem justæ nuptiæ demonstrant.*

LE CONSUL CAMBACÉRÈS dit que cette règle n'introduit qu'une présomption qui tombe devant la preuve résultant d'un acte authentique; que, pour justifier ce qu'il vient de dire, il faut supposer qu'un enfant soit inscrit sous le nom d'un autre père, et qu'il n'ait pas été reconnu ni même connu du mari de sa mère : dans ce cas, supposons que tous les actes justificatifs de la maternité de l'épouse indiquent tout à la fois et indivisément, comme l'énoncé du registre public, que l'enfant est le fils d'un autre père que le mari ; supposons encore qu'il ait été continuellement soigné, élevé en secret, tant par la mère que par celui que l'acte désigne pour être le père : dans ces circonstances, l'état ne se trouverait-il pas suffisamment établi ? et pourrait-il être question d'invoquer la règle, *pater is est*, *etc.?* Au surplus, le Consul ajoute qu'on pourra s'occuper de cet objet lorsqu'on discutera le titre *de la Paternité et de la Filiation.*

Le Ministre de la Justice rappelle que la loi du 20 septembre 1792 punissait l'omission de faire la déclaration de naissance dans le délai prescrit ; il dit que, sans cette précaution, la disposition qui l'ordonne sera éludée.

M. Thibaudeau dit que la crainte d'encourir la peine pourra empêcher ceux qui auraient été témoins de la naissance, de la déclarer lorsque le délai sera écoulé ; qu'une trop grande sévérité pourrait compromettre la vie ou au moins l'état de l'enfant.

M. Réal répond que cette crainte est peu fondée pour les enfans nés dans de petites communes, et que, dans les grandes villes, les lois de police imposant aux accoucheurs l'obligation de déclarer les enfans qu'ils reçoivent, on ne doit pas craindre de manquer de déclarans.

L'article est adopté.

56   L'article 21 est adopté ; il est ainsi conçu :

« Les actes de naissance seront faits de suite, en présence « de deux témoins, lesquels signeront avec le père ou autres « personnes qui auront fait la déclaration, et l'officier de l'é- « tat civil. »

L'article 22 est soumis à la discussion ; il porte :

« Le jour, l'heure et le lieu de la naissance, le sexe, et le

« prénom qui sera donné à l'enfant, les prénoms, noms,
« profession et domicile des père et mère, et ceux des té-
« moins, seront exprimés dans l'acte de naissance. »

Le Ministre de la Justice observe que l'expression,
l'heure de la naissance, est inutile, et que, jusqu'à présent,
on ne l'avait pas consignée dans les registres.

M. Fourcroy dit qu'elle est nécessaire pour distinguer l'aîné
de deux jumeaux.

L'article est adopté.

L'article 23 est soumis à la discussion; il est ainsi conçu : 59-60-61

« Si l'enfant naît pendant un voyage de mer, il en sera
« dressé, dans les vingt-quatre heures, en présence de deux
« témoins pris dans l'équipage ou parmi les passagers, un
« double acte, dont un sur le livre-journal du bâtiment, et
« l'autre sur une feuille particulière : les deux actes seront
« signés par le capitaine ou maître, par le père, s'il est pré-
« sent, et par les deux témoins. Si le père ou les témoins ap-
« pelés ne savent ou ne peuvent signer, ou refusent de le faire,
« il en sera fait mention.

« L'acte écrit sur un feuille particulière restera dans les
« mains du maître, lequel sera tenu de le remettre, dans les
« vingt-quatre heures de l'arrivée du navire en France, à l'of-
« ficier de l'état civil du lieu où abordera le navire : il sera
« inscrit, le même jour, sur le registre des naissances; et
« cette inscription sera signée par celui qui se trouvera être
« le maître du bâtiment dans le temps de l'arrivée, et par
« l'officier de l'état civil. »

Le Consul Cambacérès dit qu'il est nécessaire de prévoir
les accouchemens qui ont lieu dans les camps et aux armées.

M. Thibaudeau dit que la section a cru devoir renvoyer
cet objet aux réglemens militaires.

La section est chargée de prendre note de cette observation.

M. Tronchet dit que les tribunaux d'appel, séant à Bordeaux et à Besançon, ont demandé qu'on prévît le cas où le

vaisseau, après avoir touché à un port étranger, périrait ensuite en revenant en France. Pour remédier à cet accident, qui compromettrait la preuve de l'état de l'enfant, ces tribunaux proposent d'obliger le capitaine à déposer une expédition de l'acte de naissance dans le premier port étranger où il aborderait, et d'en remettre une seconde au lieu de l'arrivée du navire en France ; d'ordonner ensuite l'envoi d'une expédition de l'acte de naissance au domicile des père et mère, pour être inscrit sur les registres de l'état civil.

M. Thibaudeau dit que la section a examiné cette proposition ; qu'elle n'a pas cru devoir l'admettre, parce qu'il est difficile de trouver, dans un port étranger, un fonctionnaire qui reçoive la déclaration du capitaine, attendu qu'il n'y a pas, dans tous les lieux de relâche, d'agent du gouvernement français ; qu'au surplus ce cas est très-rare.

M. Berlier ajoute que, d'ailleurs, cette précaution deviendrait inutile si le navire faisait naufrage, puisqu'on ne saurait pas en France qu'il a touché à un port étranger, ni quel est ce port, ni à quels officiers l'expédition de l'acte aurait été déposée.

M. Tronchet dit que le commerce connaît les événemens arrivés aux navires.

M. Cretet dit qu'il est d'usage de faire une déclaration de relâche et des événemens de mer dans les ports étrangers où l'on trouve un fonctionnaire français ; que le fait de la naissance d'un enfant se place naturellement dans cette déclaration.

Le Premier Consul dit qu'il convient d'obliger le capitaine à transmettre sa feuille particulière à son arrivée en Europe, et de l'autoriser à l'envoyer à l'officier de l'état civil, lorsqu'il ne pourra la lui remettre.

M. Thibaudeau dit que l'article n'exclut point cette précaution ; mais qu'il peut y avoir de l'inconvénient à en faire une obligation.

Le Premier Consul dit qu'il suffit de ne pas contrarier,

par la rédaction de l'article en discussion, ce qui pourra être ensuite déterminé par les réglemens de la marine sur les cas qu'on prévoit.

L'article est adopté, sauf rédaction.

L'article 24 est soumis à la discussion; il est ainsi conçu : 58

« Tout individu qui aura trouvé un enfant nouveau-né sera
« tenu de le remettre à l'officier de l'état civil, et de lui déclarer
« les vêtemens et signes extérieurs trouvés avec l'enfant, et
« toutes les circonstances du temps et du lieu où il aura été
« trouvé. Il en sera dressé procès-verbal détaillé; il demeu-
« rera annexé à l'acte de remise de l'enfant, qui énoncera
« son âge apparent, son sexe, le nom qui lui sera donné, et
« qui sera inscrit sur le registre des naissances. »

Le Premier Consul dit qu'un enfant qui n'a pas de père, devenant l'enfant de la République, le commissaire du gouvernement, près le tribunal ou le préfet, doivent aussi être avertis par celui qui l'a trouvé.

M. Tronchet observe qu'il est néanmoins nécessaire de remplir d'abord, devant l'officier de l'état civil, les formalités que prescrit l'article; mais que l'article est incomplet, en ce qu'il ne dit pas ce que l'enfant deviendra ensuite : cependant, on ne doit pas autoriser la police à faire des recherches sur le père ou sur la mère, de peur de donner lieu à des infanticides.

Le Premier Consul dit qu'il faut imposer à l'autorité publique l'obligation d'envoyer l'enfant dans un hospice.

M. Thibaudeau observe qu'il ne s'agit, dans cet article, que de ce qui concerne l'état de l'enfant; que les soins nécessaires à sa conservation doivent être prescrits par les réglemens d'administration.

Le Premier Consul dit que, si l'on n'explique de suite ce que l'enfant devient, on fait disparaître les traces de son état, et on rend difficiles les recherches que ses parens pourront en faire un jour.

M. Bigot-Préameneu dit qu'un réglement de 1679 oblige
l'autorité civile à remettre à l'hospice de Paris les enfans trouvés dans cette ville, et l'hospice à faire une déclaration ; qu'on
pourrait étendre ce réglement à toutes les villes où il y a des
hospices ; que, dans les villes où il n'y en a pas, l'officier de
l'état civil ferait porter l'enfant à l'hospice le plus voisin.

Le Premier Consul dit qu'il est indispensable d'exprimer,
dans le procès-verbal, le lieu où l'enfant a été déposé, afin
que sa famille puisse le retrouver.

M. Tronchet partage cette opinion.

L'article est adopté avec les amendemens du Premier
Consul.

(Procès-verbal de la séance du 14 fructidor an IX. — 1er septembre 1801.)

ch. 3.   M. Thibaudeau fait lecture de la seconde section du titre
des Actes destinés à constater l'État civil, intitulée : *Règles
particulières aux Actes de mariage.*

63   L'article 25, qui est le premier de cette section, est soumis à la discussion ; il est ainsi conçu :

« Avant la célébration du mariage, l'officier de l'état civil
« fera deux publications, un jour de décadi, devant la porte
« de la maison commune. Ces publications, et l'acte qui en
« sera dressé, énonceront les prénoms, noms, professions et
« domiciles des futurs époux, et ceux de leurs pères et mères,
« si les époux sont majeurs ou mineurs. Cet acte énoncera en
« outre les jours, lieu et heure où les publications auront été
« faites, et il sera inscrit sur un seul registre, qui sera dé-
« posé, à la fin de chaque année, au greffe du tribunal de
« l'arrondissement. »

M. Regnaud (de Saint-Jean-d'Angely) demande qu'à ces
mots *pères et mères*, on ajoute ceux-ci, *aïeuls ou aïeules, à
défaut de père et de mère.*

M. Boulay propose de généraliser la rédaction, et de dire,
« et ceux des personnes dont le consentement est requis pour
« la validité du mariage. »

M. Thibaudeau dit qu'il faut éviter de multiplier les énonciations de cette espèce dans les actes, et en simplifier au contraire la rédaction; il ajoute que, quant au mode de publication, la section a pensé qu'on leur donnerait plus de publicité en les faisant devant la porte de la maison commune qu'en les faisant dans le lieu des séances.

M. Regnaud (de Saint-Jean-d'Angely) dit qu'il n'existe pas dans tous les lieux une maison commune, et que cette considération a déterminé la disposition de l'arrêté du 7 thermidor an 8, qui ordonne que les publications seront faites devant la porte du maire, à défaut de maison commune.

Le Ministre de la Justice demande qu'on établisse un moyen d'obtenir des dispenses de publication. Il est des circonstances tellement pressantes, que le délai des publications porterait préjudice aux parties, ou pourrait même faire manquer le mariage; tel est le cas où un officier près de se marier reçoit l'ordre de partir. Le droit d'accorder des dispenses pourrait être confié aux préfets.

M. Portalis dit que cette section n'est destinée qu'à régler la forme des actes; que la question des dispenses doit être renvoyée au titre du *Mariage*, où l'on fixera les conditions sous lesquelles ce contrat pourra être formé.

Le Premier Consul demande s'il est nécessaire de ne permettre les publications que le décadi.

M. Thibaudeau répond qu'il faut bien un jour déterminé; car le but des publications est de donner de la publicité au mariage avant qu'il soit célébré. Le mariage serait clandestin, il ne pourrait y être formé d'opposition, si le public n'était instruit d'avance, par la loi, du jour auquel les publications doivent être faites exclusivement. On a toujours choisi des jours solennels pour remplir cette importante formalité, tels que les fêtes et dimanches. C'est aussi la raison qui a fait proposer le décadi comme le seul jour solennel aux yeux de la loi civile. On a même cru devoir ajouter encore l'affiche des publications, pour prévenir les abus.

Le Premier Consul dit qu'il conviendrait peut-être de n'indiquer aucun jour déterminé.

M. Boulay pense qu'en laissant aux parties le choix du jour, on leur épargnerait le temps qu'ajoute souvent au délai la nécessité d'attendre le jour fixé pour commencer les publications.

M. Tronchet dit qu'il faut sans doute apporter le moins de retard possible aux mariages; mais qu'il faut cependant laisser aux personnes intéressées le temps de les connaître avant qu'ils soient célébrés. On autorisera sans doute les citoyens à se marier hors du lieu de leur domicile et dans les lieux où ils auront une résidence de six mois : si le délai était trop court, ils pourraient abuser de cette autorisation, et aller établir leur résidence dans un lieu tellement éloigné, qu'une opposition formée au lieu de leur domicile ne pût les y atteindre avant la célébration du mariage. De tous les moyens d'accélérer les mariages, les dispenses motivées sont celui qui présente le moins d'inconvéniens.

Le Premier Consul dit que la question ne porte pas sur le délai, mais sur le jour où se feront les publications. Si ce jour est libre, un grand nombre de citoyens disposeront les publications de manière que leur mariage puisse être célébré le jour qui s'accordera avec leur croyance religieuse, et au sortir de l'église ils iront à la municipalité; si le jour n'est pas libre, on fera consacrer son mariage par les ministres de la religion, et l'on différera ensuite à le contracter devant l'officier civil.

M. Réal dit que le jour de la publication n'est pas indifférent; qu'il faut ou se borner à faire connaître les mariages par les affiches, ou déterminer un jour fixe pour les publier, afin que ceux qui y ont intérêt puissent aller entendre les publications. Jusqu'à ce jour, la disposition qui les place au décadi n'a produit aucun inconvénient.

Le Premier Consul dit qu'il en peut résulter l'inconvénient dont il a parlé. La religion a aussi ses lois sur les publications ; si la loi civile sur le même sujet les contredit, l'exécution de la loi civile sera différée.

M. Réal dit que la publication des mariages a toujours été exclusivement du domaine des lois civiles , et que les canonistes n'ont jamais douté que le prêtre qui faisait la publication ne fût en ce moment un délégué de la puissance civile.

M. Portalis dit que les lois civiles ne doivent pas contrarier les lois religieuses ; mais qu'on peut concilier les unes avec les autres.

Le principe religieux est que le sacrement bénit le mariage, et que le contrat civil est tellement la matière du sacrement, que le sacrement ne peut pas être administré s'il n'y a pas de contrat civil : la loi doit donc former d'abord le contrat. Si le sacrement pouvait être reçu d'abord, et qu'ensuite le contrat ne fût pas formé, les enfans ne seraient que des bâtards.

Mais cette discussion se rattache à celle de la nature et des conditions du mariage ; il est donc convenable d'ajourner la question sur la fixation du jour , pour faire marcher ensemble les deux discussions.

M. Regnaud (de Saint-Jean-d'Angely) propose, pour prévenir l'inconvénient dont a parlé le Premier Consul, d'ordonner qu'aucun culte ne pourra appliquer au mariage les cérémonies de son rite, avant qu'on lui ait justifié que le contrat civil a été formé selon la loi.

M. Tronchet dit que la détermination d'un jour fixe est essentielle à la formalité des publications, parce qu'autrement les tiers intéressés n'ont plus de moyen de vigilance. Cet intérêt doit l'emporter sur l'intérêt d'abréger le délai, lequel d'ailleurs ne serait diminué que de peu de jours et pourrait l'être par des dispenses.

L'article est adopté.

L'article 26 est soumis à la discussion ; il est ainsi conçu : 64

« Un extrait de l'acte de publication sera et restera affiché
« à la porte de la maison commune pendant les dix jours

« d'intervalle de l'une à l'autre publication. Le mariage ne
« pourra être célébré que trois jours après la seconde. »

M. Tronchet propose d'expliquer que le délai pour la célébration du mariage sera de trois jours francs.

L'article est adopté avec l'amendement.

66   On passe à la discussion de l'article 27 ; il est ainsi conçu :
« Les actes d'opposition au mariage seront signés, sur l'o-
« riginal et sur la copie, par les opposans, ou par leurs fon-
« dés de procuration spéciale et authentique ; ils seront si-
« gnifiés, avec la copie de la procuration, au domicile des
« parties, et à l'officier de l'état civil, qui mettra son *visa*
« sur l'original. »

65   Le Consul Cambacérès rappelle que le projet de Code civil
présenté au Conseil des Cinq-cents portait que les affiches
et les publications seraient réitérées, même quand il ne serait
pas survenu d'opposition, si le mariage n'était célébré qu'a-
près le laps d'une année.

M. Tronchet dit que cette disposition est inutile, parce
que, si des tiers ont intérêt à empêcher le mariage, ils auront formé une opposition qui subsistera.

Le Ministre de la Justice observe qu'il peut être survenu
de nouvelles causes d'opposition, qu'on négligerait, si l'on
croyait le projet de mariage abandonné.

66   Le Ministre demande qu'on maintienne aussi la disposition de la loi du 20 septembre 1792, qui veut que les motifs
de l'opposition soient exprimés, et que l'original et la copie
soient signés par l'opposant.

M. Thibaudeau dit que l'expression des motifs est inutile,
puisque l'officier n'en est pas le juge ; qu'ils ne doivent être
déduits que devant le tribunal ; que, d'ailleurs, cette formalité serait illusoire, parce que l'opposant serait libre de ne
pas exprimer ses véritables motifs ; qu'il pourrait d'ailleurs
en exister auxquels, par des raisons d'honnêteté publique,
il serait inconvenant de donner ainsi une sorte de publicité.

Le Ministre de la Justice répond qu'elle contiendrait ceux qui seraient portés à former opposition trop légèrement, pour nuire, ou par des motifs évidemment frivoles.

M. Thibaudeau répond qu'on ne doit pas craindre d'oppositions téméraires, puisque toute personne ne sera pas admise à former opposition, et qu'il faudra avoir, pour user de cette faculté, les qualités exigées par la loi.

M. Réal dit que le vœu de la section a été qu'on pût former des oppositions sans motifs. Une pareille opposition suffira souvent pour enlever l'inexpérience à un moment de faiblesse et de séduction; et s'il existe des motifs graves, il est toujours temps de les développer devant le juge de paix. Si l'opposant en reconnaît la faiblesse, si le demandeur en mainlevée en reconnaît la validité, la conciliation empêchera une diffamation inutile : dans ces sortes d'affaires, la publicité n'est permise que quand elle devient indispensable; et elle n'est indispensable qu'au moment où tout espoir de conciliation est perdu. D'ailleurs, une opposition sans motifs se retire avec facilité; aucun sentiment d'amour-propre ne peut conseiller une persévérance opiniâtre. Mais une opposition motivée, outre qu'elle place souvent l'opposant dans l'impossibilité de faire un désaveu qui l'accuserait de mensonge ou de légèreté, paraîtra toujours une injure publique qu'on croira ne pouvoir effacer que par un jugement.

M. Tronchet dit que l'expression des motifs est inutile, puisque, comme on l'a observé, l'officier de l'état civil n'en est pas juge; qu'elle serait dangereuse, parce qu'elle obligerait quelquefois d'énoncer, dans un acte permanent, des causes diffamatoires, tandis que souvent l'objet de l'opposition est de se ménager le temps de ramener des jeunes gens égarés à la raison et au devoir.

L'article est adopté avec l'amendement du Consul *Cambacérès*.

L'article 28 est soumis à la discussion; il est ainsi conçu: 6~

« L'officier de l'état civil fera sans délai une mention som-
« maire des oppositions sur le registre des publications ; il
« fera aussi mention, en marge de l'inscription desdites op-
« positions, des jugemens ou actes de main-levée dont ex-
« pédition lui aura été remise. »

Le Consul Cambacérès dit qu'un registre particulier, destiné à recevoir les oppositions, pourrait gêner ; qu'il serait
préférable de les inscrire sur le registre des mariages.

M. Tronchet pense aussi qu'il est avantageux de placer
sur un même registre tous les actes relatifs au mariage ; que
cependant, si l'on veut établir un registre particulier pour
les oppositions, il est nécessaire qu'il soit coté et paraphé.

M. Defermon craint que l'inscription des oppositions sur
le registre des mariages ne rende ce registre trop volu-
mineux.

M. Thibaudeau dit que la législation actuelle prescrit la
tenue de ce registre particulier, et que cela est nécessaire à
cause des mentions à faire des oppositions ; et sur la dernière
proposition de M. *Tronchet*, il observe qu'aux dispositions
générales un article ordonne que tous les registres contenant
les actes de l'état civil seront paraphés.

M. Tronchet dit qu'on doit craindre que le registre des
oppositions ne soit pas mis, dans l'usage, au rang des registres
de l'état civil.

M. Réal dit qu'au lieu de cumuler sur un même registre
tous les actes relatifs au mariage, il serait plus moral de placer sur un registre séparé tous les actes qui éternisent le souvenir des contestations : on pourra y recourir au besoin ;
mais il est au moins inutile de présenter au public, aux
autres époux dont le mariage se célèbre sans difficulté, le
tableau des contestations qui auront retardé, et quelquefois
environné de soupçons flétrissans, d'autres mariages.

M. Regnaud (de Saint-Jean-d'Angely) dit que le registre
des publications ne sera pas tenu en double ; qu'au contraire,
les registres de mariage le seront ; qu'ainsi on multiplierait

sans nécessité le travail, en y inscrivant les oppositions.

L'article est adopté.

La discussion de l'article 29 est ouverte ; il est ainsi conçu : 68

« En cas d'opposition, l'officier de l'état civil ne pourra
« célébrer le mariage avant qu'on lui en ait remis la main-
« levée, sous peine de destitution, de 300 francs d'amende,
« et de tous dommages-intérêts. »

M. DEFERMON demande qu'on substitue le mot *notifié* au
mot *remis*, afin que l'opposant puisse, avant la célébration
du mariage, interjeter appel du jugement qui prononce la
main-levée.

M. THIBAUDEAU observe que la main-levée peut aussi être
donnée volontairement, et qu'alors il n'est pas besoin de
notification ; que, si la main-levée est prononcée judiciaire-
ment, elle n'a pas d'effet tant que le jugement n'est pas passé
en force de chose jugée.

M. RÉAL dit que cette difficulté pourra être aplanie par
une disposition qu'on trouvera au titre *du Mariage*.

M. REGNAUD (de Saint-Jean-d'Angely) dit qu'aucun article n'explique assez clairement que la main-levée n'existe
que par un jugement non susceptible d'appel.

M. TRONCHET pense que l'expression *remis* est exacte dans
tous les cas. Cependant, pour lever toute difficulté, il propose d'ajouter, après le mot *main-levée*, ces mots, « ou
« donnée volontairement, ou prononcée par un jugement
« suivi d'un acquiescement ou rendu en dernier ressort. »

L'article est adopté avec l'amendement de M. *Tronchet*.

M. REGNAUD (de Saint-Jean-d'Angely) dit que les tribunaux ont demandé quelle autorité appliquera les peines prononcées par l'article contre l'officier civil, et surtout sa destitution.

M. BIGOT-PRÉAMENEU dit qu'il y sera pourvu par le Code
de la procédure.

M. Thibaudeau observe qu'il ne peut y avoir de doute sur la destitution de l'officier de l'état civil : elle appartient au gouvernement, comme sa nomination.

L'article 3o est adopté ; il est ainsi conçu :

69   « S'il n'y a point d'opposition, il en sera fait mention dans « l'acte de mariage ; et, si les publications ont été faites dans « plusieurs communes, les parties remettront un certificat, « délivré par l'officier de l'état civil de chaque commune, « constatant qu'il n'existe point d'opposition. »

Les articles 31 et 32 sont soumis à la discussion ; ils sont ainsi conçus :

70   Art. 31. « L'officier de l'état civil se fera remettre l'acte « de naissance de chacun des futurs époux. Celui qui serait « dans l'impossibilité de se le procurer pourra le suppléer « en rapportant un acte de notoriété délivré par le juge de « paix du lieu de sa naissance, ou par celui de son domicile, « lorsque le lieu de sa naissance ne sera pas connu. »

71   Art. 32. « L'acte de notoriété contiendra la déclaration, « par sept témoins de l'un ou de l'autre sexe, parens ou non « parens, des prénoms, nom, profession et domicile du « futur époux, et de ceux de ses père et mère ; le lieu et le « temps, ou au moins l'année de sa naissance, et les causes « qui empêchent d'en rapporter l'acte. Les témoins signeront « l'acte de notoriété avec le juge de paix ; et, s'il en est qui ne « puissent ou ne sachent signer, il en sera fait mention. »

M. Bigot-Préameneu demande, dans l'article 31, la suppression de ces mots, *lorsque le lieu de sa naissance ne sera pas connu*, parce que le juge de paix du lieu de la naissance ne sera pas toujours celui qui pourra le mieux attester le fait : l'individu peut n'y être pas connu.

M. Tronchet dit que les rédacteurs du projet de Code civil avaient indiqué le juge de paix de la résidence. Cette disposition était insuffisante : on doit plus de confiance aux attestations qui viennent du lieu de la naissance ; mais si

l'individu y est inconnu, il faut recourir au lieu de son domicile.

M. DEFERMON dit qu'il serait trop rigoureux d'obliger un
citoyen à s'adresser au lieu de sa naissance. Ce lieu peut être
situé au-delà des mers, et l'individu avoir la possession d'é-
tat dans le lieu de sa demeure.

LE CONSUL CAMBACÉRÈS propose d'ajouter, à l'article 32,
que « l'acte de notoriété contiendra le nom des père et mère
« du futur époux, s'ils sont connus. »

Les deux articles sont adoptés avec les amendemens qui
ont été proposés.

L'article 33 est soumis à la discussion; il est ainsi conçu : 72
« L'acte de notoriété sera présenté, avec une requête, au
« tribunal de l'arrondissement du lieu où doit se célébrer le
« mariage : le tribunal, après avoir entendu le commissaire
« du gouvernement, donnera ou refusera son homologation,
« selon qu'il trouvera suffisantes ou insuffisantes les déclara-
« tions des témoins, et les causes qui empêchent de rappor-
« ter l'acte de naissance. »

LE CONSUL CAMBACÉRÈS demande s'il y aura appel.

M. THIBAUDEAU répond que cela doit être, mais qu'il serait inutile de faire mention de cette faculté dans tous les
cas où les tribunaux connaissent de l'état civil; que la section proposera à cet égard un article général.

L'article est adopté.

L'article 34 est adopté; il est ainsi conçu : 73
« L'acte authentique du consentement des père et mère ou
« aïeul et aïeule, ou, à leur défaut, de celui de la famille,
« contiendra les prénoms, noms, professions et domiciles
« du futur époux et de tous ceux qui auront concouru à l'acte,
« ainsi que leur degré de parenté. »

L'article 35 est soumis à la discussion; il est ainsi conçu : 75
« Le jour désigné par les parties, après les délais des pu-

3.

« blications, l'officier de l'état civil, en présence de quatre
« témoins, parens ou non parens, fera lecture, aux parties,
« des pièces ci-dessus mentionnées, relatives à leur état et
« aux formalités du mariage. Il recevra de chaque partie,
« l'une après l'autre, la déclaration qu'elles veulent se prendre
« pour mari et femme ; il prononcera, au nom de la loi,
« qu'elles sont unies par le mariage ; et il en dressera acte
« sur-le-champ, qui sera signé par lui, par les époux et par
« les témoins. Si quelques-uns d'entre eux ne savent ou ne
« peuvent signer, il en sera fait mention. »

74-75　M. Bigot-Préameneu dit que le projet de Code civil fixait
le lieu où serait célébré le mariage : la section a omis cette
disposition.

Elle a également omis de dire que les témoins seront *parens
ou non parens, sachant signer s'il peut s'en trouver.* Cette dernière clause ne serait qu'un simple avertissement, et n'intro-
duirait pas une condition rigoureuse. La déclaration de 1736
avait employé ces expressions.

M. Boulay répond que le domicile, sous le rapport du
mariage, est fixé par une disposition qui se trouve ailleurs ;
que la clause de la préférence des témoins qui savent signer
exclurait souvent les parens les plus proches.

L'article est adopté.

L'article 36 est soumis à la discussion ; il porte :

« En cas d'empêchement, le sous-préfet pourra autoriser
« l'officier de l'état civil à se transporter au domicile des par-
« ties, pour recevoir leurs déclarations et célébrer le ma-
« riage. »

M. Thibaudeau dit que cet article n'était pas dans le projet de Code civil. La section a pensé que l'officier de l'état civil
devait pouvoir se déplacer ; mais qu'une autorité supérieure
à cet officier et au maire devait être juge de cette nécessité.
Le préfet est, le plus souvent, trop éloigné ; la section a préféré le sous-préfet.

Le Consul Cambacérès dit qu'il est des cas tellement urgens, que les parties n'ont pas même le temps d'aller prendre une autorisation; il faudrait n'obliger à l'obtenir qu'en supposant qu'il n'y eût pas d'empêchement. La force de l'obstacle serait jugée avec la contestation sur la validité du mariage.

M. Thibaudeau dit qu'on abuserait d'une disposition si générale; elle pourrait induire les parties en erreur, et donner ouverture à des contestations.

Le Consul Cambacérès dit que, si l'un des futurs époux est malade dans une ville éloignée de la résidence du sous-préfet, le danger peut être tel qu'il ne laisse pas le temps d'aller chercher la permission. L'obstacle augmente encore si le sous-préfet la refuse; et il peut même avoir intérêt à ne pas la donner. On prévoit qu'alors le mariage ne sera probablement pas célébré. Rien n'est encore décidé sur la validité des mariages *in extremis:* il ne faut pas que l'article qu'on discute les rende impossibles dans le fait, si l'on croit devoir les admettre dans le droit.

M. Defermon dit que l'intérêt public est entièrement à couvert par la formalité des publications faites après des délais; qu'on peut donc, sans inconvénient, donner des facilités sur la célébration des mariages, et s'en rapporter à l'officier de l'état civil sur la nécessité de se déplacer.

M. Réal dit que la publicité est essentielle au mariage: si on l'en dépouille, ce ne doit être que par voie d'exception; mais il faut que la règle générale soit maintenue. On peut autoriser l'usage des dispenses: cependant le droit de les accorder serait mal placé dans la main d'un maire; elles pourraient, comme on ne l'a que trop vu jadis, devenir le patrimoine privilégié de la richesse et de la puissance.

Le Consul Cambacérès dit que, dans son opinion, la validité des mariages célébrés hors du lieu ordinaire doit dépendre de l'exigence des cas.

Le Ministre de la Justice propose de rédiger ainsi : « En

« cas de nécessité, l'officier de l'état civil pourra se trans-
« porter. »

M. Cretet propose la rédaction suivante : « Quand les
« parties ne pourront se rendre au lieu destiné à la célébra-
« tion des mariages, l'officier public se transportera, etc. »

M. Tronchet dit que, si la loi autorise le transport de
l'officier public, elle doit exiger que la cause du transport soit
exprimée dans l'acte.

M. Emmery objecte que la mention de la cause compromettrait quelquefois l'honneur des parties; qu'au surplus,
pour prévenir les abus du transport, il est nécessaire qu'il y
ait, à cet égard, une autorité régulatrice.

Le Consul Cambacérès propose de renvoyer cette discussion au titre *du Mariage*, parce qu'il ne s'agit, dans cette
section, que de la forme matérielle de l'acte.

M. Réal observe que cette section doit aussi régler les
fonctions de l'officier qui reçoit les déclarations de mariage.

Le Consul Cambacérès dit qu'il est nécessaire de régler
les effets du transport de l'officier, ce transport fût-il même
prohibé; qu'ainsi la question rentre dans la classe de celles
qu'on peut proposer sur la validité du mariage.

Le renvoi proposé par le Consul est adopté.

76   L'article 37 est discuté; il est ainsi conçu :

« On énoncera dans l'acte de mariage,

« 1°. Les prénoms, noms, âge, lieux de naissance, pro-
« fessions et domiciles des époux;

« 2°. S'ils sont majeurs ou mineurs;

« 3°. Les prénoms, noms, professions et domiciles des
« pères et mères;

« 4°. Le consentement des pères et mères, aïeuls et aïeules,
« et celui de la famille, dans les cas où ils sont requis;

« 5°. Les publications dans les divers domiciles;

« 6°. Les oppositions, s'il y en a eu; leur main-levée,
« ou la mention qu'il n'y a point eu d'opposition;

« 7°. La déclaration des contractans, de se prendre pour
« époux ; et la prononciation de leur union par l'officier
« public ;

« 8°. Les prénoms, noms, âge, professions et domiciles
« des témoins, et leur déclaration s'ils sont parens ou alliés
« des parties, de quel côté et à quel degré. »

Le Premier Consul dit qu'il conviendrait d'ajouter au
n° 7 de l'article, que la femme déclarera qu'elle reconnaît
son époux pour chef de la famille, et que le mari déclarera
qu'il la prend pour sa compagne; qu'il faudrait enfin énon- 75
cer les droits et les devoirs des époux, et leur faire connaître
les engagemens qu'ils prennent l'un envers l'autre.

M. Thibaudeau observe qu'on trouve, dans le projet de
Code, un titre formel sur les droits et sur les devoirs des
époux.

M. Réal dit que, lorsque les mariages étaient contractés
devant les ministres du culte, les déclarations que demande
le Premier Consul entraient dans la cérémonie de la célébration, mais que l'acte ne les relatait pas; qu'on pourrait de
même aujourd'hui les insérer dans la formule.

Le Premier Consul dit que le mariage étant parfait aux
yeux de la loi, et ayant tous ses effets après la cérémonie
civile, l'officier civil doit expliquer aux parties les conditions
de leur contrat.

M. Thibaudeau dit que l'amendement du Premier Consul
doit être reporté à l'article 35.

Le Premier Consul dit que, s'il ne fallait que constater
le mariage, il suffirait d'employer le ministère d'un notaire
public; mais qu'un contrat qui crée une nouvelle famille doit
être formé avec solennité.

M. Tronchet dit qu'on peut ordonner que l'officier de
l'état civil fera lecture aux futurs mariés, du titre *sur les De-*
voirs des époux, et leur fera prononcer la promesse de les
remplir.

Le Premier Consul adopte d'autant plus volontiers cette

idée, que la lecture proposée donnerait à une fille, dont on aurait forcé les inclinations, le temps de réclamer à la face du public ; que, d'ailleurs, elle laisserait, dans l'esprit des époux, des souvenirs qui les porteraient à interroger la loi comme leur régulatrice, lorsque, pendant le cours de leur mariage, il surviendrait entre eux quelques difficultés.

Le Consul Cambacérès dit que les devoirs d'obéissance et de fidélité que le mariage impose à la femme ne sont pas exprimés dans le titre *sur les Droits et les Devoirs des époux.* Le Consul propose d'obliger l'officier de l'état civil à les énoncer.

L'article est adopté avec l'amendement du Premier Consul et celui du Consul *Cambacérès.* Ces amendemens seront reportés à l'article 35.

ch. 4   M. Thibaudeau présente la section IV, intitulée, *des Règles particulières aux Actes de décès.*

fin du
ch. 3.   Il dit que la section III doit contenir quelques dispositions sur les actes de divorce ; mais qu'il est impossible de s'en occuper, jusqu'à ce que le Conseil ait fixé son opinion sur le fond de la matière.

77   L'article 1er de la section IV est ainsi conçu :

« Aucune inhumation ne sera faite sans une ordonnance « de l'officier de l'état civil, qui ne pourra la délivrer qu'après « s'être transporté auprès du cadavre, pour s'assurer du dé- « cès, et que vingt-quatre heures après le décès. »

M. Maleville rappelle que les tribunaux ont demandé des exceptions à la disposition qui ordonne que l'inhumation sera faite dans les vingt-quatre heures.

M. Thibaudeau dit que la section a cru ces exceptions inutiles, parce qu'il existe des lois de police sur les cas où il pourrait être dangereux de différer les inhumations.

M. Portalis ajoute qu'on abuserait des exceptions si elles étaient consacrées par la loi.

Le Consul Cambacérès dit qu'on ne voit pas comment ces

abus pourraient avoir lieu; qu'au surplus, la sûreté publique doit l'emporter sur toute autre considération; qu'après la publication du Code, elle ne serait plus garantie par les lois de police, puisque le Code les abrogera.

M. Portalis propose d'ajouter, « hors les cas prévus par « les lois de police. »

Le Consul Cambacérès adopte cette rédaction.

M. Fourcroy demande qu'on ajoute à l'article, que « l'of- « ficier de l'état civil, pour constater le décès, sera assisté « d'un officier de santé, » parce qu'il y a des cas où il est difficile de s'assurer de la mort sans une connaissance réelle de ses signes, de sa certitude; parce qu'il est à craindre qu'on la confonde avec une léthargie; et parce que des exemples assez nombreux prouvent qu'on a enterré des corps vivans. Il cite plusieurs ouvrages sur *le danger des in- humations précipitées*, sur *les morts apparentes*, sur *la certitude* ou *l'incertitude des signes de la mort*.

M. Boulay répond qu'il n'est pas toujours possible de trou- ver des officiers de santé; que, d'ailleurs, ces précautions sont du ressort de la police.

L'article est adopté avec l'amendement de M. *Portalis*.

L'article 2 est soumis à la discussion; il est ainsi conçu : 78
« L'acte de décès sera dressé par l'officier de l'état civil, « sur la déclaration de deux témoins qui signeront avec lui; « ou mention sera faite qu'ils n'ont pu ou su signer.

« Ces témoins seront, s'il est possible, les deux plus « proches parens ou voisins de la personne décédée, ou la « personne qui commande dans la maison, et un témoin, « parent ou autre, lorsque le défunt n'est pas décédé dans « son propre domicile. »

Cet article est adopté, sauf rédaction, avec le retranche- ment du mot *commande*.

Les articles 3 et 4 sont adoptés; ils sont ainsi conçus :
Art. 3. « L'acte de décès contiendra les prénoms, nom, 79

« âge, profession et domicile de la personne décédée, les
« prénoms et nom de l'autre époux, si elle était mariée ou
« veuve ; les prénoms, noms, âge, professions et domiciles
« des déclarans ; et, s'ils sont parens, leur degré de parenté.

« Le même acte contiendra de plus, autant qu'on pourra
« le savoir, les prénoms, noms, professions et domiciles des
« père et mère du décédé, et le lieu de sa naissance. »

fo   Art. 4. « En cas de décès dans les hôpitaux militaires ou
« autres maisons publiques, les supérieurs, directeurs, ad-
« ministrateurs et maîtres de ces maisons, seront tenus d'en
« donner avis, dans les vingt-quatre heures, à l'officier de
« l'état civil, qui dressera l'acte de décès sur les déclarations
« qui lui auront été faites, et sur les renseignemens qu'il aura
« pris concernant les mentions à faire dans l'acte de décès,
« suivant l'article précédent.

« Il sera tenu, en outre, dans les hôpitaux, des registres
« destinés à inscrire ces déclarations et ces renseignemens. »

8ı   On passe à la discussion de l'article 5 ; il porte :
« Quand il y aura des signes ou indices de mort violente,
« ou autres circonstances qui donnent lieu de le soupçonner,
« le cadavre ne pourra être inhumé qu'après qu'un officier
« de police, assisté autant que possible d'un officier de santé,
« aura dressé procès-verbal de l'état dudit cadavre, et des
« circonstances y relatives, ainsi que des renseignemens qu'il
« aura pu découvrir touchant les prénoms, nom, âge, pro-
« fession, lieu de naissance et domicile de la personne dé-
« cédée. »

Le Consul Cambacérès propose une disposition additionnelle, conçue à peu près dans les termes suivans :
« Dans les cas extraordinaires, comme tremblement de
« terre, éboulemens, incendies, inondations, s'il vient à
« périr ou disparaître des personnes dont on ne puisse re-
« connaître ou retrouver les cadavres, il en sera dressé
« procès-verbal.

« Ce procès-verbal sera suivi d'une enquête faite pour
« constater la mort certaine des personnes qui ont disparu
« depuis l'événement.

« L'officier public fera mention sur le registre des décès
« de l'enquête et du procès-verbal. »

M. TRONCHET dit que ce cas rentre dans celui de l'absence.

LE CONSUL CAMBACÉRÈS dit que les deux cas qu'il a indiqués
ne peuvent être confondus avec l'absence. Un individu peut
être tué par la chute de sa propre maison; dans cette hypothèse, il n'est pas absent; et cependant il faut s'assurer s'il
est décédé.

M. REGNAUD (de Saint-Jean-d'Angely) demande qu'on
retranche de l'article les mots *autant que possible*.

Il observe que jamais l'officier de police ne peut dresser
en pareil cas son procès-verbal sans l'assistance d'un officier
de santé; que l'importance de ces fonctions est telle, qu'autrefois il y avait un chirurgien et un médecin près de chaque
bailliage ou sénéchaussée, qui en étaient spécialement
chargés.

L'article ainsi amendé est adopté.

L'article 6 est soumis à la discussion; il est ainsi conçu :   82

« L'officier de police sera tenu de transmettre de suite, à
« l'officier de l'état civil du domicile de la personne décédée,
« et, dans le cas où son domicile ne serait pas connu, à
« l'officier de l'état civil du lieu où elle sera décédée, tous
« les renseignemens nécessaires pour la rédaction de l'acte de
« décès, qui sera inscrit sur les registres. »

M. THIBAUDEAU dit qu'il doit exposer un système différent
de celui des rédacteurs du Code, adopté par la section, et
dont l'application commence dès cet article.

Les rédacteurs du projet voulaient que, dans les cas de   83-84-
mort violente, en prison, ou par suite de condamnation, les   85
procès-verbaux de l'officier de police et du greffier criminel

fussent envoyés à l'officier de l'état civil, et inscrits sur les registres pour tenir lieu d'acte de décès.

La section a pensé, au contraire, que cette inscription ne devait pas être faite sur les registres, à cause de l'espèce de flétrissure qui pouvait en rejaillir sur les familles, et qu'il serait impolitique et injuste de rétablir à cet égard l'ancienne législation, dont la réforme a été un bienfait de la révolution.

En effet, les lois ont déjà statué sur deux de ces cas.

1°. Pour l'exécution à mort, la loi du 21 janvier 1790 porte qu'il ne sera plus fait sur les registres civils aucune mention du genre de mort.

2°. Pour le cas de mort violente (ce qui comprend le suicide, le duel, etc.), l'article 8, titre V de la loi de septembre 1792, porte que l'officier de police enverra à l'officier de l'état civil un extrait de son procès-verbal, contenant les renseignemens nécessaires, sur lesquels l'acte de ~~naissance~~ sera rédigé.

3°. Pour les cas de mort dans les prisons ou autres lieux de détention (ce qui comprend l'état d'arrestation, d'accusation, la condamnation à mort non exécutée, les fers, la détention, etc.), les mêmes motifs subsistent dans toute leur force.

Dans ces trois cas, ce serait une rigueur inutile que de faire mention sur les registres, du genre de mort; il ne faut pas même que les procès-verbaux soient adressés à l'officier de l'état civil, qui pourrait les annexer au registre; il suffit qu'il ait les renseignemens nécessaires pour rédiger l'acte de décès dans les formes prescrites pour tous les autres individus.

M. Tronchet dit que l'article n'a aucun rapport avec les individus exécutés; que ce genre de mort ne doit pas être confondu avec les autres morts violentes. Cette distinction admise, on doit penser qu'il n'y a rien d'infamant dans la mort d'un homme assassiné ; qu'ordinairement, quand on trouve un cadavre, il est difficile de savoir si l'individu est mort par un assassinat, par un duel ou par un suicide ; qu'il est nécessaire de faire connaître à une famille qu'un de ses membres a péri de mort violente, afin qu'elle puisse discerner s'il y a assassinat, et en poursuivre les auteurs.

M. Boulay dit que la famille puisera ces renseignemens dans le procès-verbal.

M. Tronchet répond que l'acte de décès est seul connu de la famille du décédé.

M. Réal insiste pour que les détails relatifs au genre de mort soient étrangers à l'acte de décès ; c'est dans le procès-verbal seul que ces détails doivent se trouver. Qu'un homme, par exemple, se tue en s'ouvrant les veines dans un bain public ; ne suffira-t-il pas que cette circonstance, que quelquefois l'aveu même du suicide expirant, soient consignés dans le procès-verbal dressé par l'officier de police, pour que la cause de la mort cesse d'être douteuse? Comment se pourrait-il et pourquoi faudrait-il que ces faits, ces déclarations, entrassent dans l'acte de décès? L'acte de décès est pour le public aussi bien que pour la famille. Le procès-verbal n'est utile qu'à la famille ; il lui servira sans la déshonorer. Au lieu que le suicide constaté sur le registre public des décès, en éternisant le souvenir des causes souvent peu honorables qui l'ont provoqué, flétrirait sans utilité la mémoire du décédé. C'est pour constater un *décès,* et non pour spécifier un genre de mort, que ces registres sont établis : on ne les appelle pas registres de *morts,* mais registres de *décès.*

Le Ministre de la Justice dit qu'il est naturel qu'un cadavre soit inhumé dans le lieu où il a été trouvé ; que là aussi soit dressé l'acte de décès, et qu'on n'envoie à son domicile qu'une expédition de cet acte ; que cependant l'article en discussion ne fait dresser l'acte dans le lieu de décès que quand le lieu du domicile ne sera pas connu.

M. Thibaudeau répond que telle a été aussi l'intention de la section en rédigeant l'article.

M. Cretet pense aussi que l'acte doit être dressé dans le lieu de l'inhumation, et qu'il suffit d'en envoyer la note au lieu du domicile.

L'article est adopté.

88   Les articles 7 et 8 sont soumis à la discussion; ils sont ainsi conçus :

Art. 7. « Les décès des militaires de terre et de mer seront « constatés de la manière prescrite par les articles ci-dessus, « sauf les cas prévus par les réglemens militaires. »

86-87   Art. 8. « En cas de décès pendant un voyage de mer, il en « sera dressé, dans les vingt-quatre heures, en présence de « deux témoins pris dans l'équipage ou parmi les passagers, « un double acte, dont un sur le livre-journal du bâtiment, « et l'autre sur une feuille particulière : les deux actes seront « signés par le capitaine ou le maître, et par les deux té- « moins; s'ils ne savent ou ne peuvent signer, ou s'ils refusent « de le faire, il en sera fait mention.

« L'acte, écrit sur une feuille particulière, restera dans « les mains du maître, lequel sera tenu de le remettre, dans « les vingt-quatre heures de l'arrivée du navire en France, « à l'officier de l'état civil du lieu où abordera le navire : il « sera inscrit le même jour sur les registres de décès; et « cette inscription sera signée par celui qui se trouvera être « le maître du bâtiment dans le temps de l'arrivée, et par « l'officier de l'état civil. »

ch. 5   M. Thibaudeau dit que le décès des militaires doit être, en général, constaté de la même manière que celui des au- tres citoyens, hors les circonstances particulières où les mi- litaires peuvent se trouver; mais qu'alors leur décès doit être constaté dans les formes prescrites par les réglemens mili- taires.

Le Premier Consul charge les sections de législation et de

la guerre de s'occuper sans délai de la rédaction des articles des réglemens relatifs à la manière de constater le décès des militaires.

Le projet, dit le Consul, ne pourvoit pas au cas où un militaire est mort dans un hôpital hors de France ; il a mal pourvu au cas où le militaire meurt dans un hôpital en France. Alors son acte de décès peut être dressé au lieu où il est inhumé ; mais il faut que copie de l'acte soit envoyée au lieu de son domicile. Il est également nécessaire de prévoir comment seront envoyés au lieu du domicile les actes de décès des militaires morts sur le champ de bataille. Tous ces cas ne sont pas de simples accidens qui se répètent rarement ; ce sont des cas ordinaires dans le cours naturel des choses.

Le drapeau, dans quelque endroit qu'il se trouve, fixe la résidence du militaire ; c'est de là que l'acte de son décès doit passer à son domicile réel. Il est un moyen facile d'assurer cet envoi ; c'est de ne permettre aux parens de prendre la succession qu'en représentant l'acte de décès.

La section a également omis de régler la manière de constater les mariages contractés à l'armée par les militaires.

M. THIBAUDEAU dit que quand les militaires sont en France, ils se marient comme les autres citoyens, et qu'il y a, aux dispositions générales, un article qui porte que « tous actes « de l'état civil des Français, en pays étranger, sont valables, « lorsqu'ils ont été rédigés dans les formes qui y sont usitées. »

LE PREMIER CONSUL dit que le militaire n'est jamais chez l'étranger lorsqu'il est sous le drapeau : où est le drapeau, là est la France. On se marie à l'armée devant les commissaires des guerres, et l'acte de mariage demeure inconnu : il est nécessaire qu'une loi statue à cet égard sur le passé ; mais il faut des articles, pour l'avenir, sur les naissances, les mariages et les décès à l'armée.

M. TRONCHET dit qu'il faut confirmer les mariages contractés à l'armée d'après les usages qui ont pu s'introduire, et proposer à cet effet une loi transitoire.

M. PORTALIS dit qu'il est important de statuer sur l'avenir.

M. EMMERY dit qu'on pourrait désigner dans l'armée un fonctionnaire pour remplir les fonctions d'officier de l'état civil.

M. BOULAY propose de placer dans le projet une section particulière sur les actes de naissance, de mariage et de décès des militaires de terre et de mer.

Les deux articles sont renvoyés, avec les observations, aux sections réunies de législation et de la guerre.

83   L'article 9 est adopté ; il est ainsi conçu :

« Les greffiers criminels seront tenus d'envoyer, dans les « vingt-quatre heures de l'exécution des jugemens portant « peine de mort, à l'officier de l'état civil du lieu où le con- « damné aura été exécuté, tous les renseignemens nécessai- « res pour la rédaction de l'acte de décès, qui sera inscrit le « même jour sur les registres. »

84   L'article 10 est soumis à la discussion ; il porte :

« Les concierges des prisons feront mention sur le registre « d'écrous, du décès des détenus ; et ils enverront, dans les « vingt-quatre heures, un extrait de ce registre à l'officier de « l'état civil du lieu où est la prison, qui rédigera l'acte de « décès, et l'inscrira le même jour sur les registres. »

M. REGNAUD (de Saint-Jean-d'Angely) demande que l'officier de l'état civil ne s'en rapporte pas au concierge ; qu'il soit tenu de se transporter dans la prison pour constater le décès, et le concierge obligé de l'appeler.

MM. EMMERY et BRUNE appuient cette proposition ; il leur paraît très-important que l'officier de l'état civil s'assure de la manière dont l'individu est mort.

L'article est adopté avec l'amendement.

85   L'article 11 est adopté ; il est ainsi conçu :

« Dans tous les cas de mort violente ou en prison, ou d'exé- « cution à mort, il ne sera fait aucune mention de ces causes

« sur les registres ; et les actes de décès seront simplement
« rédigés dans les formes prescrites par l'article 56. »

Le Consul Cambacérès dit qu'aucun autre titre du Code
civil n'appelant des dispositions relatives au décès, il y a
lieu d'insérer dans le projet un article qui se trouve dans
l'ancien projet de Code civil, et dont le but a été approuvé.
Voici, ajoute le Consul, comment cet article pourrait être
conçu : « Quelle qu'ait été l'opinion religieuse du défunt, il
« doit être inhumé dans les cimetières publics : néanmoins
« chaque individu ou chaque famille peut choisir un lieu
« destiné à son inhumation particulière et exclusive. »

M. Réal dit que cette disposition appartient aux lois de
police : le Code civil règle la manière de constater le décès ;
la police dispose du cadavre.

Le Consul Cambacérès dit que réunir toutes les dispositions de la matière, c'est les faire mieux connaître et en
mieux assurer l'exécution.

Le Premier Consul charge la section de prendre note de
la proposition du Consul *Cambacérès.*

M. Thibaudeau présente la section V, intitulée : *De la* ch. 6
Rectification des Actes de l'État civil.

L'article 12, qui est le premier de cette section, porte : 53

« Le commissaire du gouvernement près le tribunal au
« greffe duquel est déposé l'un des doubles des registres sera
« tenu, lors du dépôt, d'en vérifier l'état. »

Le Consul Cambacérès demande comment se fera la vérification.

M. Thibaudeau dit qu'il doit être dressé procès–verbal de
la clôture et de la vérification des registres.

L'article est adopté avec cet amendement.

L'article 13 est soumis à la discussion ; il est ainsi conçu : 53

« En cas de contravention aux formes prescrites par les
« actes de l'état civil, il en dressera procès–verbal, et re-
« querra que les parties et les témoins soient tenus de com-

« paraître devant le même officier de l'état civil, pour rédi-
« ger un nouvel acte ; ce qui sera ordonné par le président du
« tribunal, et exécuté, dans les dix jours, par l'officier de
« l'état civil.

   « Si les témoins sont morts, ou qu'ils ne puissent compa-
« raître à cause de leur absence ou d'autres empêchemens,
« ils seront remplacés par d'autres témoins.

   « L'effet du dernier acte se rapportera à la date du pre-
« mier, en marge duquel il en sera fait mention. »

   Le Consul Cambacérès dit que le mode de rectification
établi par cet article donnerait lieu à des fraudes, en ce que
des individus pourraient se présenter à la place et sous le nom
des personnes appelées.

   M. Thibaudeau dit que la fraude serait sans succès, attendu que, soit que la rectification ait été faite d'office, soit
qu'elle l'ait été d'après les réclamations des parties intéressées, elle ne pourra être opposée aux tiers qui n'y auront pas
été appelés.

   Le Consul Cambacérès dit qu'il y a plusieurs points à régler, si l'on veut prévenir les conséquences qui semblent
naître du système proposé. Quand y aura-t-il nécessité de
rectifier? quelles peines encourront ceux qui refuseront de
comparaître lors des rectifications faites d'office? Pourra-t-on,
par ces rectifications, priver les parties intéressées de l'effet
des nullités qui leur seront acquises? Ce dernier objet mérite
surtout une grande considération.

   M. Portalis dit qu'on ne doit rectifier d'office que les erreurs évidentes, comme serait celle sur l'orthographe des
noms.

   M. Bigot-Préameneu dit que, tant qu'il n'y a pas de réclamation, il n'y a pas de droit acquis par les nullités ; il n'y a
qu'une violation de formes que l'autorité peut réparer.

   M. Boulay dit que, quand il y a nullité réelle, il n'y a pas
même lieu à rectification.

   M. Tronchet observe que les actes de naissance ne peuvent être nuls que lorsqu'ils sont entachés de faux : les vices de forme n'empêchent pas la vérité du fait ; mais les nullités absolues vicient les mariages, quoiqu'on puisse les réparer par la réhabilitation. Il faudrait donc restreindre l'article aux actes de naissance et de décès, et ajouter, « sauf ce qui sera « réglé sur la nullité des mariages et des divorces. »

M. BIGOT–PRÉAMENEU dit que l'office du commissaire est de requérir la réformation de l'acte ; que l'époux qui voudra profiter de la nullité fera alors sa réclamation.

M. PORTALIS dit qu'on ne peut prononcer la nullité d'un mariage qu'en donnant aux époux l'option de le réhabiliter.

L'article, les observations et les autres articles du projet sont renvoyés à la section.

Les articles non discutés sont ainsi conçus :

Art. 14. « Lorsque la rectification d'un acte de l'état civil 99 « sera demandée par les parties intéressées, elle sera ordon- « née, s'il y a lieu, par le tribunal compétent, sur les con- « clusions du commissaire du gouvernement, sauf l'appel. »

Art. 15. « Le jugement de rectification ne pourra, dans 100 « aucun temps, être opposé aux parties intéressées qui ne « l'auraient pas requise, ou qui n'y auraient pas été appelées. »

Art. 16. « Les jugemens de rectification rendus en dernier 101 « ressort, ou passés en force de chose jugée, seront inscrits « sur les registres publics, par l'officier de l'état civil, aussi- « tôt qu'ils lui auront été remis, et mention en sera faite en « marge de l'acte de réforme. »

(Procès-verbal de la séance du 2; fructidor an IX. — 11 septembre 1801.)

M. THIBAUDEAU présente la seconde rédaction du titre *des Actes destinés à constater l'état civil.*

Elle est adoptée en ces termes :

Des Actes destinés à constater l'état civil.

DISPOSITIONS GÉNÉRALES.

Art. 1er. « Les actes de l'état civil énonceront l'année, le 34

4.

« jour et l'heure où ils seront reçus, les prénoms, noms,
« âge, professions et domiciles de tous ceux qui y seront dé-
« nommés. »

35 Art. 2. « Les officiers de l'état civil ne pourront rien insé-
« rer dans les actes qu'ils recevront, soit par note, soit par
« énonciation quelconque, que ce qui doit être déclaré par
« les comparans. »

36 Art. 3. « Dans les cas où les parties intéressées ne seront
« point obligées de comparaître en personne, elles pourront
« se faire représenter par un fondé de procuration spéciale
« et authentique. »

37 Art. 4. « Les témoins produits aux actes de l'état civil ne
« pourront être que du sexe masculin, âgés de vingt-un ans
« au moins, parens ou autres, et seront choisis par les per-
« sonnes intéressées. »

38 Art. 5. « L'officier de l'état civil donnera lecture des actes
« aux parties comparantes, ou à leurs fondés de procuration,
« et aux témoins. Il sera fait mention de l'accomplissement
« de cette formalité. »

39 Art. 6. « Ces actes seront signés par l'officier de l'état civil
« et par tous les comparans; ou mention sera faite de la
« cause qui empêchera ces derniers de signer. »

40 Art. 7. « Les actes de l'état civil seront inscrits dans cha-
« que commune sur un ou plusieurs registres tenus doubles.»

41 Art. 8. « Ces registres seront cotés par première et der-
« nière, et paraphés sur chaque feuille, sans frais, par le
« président du tribunal de première instance, ou par le juge
« qui le remplacera. »

42 Art. 9. « Les actes seront inscrits sur l'un et l'autre de ces
« registres, de suite, sans aucun blanc, et conformément aux
« modèles. Les ratures et les renvois seront approuvés et si-
« gnés de la même manière que le corps de l'acte. Il n'y sera
« rien écrit par abréviation, et aucune date ne sera mise en
« chiffres. »

43 Art. 10. « Les registres seront clos et arrêtés par l'officier

« de l'état civil, à la fin de chaque année. Ils seront déposés
« dans le mois, l'un aux archives de la commune, l'autre au
« greffe du tribunal de première instance. »

Art. 11. « Les procurations ou les autres pièces dont la re- 44
« présentation sera exigée pour la rédaction des actes de l'état
« civil, demeureront annexées au registre qui devra être dé-
« posé au greffe du tribunal, après qu'elles auront été para-
« phées par la personne qui les aura produites et par l'officier
« de l'état civil. »

Art. 12. « Toute personne pourra se faire délivrer, par les 45
« dépositaires des registres de l'état civil, des extraits de ces
« registres. Ces actes et les extraits délivrés conformes aux
« registres, et légalisés par le président du tribunal de pre-
« mière instance, ou par le juge qui le remplacera, feront foi
« jusqu'à inscription de faux. »

Art. 13. « Lorsqu'il n'aura pas existé de registres, ou qu'ils 46
« seront perdus, la preuve en sera reçue tant par titre que
« par témoins ; et dans ce cas, les mariages, naissances et
« décès, pourront être justifiés, tant par les registres ou pa-
« piers domestiques des pères et mères décédés, que par
« témoins, sauf la preuve du contraire par les parties inté-
« ressées. »

Art. 14. « Tous actes de l'état civil des Français et des 47
« étrangers, faits en pays étranger, feront foi lorsqu'ils au-
« ront été rédigés dans les formes qui y sont usitées. »

Art. 15. « Dans tous les cas où la mention d'un acte relatif 49
« à l'état civil devra avoir lieu en marge d'un autre acte déjà
« inscrit, elle sera faite d'office, ou à la requête des parties,
« par l'officier de l'état civil, sur les registres courans, ou
« sur ceux qui auront été déposés aux archives de la com-
« mune, et par le greffier du tribunal de première instance,
« sur les registres déposés au greffe. »

Art. 16. « Toute contravention aux articles ci-dessus, de 50
« la part des fonctionnaires y dénommés, sera punie d'une
« amende qui ne pourra excéder 100 francs. »

53   Art. 17. « Les condamnations aux amendes ou aux dom-
« mages-intérêts, seront prononcées à la diligence du com-
« missaire du gouvernement, ou des parties intéressées, par
« le tribunal de première instance dans le ressort duquel les
« actes auront été rédigés ; sauf l'appel. »

51   Art. 18. « Tous autres dépositaires des registres seront ci-
« vilement responsables des altérations qui y surviendront. »

52   Art. 19. « Toute altération, tout faux dans les actes de
« l'état civil, toute inscription de ces actes faite sur une feuille
« volante et autrement que sur les registres à ce destinés,
« donneront lieu aux dommages-intérêts des parties, sans
« préjudice des peines portées au Code pénal. »

54   Art. 20. « Dans tous les cas où le tribunal de première
« instance connaîtra des actes relatifs à l'état civil, les parties
« intéressées pourront se pourvoir contre le jugement, par
« appel, ou par toutes autres voies de droit. »

SECTION Iʳᵉ. *Règles particulières aux Actes de naissance.*

55   Art. 21. « Les déclarations de naissance seront faites, dans
« les trois jours de l'accouchement, à l'officier de l'état civil
« du lieu : l'enfant lui sera présenté. »

56   Art. 22. « La naissance de l'enfant sera déclarée par le père,
« ou, à défaut du père, par les officiers de santé, ou autres
« personnes qui auront assisté à l'accouchement ; et lorsque
« la mère sera accouchée hors de son domicile, par la per-
« sonne chez qui elle sera accouchée.

    « L'acte de naissance sera dressé de suite, en présence de
« deux témoins. »

57   Art. 23. « Le jour, l'heure et le lieu de la naissance, le
« sexe, le prénom qui sera donné à l'enfant, les prénoms,
« noms, profession, domicile des père et mère, et ceux des
« témoins, seront exprimés dans l'acte de naissance. »

58   Art. 24. « Toute personne qui aura trouvé un enfant nou-
« veau-né sera tenue de le remettre à l'officier de l'état civil,
« et de lui déclarer les vêtemens et signes extérieurs trouvés

« avec l'enfant, et toutes les circonstances du temps et du
« lieu où il aura été trouvé.

« Il en sera dressé procès-verbal détaillé : il énoncera l'âge
« apparent de l'enfant, son sexe, le nom qui lui sera donné,
« l'autorité civile à laquelle il sera remis; il sera inscrit sur
« les registres des naissances. »

SECTION II. *Règles particulières aux Actes de mariage.*

Art. 25. « Avant la célébration du mariage, l'officier de 63
« l'état civil fera deux publications, un jour de décadi, de-
« vant la porte de la maison commune. Ces publications, et
« l'acte qui en sera dressé, énonceront les prénoms, noms,
« professions et domiciles des futurs époux, leurs qualités de
« majeurs ou de mineurs, et les prénoms, noms, professions
« de leurs pères et mères. Cet acte énoncera, en outre, les
« jours, lieux et heures où les publications auront été faites ;
« et il sera inscrit sur un seul registre, qui sera coté et para-
« phé, comme il est dit en l'article 8, et déposé, à la fin de
« chaque année, au greffe du tribunal de l'arrondissement. »

Art. 26. « Un extrait de l'acte de publication sera et restera 64
« affiché à la porte de la maison commune pendant les dix
« jours d'intervalle de l'une à l'autre publication. Le mariage
« ne pourra être célébré avant le troisième jour depuis et non
« compris celui de la seconde publication. »

Art. 27. « Si le mariage n'a pas été célébré dans l'année à 65
« compter de l'expiration du délai des publications, il ne
« pourra être célébré qu'après que de nouvelles publications
« auront été faites dans la forme ci-dessus prescrite. »

Art. 28. « Les actes d'opposition au mariage seront signés, 66
« sur l'original et sur la copie, par les opposans ou par leurs
« fondés de procuration spéciale et authentique; ils seront
« signifiés, avec la copie de la procuration, à la personne ou
« au domicile des parties, et à l'officier de l'état civil, qui
« mettra son *visa* sur l'original. »

Art. 29. « L'officier de l'état civil fera sans délai une men- 67

« tion sommaire des oppositions, sur le registre des publica-
« tions ; il fera aussi mention, en marge de l'inscription des-
« dites oppositions, des jugemens définitifs ou acquiescés,
« ou des actes de main-levée dont expédition lui aura été
« remise. »

68   Art. 30. « En cas d'opposition, l'officier de l'état civil ne
« pourra célébrer le mariage avant qu'on lui en ait remis la
« main-levée, sous peine de 300 francs d'amende, et de tous
« dommages-intérêts. »

69   Art. 31. « S'il n'y a point d'opposition, il en sera fait
« mention dans l'acte de mariage ; et si les publications ont
« été faites dans plusieurs communes, les parties remettront
« un certificat délivré par l'officier de l'état civil de chaque
« commune, constatant qu'il n'existe point d'opposition. »

70   Art. 32. « L'officier de l'état civil se fera remettre l'acte de
« naissance de chacun des futurs époux. Celui qui serait dans
« l'impossibilité de se le procurer, pourra le suppléer en
« rapportant un acte de notoriété délivré par le juge de paix
« du lieu de sa naissance, ou par celui de son domicile. »

71   Art. 33. « L'acte de notoriété contiendra la déclaration par
« sept témoins de l'un ou de l'autre sexe, parens ou non pa-
« rens, des prénoms, nom, profession et domicile du futur
« époux, et de ceux de ses père et mère, s'ils sont connus ;
« le lieu et le temps ou au moins l'année de sa naissance, et
« les causes qui empêchent d'en rapporter l'acte. Les témoins
« signeront l'acte de notoriété avec le juge de paix ; et s'il en
« est qui ne puissent ou ne sachent signer, il en sera fait
« mention. »

72   Art. 34. « L'acte de notoriété sera présenté au tribunal de
« première instance du lieu où doit se célébrer le mariage ; le
« tribunal, après avoir entendu le commissaire du gouver-
« nement, donnera ou refusera son homologation, selon
« qu'il trouvera suffisantes ou insuffisantes les déclarations
« des témoins et les causes qui empêchent de rapporter l'acte
« de naissance. »

Art. 35. « L'acte authentique du consentement des pères 73 « et mères ou aïeuls et aïeules, ou, à leur défaut, celui de « la famille, contiendra les prénoms, noms, professions et « domiciles du futur époux et de tous ceux qui auront con- « couru à l'acte, ainsi que le degré de parenté. »

Art. 36. « Le jour désigné par les parties, après les délais 75 « des publications, l'officier de l'état civil, dans la maison « commune, en présence de quatre témoins, parens ou non « parens, fera lecture aux parties des pièces ci—dessus men— « tionnées, relatives à leur état et aux formalités du mariage. « Il recevra de chaque partie, l'une après l'autre, la décla- « ration qu'elles veulent se prendre pour mari et femme ; il « prononcera, au nom de la loi, qu'elles sont unies par le « mariage ; et il en dressera acte sur-le-champ, qui sera signé « par lui, par les époux et par les témoins : si quelques—uns « d'entre eux ne savent ou ne peuvent signer, il en sera fait « mention. »

Art. 37. « On énoncera dans l'acte de mariage, 76

« 1°. Les prénoms, noms, âge, lieux de naissance, pro- « fessions et domiciles des époux ;

« 2°. S'ils sont majeurs ou mineurs ;

« 3°. Les prénoms, noms, professions et domiciles des « pères et mères ;

« 4°. Le consentement des pères et mères, aïeuls et aïeules, « et celui de la famille, dans les cas où ils sont requis ;

« 5°. Les publications dans les divers domiciles ;

« 6°. Les oppositions s'il y en a eu, leur main-levée, ou « la mention qu'il n'y a point eu d'oppositions ;

« 7°. La déclaration des contractans de se prendre pour « époux, et la prononciation de leur union par l'officier pu- « blic ;

« 8°. Les prénoms, noms, âge, professions et domiciles « des témoins, et leur déclaration s'ils sont parens ou alliés « des parties, de quel côté et à quel degré. »

SECTION III. *Règles particulières aux Actes de divorce.*

Cette section ne pourra être rédigée que lorsque le titre du divorce sera définitivement adopté.

SECTION IV. *Règles particulières aux Actes de décès.*

77   Art. 1ᵉʳ. « Aucune inhumation ne sera faite sans ordon-
« donnance de l'officier de l'état civil, qui ne pourra la dé-
« livrer qu'après s'être transporté auprès du cadavre pour
« s'assurer du décès, et que vingt-quatre heures après le dé-
« cès, hors les cas prévus par les réglemens de police. »

78   Art. 2. « L'acte de décès sera dressé par l'officier de l'état
« civil, sur la déclaration de deux témoins qui signeront avec
« lui, ou mention sera faite qu'ils n'ont pu ou su signer.

« Ces témoins seront, s'il est possible, les deux plus pro-
« ches parens ou voisins ; ou, lorsqu'une personne sera dé-
« cédée hors de son domicile, la personne chez laquelle elle
« sera décédée, et un parent ou autre. »

79   Art. 3. « L'acte de décès contiendra les prénoms, nom, âge,
« profession et domicile de la personne décédée ; les prénoms
« et nom de l'autre époux, si la personne décédée était ma-
« riée ou veuve ; les prénoms, noms, âge, professions et do-
« miciles des déclarans ; et s'ils sont parens, leur degré de
« parenté.

« Le même acte contiendra de plus, en tant qu'on pourra
« le savoir, les prénoms, noms, profession et domicile des
« père et mère du décédé, et le lieu de sa naissance. »

80   Art. 4. « En cas de décès dans les hôpitaux militaires ou
« autres maisons publiques, les supérieurs, directeurs, ad-
« ministrateurs et maîtres de ces maisons, seront tenus d'en
« donner avis, dans les vingt-quatre heures, à l'officier de
« l'état civil, qui dressera l'acte de décès sur les déclarations
« qui lui auront été faites, et sur les renseignemens qu'il aura
« pris concernant les mentions à faire dans l'acte de décès,
« suivant l'article précédent.

« Il sera tenu en outre, dans les hôpitaux, des registres
« destinés à inscrire ces déclarations et ces renseignemens.

« L'officier de l'état civil enverra l'acte de décès à celui du
« dernier domicile de la personne décédée. »

Art. 5. « Lorsqu'il y aura des signes ou indices de mort 81
« violente, ou autres circonstances qui donneront lieu de le
« soupçonner, on ne pourra faire l'inhumation qu'après qu'un
« officier de police, assisté d'un officier de santé, aura dressé
« procès-verbal de l'état du cadavre, et des circonstances y
« relatives, ainsi que des renseignemens qu'il aura pu re-
« cueillir sur les prénoms, nom, âge, profession, lieu de nais-
« sance et domicile de la personne décédée. »

Art. 6. « L'officier de police sera tenu de transmettre de 82
« suite à l'officier de l'état civil du lieu où la personne sera
« décédée tous les renseignemens énoncés dans l'article 3 ,
« d'après lesquels l'acte de décès sera rédigé ; il sera inscrit
« le même jour sur les registres.

« L'officier de l'état civil en enverra une expédition à celui
« du domicile de la personne décédée, s'il est connu. »

Art. 7. « Les greffiers criminels seront tenus d'envoyer, 83
« dans les vingt-quatre heures de l'exécution des jugemens
« portant peine de mort, à l'officier de l'état civil du lieu où
« le condamné aura été exécuté, tous les renseignemens
« énoncés dans l'article 3, d'après lesquels l'acte de décès
« sera rédigé et inscrit le même jour sur les registres. »

Art. 8. « En cas de décès dans les prisons ou maisons de 84
« réclusion, il en sera donné avis sur-le-champ, par les con-
« cierges ou gardiens, à l'officier de l'état civil, qui s'y trans-
« portera, comme il est dit en l'article 1er : il rédigera l'acte
« de décès, et l'inscrira sur les registres. »

Art. 9. « Dans tous les cas de mort violente ou en prison, 85
« ou d'exécution à mort, il ne sera fait sur les registres au-
« cune mention de ces circonstances ; et les actes de décès se-
« ront simplement rédigés dans les formes prescrites par l'ar-
« ticle 3. »

M. Thibaudeau présente la section V du titre *des Actes destinés à constater l'état civil*, intitulée : *Des Actes de l'état civil concernant les militaires de terre hors du territoire de la République.*

Les articles 1, 2, 3, 4, 5, 6, 7 et 8 sont successivement soumis à la discussion et adoptés ; ils sont ainsi conçus :

88   Art. 1er. « Les actes de l'état civil faits hors du territoire de « la République, concernant les militaires, ou autres per- « sonnes employées à la suite des armées de terre, sont sou- « mis aux règles suivantes. »

89   Art. 2. « L'adjudant-major, dans chaque corps d'un ba- « taillon et au-dessus, et le capitaine-commandant, dans le « corps au-dessous, rempliront les fonctions d'officiers de « l'état civil ; ces mêmes fonctions seront remplies, pour les « officiers sans troupes et pour les employés de l'armée, par « le sous-chef de l'état-major de l'armée ou d'un corps « d'armée. »

90   Art. 3. « Il sera tenu, dans chaque corps de troupe, un « registre pour les actes civils relatifs aux individus de ce corps, « et un autre à l'état-major de l'armée, ou d'un corps d'ar- « mée, pour les actes civils relatifs aux officiers sans troupes « et aux employés : ces registres seront conservés de la même « manière que les autres registres des corps et états-majors, « et déposés aux archives de la guerre, à la rentrée des corps « ou armées sur le territoire de la République. »

91   Art. 4. « Les registres seront cotés et paraphés dans chaque « corps par l'officier qui le commande, et à l'état-major par « le chef de l'état-major général. »

92   Art. 5. « Les déclarations de naissance à l'armée, hors du « territoire de la République, seront faites dans les dix jours « qui suivront l'accouchement. »

93   Art. 6. « L'officier chargé de la tenue du registre de l'état « civil devra, dans les dix jours qui suivront l'inscription

« d'un acte de naissance audit registre, en adresser un ex-
« trait à l'officier de l'état civil du dernier domicile du père,
« ou de la mère si le père est inconnu. »

Art. 7. « Les publications de mariage des militaires et em- 94
« ployés à la suite des armées qui sont hors du territoire de
« la République seront faites au lieu de leur dernier domi-
« cile ; elles seront mises en outre, vingt jours avant la célé-
« bration du mariage, à l'ordre du jour du corps pour les
« individus qui tiennent à un corps, et à celui de l'armée ou
« du corps d'armée pour les officiers sans troupes, et pour
« les employés qui en font partie. »

Art. 8. « Immédiatement après l'inscription sur le registre 95
« de l'acte de célébration de mariage, l'officier chargé de la
« tenue du registre en enverra une expédition à l'officier de
« l'état civil du dernier domicile des époux. »

L'article 9 est soumis à la discussion ; il est ainsi conçu :   96
« Les actes de décès seront dressés dans chaque corps par
« l'adjudant-major, et pour les officiers sans troupes et les
« employés par les sous-chefs de l'état-major de l'armée,
« sur l'attestation de trois témoins, et l'extrait de ces registres
« sera envoyé, dans les dix jours, à l'officier de l'état civil du
« dernier domicile du décédé. »

LE CONSUL CAMBACÉRÈS dit qu'il existe des lois qui attri-
buent aux directeurs d'hôpitaux la confection des actes mor-
tuaires ; qu'il peut cependant arriver que l'acte de décès ait
été également dressé par l'adjudant-major ; et qu'il importe
de décider lequel de ces deux actes prévaudra.

M. MARMONT répond que ce doit être celui dressé par l'adjudant-major, parce que, 1° c'est toujours à son corps qu'un
militaire est plus particulièrement connu ; 2° la famille aurait beaucoup plus de peine à trouver l'hôpital où son parent
est décédé ; 3° les hôpitaux cessent souvent d'exister, tandis
que les états-majors demeurent toujours.

M. THIBAUDEAU présente l'article additionnel suivant :

« En cas de décès dans les hôpitaux militaires ambulans
« ou sédentaires, l'acte sera rédigé par le directeur desdits
« hôpitaux, et envoyé à l'adjudant-major du corps, ou sous-
« chef de l'état-major de l'armée ou corps d'armée, dont le
« décédé faisait partie. »

L'article 9 et cet article sont adoptés.

M. Thibaudeau présente des articles à ajouter à la section
intitulée : *Des Règles particulières aux Actes de naissance.*

L'article 25 est discuté ; il est ainsi conçu :

59   « Si l'enfant naît pendant un voyage de mer, il en sera
« dressé acte dans les vingt-quatre heures, en présence de
« deux témoins pris parmi les officiers du bâtiment, ou, à
« leur défaut, parmi les hommes de l'équipage ; savoir : sur
« les bâtimens de l'État, par l'officier d'administration de la
« marine ; et sur les bâtimens appartenant à un armateur ou
« négociant, par le capitaine, maître ou patron du navire.

« L'acte de naissance sera inscrit sur le livre-journal du
« bâtiment, signé par celui qui l'aura rédigé, par le père, s'il
« est présent, et par les témoins, ou, si le père et les témoins
« ne peuvent ou ne savent signer, il en sera fait mention. »

M. Fleurieu observe que, sur les bâtimens de l'État, il
n'y a point de livre-journal ; mais qu'on ajoute le nom de
l'enfant au nom de la mère, en marge du rôle d'équipage,
et qu'on dresse procès-verbal de la naissance de l'enfant.

Le Consul Cambacérès dit qu'on pourrait ordonner la tenue d'un livre-journal.

M. Redon propose la rédaction suivante :

« L'acte de naissance sera inscrit à la suite du rôle d'équi-
« page, signé, etc. »

Cette rédaction est adoptée.

Les articles suivans sont adoptés.

6́   Art. 26. « A l'arrivée du bâtiment dans le port du désar-
« mement, le rôle d'équipage sera déposé au bureau du pré-
« posé à l'inscription maritime, qui enverra une expédition

« de l'acte de naissance, de lui signée, à l'officier de l'état
« civil du domicile des père et mère de l'enfant, si ce domi-
« cile est connu, pour y être inscrit sur les registres. »

Art. 27. « **En** cas de relâche du bâtiment dans un port
« étranger, après une naissance, les officiers d'administra-
« tion de la marine, capitaine, maître ou patron qui auront
« rédigé les actes de l'état civil, seront tenus d'en déposer
« une expédition authentique entre les mains du commis-
« saire des relations commerciales, s'il y en a un.

« Ce commissaire l'enverra au ministre de la marine, qui
« en fera parvenir une copie, de lui certifiée, à l'officier de
« l'état civil du domicile du père de l'enfant, ou de la mère
« si le père est inconnu, pour être inscrit de suite sur les re-
« gistres. »

M. Thibaudeau présente des articles à ajouter à la section
intitulée : *Des Règles particulières aux Actes de décès.*

Ils sont soumis à la discussion et adoptés.

Art. 10. « En cas de décès pendant un voyage de mer, il
« en sera dressé acte, dans les vingt-quatre heures, en pré-
« sence de deux témoins, pris parmi les officiers du bâtiment,
« ou, à leur défaut, parmi les hommes de l'équipage ; savoir :
« sur les bâtimens de l'État, par l'officier de l'administration
« de la marine, et sur les bâtimens appartenant à un négo-
« ciant ou armateur, par le capitaine, maître ou patron du
« navire.

« L'acte de décès sera inscrit sur le rôle d'équipage du bâ-
« timent, en marge du nom de l'individu décédé, et signé
« par celui qui l'aura rédigé et par les témoins ; ou, si les té-
« moins ne peuvent ou ne savent signer, il en sera fait
« mention.

« A l'arrivée du bâtiment dans le port du désarmement,
« le rôle d'équipage sera déposé au bureau du préposé à l'ins-
« cription maritime ; il enverra une expédition des actes de
« décès, de lui signée, à l'officier de l'état civil du domicile

« des décédés, qui les inscrira de suite sur les registres. »

8;   Art. 11. « En cas de relâche du bâtiment dans un port
« étranger, après un décès, les dispositions de l'article 27,
« section 1re, seront observées. »

(Procès-verbal de la séance du 12 brumaire an X. — 3 novembre 1801.)

M. Thibaudeau présente une nouvelle rédaction de la section V, devenue section VI, intitulée : *De la Rectification
des Actes de l'état civil.*

99   L'article 1er est discuté; il est ainsi conçu :

« Lorsque la rectification d'un acte de l'état civil sera de-
« mandée, elle sera ordonnée, s'il y a lieu, par le tribunal
« compétent, contradictoirement avec toutes les parties inté-
« ressées, et sur les conclusions du commmissaire du gou-
« vernement, sauf l'appel. »

M. Thibaudeau dit que les auteurs du projet avaient
adopté deux sortes de rectifications, l'une faite d'office par
le tribunal, sur la réquisition du commissaire, et l'autre,
contentieuse, sur la demande des parties intéressées. La section n'a pas cru qu'on dût adopter la rectification d'office.
On ne conçoit pas comment elle pourrait être faite sans donner lieu aux plus graves inconvéniens. Les registres de l'état
civil sont un dépôt sacré; nulle autorité n'a le droit de rectifier ou de modifier les actes qui y sont inscrits. Les erreurs, les omissions, et tous les vices qui peuvent se rencontrer dans ces actes, ouvrent des droits à des tiers. S'il y a
lieu à rectification, il faut donc qu'elle ne soit ordonnée que
sur la demande des parties, et contradictoirement avec tous
les intéressés. En un mot, la rectification officieuse serait absolument inutile, puisque ceux qui la proposent ne peuvent
pas s'empêcher de convenir qu'elle ne pourrait jamais être
opposée à ceux qui n'y auraient pas consenti ou qui n'y auraient pas été appelés.

Le Consul Cambacérès pense, comme la section, qu'il
faut supprimer la rectification officieuse des actes de l'état

civil : elle serait une source d'abus. Sous l'autorité des lois anciennes, la réparation des erreurs intervenues sur les registres appartenait au pouvoir judiciaire et aux juges royaux, exclusivement à tous autres : le jugement qui intervenait était ensuite inscrit sur le registre. La raison de cette forme de procéder se trouve dans la qualité de la matière. L'état des hommes étant une propriété, cet état ne peut être changé ou modifié que par la décision des magistrats gardiens de toute espèce de propriétés. Cet ordre de choses n'a point été positivement aboli ; car le décret qui a introduit une procédure de rectification n'a été déterminé que par la suite des troubles de l'Ouest, et il est resté sans exécution.

M. DEFERMON dit qu'autrefois le pouvoir judiciaire vérifiait les registres, non à la vérité tous les ans, mais à la mort du curé qui en était dépositaire. On dressait un procès-verbal par lequel on constatait les blancs, et on examinait si les actes étaient également inscrits sur les deux registres. Les irrégularités qui s'y rencontraient étaient dénoncées et rectifiées.

LE CONSUL CAMBACÉRÈS dit qu'il y a peut-être plus d'inconvénient à rechercher des irrégularités dont personne ne se plaint, qu'il n'y en a à les laisser subsister. Ce mode sera utile pour quelques cas, et sera un principe de troubles dans beaucoup d'autres.

L'article est adopté.

Les articles 2 et 3 sont adoptés sans discussion ; ils sont ainsi conçus :

Art 2. « Le jugement de rectification ne pourra, dans au- 100 « cun temps, être opposé aux parties intéressées qui ne « l'auraient pas requise, ou qui n'y auraient pas été appe- « lées. »

Art. 3. « Les jugemens de rectification rendus en dernier 101 « ressort, ou passés en force de chose jugée, seront inscrits « sur les registres publics, par l'officier de l'état civil, aus-

« sitôt qu'ils lui auront été remis , et mention en sera faite
« en marge de l'acte de réforme. »

(Procès-verbal de la séance du 28 brumaire an X. — 9 novembre 1801.)

tit. 2   M. Thibaudeau présente la troisième rédaction (*) du titre
des Actes destinés à constater l'état civil.

Le Conseil arrête que le titre du projet de loi sera : *Des
Actes de l'état civil.*

Le Premier Consul ouvre la discussion sur la question de
savoir quelle place le projet de loi occupera dans le Code
civil.

Le Consul Cambacérès dit que le moment de présenter ce
projet de loi n'est pas arrivé, puisque, les dispositions sur
l'adoption et sur le divorce n'étant pas encore définitivement
arrêtées, il est impossible que ce projet soit complet.

M. Portalis propose de ne placer dans le projet que les
dispositions générales, et de renvoyer les dispositions particulières à chaque matière, à chacun des projets de loi qui
en régleront le fond.

Le Consul Cambacérès pense que le projet de loi en discussion doit fermer et non pas ouvrir la matière des personnes ; il est également d'avis de rejeter à la fin les projets sur
le domicile et sur *les absens.*

Le Premier Consul dit que l'ordre adopté par le projet
de Code civil étant connu, il ne faut pas s'en écarter sans de
très-fortes raisons ; il conviendra seulement d'y ajouter la
matière de l'adoption, dont les rédacteurs du projet de Code
civil ne se sont pas occupés.

Les trois grands sacremens de la vie, continue le Consul,
sont la naissance, le mariage et le décès ; le divorce et l'a-
doption sont des matières particulières. On peut d'autant plus
facilement rattacher les dispositions sur la forme aux dispositions relatives au fond de ces deux matières, que, dans

(*) Voyez le procès-verbal de la séance suivante.

l'adoption et dans le divorce, la marche de l'officier de l'état civil sera tracée, non par la loi, mais par des jugemens.

M. REGNAUD (de Saint-Jean-d'Angely) adopte le fond de ce système ; mais il voudrait que les formules de l'adoption et du divorce fussent placées à la suite de la loi générale , afin de compléter le manuel des officiers de l'état civil.

LE CONSUL CAMBACÉRÈS dit que la question de savoir s'il y aura des formules n'est pas encore décidée ; les formules auraient l'inconvénient de créer des nullités. Si on les admet, il est au moins nécessaire d'ajouter, dans la disposition qui prescrira de s'en servir, *conformément aux modèles ci-joints, ou en termes équipollens.*

LE CONSEIL adopte en principe : 1° que le projet de loi ne contiendra que les dispositions destinées à régler la forme des actes de naissance, de mariage et de décès , et que les dispositions particulières aux actes d'adoption et de divorce seront placées dans chacun des projets de loi relatifs à ces matières ; 2° qu'il ne sera pas annexé à la loi de formules d'actes.

(Procès-verbal de la séance du 2 frimaire an X. — 25 novembre 1801.)

M. THIBAUDEAU présente la dernière rédaction du projet de loi sur *les Actes de l'état civil.*

Les dispositions générales sont soumises à la discussion.

Les articles 1, 2, 3, 4, 5, 6 et 7 sont adoptés ; ils sont ainsi conçus :

Art. 1, 2, 3, 4 et 5 (*semblables à ceux contenus au pro-* 34 à 38 *cès-verbal du 24 fructidor an IX*).

Art. 6. « Ces actes seront signés par l'officier de l'état ci- 39 « vil, par les comparans et les témoins ; ou mention sera « faite de la cause qui empêchera les comparans et les témoins « de signer. »

Art. 7 (*semblable à celui du procès-verbal du 24 fructidor*). 40

4 1   L'article 8 est soumis à la discussion ; il est ainsi conçu :

« Ces registres seront cotés par premier et dernier , et pa-
« raphés sur chaque feuille , sans frais , par le président du
« tribunal de l'arrondissement, ou par le juge qui le rem-
« placera. »

M. Defermon demande le retranchement de ces mots *sans*
frais , parce que ce n'est pas au Code civil à prononcer sur
les frais des actes judiciaires, et que ses dispositions ne doivent pas former obstacle aux lois qui pourraient par la suite
être portées sur ce sujet.

M. Thibaudeau adopte l'amendement.

M. Réal dit que les registres dont parle l'article ont toujours été cotés et paraphés sans frais ; qu'il n'est pas de la
dignité du juge d'en percevoir pour cette sorte de travail.

Le Premier Consul dit qu'il suffit qu'il n'existe pas de
taxe, pour que personne ne puisse percevoir de frais.

L'article est adopté avec l'amendement de M. *Defermon.*

4 2   L'article 9, ainsi conçu , est soumis à la discussion :

« Les actes seront inscrits sur ces registres , de suite, sans
« aucun blanc , et conformément aux modèles. Les ratures et
« les renvois seront approuvés et signés de la même manière
« que le corps de l'acte. Rien n'y sera écrit par abréviation,
« ni aucune date mise en chiffres. »

M. Defermon demande le retranchement de ces mots ,
conformément aux modèles.

Le Consul Cambacérès appuie cette proposition. Il rappelle que les projets de Code civil précédemment présentés
annonçaient aussi des modèles d'actes, et que de toutes
parts on réclama contre la disposition qui les établissait. On
observait alors , ou que la loi donnerait ces modèles pour
règle, et obligerait les officiers de l'état civil à s'y conformer,
ou qu'elle ne les présenterait que par forme d'indication;
que , dans le premier cas , la loi compromettrait l'état de
beaucoup de citoyens, parce que les modèles seraient rare-

ment copiés avec une parfaite exactitude ; que, dans le second, elle ne devait pas en parler. Il y aurait même, sur les
nullités résultant des omissions et de l'inexactitude, une diversité de jurisprudence telle que celui dont l'état serait
apuré dans un arrondissement ne pourrait l'obtenir dans un
autre. Les anciennes ordonnances ne contiennent pas de modèles d'actes.

L'article est adopté, avec le retranchement de ces mots,
conformément aux modèles.

L'article 10 est adopté sans discussion ; il est ainsi conçu : 43
« Les registres seront clos et arrêtés, par l'officier de l'état
« civil, à la fin de chaque année ; ils seront déposés, l'un
« aux archives de la commune, l'autre au greffe du tribunal
« de première instance. »

L'article 11 est soumis à la discussion ; il est ainsi conçu : 44
« Les procurations et les autres pièces qui doivent demeu-
« rer annexées aux actes de l'état civil seront déposées, après
« qu'elles auront été paraphées par la personne qui les aura
« produites et par l'officier de l'état civil au greffe du tri-
« bunal, avec le double des registres, dont le dépôt doit avoir
« lieu audit greffe. »

M. DEFERMON dit qu'il sera impossible d'annexer aux registres de l'état civil les liasses, souvent volumineuses, des
pièces ; que la disposition doit donc être bornée à la procuration.

M. THIBAUDEAU dit qu'il est d'autres pièces non moins essentielles que la procuration ; tels sont, par exemple, les
actes de main-levée d'opposition, qui mettent à couvert la
responsabilité de l'officier de l'état civil.

M. CRETET observe que la disposition peut être exécutée
de deux manières, ou par l'annexe effective des pièces, ou
par leur remise dans un dépôt placé auprès du registre.

M. REGNAUD (de Saint-Jean-d'Angely) dit que l'énonciation des pièces dans l'acte doit suffire.

M. Réal répond qu'elle ne suffit pas, parce que, pour dé-cider de la validité de l'acte, il faut voir les pièces mêmes, et juger si elles ne sont pas entachées de faux.

L'article est adopté.

45   L'article 12 (*semblable à celui contenu au procès-verbal du 24 fructidor an IX*) est adopté sans discussion.

46   L'article 13 est soumis à la discussion; il est ainsi conçu :

« Lorsqu'il n'aura pas existé de registres, ou qu'ils seront
« perdus, la preuve en sera reçue, tant par titres que par té-
« moins; et dans ce cas, les mariages, naissances et décès
« pourront être justifiés, tant par les registres et papiers do-
« mestiques des père et mère décédés, que par témoins, sauf
« la preuve du contraire par les parties intéressées. »

Le Consul Cambacérès demande la suppression de cet ar-ticle. L'objet de la loi qu'on discute est de régler la forme des actes, et non la manière de prouver en général.

M. Thibaudeau propose de renvoyer l'article à la loi *sur la Filiation*.

M. Roederer observe qu'il concerne également les nais-sances et les décès.

Le Consul Cambacérès dit que d'ailleurs on a déjà réglé la manière de prouver son état, lorsqu'il serait impossible de tirer les preuves des registres.

M. Berenger dit que la preuve par titres est nécessaire, non seulement pour l'état, mais aussi pour établir l'âge.

Le Consul Cambacérès dit que le mode adopté pour prou-ver la filiation à défaut de registres, établit la naissance, et, par une suite nécessaire, l'âge.

Le Consul propose de réduire l'article à sa première dis-position, et de s'arrêter à ces mots, *et dans ce cas*, etc. La partie dont il demande la suppression est étrangère aux fonc-tions de l'officier de l'état civil.

L'article est adopté avec l'amendement du Consul *Camba-cérès.*

Les articles 14, 15, 16, 17, 18, 19 et 20 sont successivement adoptés sans discussion ; ils sont ainsi conçus :

Art. 14. « Tout acte de l'état civil des Francais et des étran- 47
« gers, fait en pays étranger, fera foi, s'il a été rédigé dans
« les formes usitées dans ledit pays. »

Art. 15 et 16 (*les mêmes que ceux contenus au procès-verbal* 49-50
du 24 fructidor).

Art 17. « Tout dépositaire des registres sera civilement 51
« responsable des altérations qui y surviendront, sauf son
« recours, s'il y a lieu, contre les auteurs desdites altéra-
« tions. »

Art. 18 (*le même que l'article* 19 *du procès-verbal du 24* 52
fructidor).

Art. 19. « Le commissaire du gouvernement près le tribu- 53
« nal de première instance sera tenu de vérifier l'état des re-
« gistres lors du dépôt qui en sera fait au greffe ; il dressera
« un procès-verbal sommaire de la vérification, dénoncera
« les contraventions ou délits commis par les officiers de l'état
« civil, et requerra contre eux la condamnation aux amendes. »

Art. 20. « Dans tous les cas où un tribunal de première ins- 54
« tance connaîtra des actes relatifs à l'état civil, les parties
« intéressées pourront se pourvoir contre le jugement. »

La section II, intitulée *des Actes de naissance,* est soumise
à la discussion.

L'article 21 est adopté ; il est ainsi conçu : 55
« Les déclarations de naissance seront faites, dans les trois
« jours de l'accouchement, à l'officier de l'état civil du lieu :
« l'enfant lui sera présenté. »

L'article 22 est discuté. 56
Art. 22. « La naissance de l'enfant sera déclarée par le
« père, ou, à défaut du père, par les officiers de santé, ou
« autres personnes qui auront assisté à l'accouchement ; et
« lorsque la mère sera accouchée hors de son domicile, par
« la personne chez qui elle sera accouchée.

« L'acte de naissance sera dressé de suite, en présence de
« deux témoins. »

LE CONSUL CAMBACÉRÈS pense qu'il importe de ne pas changer la jurisprudence actuelle, en accordant à l'officier de l'état civil le pouvoir de juger de la qualité des personnes qui lui présentent l'enfant. Il ne doit pas lui être permis de refuser la déclaration. Si elle est fausse, on poursuivra les faussaires.

M. REGNAUD (de Saint-Jean-d'Angely) dit qu'à Paris on n'admet pas la déclaration de témoins inconnus ; on exige la représentation des cartes de sûreté. L'objet de la loi, en effet, n'est pas d'obtenir une déclaration quelconque, mais une déclaration vraie. Lorsque le père n'est pas présent, l'officier de l'état civil doit veiller pour lui, et empêcher les fausses déclarations qu'on pourrait faire.

M. RÉAL dit que l'opinion de M. *Regnaud* (de Saint-Jean-d'Angely) pose sur une erreur de fait et sur une confusion d'idées.

Il y a erreur de fait ; car la représentation des cartes de sûreté n'est exigée à Paris que pour obtenir des passeports, et non pour paraître comme témoin à une déclaration de naissance.

Il y a confusion d'idées ; car la présence du père n'est pas nécessaire pour les actes de naissance. Des témoins suffisent ; mais leur déclaration n'emporte pas la preuve de la paternité contestée.

Enfin, toutes les précautions que prennent les lois sont dans l'intérêt de l'enfant et dans l'esprit de lui assurer son état ; il ne faut donc pas rendre trop difficile la déclaration qui l'établit.

M. EMMERY est surtout frappé de cette dernière considération. Il voit donc de grands inconvéniens à obliger la mère, comme le veut l'article, à se faire connaître lorsqu'elle accouche hors de son domicile : quelquefois elle ne l'a quitté que pour cacher son accouchement. Il serait peut-être dangereux pour l'enfant de présenter à cette mère la perspective de la révélation de son secret.

LE PREMIER CONSUL dit qu'il est difficile d'abandonner à tous ceux qui se présentent le droit d'attribuer un enfant à un citoyen. L'article 22 est donc sage. Il faut que l'officier de l'état civil puisse s'arrêter quand les témoins lui sont inconnus et qu'il aperçoit de la fraude.

M. EMMERY pense aussi qu'il doit être permis à l'officier de l'état civil de s'assurer que les témoins et l'officier de santé sont connus : mais il s'oppose à ce que, lorsqu'une mère accouche hors de son domicile, la personne chez laquelle elle accouche soit obligée de déclarer que cette mère n'est pas mariée.

M. REGNAUD (de Saint–Jean–d'Angely) dit que, dans son opinion, on ne doit pas être forcé de déclarer que la mère n'est pas mariée ; mais que, quand elle avoue ne pas l'être, il ne doit pas lui être permis de déclarer le père de l'enfant. Sans cette précaution, on verrait encore des enfans attribués par des déclarations malicieuses ou intéressées à ceux sur la faiblesse ou sur la fortune desquels les mères auraient spéculé d'avance.

LE CONSUL CAMBACÉRÈS dit que cette défense serait injuste, mais que la déclaration de la mère non mariée ne doit pas devenir une preuve de la paternité.

LE PREMIER CONSUL partage cette opinion. Il voudrait que la mention que la mère ferait du père ne valût que comme simple déclaration.

M. THIBAUDEAU, pour remplir les vues du *Premier Consul* et du Consul *Cambacérès,* propose l'article additionnel suivant :

Art. « Si l'on déclare que l'enfant est né hors mariage,
« et si la mère en désigne le père, le nom du père ne sera
« inséré dans l'acte de naissance qu'avec la mention formelle
« qu'il a été désigné par la mère. »

L'article 22 et cet article sont adoptés. Ce dernier sera placé après l'article 23.

57   L'article 23 est adopté sans discussion, il est ainsi conçu :

« L'acte de naissance énoncera le jour, l'heure et le lieu de
« la naissance, le sexe de l'enfant, et les prenoms qui lui se-
« ront donnés, les prenoms, noms, profession et domicile
« des père et mère, et ceux des témoins. »

Les autres articles du projet sont tous adoptés ainsi qu'il suit :

58   Art. 24 (*le même qu'au procès-verbal du 24 fructidor*).

59   Art. 25. « S'il naît un enfant pendant un voyage de mer,
« l'acte de naissance sera dressé dans les vingt-quatre heures,
« en présence du père, s'il est présent, et de deux témoins pris
« parmi les officiers du bâtiment, ou, à leur défaut, parmi
« les hommes de l'équipage. Cet acte sera rédigé, savoir : sur
« les bâtimens de l'État, par l'officier d'administration de la
« marine, et sur les bâtimens appartenant à un armateur ou
« négociant, par le capitaine, maître ou patron du navire.
« L'acte de naissance sera inscrit à la suite du rôle d'équipage. »

61   Art. 26. « A l'arrivée du bâtiment dans le port du désar-
« mement, le rôle d'équipage sera déposé au bureau du pré-
« posé à l'inscription maritime, qui enverra une expédition
« de l'acte de naissance, de lui signée, à l'officier de l'état
« civil du domicile du père de l'enfant, ou de la mère si le
« père est inconnu : cette expédition sera inscrite de suite sur
« les registres. »

60   Art. 27. « En cas de relâche du bâtiment dans un port
« étranger, les officiers d'administration de la marine, ca-
« pitaine, maître ou patron, seront tenus de déposer entre
« les mains du commissaire des relations commerciales, s'il
« y en a un, une expédition authentique des actes de nais-
« sance qu'ils auront rédigés.

« Ce commissaire l'enverra au Ministre de la marine, qui
« fera parvenir une copie, de lui certifiée, de chacun desdits
« actes, à l'officier de l'état civil du domicile du père de l'en-
« fant, ou de la mère si le père est inconnu : cette copie sera
« inscrite de suite sur les registres. »

Art. 28. « L'acte de reconnaissance d'un enfant sera ins— 62
« crit sur les registres, ou en marge de l'acte de naissance,
« s'il en existe un. »

CHAPITRE III.

Des Actes de mariage.

Art. 29. « Avant la célébration du mariage, l'officier de 63
« l'état civil fera deux publications, *à dix jours d'intervalle,*
« un jour de décadi, devant la porte de la maison commune.
« Ces publications, et l'acte qui en sera dressé, énonceront
« les prénoms, noms, professions et domiciles des futurs
« époux, leur qualité de majeurs ou de mineurs, et les pré-
« noms, noms, professions et domiciles de leurs pères et mères.
« Cet acte énoncera en outre les jours, lieux et heures où les
« publications auront été faites; il sera inscrit sur un seul
« registre, qui sera coté et paraphé comme il est dit en l'ar-
« ticle 8, et déposé, à la fin de chaque année, au greffe du
« tribunal de l'arrondissement. »

Art. 30, 31, 32, 33, 34, 35 et 36 (*les mêmes que les ar-* 64 à 70
ticles 26, 27, 28, 29, 30, 31 *et* 32 *du procès-verbal du* 24 *fruc-*
tidor an IX).

Art. 37. « L'acte de notoriété contiendra la déclaration par 71
« sept témoins de l'un ou de l'autre sexe, parens ou non pa-
« rens, des prénoms, nom, profession et domicile du futur
« époux, et de ceux de ses père et mère, s'ils sont connus;
« le lieu, et, autant que possible, l'époque de sa naissance,
« et les causes qui empêchent d'en rapporter l'acte. Les té-
« moins signeront l'acte de notoriété avec le juge de paix;
« et s'il en est qui ne puissent ou ne sachent signer, il en sera
« fait mention. »

Art. 38 et 39 (*les mêmes que les articles* 34 *et* 35 *du procès-* 72-73
verbal du 24 *fructidor an IX*).

Art. 40. « Le mariage sera célébré dans la commune où l'un 74
« des deux époux aura son domicile. Ce domicile, quant

« au mariage, s'établira par six mois d'habitation continue
« dans la commune. »

75   Art. 41. « Le jour désigné par les parties après les délais
« des publications, l'officier de l'état civil, dans la maison
« commune, en présence de quatre témoins, parens ou non
« parens, fera lecture aux parties des pièces ci-dessus men-
« tionnées, relatives à leur état et aux formalités du mariage,
« et du titre *des Droits et Devoirs des époux*. Il recevra de
« chaque partie, l'une après l'autre, la déclaration qu'elles
« veulent se prendre pour mari et femme ; il prononcera, au
« nom de la loi, qu'elles sont unies par le mariage, et il en
« dressera acte sur-le-champ. »

76   Art. 42 (*le même que l'article* 37 *de ladite séance du* 24
fructidor).

CHAPITRE IV.
Des Actes de décès.

77   Art. 43. « Aucune inhumation ne sera faite sans une or-
« donnance de l'officier de l'état civil, qui ne pourra la déli-
« vrer qu'après s'être transporté auprès de la *personne dé-
« cédée*, pour s'assurer du décès, et que vingt-quatre heures
« après le décès, hors les cas prévus par les règlemens de
« police. »

78   Art. 44. « L'acte de décès sera dressé par l'officier de l'état
« civil, sur la déclaration de deux témoins. Ces témoins se-
« ront, s'il est possible, les deux plus proches parens ou
« voisins, ou, lorsqu'une personne sera décédée hors de son
« domicile, la personne chez laquelle elle sera décédée, et un
« parent ou autre. »

79   Art. 45. « L'acte de décès contiendra les prénoms, nom,
« âge, profession et domicile de la personne décédée ; les
« prénoms et nom de l'autre époux, si la personne décé-
« dée était mariée ou veuve ; les prénoms, noms, âge, pro-
« fessions et domiciles des déclarans ; et, s'ils sont parens,
« leur degré de parenté.

« Le même acte contiendra de plus, *autant* qu'on pourra
« le savoir, les prénoms, noms, profession et domicile des
« père et mère du décédé, et le lieu de sa naissance. »

Art. 46. « En cas de décès dans les hôpitaux militaires ou ſo
« autres maisons publiques, les supérieurs, directeurs, ad-
« ministrateurs et maîtres de ces maisons seront tenus d'en
« donner avis, dans les vingt-quatre heures, à l'officier de
« l'état civil, *qui s'y transportera pour s'assurer du décès* et en
« dresser l'acte, conformément à l'article précédent, sur les
« déclarations qui lui auront été faites, et sur les renseigne-
« mens qu'il aura pris.

« Il sera tenu, en outre, dans les hôpitaux, des registres
« destinés à inscrire ces déclarations et ces renseignemens.

« L'officier de l'état civil enverra l'acte de décès à celui du
« dernier domicile de la personne décédée, qui l'inscrira sur
« les registres. »

Art. 47 (*le même que l'article* 5, *porté au procès-verbal* 81
du 24 *fructidor an IX.*)

Art. 48. « L'officier de police sera tenu de transmettre de 82
« suite, à l'officier de l'état civil du lieu où la personne sera
« décédée, tous les renseignemens énoncés dans son procès-
« verbal, d'après lesquels l'acte de décès sera rédigé.

« L'officier de l'état civil en enverra une expédition à celui
« du domicile de la personne décédée, s'il est connu. Cette
« expédition sera inscrite sur les registres. »

Art. 49. « Les greffiers criminels seront tenus d'envoyer, 83
« dans les vingt-quatre heures de l'exécution des jugemens
« portant peine de mort, à l'officier de l'état civil du lieu où le
« condamné aura été exécuté, tous les renseignemens énoncés
« en l'article 48, d'après lesquels l'acte de décès sera rédigé. »

Art. 50. « En cas de décès dans les prisons ou maisons de 84
« réclusion, il en sera donné avis sur-le-champ, par les
« concierges ou gardiens, à l'officier de l'état civil, qui s'y
« transportera, comme il est dit en l'article 47, et rédigera
« l'acte de décès. »

85   Art. 51. « Dans tous les cas de mort violente ou en prison,
« ou d'exécution à mort, il ne sera fait, sur les registres, au-
« cune mention de ces circonstances, et les actes de décès
« seront simplement rédigés dans les formes prescrites par
« l'article 46. »

86-87   Art. 52. « En cas de décès pendant un voyage de mer, il
« en sera dressé acte, dans les vingt-quatre heures, en pré-
« sence de deux témoins pris parmi les officiers du bâtiment,
« ou, à leur défaut, parmi les hommes de l'équipage ; cet acte
« sera rédigé, savoir : sur les bâtimens de l'État, par l'offi-
« cier d'administration de la marine, et sur les bâtimens ap-
« partenant à un négociant ou armateur, par le capitaine,
« maître ou patron du navire.

« L'acte de décès sera inscrit sur le rôle d'équipage du
« bâtiment, en marge du nom de l'individu décédé.

« A l'arrivée du bâtiment dans le port du désarmement,
« le rôle d'équipage sera déposé au bureau du préposé à
« l'inscription maritime ; il enverra une expédition de l'acte
« de décès, de lui signée, à l'officier de l'état civil du domi-
« cile du décédé : cette expédition sera inscrite de suite sur
« les registres. »

87   Art. 53. « En cas de relâche du bâtiment dans un port
« étranger, les officiers d'administration de la marine, capi-
« taine, maître ou patron qui auront rédigé un acte de décès,
« seront tenus d'en déposer une expédition, conformément
« à l'article 28. »

CHAPITRE V.

Des Actes de l'état civil concernant les militaires hors du
territoire de la République.

88   Art. 54. « Les actes de l'état civil faits hors du territoire
« de la République, concernant des militaires ou autres
« personnes employées à la suite des armées, seront rédigés
« dans les formes prescrites par les dispositions du présent
« titre, sauf les exceptions contenues dans les articles sui-
« vans. »

Art. 55. « Le quartier-maître, dans chaque corps d'un ou ^{rien}
« plusieurs bataillons ou escadrons, et le capitaine comman-
« dant, dans les autres corps, rempliront les fonctions d'offi-
« ciers de l'état civil : ces mêmes fonctions seront remplies,
« pour les officiers sans troupes, et pour les employés de
« l'armée, par l'inspecteur aux revues attaché à l'armée ou
« au corps d'armée. »

Art. 56 et 57 (*les mêmes que les articles* 3 *et* 4, *contenus* 90-91
au procès-verbal du 8 *brumaire an* X).

Art. 58. « Les déclarations de naissance, à l'armée, seront 92
« faites dans les dix jours qui suivront l'accouchement. »

Art. 59 (*le même que l'article* 6 *du procès-verbal du* 8 *bru-* 93
maire).

Art. 60. « Les publications de mariage des militaires et 94
« employés à la suite des armées seront faites au lieu de
« leur dernier domicile : elles seront mises, en outre, vingt-
« cinq jours avant la célébration du mariage, à l'ordre du
« jour du corps, pour les individus qui tiennent à un corps,
« et à celui de l'armée ou du corps d'armée, pour les officiers
« sans troupes, et pour les employés qui en font partie.»

Art. 61 (*le même que l'article* 8 *du procès-verbal de la séance* 95
du 8 *brumaire*).

Art. 62. « Les actes de décès seront dressés, dans chaque 96
« corps, par le quartier-maître, et pour les officiers sans
« troupes et les employés, par l'inspecteur aux revues de
« l'armée, sur l'attestation de trois témoins; et l'extrait de
« ses registres sera envoyé, dans les dix jours, à l'officier de
« l'état civil du dernier domicile du décédé. »

Art. 63. « En cas de décès dans les hôpitaux militaires am- 97
« bulans ou sédentaires, l'acte en sera rédigé par le direc-
« teur desdits hôpitaux, et envoyé au quartier-maître du
« corps, ou à l'inspecteur aux revues de l'armée, ou du corps
« d'armée dont le décédé faisait partie ; ces officiers en feront
« parvenir une expédition à l'officier de l'état civil du dernier
« domicile du décédé. »

98   **Art. 64.** « L'officier de l'état civil du domicile des parties, « auquel il aura été envoyé de l'armée expédition d'un acte « de l'état civil, sera tenu de l'inscrire de suite sur les re- « gistres. »

CHAPITRE VI.

De la rectification des Actes de l'état civil.

99-100- 101   **Art. 65, 66 et 67** (*les mêmes que les articles* 1, 2 *et* 3, *contenus au procès-verbal du* 12 *brumaire an* X).

(Procès-verbal de la même séance.)

Les Consuls de la République arrêtent que le projet de loi présenté par le Conseil d'État, relatif aux actes de l'état civil, sera proposé le 21 frimaire au Corps législatif.

Le Premier Consul nomme, pour le présenter et en soutenir la discussion, MM. Thibaudeau, Réal et Français, Conseillers d'État.

Le gouvernement pense que la discussion sur ce projet doit s'ouvrir le 11 nivose.

PRÉSENTATION AU CORPS LÉGISLATIF,

ET EXPOSÉ DES MOTIFS, PAR M. THIBAUDEAU.

(Séance du 21 frimaire an X. — 12 décembre 1801.)

Législateurs, le projet de loi que nous sommes chargés de vous présenter renferme beaucoup de dispositions qui peuvent d'abord paraître minutieuses; cependant elles sont d'une grande importance, puisqu'elles ont pour objet de fixer l'état des individus : il s'agit ici de la base fondamentale de la société et de la constitution des familles. Nous n'analyserons point toutes ces dispositions, il y en a beaucoup qu'il suffira de lire pour que leur utilité soit facilement sentie. Ce projet de loi contient six parties distinctes; cette division était indiquée par la nature des choses. Trois grandes époques

constituent l'état des hommes, et sont la source de tous les
droits civils : la naissance, le mariage et le décès. Lorsqu'un
individu reçoit le jour, il y a deux choses qu'il importe de
constater, le fait de la naissance et la filiation. Le mariage a
pour but de perpétuer régulièrement l'espèce, et de distinguer les familles ; il faut donc des règles qui impriment à ce
contrat un caractère uniforme et légal. La mort rompt les
liens qui attachaient l'homme à la société ; en cessant de vivre,
il transmet ses droits. Ce dernier instant doit être aussi
constaté. Les naissances, les mariages et les décès sont donc
soumis à des règles qui leur sont particulières. Il y a néanmoins des règles également applicables à tous ces actes, et
des principes généraux qui doivent les régir : on les a compris dans un titre préliminaire de dispositions générales ; un
titre règle ce qui concerne les actes de l'état civil des militaires hors du territoire de la République. Enfin, malgré la
prévoyance du législateur, il peut se glisser des erreurs dans
la rédaction des actes ; les parties intéressées ont intérêt d'en
demander la rectification : il a fallu déterminer la forme des
actions, l'autorité des tribunaux et les effets des jugemens.
Voilà le système et l'ensemble de la loi. Avant d'examiner
chacun des titres dans lesquels elle se divise, nous devons
prévenir une réflexion qui se présente naturellement. On
pourrait croire que la loi est incomplète, en ce qu'elle ne
parle point du divorce et de l'adoption ; mais il aurait été
inconvenant de déterminer ici les formes des actes relatifs à
ces institutions avant de les avoir soumises au législateur :
nous ne traitons ici que des formes ; le fond doit faire l'objet
d'autres lois. Les naissances et les décès sont des faits physiques ; le mariage est une institution nécessaire et consacrée.
Il ne peut y avoir à cet égard de dissentiment, ni aucune espèce de discussion. L'adoption et le divorce ne sont pas d'un
usage général et indispensable : à cet égard, les opinions va-
rient à l'infini ; c'est un vaste champ ouvert aux systèmes.
On a donc cru plus régulier et plus convenable de renvoyer à

fin du
ch. 3

chacune de ces matières les formes dans lesquelles les actes
qui les concernent seront rédigées.

tit. 2   L'Assemblée constituante avait décidé qu'il serait établi,
pour tous les Français sans distinction, un mode de constater
les naissances, mariages et décès; elle voulait éloigner la religion des actes civils. L'Assemblée législative organisa ce
principe par la loi du 20 septembre 1792, qui est encore
exécutée; mais cette loi ne statua pas seulement sur les formes
des actes, elle régla les conditions essentielles du mariage; les
circonstances ne permettaient pas de travailler à un Code
civil, et il importait surtout de soustraire à l'influence religieuse le mariage, que la loi ne regardait plus que comme
un contrat civil. Tout ce que la loi de 1792 contenait d'essentiel sur la forme des actes a été conservé dans le projet de
loi; on y a seulement fait des additions ou des modifications,
qui sont le résultat de l'expérience de plusieurs années.

35   Telle est la disposition qui rappelle expressément aux officiers
de l'état civil qu'ils n'ont aucune juridiction, et qu'instru-
mens passifs des actes, ils ne doivent y insérer que ce qui

37   est déclaré par les comparans; celle qui veut que les témoins
soient du sexe masculin, et âgés de vingt-un ans : en effet,
il serait inconséquent de ne pas adopter, pour les actes de
l'état civil, les mêmes formes que pour les contrats ordinaires;

45   celle qui permet à toute personne de se faire délivrer des expéditions des actes de l'état civil. Les lois qui semblaient
avoir limité cette faculté aux parties intéressées étaient injustes. L'état civil des hommes doit être public, et il y avait
de l'inconvénient à laisser les officiers civils scrutateurs et
juges des motifs sur lesquels pouvait être fondée une recherche ou la demande d'une expédition.

40   Quant aux registres, la déclaration de 1736 n'en avait établi que deux, c'est-à-dire un seul pour tous les actes, mais
tenu double; la loi de 1792 en établit six, c'est-à-dire trois
tenus doubles, un pour les naissances, un pour les mariages,
et l'autre pour les décès. On avait cru que cette multiplicité

de registres faciliterait la distinction de chaque espèce d'acte; mais l'expérience a prouvé que l'on s'était trompé. C'est à cette multiplicité de registres qu'il faut au contraire attribuer l'état déplorable dans lequel ils sont dans un trop grand nombre de communes. Comment, en effet, espérer que des administrateurs municipaux, souvent peu instruits, et chargés gratuitement de la rédaction des actes, ne commissent pas un grand nombre d'erreurs et de confusions? C'est aussi ce qui est arrivé. Lorsque le registre des actes de décès était rempli avant la fin de l'année, l'officier de l'état civil inscrivait ces actes sur le registre des naissances où il restait des feuillets blancs; et, ce qui n'était qu'une transposition a souvent paru une lacune ou une omission. On a donc pensé qu'il était plus simple de n'avoir qu'un seul registre tenu double pour l'inscription des actes de toute espèce à la suite les uns des autres, et que ce procédé était beaucoup plus simple, exigeait moins d'attention, et exposait à moins d'erreurs. Cette forme ne rend pas plus difficiles les relevés que le gouvernement est dans le cas d'ordonner pour les travaux relatifs à la population. Cependant la règle de l'unité des registres n'est pas posée d'une manière si absolue, que le gouvernement ne puisse y faire exception pour les villes où les officiers de l'état civil ont plus de lumières, et où la rédaction des actes est plus multipliée. Cette latitude parut même nécessaire dans les discussions qui précédèrent la loi du 20 novembre : on disait alors que la tenue de six registres serait plus embarrassante qu'utile dans les endroits qui n'étaient pas très-peuplés.

La loi de 1792 attribuait à l'autorité administrative une 41 sorte de juridiction et de police sur la tenue des registres. En effet, elle disposait qu'ils seraient cotés et paraphés par le président du directoire de district; que l'un des doubles se- 43 rait transmis à cette administration, qui vérifierait si les actes avaient été dressés et les registres tenus dans les formes prescrites, et qu'il serait ensuite envoyé au directoire de dépar-

tement avec les observations, déposé et conservé aux archives
de cette administration. On motivait ces dispositions sur les
relations des citoyens avec l'administration de département,
les relations des départemens avec le ministre de l'intérieur
et le Corps législatif. On prétendait que les registres seraient
mieux conservés dans les archives des départemens que dans
les greffes; que ce dépôt n'avait rien de commun avec les
fonctions judiciaires; que les rapports des citoyens avec les
tribunaux, quant à leur état civil, étaient purement accidentels; qu'au contraire l'administration devait donner les états
de population et répartir les contributions dont la population
est une des grandes bases.

41-43   Ces motifs ont été reproduits dans la discussion; mais on
a répondu que l'état civil des citoyens est une propriété qui
repose, comme toutes les autres propriétés, sous l'égide des
tribunaux. Les registres doivent être cotés et paraphés par le
juge, parce que, sans cela, en cas de contestation, il serait
obligé de faire vérifier la signature et le paraphe des préfets
ou sous-préfets. Ainsi, lorsque les registres étaient tenus par
les curés, ils étaient déposés aux greffes des bailliages, et
conservés par l'autorité chargée de protéger l'état des citoyens.
On n'attente point aux droits de l'autorité administrative; ses
fonctions, qui ne sont à cet égard que de police, se bornent
à pourvoir les communes de registres : car, s'il y a des altérations, s'il survient des procès, cela ne regarde plus que
les tribunaux. Il importe que le dépôt du registre soit permanent, et l'autorité judiciaire est plus stable que l'autorité
administrative. Si les préfets ont besoin des registres pour
les états de population, on pourra les autoriser à prendre
aux greffes des tribunaux tous les renseignemens qui leur seront nécessaires. D'ailleurs, le double qui doit être déposé
aux archives de chaque commune est toujours à leur disposition.

C'est d'après ces motifs que l'on propose de faire coter et
parapher les registres par le président du tribunal de pre-

mière instance, de faire déposer l'un des doubles au greffe de ce tribunal, et d'annexer à ce double les procurations ou autres pièces dont la représentation aura été exigée. 44

Il ne suffisait pas de régler la forme dans laquelle les re- 50 à 54 gistres doivent être tenus, et d'en prescrire le dépôt, il fallait encore rendre les officiers civils responsables, prononcer des peines contre ceux qui se rendraient coupables de contravention ou de délits, imposer à une autorité étrangère à la tenue des registres le devoir d'en vérifier l'état et de poursuivre l'application des peines, réserver les dommages et intérêts des parties lésées, et fixer la compétence des tribunaux.

On doit, en effet, distinguer les simples contraventions qui sont le résultat de l'erreur ou de la négligence, d'avec les délits qui supposent des intentions criminelles, tels que les faux ou les altérations. Les contraventions ne sont punies que d'une amende qui ne peut excéder 100 fr.; les délits sont punis de peines qu'il n'appartient qu'au Code pénal de déterminer.

Le commissaire du gouvernement près le tribunal de première instance vérifie l'état des registres lorsqu'ils sont déposés au greffe; il en dresse procès-verbal sommaire; il dénonce les délits, et requiert la condamnation aux amendes.

Cette vérification ne lui donne pas le droit, ni au tribunal, de rien changer d'office à l'état des registres; ils doivent demeurer avec leurs omissions, leurs erreurs ou leurs imperfections : il serait du plus grand danger que, même sous le prétexte de régulariser, de corriger ou de perfectionner, aucune autorité pût porter la main sur les registres. L'allégation d'un vice dans un acte ne démontre pas l'existence de ce vice : c'est un fait à prouver; il peut être contesté par les tiers auxquels l'erreur prétendue a acquis des droits; c'est la matière d'un procès; les tribunaux ne peuvent en connaître que dans ce dernier cas, comme on le verra au titre *de la rectification des actes*. S'il en était autrement, l'état, la for-

tune des citoyens seraient à chaque instant compromis, et
toujours incertains.

45-46   Il n'y a que l'autorité des titres publics et de la possession
qui rende l'état civil inébranlable. La loi naturelle a établi
la preuve qui naît de la possession ; la loi civile a établi la
preuve qui naît des registres ; la preuve testimoniale seule
n'est pas d'un poids ni d'un caractère qui puisse suppléer ces
espèces de preuves, ni leur être opposée.

Toutes les ordonnances, animées de cet esprit, ont donc
voulu que la preuve de la naissance fût faite par les registres
publics ; et, en cas de perte des registres publics, elles ont
voulu que l'on eût recours aux registres et papiers domestiques des pères et mères décédés, pour ne pas faire dépendre uniquement l'état, la filiation, l'ordre et l'harmonie
des familles, de preuves équivoques et dangereuses, telles
que la preuve testimoniale, dont l'incertitude a toujours effrayé les législateurs.

L'ordonnance de 1667 avait, par une disposition formelle,
consacré ces principes, et la jurisprudence y a toujours été
conforme.

Dans le projet de loi, on a donc prévu le cas où il n'aurait
pas existé de registres, ou bien où ils auraient été perdus :
on a autorisé la preuve testimoniale de ces faits seulement,
pour admettre ensuite la preuve de l'état ; mais la manière
dont cette dernière preuve doit être faite a été renvoyée au
titre *de la filiation.*

ch. 2   Le titre II règle ce qui concerne les actes de naissance.

55-56   Les anciennes lois exigeaient simplement dans les actes de
baptême la signature du père s'il était présent, et celles du
parrain et de la marraine.

La loi de septembre 1792 exigea davantage : elle imposa
au père et à l'accoucheur présens à la naissance, ou à la personne chez qui une femme aurait accouché, l'obligation de
déclarer la naissance à l'officier de l'état civil. Elle punit de
deux mois de prison la contravention à cette disposition ; mais

on reconnut bientôt que la loi était incomplète, puisqu'elle ne déterminait pas le délai dans lequel la déclaration devait être faite. Cette omission fut réparée par la loi additionnelle du 19 décembre 1792, qui fixa ce délai à trois jours de la naissance et du décès, et qui porta la peine jusqu'à six mois de prison en cas de récidive. On ne voit point dans la discussion de ces lois le motif de ce nouveau système de déclarations; cependant il est facile de le reconnaître lorsqu'on se reporte aux circonstances. Les dissensions religieuses et politiques faisaient dissimuler des naissances; il y avait des parens qui, par esprit d'opposition à la nouvelle législation, ou par les alarmes qu'on jetait dans leur conscience, refusaient de présenter leurs enfans à l'officier civil : l'état de ces enfans était compromis. Mais il fallait éclairer plutôt que punir. La menace de la peine ne convertit point les parens de mauvaise foi; elle ne décida point les consciences timorées et crédules : tout le monde sait que la loi n'en continua pas moins à être éludée.

Maintenant que les circonstances sont changées, que la liberté des cultes existe réellement, que les persécutions religieuses ont entièrement cessé; qu'en attribuant à l'autorité civile la rédaction des actes relatifs à l'état des hommes, on ne défend point aux parens de les faire sanctifier par les solennités de leur religion, il est inutile d'employer des moyens de rigueur dont l'effet est d'ailleurs toujours illusoire. La déclaration des naissances n'a donc été conservée que comme un conseil et l'indication d'un devoir à remplir par les parens ou autres témoins de l'accouchement. On a pensé que la peine ne servirait qu'à éloigner de la mère les secours de l'amitié, de l'art et de la charité, dans le moment où, donnant le jour à un être faible, elle en a le plus besoin pour elle et pour lui. Car quel est celui qui ne redouterait pas d'être témoin d'un fait à l'occasion duquel, et pour ne l'avoir pas déclaré, il pourrait être un jour, et sans avoir eu de mauvaise intention, recherché et puni de deux ou six mois de prison? D'ailleurs, pour punir le défaut de déclaration, il faut évidemment fixer un délai dans lequel cette obligation devra être remplie; et si, par des circonstances que le législateur ne peut prévoir, cette déclaration n'a pas été faite dans le temps prescrit, il en résultera que l'on continuera à dissimuler la naissance de l'enfant, plutôt que de s'exposer à subir une peine en faisant une déclaration tardive : ainsi les précautions que l'on croirait prendre pour assurer l'état des hommes ne feraient au contraire que le compromettre; l'expérience l'a prouvé.

Les déclarations de naissance seront faites dans les trois jours de l'accouchement, à l'officier civil, par le père ou autres personnes qui auront assisté à l'accouchement : l'acte sera dressé de suite en présence de deux témoins.

L'enfant sera toujours présenté à l'officier civil. Cette formalité est nécessaire pour prévenir beaucoup d'abus; elle n'interdit point à l'officier civil de se transporter vers l'enfant, suivant l'urgence des cas.

57   Parmi les énonciations que doit contenir l'acte de naissance, il en est une, celle du nom du père, qui faisait naître quelques difficultés. Le père n'est pas toujours présent à l'acte de naissance, ni à l'accouchement; mais quand la mère est mariée, la présomption de droit qui fait la base de la paternité, suivant la maxime, *pater est quem nuptiæ demonstrant*, ayant toute sa force, l'enfant est le fils du mari, sauf les exceptions qui seront déterminées : alors il ne peut y avoir nul inconvénient à nommer le père, même absent. La difficulté n'est donc que dans le cas où la mère n'est pas mariée. Doit-on lui laisser le droit de désigner le père de l'enfant? On a pensé qu'il y aurait d'autant moins d'inconvéniens, que dans ce cas l'on a adopté le principe que la recherche de la paternité n'était pas permise, et que l'énonciation du nom du père dans l'acte, et non avouée de lui, ne pouvait faire de titre contre lui : la foi n'est plus due à la mère, comme dans l'ancienne jurisprudence; la loi ne lui accorde point de provision : d'un autre côté, il eût été trop rigoureux pour la mère et pour

l'enfant de refuser à celle-ci la faculté de désigner le père ; il y a une foule de cas où cette faculté peut devenir utile à l'une et à l'autre ; en un mot, l'enfant, quoique né hors du mariage, a intérêt à ce que son état soit constaté, et à ce qu'on lui conserve tous les commencemens de preuve qui peuvent un jour le conduire à ce résultat; mais en même temps on n'admet la désignation du père que comme simple déclaration de la mère ; l'effet de cette déclaration est subordonné aux règles contenues dans le titre *de la paternité et de la filiation*, et au jugement des tribunaux qui, dans ces sortes de matières, doivent nécessairement avoir une certaine latitude pour apprécier les divers cas que le législateur ne peut prévoir.

En refusant d'ailleurs à la mère d'un enfant né hors mariage la faculté de nommer le père dans l'acte, on donnait nécessairement aux officiers de l'état civil le droit d'exiger, à chaque naissance, la représentation de l'acte de mariage de la femme accouchée : de là l'inquisition, des contestations sur la validité de cet acte, et des retards nuisibles à l'état de l'enfant, dont il faut d'abord et essentiellement constater la naissance, sauf à contester ensuite.

Ainsi, en règle générale, l'officier de l'état civil doit toujours énoncer simplement dans l'acte le nom du père qui lui est désigné, et, dans le cas seulement où l'enfant est *déclaré* né hors mariage, n'énoncer le nom du père qui lui est désigné qu'en faisant mention que cette *désignation a été faite par la mère*.

Un article règle ce qui concerne les enfans-trouvés, comme 58 dans la loi de 1792; on a seulement évité d'employer toute expression qui tendrait à occasioner des recherches sur la paternité. Constater la naissance de l'enfant et le lieu où il est déposé, pourvoir à ses besoins, recueillir avec soin tout ce qui peut servir à le faire un jour reconnaître par ses parens, voilà les droits et les obligations de la société, voilà ce qui se pratique chez toutes les nations policées. Les recherches que

l'autorité ferait de la paternité seraient funestes aux enfans ;
elles mettraient aux prises l'honneur avec la tendresse maternelle, la pudeur avec la nature ; elles renouvelleraient le
scandale de ces crimes affreux que provoquait une législation
barbare.

59 à 61 On a prévu le cas où un enfant naîtrait pendant un voyage
de mer ; on a pourvu à ce que l'acte qui est rédigé de sa naissance ne se perdît point en cas de naufrage.

62 Enfin, comme, au titre *de la filiation*, il est traité de la reconnaissance des enfans nés hors mariage, un article statue
que les actes de reconnaissance seront inscrits sur les registres.

ch. 3. Le titre III traite des actes de mariage.

On en a soigneusement écarté tout ce qui est relatif aux
conditions, aux empêchemens, aux nullités ; tous ces objets,
tenant à la validité du mariage, ont été renvoyés au titre
qui concerne cet important contrat. On n'a réglé ici que les
formes.

63 Le mariage intéresse toute la société ; son premier caractère est d'être public ; l'ordonnance de Blois voulait que
*toute personne, de quelque état et condition qu'elle fût, ne pût
contracter valablement mariage sans proclamation précédente de
bans, faite par trois divers jours de fête, avec intervalle compétent, dont on ne pourrait obtenir dispense, sinon après la
première publication, et seulement pour quelque urgente et légitime cause.*

Mais les dispositions de cette loi furent éludées ; la formalité des publications n'était plus observée que par ceux qui
n'avaient pas le moyen de payer les dispenses : les trois publications devinrent l'exception, et les dispenses la règle habituelle.

La loi de 1792 n'exigeait qu'une publication faite huit
jours avant la célébration du mariage, et affichée pendant ce
délai.

Il est si important de prévenir les abus des mariages clan-

destins, que l'on propose de faire deux publications à dix
jours d'intervalle.

Mais les publications ne produisent réellement la publicité 63-64
que lorsqu'elles sont faites à des jours de réunion pour tous
les citoyens, ou à des jours déterminés par la loi. Cet acte
étant et devant rester purement civil, on ne pouvait nullement le mêler aux institutions religieuses ; il a donc fallu fixer
un jour, c'est le décadi ; et le lieu, devant la porte de la
maison commune, par l'officier de l'état civil. Alors les citoyens sont prévenus à l'avance par la loi, qu'au jour indiqué les publications de mariage seront faites. On a adopté
encore la précaution de l'affiche pendant les dix jours d'intervalle de l'une à l'autre publication ; et le mariage ne
pourra être célébré que trois jours après la seconde publication.

Il serait superflu de détailler ici les énonciations qui doivent être faites dans ces sortes d'actes, ainsi que la forme du
registre sur lequel elles doivent être inscrites.

Il fallait prévoir le cas où le mariage n'aurait pas été célé- 65
bré après les publications, ni dans l'année qui les suit : alors
on dispose qu'il ne pourra plus l'être sans de nouvelles publications ; le motif de cette disposition n'a pas besoin d'être
développé.

Plusieurs articles règlent la forme des oppositions, de 66 à 69
leur notification et de leur main-levée, la mention sur le
registre des publications. En cas d'opposition, l'officier de
l'état civil ne peut passer outre au mariage, sous peine de
3oo fr. d'amende, et des dommages et intérêts.

Comme la validité du mariage dépend de l'âge des con- 70 à 72
tractans, ils sont tenus de représenter leur extrait de naissance à l'officier civil ; mais il y a des circonstances où la représentation de cet acte est impossible : il est juste alors d'y
suppléer ; la faveur due au mariage l'exige. On le fera en
rapportant un acte de notoriété, qui devra être homologué

par un tribunal, qui appréciera les causes qui empêchent de rapporter l'acte de naissance.

74 Après avoir pris toutes les précautions pour assurer la publicité du mariage, et après avoir désigné les pièces que les contractans doivent produire relativement à leur état, la loi règle la célébration.

Elle doit avoir lieu dans la commune où l'un des deux époux a son domicile ; ce domicile, quant au mariage, s'établit par six mois d'habitation : c'est un principe consacré par toutes les lois.

75 C'est l'officier de l'état civil qui célèbre le mariage au jour désigné par les futurs époux, et dans la maison commune.

L'acte de célébration doit être inscrit sur les registres.

ch. 4. Le titre IV règle ce qui concerne les décès.

Les dispositions de la loi sont conformes à celle de 1792, sauf quelques modifications.

77 L'inhumation ne peut être faite sans une ordonnance de l'officier de l'état civil, qui ne pourra la délivrer qu'après s'être transporté auprès de la personne décédée, pour s'assurer du décès, et que vingt-quatre heures après le décès ; la loi ajoute, *hors les cas prévus par les règlemens de police.* Cette exception a été réclamée par plusieurs tribunaux ; il y a en effet des circonstances où le délai de vingt-quatre heures pourrait devenir funeste : il est d'une bonne police d'y pourvoir.

Le transport de l'officier de l'état civil auprès de la personne décédée est une précaution indispensable pour constater le décès. La loi l'a exigé dans des cas où celle de 1792 l'avait omis, comme celui d'un décès dans les hôpitaux, prisons et autres établissemens publics.

82 à 85 Il y a des décès qui, par leur nature et leurs causes, font exception ; la loi de 1792 n'avait réglé que ce qui concernait les corps trouvés avec des indices de mort violente.

Le projet de loi a réuni ce qui concerne en outre les exécutions à mort ou les décès en prison.

L'usage était d'inscrire sur les registres le procès-verbal d'exécution à mort; la loi du 21 janvier 1790 l'abolit, et ordonna qu'il ne serait plus fait sur les registres aucune mention du genre de mort.

On a pensé qu'il fallait étendre cette disposition à trois espèces qui les renferment toutes.

La mort violente, qui comprend le duel, et surtout le suicide.

La mort en prison ou autres lieux de détention; ce qui comprend l'état d'arrestation, d'accusation et de condamnation.

Enfin, l'exécution à mort par suite d'un jugement.

Quoique, aux yeux de la raison, les peines, et la flétrissure qui en résulte, soient personnelles, on ne peut pas se dissimuler qu'un préjugé contraire a encore beaucoup d'empire sur le plus grand nombre des hommes; dès lors, la loi, qui ne peut l'effacer subitement, doit en adoucir les effets, et venir au secours des familles qui auraient à en supporter l'injustice. Elle a donc consacré formellement le principe de celle de 1790, en disposant que, dans tous ces cas, les actes de décès seront simplement rédigés dans les formes communes aux décès ordinaires.

Elle règle ensuite ce qui concerne les décès en mer, comme elle l'a fait pour les naissances. 86-87

Après avoir embrassé dans sa prévoyance la naissance, le mariage et la mort; après avoir prévu tous les cas, et prescrit toutes les précautions capables d'assurer l'état des hommes et de prévenir les abus que la fraude, la négligence ou l'erreur peuvent introduire, elle a dû s'occuper de ce qui concerne les militaires hors du territoire de la République : c'est l'objet du titre V. ch. 5.

Les armées de la République sont composées de toute la jeunesse française, ce sont les fils de tous les citoyens que la loi y appelle sans exception; le service militaire n'est plus un métier, c'est un devoir civique : en obéissant à la voix de la patrie, chaque soldat n'en continue pas moins d'appartenir à

une famille ; il ne cesse point d'avoir le libre usage des droits
civils, dans les limites qui sont compatibles avec l'état militaire. Ainsi, lorsqu'il est sur le territoire français, ses droits
sont réglés par la loi commune ; mais, en temps de guerre,
lorsque l'armée est sur le territoire étranger, il y a nécessairement exception.

On aurait pu rigoureusement, dans le projet de loi, se contenter d'un article du titre des dispositions générales, qui
porte : *Que tous les actes de l'état civil des Français, faits en
pays étranger, feront foi lorsqu'ils auront été rédigés dans les
formes usitées dans ces pays.*

Mais, quant à cette matière, on a pensé avec raison que
la France était momentanément partout où une armée victorieuse portait ses pas ; que la patrie, pour des militaires, était
toujours attachée au drapeau.

Pendant la dernière guerre, on s'est joué du plus saint des
contrats, du mariage. Des héritiers, dont l'origine a été inconnue aux familles, viennent chaque jour y porter le trouble. Des parens sont toujours dans l'incertitude sur l'existence de leurs enfans. Il y a eu sans doute des abus que le
caractère extraordinaire de cette guerre ne permettait pas de
prévenir ; mais il en est un grand nombre qu'on peut attribuer à l'imprévoyance de la législation.

89-90   Il y aura donc un registre de l'état civil dans chaque corps
de troupes, et à l'état-major de chaque armée, pour les
officiers sans troupes et pour les employés.

96   Les fonctions d'officier de l'état civil seront remplies, dans
les corps, par le quartier-maître, et à l'état-major par l'inspecteur aux revues.

93-95-
98   Les actes seront inscrits sur ces registres, et expédition
en sera envoyée à l'officier de l'état civil du domicile des
parties, pour y être inscrits sur les registres. A la rentrée
des armées sur le territoire de la République, les registres
de l'état civil des militaires seront déposés aux archives de
la guerre.

Les publications de mariage continueront d'être faites au 94
lieu du dernier domicile des époux, et mises en outre à
l'ordre du jour des corps ou de l'armée, vingt-cinq jours
avant la célébration du mariage.

Le titre VI du projet de loi contient quelques dispositions ch 6.
relatives à la rectification des actes de l'état civil.

Il y a eu à cet égard deux systèmes.

Dans le projet du Code, on avait décidé que les ratures et
renvois non approuvés ne viciaient point le surplus de l'acte,
et qu'on aurait tel égard que de raison aux abréviations et
dates mises en chiffres : s'il y avait des nullités, le commissaire près le tribunal devait requérir que les parties et les
témoins qui avaient souscrit les actes nuls fussent tenus de
comparaître devant l'officier de l'état civil, pour rédiger un
nouvel acte ; ce qui devait être ordonné par le tribunal. En
cas de mort ou d'empêchement des témoins, ils étaient
remplacés par d'autres témoins.

La rectification pouvait aussi être ordonnée par les tribunaux, sur la demande des parties intéressées : le jugement
ne pouvait jamais être opposé à celles qui n'avaient point
requis la rectification, ou qui n'y avaient point été appelées.

Les jugemens de rectification rendus en dernier ressort,
ou passés en force de chose jugée, devaient être inscrits sur
les registres, en marge de l'acte réformé.

Ainsi l'on distinguait à cet égard deux juridictions : l'une,
que nous appellerons gracieuse, lorsque le tribunal ordonnait d'office la rectification ; l'autre, contentieuse, lorsque la
rectification était ordonnée sur la demande des parties : ce
dernier mode forme le second système.

Le premier système a paru susceptible d'inconvéniens, en
ce que l'on entamait la question des nullités des actes de
l'état civil, qu'il est impossible de préciser assez exactement,
et qu'il vaut mieux laisser en litige et à l'arbitraire des juges,
suivant les circonstances, sauf quelques cas graves spéciale-

ment déterminés aux divers titres du Code civil, tels que ceux du mariage et de la filiation.

Ensuite on a pensé que rien ne justifiait cette vérification d'office requise par le commissaire, et ordonnée par le tribunal : on ne conçoit pas comment elle pouvait être faite sans donner lieu à de graves inconvéniens. Les registres de l'état civil sont, comme nous l'avons déjà dit, un dépôt sacré ; nulle autorité n'a le droit de modifier ou de rectifier d'office les actes qui y sont inscrits. Si le commissaire près le tribunal est tenu de vérifier l'état des registres lorsqu'ils sont déposés au greffe, ce ne peut être que pour constater les contraventions ou les délits commis par les officiers de l'état civil, et pour en requérir la punition ; c'est une vérification de police qui ne doit nullement influer sur la validité des actes : c'est ainsi que la loi de 1792 l'avait décidé. Les erreurs, les omissions et tous les vices qui peuvent se rencontrer dans les actes de l'état civil, acquièrent des droits à des tiers : s'il y a lieu à rectification, elle ne doit être ordonnée que sur la demande des parties, et contradictoirement avec tous les intéressés : en un mot, la rectification officieuse serait absolument inutile, puisque les partisans de ce système ne peuvent pas s'empêcher de convenir qu'elle ne pourrait jamais être opposée à ceux qui n'y auraient pas consenti, ou qui n'y auraient pas été appelés.

Le projet de loi n'adopte donc la rectification que sur la demande des parties et contradictoirement avec tous les intéressés. La rectification ne peut jamais être opposée à ceux qui y ont été étrangers, lorsque le jugement qui l'ordonne est rendu en dernier ressort ou passé en force de chose jugée. Il doit être inscrit sur les registres en marge de l'acte réformé.

fin du
tit. 2

Il n'y a point de modèles ou formules d'actes annexés à la loi : il peut être utile d'en transmettre aux officiers de l'état civil, pour en faciliter la rédaction et pour la rendre uniforme ; mais ces modèles sont susceptibles de perfection ; il faut que l'on puisse y faire les changemens dont l'expérience démontrera l'utilité. Il serait fâcheux d'être lié à cet égard par une loi, par un Code civil, dont la perpétuité doit être dans le vœu des législateurs et des citoyens. Le Code règle la forme des actes ; des modèles ne sont plus qu'un acte d'exécution dont, à la rigueur, on pourrait se passer. Mais le gouvernement y pourvoira.

Tels sont, législateurs, les motifs du projet de loi qui vous est présenté.

Le Corps législatif arrêta que le projet, avec l'exposé des motifs, seraient communiqués officiellement au Tribunat par un message.

COMMUNICATION OFFICIELLE AU TRIBUNAT.

M. Duchesne, rapporteur de la commission spéciale(*), choisie par le Tribunat, sur la communication officielle, présenta son rapport le 2 nivose an X (23 décembre 1801). La discussion s'ouvrit et le Tribunat entendit, dans la séance du 4 de ce mois, l'opinion de Benjamin Constant contre : dans celle du 5, l'opinion de Perreau et celle de Roujoux pour : dans la séance du 6, l'opinion de Duveyrier et celle de Siméon pour ; puis celle de Caillemer contre ; un tableau analytique des conséquences de l'article 60, par Sedillez ; l'opinion d'Andrieux pour ; et celle de Grenier contre : enfin, dans la séance du 7, l'opinion de Huguet pour ; un résumé de Duchesne sur ; l'opinion de Parent-Réal contre ; une seconde opinion de Benjamin Constant contre, et une seconde de Siméon pour.

(*) Cette commission était composée des tribuns Costé, B. Constant, Delpierre, Duveyrier, Perreau, Sedillez et du rapporteur.

RAPPORT FAIT PAR LE TRIBUN DUCHESNE,
POUR L'ADOPTION DU PROJET.

Tribuns, la commission dont je suis l'organe s'empresse
de vous rendre compte de l'examen qu'elle a fait du projet
de loi relatif *aux actes de l'état civil*, et du résultat de son
opinion.

Parmi les nombreux projets qui vont successivement se
rattacher à la confection du Code civil, celui-ci mérite d'être
distingué, bien moins par la solution de ces ingénieux pro-
blèmes auxquels l'esprit humain aime à s'associer, que par
l'extrême importance de son objet, par la sagesse de ses principes, et par l'évidence d'une théorie fondée sur l'expérience
de plusieurs siècles.

Tous les peuples civilisés se sont en effet occupés du soin
de constater d'une manière authentique les naissances, les
mariages et les décès ; et ce soin appartient encore plus essentiellement à des Républiques, dont les institutions doivent sans cesse rappeler l'homme au sentiment de sa dignité
naturelle, où les droits de citoyen sont reconnus et respectés,
où il importe par conséquent à tous, même pour le maintien
de l'égalité politique, que les formes des actes de l'état civil
soient invariablement réglées par la loi.

Sous ce premier rapport, l'utilité, la nécessité même du
projet qui vous est soumis, ont paru manifestes à votre commission, puisqu'il s'agit de concilier sur cette matière les ordonnances anciennes avec les lois nouvelles, de rectifier dans
celles-ci ce que l'usage y a fait entrevoir d'abusif et de défectueux, et d'établir enfin un système parfaitement uniforme, soit pour la rédaction, soit pour le dépôt, soit pour
la rectification des actes de l'état civil.

Il a paru en même temps à votre commission que ce triple
objet étant du domaine de la législation civile, il appartenait
éminemment à la matière d'un Code universel rédigé pour

la France libre, et qu'il y eût eu beaucoup d'inconvéniens de l'abandonner à des lois réglementaires, trop souvent versatiles.

Tout ce qui a rapport à la forme des actes de l'état civil a donc dû trouver naturellement sa place dans ce monument que la sagesse, la raison, et toutes les lumières réunies élèvent à la postérité sur un monceau de ruines.

Ainsi l'ont pensé les rédacteurs du premier projet de Code, dont nous ne citerons jamais les noms qu'avec reconnaissance; ainsi l'a pensé l'autorité saisie de l'initiative, et qui en use avec tant de zèle, de succès et de gloire, pour accomplir, à l'aide d'une meilleure législation, les hautes destinées du peuple français : ainsi vous le penserez sans doute, tribuns; et dès-lors il ne nous reste à examiner que l'économie générale, les principes et les dispositions particulières du projet de loi.

D'abord le plan nous en a paru fort bien conçu. Le titre premier est consacré à l'exposition des règles générales sur les actes de l'état civil ; le second établit les règles particulières qui devront être observées dans les actes de naissance ; le troisième contient celles qui devront l'être dans les actes de mariage; le quatrième renferme les règles à observer dans les actes de décès; le cinquième, qui n'est en quelque sorte qu'un appendice des trois précédens, établit une législation nouvelle, mais infiniment digne d'éloges, relativement aux divers actes de l'état civil qui concernent les militaires hors du territoire de la République; le sixième n'a rapport qu'au mode de rectification des actes de l'état civil.

Vous remarquerez sans doute, tribuns, que dans cette nomenclature du projet de loi, ne se trouvent pas compris les actes relatifs, 1° au *divorce*, dans les cas où il aura été légalement prononcé ; 2° à l'*adoption*, en présupposant qu'elle soit admise dans le nouveau Code, comme elle l'a été en principe par un décret de la Convention nationale.

Mais l'orateur du gouvernement a déjà expliqué, dans les

fin des ch. 2 et 3.

7.

motifs du projet de loi, la cause de cette apparente omission.

Le Conseil d'État n'ayant encore rien arrêté sur le *divorce* ni sur l'*adoption*, il a paru plus convenable de renvoyer le réglement des formes aux titres du Code qui auront rapport à ces deux importantes matières.

L'indication de ces formes aurait dû cependant trouver naturellement sa place dans les titres généraux et particuliers des *actes de l'état civil* dont nous nous occupons ; et à ce sujet, votre commission a souvent regretté qu'au lieu de soumettre séparément à la discussion les premiers titres du nouveau Code, le gouvernement n'ait pas préféré de présenter à la fois, au Corps législatif (sauf à les discuter séparément), tous les divers projets de loi qui peuvent avoir rapport à l'*état civil* des citoyens.

Alors chacun de nous eût pu en saisir facilement l'ensemble, suivre la chaîne des principes qui doivent les régir, les comparer entre eux et en examiner toutes les conséquences ; la marche de la discussion au Tribunat et au Corps législatif eût été plus grande, plus rapide et plus sûre. Un faisceau de lumières, répandant ses rayons sur toute l'importante matière de l'état civil, aurait dissipé beaucoup de craintes et d'incertitudes. Enfin, nous n'eussions pas été réduits à chercher, pour ainsi dire à chaque pas, la solution d'un doute ou l'espoir d'une amélioration dans des lois futures, corrélatives avec les premiers titres qui nous sont soumis, et dont néanmoins les élémens ne paraissent pas encore irrévocablement fixés au Conseil d'État.

Ce vœu de votre commission est né, non seulement du silence du projet de loi sur la forme matérielle des actes de divorce et d'adoption, mais encore à l'occasion de plusieurs articles de ce projet, qui se réfèrent implicitement ou explicitement aux titres futurs concernant la *paternité* et la *filiation*, les *droits et devoirs des époux*, les personnes qui auraient droit de former opposition aux mariages, etc.

Quoi qu'il en soit, nous ne vous présenterons point nos

vues à cet égard comme un motif de rejet, ni même comme un motif de suspendre l'examen du projet dont il s'agit, jusqu'à la présentation successive de tous les autres titres qui doivent y correspondre.

Si nous nous permettons d'émettre une opinion sur l'utilité qu'on eût pu retirer d'un plus grand ensemble dans la rédaction définitive des projets qui se rattachent aux grandes questions de l'état civil, c'est bien moins dans un vain esprit de critique sur ce qui s'est passé jusqu'à présent, que pour appeler l'attention du gouvernement sur ce qu'il conviendrait peut-être de faire pour l'avenir, afin de débarrasser la discussion du Code civil d'une multitude d'entraves.

Nous nous hâtons donc de passer à l'examen des principes généraux, sur lesquels reposent toutes les dispositions particulières du projet de loi que nous discutons en ce moment.

Le plus important de ces principes, c'est que « les actes « de l'*état civil* appartiennent (comme ils auraient dû tou- « jours appartenir) à la seule *autorité civile*. »

La loi qui préside à la naissance d'un citoyen doit aussi le protéger dans tous les actes essentiels de sa vie, et l'accompagner jusqu'au tombeau. Les actes de naissance et d'adoption, de mariage et de divorce, de même que les actes de décès, sont donc exclusivement dans son domaine.

Ce grand principe avait déjà été adopté par l'Assemblée constituante, lorsqu'elle décréta qu'il serait établi, pour tous les Français sans distinction, un mode de constater les naissances, les mariages et les décès ; mais il n'obtint un triomphe complet qu'à l'époque de la discussion célèbre qui précéda l'adoption de la loi du 20 septembre 1792.

Cette loi est le monument le plus remarquable de la sagesse de la première législature. Alors nous vivions sous l'empire d'une prétendue Constitution civile du clergé ; et quoique la liberté de tous les cultes eût été antérieurement reconnue, la puissance ecclésiastique n'avait pas moins la prétention de se maintenir, par le moyen de ses ministres , en possession de tous les actes de l'état civil.

Il s'agissait donc de mettre un terme à son antique usurpation, pour restituer à l'autorité civile des droits que des préjugés religieux mal entendus avaient fait perdre en France depuis plusieurs siècles.

Rendons grâces, tribuns, aux orateurs qui se montrèrent les vrais amis de la liberté de leur pays, dans cette discussion mémorable, et à la législature qui seconda leurs généreux efforts. Rendons grâces surtout aux progrès de la raison et de la philosophie, qui ne permettent plus de remettre en problème une question si fortement controversée à l'aurore de la révolution française.

Le même principe qui fut consacré par la loi de 1792, le gouvernement vous propose de le consacrer de nouveau par le projet de loi sur les actes de l'état civil. De là naissent les attributions maintenues au profit des agens de l'autorité civile, pour la rédaction de ces actes, à l'exclusion de tous les ministres des cultes; de là les registres confiés à ces mêmes agens, préposés par elle; de là les publications de mariage qu'elle doit diriger, autoriser et surveiller; de là enfin la nécessité de célébrer les mariages dans la maison commune.

Sur tous ces points, les maximes de notre droit public actuel sont trop en harmonie avec celles qu'a professées l'orateur du gouvernement, pour qu'il puisse s'élever le moindre débat contradictoire dans cette enceinte. Votre commission n'aura donc à porter ses regards que sur les conséquences des principes, et vous en retrouverez bientôt la juste application dans les divers articles du projet de loi.

41-43   Un second principe, adopté par le même projet, transporté à l'autorité des tribunaux les diverses attributions que la loi du 20 septembre 1792 avait données à l'autorité administrative, relativement à la forme des registres, à leur dépôt, et à la rectification des actes de l'état civil.

Nous vous devons également un compte succinct des puissans motifs qui ont donné lieu à ce changement.

Toutes les raisons qu'on pourrait faire valoir en faveur de l'autorité administrative, et qui avaient prévalu en 1792, ont dû céder aux considérations suivantes :

1°. Il peut survenir une multitude de contestations sur les actes de l'état civil : les tribunaux d'arrondissement en connaissent ; il convient donc que leurs présidens restent chargés de *coter et parapher* les registres; sans quoi chaque contestation de ce genre exigerait la vérification préalable des paraphes apposés sur ces mêmes registres par le sous-préfet ou par le préfet. Il n'y a d'ailleurs rien d'administratif dans cette opération, autrefois confiée aux baillis et sénéchaux.

2°. Quant au dépôt des registres, pourquoi ne serait-il pas aussi bien placé dans les greffes des tribunaux (qui sont forcés chaque jour d'y recourir), que dans les archives d'une administration, qui présente bien moins de stabilité que les tribunaux?

3°. Soit qu'il y ait eu faux ou altération dans les actes de l'état civil, soit qu'il y ait eu simplement une omission dans les formalités prescrites, ou qu'il s'y soit glissé des erreurs dans les dates et dans les désignations de noms ; dans tous ces cas, il ne peut en résulter qu'une action criminelle, correctionnelle ou civile : les unes et les autres sont de la compétence des tribunaux. L'autorité administrative ne doit y intervenir sous aucun rapport : il serait même inconvenant de l'interposer dans les simples rectifications, fondées sur de légères erreurs ou omissions; car, dans toutes, il se trouve une personne directement intéressée, ou des tiers intéressés, et le projet a sagement voulu qu'ils fussent entendus préalablement : or, ils ne peuvent l'être que devant les tribunaux compétens.

Le législateur fera donc bien de trancher toutes ces difficultés, en transportant à l'autorité judiciaire ce que la nature même des choses place dans les attributions de cette autorité

recommandable. Fort de l'exemple du passé, il doit être de plus rassuré par la certitude que l'admission d'un tel principe n'entraînera jamais aucune conséquence dangereuse.

50   Un troisième principe, reproduit et conservé par le projet de loi, établit la responsabilité des fonctionnaires et autres agens chargés du dépôt des actes de l'état civil.

Ce principe est trop juste pour qu'il soit besoin de faire sentir la nécessité de le maintenir dans toute sa latitude. On ne saurait prendre en effet trop de précautions pour assurer la preuve de l'état des personnes ; et c'est sur ces précautions que le repos des familles, la transmission légale de leurs biens, ainsi que la conservation de presque tous leurs intérêts civils, sont éminemment fondés.

Nous nous contenterons donc d'observer que le projet de loi adoucit, autant qu'il est possible, la sévérité de la règle. Les simples contraventions ne seront pas punies comme les fautes graves, ni celles-ci comme de véritables délits ; les contraventions seront réprimées par de simples *amendes* ; les fautes graves et véritablement préjudiciables aux parties, le seront par des *dommages et intérêts* : les délits seuls pourront l'être par la rigueur du Code pénal.

ch. 5.   Il nous reste à vous rendre compte d'un quatrième principe, qui honore également la raison et la philantropie, dont le code d'aucun peuple n'offre l'heureux modèle, et dont la conception ajoute un nouvel éclat à la gloire du premier magistrat de la République.

C'est lui qui, le premier (a), a fait retentir cette vérité : « que le drapeau, dans quelque endroit qu'il se trouve, fixe « la véritable résidence du militaire français ; que lorsqu'il « est sous ce drapeau, il n'est point chez l'étranger. » De là la conséquence que sa qualité prééminente de citoyen français l'accompagne aux armées ; qu'ainsi la loi civile de son pays doit aussi l'y suivre, le protéger, et établir en sa faveur

(a) Procès verbal des conférences sur le Code civil.

des règles particulières, soit pour constater son mariage ou son décès, soit pour assurer l'état de ses enfans.

Ces motifs, développés avec éloquence par l'orateur du gouvernement, ont donné lieu à l'admission du nouveau mode établi par le titre V du projet de loi, pour régulariser les divers actes de l'état civil, lorsqu'ils intéressent des militaires employés hors du territoire de la République.

« La France, a-t-il dit, est momentanément partout où « une armée victorieuse porte ses pas : la patrie, pour des « militaires, est toujours attachée au drapeau. D'ailleurs le « service militaire n'est plus un métier, mais un devoir ci- « vique : en obéissant à la voix de la patrie, chaque soldat « ne continue pas moins d'appartenir à une famille.... Tant « qu'il est sur le territoire français, ses droits civils sont ré- « glés par la loi commune ; mais, en temps de guerre, lors- « que l'armée est sur le territoire étranger, il y a nécessai- « rement exception. »

Après avoir ainsi fixé les principes politiques, le projet en déduit toutes les conséquences; et il n'est pas temps encore de vous les exposer.

Qu'il nous suffise ici de vous dire que ce principe a été unanimement adopté par votre commission comme étant en parfaite harmonie avec le vœu national; et vous applaudirez sans doute, ainsi que nous l'avons fait nous-mêmes, à l'in- génieuse idée de le consacrer formellement par le nouveau Code.

Après vous avoir entretenus des principes d'où vont décou- tit. 2 ler toutes les dispositions du projet de loi, j'aurai peu de chose à vous dire sur les règles de détail qui y sont admises.

Je l'ai déjà observé, toutes ces règles sont tirées, ou des anciennes ordonnances (parmi lesquelles il suffit de citer celle de 1667, et la déclaration du 9 avril 1736), ou de la loi du 20 septembre 1792, qui a pour elle l'expérience de plusieurs années.

Quelques réformes étaient cependant généralement dési-

rées, et cette même expérience en avait fait reconnaître la
nécessité ; mais vous jugerez bientôt que les additions et dé-
rogations faites à la loi de 1792 n'ont eu pour but que de
lui donner une perfection toujours désirable, sans en altérer
aucunement l'esprit.

ch. 1ᵉʳ.   **Nous** fixerons d'abord votre attention sur le titre premier,
qui ne contient que des *dispositions générales sur les actes de
l'état civil.*

Les formes intrinsèques, c'est-à-dire celles qui règlent essentiellement la validité des actes de l'état civil, sont déterminées par les dix premiers articles de ce titre, d'une ma-
36 nière qui ne laisse rien à désirer. Nous remarquerons seulement la précaution très-sage qui a été prise, et qui ne l'était
pas auparavant, de soumettre ceux qui représentent l'une
des *parties intéressées* à produire une procuration spéciale,
en forme *authentique*, afin de prévenir toute surprise.

40-41-   Les trois articles suivans, qui portent les numéros 43, 44
42   et 45, concernent la tenue des registres, l'obligation de les
faire coter et parapher par le président du tribunal de première instance, et les formes intrinsèques des titres de l'état
civil, qui doivent y être inscrits de suite, et par ordre de
dates.

Cette dernière disposition vous annonce assez que, dans le
système du projet, on est revenu à l'usage établi avec succès
par la déclaration de 1736, de n'avoir, pour les naissances,
les mariages et les décès, qu'un seul registre, tenu *à double ;*
ce qui est bien préférable à la multiplication de registres, introduite par la loi de 1792, pour chaque espèce d'actes.

43   Les registres, ainsi tenus à double, seront clos et arrêtés,
à la fin de chaque année, par les officiers de l'état civil ; puis
déposés, l'un aux archives de la commune, l'autre au greffe
44 du tribunal de première instance, où seront également déposées les procurations et autres pièces qui doivent demeurer
annexées aux actes de l'état civil.

C'est la disposition des articles 46 et 47. J'ai suffisamment expliqué les motifs qui ont fait donner la préférence aux greffes des tribunaux, pour y placer le *dépôt* des registres.

L'article 48 charge les dépositaires de délivrer les extraits des actes contenus dans ces registres; ces extraits feront foi jusqu'à inscription de faux, lorsqu'ils auront été *légalisés* par le président du tribunal, ou par le juge qui le remplacera. **45**

Cette dernière mesure nous a paru incomplète. Il eût été peut-être utile d'autoriser le juge de paix à légaliser les extraits dont il s'agit, en concours avec le premier magistrat du tribunal, afin d'éviter aux parties des longueurs et des frais de déplacemens inutiles.

L'article 49, prévoyant le cas où il n'aura pas existé de registres, et celui où ils seront perdus, en autorise la *preuve*, *tant par titres que par témoins*, conformément à l'ordonnance de 1667. **46**

Cette disposition était absolument nécessaire. Nous nous bornerons donc à remarquer que, dans la rédaction adoptée au conseil d'état (séance du 24 fructidor an IX), on avait ajouté que, dans le cas prévu, « les mariages, naissances et « décès pourraient être justifiés, tant par les registres ou pa- « piers domestiques des père et mère décédés, que par té- « moins ; sauf la preuve contraire par les parties intéressées. » Cette dernière partie de l'article se trouve retranchée dans le projet ; ce qui nous porte à croire que le développement du principe aura été réservé pour être placé dans le titre de la *filiation* et de ses preuves.

L'article 50 admet, comme probatoires, les actes de l'état civil faits en pays étrangers, lorsqu'ils auront été rédigés dans les formes qui y sont usitées. **47**

L'article 51 pourvoit, d'une manière satisfaisante, aux formalités à remplir lorsqu'il écherra de faire mention d'un acte de l'état civil, en marge d'un autre acte déjà inscrit. **49**

Tout ce qui peut avoir rapport aux *contraventions* des fonctionnaires chargés de la rédaction des actes de l'état ci- vil, à la *responsabilité* légale des dépositaires des registres, **50** **51-52** aux altérations ou aux faux qui auraient pu être commis sur ces mêmes registres, est réglé par les articles 52, 53 et 54, mais avec les tempéramens convenables pour ne point confondre les simples erreurs ou omissions, de même que les fautes, quoique graves, avec de véritables délits, et pour graduer en conséquence les moyens de répression.

53   Par l'article 55, le commissaire du gouvernement auprès du tribunal de première instance, est tenu de vérifier l'état de chaque registre lors du dépôt qui en est fait, d'en dresser procès-verbal, de dénoncer les contraventions ou délits commis par les officiers de l'état civil, et de requérir contre eux la condamnation aux amendes.—On ne peut qu'applaudir à la sagesse de ces mesures de police.

54   Enfin, l'article 56, qui est le dernier de ce titre, laisse aux parties intéressées le droit de se pourvoir, par les voies ordinaires, contre les jugemens des tribunaux de première instance, qui auront statué sur des actes de l'état civil.

ch. 2.   Nous arrivons ainsi au titre II, qui concerne spécialement les *actes de naissance*.

Ici, le projet de loi, à l'exemple de toutes les lois antérieures, redouble d'attention pour recueillir, avec une scrupuleuse exactitude, les premières et les plus importantes preuves de la filiation des hommes.

55-56-57   Les articles 57, 58 et 59 prescrivent les déclarations à faire concernant les naissances, par quelles personnes elles doivent l'être; la nécessité de présenter l'enfant à l'officier public; et tout ce qui doit être inséré dans l'acte, soit pour en assurer la date, soit pour reconnaître l'enfant, indiquer son sexe, ainsi que les noms, prénoms, professions et domiciles, tant de ses père et mère que des témoins.

Le projet retranche, avec raison, les *peines* infligées par la loi du 2 septembre 1792, et par celle du 19 décembre suivant, tant à l'accoucheur qu'à la personne chez laquelle la mère était accouchée, lorsqu'ils avaient négligé de faire, dans un délai prescrit, la déclaration de naissance.

On a compris, d'un côté, que, par des circonstances imprévues, il pourrait souvent arriver que cette déclaration, dans un bref délai, serait absolument impossible ; et, d'un autre côté, que la crainte d'une *peine* pourrait souvent éloigner de l'enfant et de sa mère les secours de la pitié, de l'art, et même ceux de l'amitié, dans le moment où ils leur sont le plus nécessaires.

C'est donc pour leur propre intérêt bien entendu que le projet se borne sagement à une simple *invitation*, et qu'il supprime des *dispositions pénales* dont l'utilité n'a pu se faire sentir qu'au moment même où il s'agissait de vaincre un préjugé invétéré, en transportant à des officiers *civils*, par la loi de 1792, des fonctions jusqu'alors dévolues aux seuls ministres des cultes.

L'article 60 est l'un de ceux qui ont donné lieu à un dissentiment d'opinions dans le sein de votre commission. ap 57

Il dispose que, « s'il est déclaré que l'enfant est né hors « mariage, et si la mère en *désigne le père*, le nom du père « ne sera inséré dans l'acte de naissance qu'avec la mention « formelle *qu'il a été désigné par la mère*. » Ce qui suppose, pour le dire en passant, qu'en pareil cas elle aura donné, conformément à l'article 39, une procuration authentique.

On objecte que cette faculté, donnée à la mère, de déclarer le nom du *père* d'un enfant né hors mariage, emporterait une sorte de commencement de preuve contraire à la maxime aujourd'hui reçue, qui exclut toute *recherche de la paternité ;* qu'à côté de cette maxime salutaire, l'autorisation ainsi donnée à la mère serait absolument inutile et sans objet, mais que, de plus, elle pourrait devenir abusive et dangereuse : —abusive, en ce qu'elle ferait revivre, jusqu'à un certain point, le faux adage *creditur virgini ;* dangereuse, et d'ailleurs immorale, en ce qu'elle présenterait, à des filles perdues de mœurs, l'appât de mettre à contribution des hommes mariés, des vieillards, ou d'autres citoyens respectables, qui préféreraient presque toujours un sacrifice pécu-

niaire au désagrément de voir leurs noms inscrits sur un registre public, comme *pères* dénaturés d'un enfant qui, souvent,
ne leur appartiendrait pas; enfin, que, quand même la loi
leur accorderait, en pareil cas, ou l'action d'injure, ou le
droit de faire réformer l'acte de naissance, il faudrait bien
alors admettre réciproquement la mère à prouver, par exception, ses liaisons antérieures avec le père *désigné* par elle; ce
qui deviendrait une recherche indirecte de la paternité, et
tendrait à la subordonner à la preuve testimoniale.

Mais ces objections, quoique graves en apparence, ont
paru, à la majorité de votre commission, devoir céder à des
considérations d'un ordre supérieur.

1°. Nulle atteinte n'est ici portée au principe qui défend,
hors d'un mariage légitime, la recherche de la paternité,
lorsqu'elle n'est pas avouée; car la seule *déclaration* de la
mère ne poura être, en aucun cas, opposée au prétendu père
qui refusera de reconnaître l'enfant : jamais aussi elle ne
pourra être considérée comme un *commencement de preuve* à
son égard.

2°. Ce n'est point dans l'intérêt propre de la *mère* qu'on lui
laisse, par l'article 60, la faculté de désigner le nom du *père*,
puisqu'aucun avantage personnel ne peut en résulter pour
elle. Mais l'intérêt du malheureux enfant, jeté sur une terre
hospitalière, et abandonné, pour ainsi dire, au moment de
sa naissance, l'exige impérieusement ainsi.

Cet enfant peut être un jour formellement *reconnu* par son
véritable père, et il importe que cette reconnaissance s'accorde avec le premier titre de sa filiation; sans quoi elle
pourrait être contestée et attaquée, sous divers prétextes,
par d'avides collatéraux.

Il a pu, d'ailleurs, naître d'un mariage clandestin, ou d'un
mariage contracté en pays étranger, et susceptible de réhabilitation, ou enfin d'une union réprouvée par les lois de son
pays, et néanmoins avouée par l'honneur et par la nature.
— Quelle injustice y a-t-il donc de permettre, dans tous ces

cas, que le père soit indiqué dans l'acte de naissance, dès que cette indication ne lui impose aucun devoir, et qu'il n'en résulte contre lui aucun préjudice?

3°. La crainte de voir troubler le repos des familles, ou celui de quelques classes de citoyens, par des déclarations de ce genre, est d'autant plus chimérique, qu'il sera libre à chacun de les mépriser, dès qu'elles ne produiront ni preuve ni semi-preuve de la *paternité*. Craignons plutôt qu'elles ne soient pas assez puissantes pour inspirer un retour de justice à ces êtres corrompus qui se jouent impunément de la crédulité des faibles victimes de leur passion brutale, et qui dédaignent ensuite de porter un regard de pitié sur leurs enfans illégitimes!

Les Sybarites aussi craignaient qu'on ne troublât leur sommeil; mais il était bon de les réveiller pour leur apprendre que des actions honnêtes et vertueuses leur offraient un meilleur emploi de leur temps.

4°. Enfin, lorsqu'une mère se déterminera, en vertu de l'article 60, à désigner le nom de l'enfant né hors du mariage, elle devra savoir qu'elle ne peut le faire qu'au péril de l'*action d'injure*; et certes on ne l'admettrait pas, pour s'y soustraire, à prouver la vérité du fait, ni même des assiduités antérieures. L'honneur des mœurs et les principes actuellement reçus s'y opposeraient. C'est donc bien vainement qu'on pourrait craindre, à cette occasion, une *recherche indiscrète de la paternité*.

Fondée sur tous ces motifs, la majorité de votre commission n'a pas hésité de penser que la disposition dont il s'agit doit être maintenue, et qu'elle ne saurait donner lieu au rejet, dès-lors surtout que la déclaration, purement facultative de la mère, restera toujours subordonnée aux règles qui vont être bientôt établies dans les titres de la *paternité* et de la *filiation*, ainsi qu'on le trouve annoncé dans l'exposé des motifs.

S'il m'est permis de mêler mon opinion individuelle à celle

de la commission, j'ajouterai qu'on s'est étrangement mépris jusqu'à présent sur le but et les effets de l'ancienne maxime, *creditur virgini juranti se ex tali esse prægnantem.*

L'auteur lui-même de cet adage (a) en avait excepté les filles de mauvaise vie, *non autem meretrici creditur.* La règle n'était donc jamais applicable, comme on a pu le croire, à de viles prostituées.

Née dans des temps, et faite pour des pays où les mœurs étaient encore pures, cette maxime n'était véritablement profitable qu'aux victimes d'une séduction réelle, ou de l'excès d'une passion toujours excusable.

Aussi, dans le petit nombre de tribunaux qui l'avaient admise sans restriction, écartait-on avec soin les déclarations faites par des filles déjà décriées; celles qui étaient le résultat d'une seconde faiblesse; celles qui portaient contre des hommes mariés, parce qu'alors la séduction n'avait plus d'excuse; celles enfin qui étaient faites par des filles majeures.

Avec ces divers tempéramens, l'honnêteté publique était respectée, et les abus de la maxime extrêmement rares. La déclaration assermentée d'une fille enceinte, lorsqu'elle n'était pas contredite, produisait, dans le ressort de ces tribunaux, le double effet de fonder son action d'indemnité, et d'obliger la personne dénommée à se charger de l'enfant; dans tous les cas, cependant, la *provision* lui était accordée.

Je demande maintenant si l'excès de rigueur contraire influera autant qu'on le pense sur les mœurs nationales; s'il ne conduira jamais à de graves injustices; s'il ne produira point le désastreux effet, en réduisant de malheureuses filles au désespoir, de multiplier, à la charge de l'état, les enfans abandonnés.

Je ne prétends point, au reste, qu'on dût rétablir la maxime *creditur virgini*, inventée par des hommes justes en faveur de l'innocence séduite; elle ne conviendrait plus à des mœurs dépravées, même au sein des campagnes.

(a) Le président Faber.

Mais où serait l'inconvénient d'admettre la déclaration d'une fille mineure, et d'ailleurs honnête, si elle ne produisait d'autre effet que d'obliger, par provision, à se charger de l'enfant, celui qui en serait désigné le père ? Où serait celui de réserver, d'un autre côté, à la mère, dans le cas d'une séduction légalement prouvée, son action en dommages et intérêts ?

J'abrège ces réflexions, en quelque sorte étrangères à l'article 60, que nous discutons en ce moment, et qui seront mieux placées sous le titre de *rapt et séduction*, pour me hâter de vous faire connaître le surplus des dispositions du titre II.

L'article 61 indique toutes les formalités à remplir pour la **58** rédaction de l'acte de naissance d'un enfant exposé, et les déclarations à faire de la part de ceux qui l'auront présenté à l'officier public.

Il renferme une nouvelle preuve de l'attention qu'on a eue d'écarter scrupuleusement tout ce qui pourrait favoriser, en pareil cas, la recherche indiscrète de la paternité, en prescrivant néanmoins l'obligation de recueillir ce qui pourra servir un jour à la reconnaissance du nouveau-né.

Les articles 62, 63 et 64 prescrivent, avec le même soin, **59 à 61** les précautions nécessaires pour assurer l'état des enfans qui naîtront dans un voyage de mer. Ils indiquent les personnes qui pourront faire les fonctions de l'officier public ; ils désignent le rôle d'équipage comme devant servir de registre ; ils tracent enfin les formalités à remplir, soit dans le port du désarmement, soit en cas de relâche du bâtiment dans un port étranger.

L'article 65, qui est le dernier de ce titre, ordonne l'ins- **62** cription, sur les registres, de l'acte de *reconnaissance* d'un enfant, dans le cas où elle pourra avoir lieu selon les règles qui seront établies au titre de la *filiation ;* ce qui nous a paru absolument indispensable.

Passons au titre III, qui concerne les actes de mariage.

Les articles 66, 67 et 68 règlent tout ce qui concerne les **63-65**

VIII.   8

publications de mariage, l'autorité d'où elles doivent émaner, les formalités qui y seront remplies, et les effets qu'elles doivent produire.

Nous nous sommes demandé, à cet égard, pourquoi *deux* publications à dix jours d'intervalle, tandis que la loi de 1792 n'en exigeait qu'*une seule*, dont le délai était plus abrégé? N'en résultera-t-il pas l'inconvénient majeur de mettre une grande gène, et de faire naître souvent des obstacles insurmontables dans des unions que l'intérêt ou la position particulière des époux et de leurs familles commande d'accélérer? Ce nouveau système ne tend-il pas aussi à faire naître des oppositions tardives, et, par cela même, peu favorables?

Mais, il paraît qu'en proposant ce changement à la législation actuelle, on a eu essentiellement en vue de prévenir, par une plus grande publicité, les mariages *clandestins;* et c'était aussi par le même motif que nos anciennes ordonnances avaient exigé jusqu'à *trois publications* consécutives.

En second lieu, la rigueur du principe, et celle qu'entraînerait souvent un trop long délai, se trouvent tempérées par un autre principe déjà adopté au Conseil d'État (séance du 4 vendémiaire); savoir : « qu'il y aura des *dispenses*, et qu'elles pourront être accordées pour la seconde publication seulement. »

Il y aurait, sans doute, beaucoup d'objections à faire sur ce système de *dispenses*, qui répugne, au premier abord, à nos maximes républicaines : car, ou la chose est juste et nécessaire; alors c'est la loi elle-même qui doit *dispenser* : ou il n'y a ni nécessité, ni justice; et alors pourquoi laisser les dispenses à la discrétion du magistrat?

Mais, puisque, dans tous les temps, et pour tous les cultes, on a cru ce remède utile; puisque l'autorité civile se ressaisit du droit de l'appliquer, et que c'est là une conquête de plus sur une autre puissance qui l'avait usurpée, votre commission pense qu'il ne conviendrait point de la repousser, et qu'en conséquence il y a lieu d'admettre les articles du projet, relatifs aux publications.

Il était ensuite juste de fixer le délai dans lequel on serait obligé de les renouveler; c'est ce qu'a fait l'article 68, qui accorde une année toute entière pour en faire usage.

Les articles 69, 70, 71 et 72 traitent des *oppositions;* de 66 à 69 leur effet suspensif; de la mention qui doit en être faite sur le registre particulier des publications; de la main-levée qui doit en être consentie ou ordonnée par les tribunaux compétens, et sans laquelle l'officier public ne pourra passer outre à la célébration; enfin, de la nécessité d'énoncer, dans l'acte de l'état civil, s'il n'existe point d'opposition.

Tout cela est conforme aux anciennes règles établies par la loi de 1792, sauf qu'on n'exige plus que l'opposition soit *motivée.*

Votre commission ne s'est donc formé qu'un seul doute sur le point de savoir s'il n'eût pas été convenable d'indiquer ici quelles sont les *personnes* qui seront recevables à *s'opposer;* car il ne peut être dans l'intention du législateur de laisser, à cet égard, une latitude indéfinie.

Mais la majorité a été pleinement rassurée, en considérant, d'une part, que le projet de loi ne traite que des *formes* des actes de l'état civil, et que le *fond* doit faire la matière d'autres lois, ainsi qu'on le voit dans l'exposé des motifs; et, d'autre part, que le Conseil d'État (dans sa séance du 4 vendémiaire) s'est déjà occupé du *fond,* quant aux personnes qui auront le droit de former opposition à des mariages. Or, jusqu'à ce qu'il y ait été statué par le Code civil, la loi de 1792 continuera, quant à ce, d'être exécutée; ce qui ne laisse aucun abus à redouter.

L'article 73 exige la représentation de l'acte de naissance 70 à 72 de chaque époux; et cet acte ne pourra être suppléé que par un acte de *notoriété,* délivré par le juge de paix du lieu, soit de sa naissance, soit de son domicile : précaution neuve et infiniment sage, dont toutes les formalités prescrites par les articles 74 et 75 garantissent l'heureux effet pour l'avenir, puisque l'acte de notoriété, déjà fondé sur les déclarations de *sept témoins* bien connus, doit de plus rester soumis à l'*homologation* préalable du tribunal, dans le lieu où le mariage doit se célébrer, et que cette homologation pourra être refusée, si les déclarations sont trouvées insuffisantes.

73   L'article 76 détermine les formalités qui devront être remplies dans les actes authentiques du *consentement* des ascendans, ou, à leur défaut, de celui de la famille.

74   Le 77ᵉ laisse la faculté de célébrer indistinctement le mariage dans la commune où l'un des deux époux aura son domicile ; et ce domicile continuera de s'acquérir par six mois d'*habitation continue*.

75   L'article 78, après avoir prescrit à l'officier public tous les devoirs qu'il aura à remplir au moment de la célébration, lui ordonne de prononcer aux parties, « au nom de la loi, « qu'elles sont *unies par le mariage* », et d'en dresser acte sur-le-champ ; ce qui, sans toucher au domaine des consciences, caractérise parfaitement le *contrat civil*, que le législateur doit seul considérer lorsqu'il s'agit d'en établir la validité, et de régler les formes qui le constituent.

76   Enfin, l'article 79 détermine, d'une manière aussi claire que positive, dans huit paragraphes, tout ce qui doit être inséré dans l'acte de mariage ; et, sur ce point, comme sur plusieurs autres, la loi du 20 septembre 1792 a reçu une amélioration sensible.

ch. 4   Le titre IV, qui concerne les actes de décès, contient onze articles, depuis le numéro 80 jusqu'au numéro 90.

Les mêmes précautions et la même prévoyance, jusque dans les moindres détails, que nous avons déjà remarquées sur le titre des actes de naissance, se retrouvent ici, soit pour constater authentiquement les décès, soit pour en conserver le souvenir.

Il nous paraît donc inutile de vous entretenir de toutes les formalités prescrites pour reconnaître la personne décédée, fixer ses nom, prénom, âge, profession, domicile et origine, ainsi que ceux des témoins déclarans ; et cela en quelque lieu que le décès soit survenu, de même que dans les hôpitaux, dans les maisons publiques, dans les prisons, ou pendant un voyage de mer.

C'est la matière de sept articles dans ce titre.

Le 84ᵉ et le 85ᵉ prescrivent, de plus, tout ce qu'il écherra 81-82 de faire avant l'inhumation, lorsqu'il y aura des signes ou indices de *mort violente*, ou d'autres circonstances qui donneront lieu de la soupçonner : alors il doit en être dressé un procès-verbal exact par un officier de police, assisté d'un officier de santé. Les renseignemens qui en résulteront seront de suite transmis à l'officier de l'état civil, qui dressera l'acte de décès en conséquence; et une expédition de cet acte sera envoyée à l'officier public du domicile de la personne décédée, pour être pareillement inscrit sur les registres.

Par l'article 86, les greffiers criminels sont tenus d'envoyer 83 à l'officier de l'état civil, dans les vingt-quatre heures de l'exécution du jugement portant peine de mort, tous les renseignemens nécessaires sur le nom, l'âge, etc., du condamné, afin que cet officier puisse rédiger l'acte de décès.

A l'exemple de ce qui avait déjà été ordonné, quant à la 85 peine de mort, par une loi de l'Assemblée constituante, du 21 janvier 1790, l'article 88 du projet ordonne qu'il ne sera fait mention dans l'acte de décès, ni de cette circonstance à l'égard du condamné, ni du cas de mort violente ou en prison. L'humanité et l'honneur des familles sollicitaient cette précaution, et vous applaudirez, sans doute, à sa sagesse.

Ici se bornent nos observations sur le titre 4; et nous al- ch. 5 lons vous soumettre celles que le titre 5 fait naître.

Il concerne les divers actes de l'état civil qui intéressent les militaires français employés hors du territoire de la République.

Les formes intrinsèques de ces actes seront absolument semblables à celles que les titres précédens ont établies pour les naissances, pour les mariages et pour les décès.

Mais d'autres précautions étaient indispensables pour désigner les personnes qui peuvent remplacer, aux armées, les officiers publics; pour les instruire de leurs devoirs, pour assurer la foi due aux registres qui seront tenus par elles, et pour en perpétuer le dépôt.

Tout cela est sagement réglé par le présent titre.

89 Le quartier-maître dans chaque corps d'un ou plusieurs bataillons ou escadrons, ou le capitaine-commandant dans les autres corps, rempliront les fonctions d'officiers publics; l'inspecteur aux revues les remplira pour les officiers sans troupes et pour les employés de l'armée. (*Art.* 92.)

90 Ils tiendront un registre pour les actes de l'état civil, qui sera conservé de la même manière que les autres registres des corps et des états-majors, et déposé ensuite aux archives de la guerre, à la rentrée des corps ou armées sur le territoire de la République. (*Art.* 93.)

91 Ces registres seront cotés et paraphés par l'officier-commandant; et à l'état-major, par le chef de l'état-major général. (*Art.* 94.)

92 Dix jours sont accordés pour les déclarations de naissance (*art.* 95), dont extrait en forme sera envoyé, dans les dix jours suivans, à l'officier public du dernier domicile du père, ou, s'il est inconnu, à celui de la mère. (*Art.* 96.)

94 Quant aux publications de mariage, elles seront faites au dernier domicile des militaires et employés à la suite des armées; elles seront en outre mises à l'ordre du jour dans chaque corps, vingt-cinq jours avant la célébration. (*Art.* 97.)

95 Une expédition de l'acte de mariage sera envoyée de suite à l'officier public du dernier domicile des époux. (*Art.* 98.)

Le projet ne s'explique point ici sur les oppositions qui pourront survenir, ni sur le mode qui sera suivi aux armées, pour en rapporter la main-levée. Mais la matière appartenant à l'ordre judiciaire, il est sous-entendu qu'il faudra en ce cas renvoyer les parties à se pourvoir conformément aux règles établies dans le titre des *actes de mariage*.

96-97 Enfin, pour ce qui concerne les décès, la manière de les constater et de les faire connaître légalement dans le lieu du domicile du militaire ou employé décédé, on ne peut rien ajouter aux mesures prises dans les trois derniers articles du titre 5.

C'est ainsi que, par les soins paternels du législateur, le militaire français se retrouvera partout avec sa qualité de *citoyen*, dont il s'honore ; qu'il en conservera toutes les prérogatives ; et que son *état civil*, celui de sa femme et de ses enfans, ne pourront être, en aucun temps, compromis au milieu des hasards de la guerre, et de tous les dangers qu'il affronte pour la gloire de son pays.

Il ne nous reste qu'à vous rendre compte des mesures pro- ch. 6 posées dans le titre 6, pour la *rectification* des actes de l'état civil.

Vous avez vu que le commissaire du gouvernement auprès de chaque tribunal de première instance est chargé, par l'article 55, de vérifier l'*état* matériel du double du registre lors du *dépôt* qui doit en être fait au greffe, et d'en dresser *procès-verbal*. Mais aucune autorité ne peut faire des rectifications d'office, soit sur ce registre, soit sur l'autre double qui doit rester aux archives de chaque commune. Il faut une *réquisition* préalable de l'une des parties intéressées, et que toutes soient *appelées* lors du jugement qui l'ordonnera.

Ainsi, soit qu'il s'agisse de réparer, dans les actes de l'état civil, de simples omissions ou des formes mal observées ; soit qu'il s'agisse d'objets plus importans, tels que des altérations ou de fausses désignations dans les noms, prénoms, etc., toujours il faudra recourir à l'autorité des tribunaux, et appeler tous ceux qui y ont intérêt.

C'est ce qu'ordonne, en règle générale, l'article premier 99 de ce titre, qui est le 102ᵉ du Code. Il réserve en même temps l'*appel* aux parties, ce qui est nécessaire dans une matière aussi grave.

Nous y remarquerons un léger défaut de rédaction, en ce qu'il exige que le jugement soit rendu *contradictoirement* avec toutes les parties intéressées; ce qui sera souvent impossible, lorsqu'il y aura des défaillans : il aurait donc fallu dire *contradictoirement* ou *en défaut*.

100   Mais ceci reste subordonné de plein droit aux règles ordinaires de la procédure; et l'article 103 le suppose, puisqu'il y est dit que le jugement de rectification ne pourra être, en aucun temps, opposé aux parties intéressées *qui n'y auraient pas été appelées;* d'où il faut conclure que des citations régulières et complètes suffiront, sans contredit, pour valider un tel jugement, quoique l'un ou plusieurs des intéressés n'aient pas daigné comparaître..

101   L'article 104, qui est le dernier du projet, ordonne que « les jugemens de rectification rendus en dernier ressort, ou « passés en force de chose jugée, seront inscrits sur les re- « gistres par l'officier de l'état civil....., et que *mention en* « *sera* par lui *faite en marge de l'acte réformé;* » disposition sage et nécessaire pour assurer invariablement l'état des personnes.

En terminant ici la pénible analyse d'un projet de loi surchargé de détails plus ou moins importans, votre commission croit devoir, tribuns, vous exposer les règles qu'elle s'est tracées dans son examen.

Ses premiers regards se sont portés sur les *principes* généraux, parce qu'aucune considération ne pourrait vous forcer à leur donner votre assentiment, s'ils offraient un danger dans leur application, si même ils ne pouvaient se concilier avec ces idées grandes et libérales qui doivent essentiellement régir le Code d'un peuple jaloux de sa liberté.

Nous pensons aussi que, dans la discussion lente et méthodique de ce Code, on ne saurait être trop sévère sur les *conséquences* des principes les plus sages, lorsqu'elles ne seront pas avec eux en parfaite harmonie, ou lorsqu'elles conduiraient à des abus par l'exagération.

Mais tout ce qui n'a rapport qu'à des *omissions* ou *incorrections*, à des *transpositions d'articles*, même à des *vices de rédaction*, lorsque le sens est d'ailleurs intelligible ; tout cela, disons-nous, ne saurait former à nos yeux la matière ni le prétexte d'une proposition de *rejet :* parce que la perfection, dans les meilleures lois, n'est souvent qu'une abstraction chimérique ; parce qu'il nous paraît d'ailleurs impossible de coordonner le travail du Code universel des lois civiles d'un grand peuple, sans le secours d'une foule de lois *supplémentaires* dont l'expérience fera bientôt reconnaître la nécessité.

Il suffit donc d'en avertir l'autorité saisie de l'initiative ; et d'abandonner à sa vigilance le soin de proposer graduellement, par cette voie simple, les rectifications et additions qui seront jugées indispensables.

Par tous ces motifs, la majorité de votre commission, composée des tribuns Costé, Delpierre, Duveyrier, Benjamin Constant, Perreau, Sedillez, et du rapporteur, vous propose de voter l'adoption du projet.

OPINION DU TRIBUN BENJAMIN CONSTANT,
CONTRE LE PROJET.

Tribuns, je parle contre un projet, dont soixante-six articles, sur soixante-huit, me paraissent inattaquables.

Je me trouve en opposition avec la majorité de la commission dont j'étais membre : vous croirez donc facilement que c'est avec regret que je suis monté à cette tribune.

Je réfléchis cependant, mes collègues, que la sagesse des soixante-six articles que je voudrais approuver ne diminue en rien les inconvéniens de ceux qui me paraissent inadmissibles. Tel est le malheur attaché à l'accumulation d'une foule de dispositions diverses dans une seule et même loi. Le danger de cette accumulation se fait sentir à chaque instant dans nos discussions : elle les dénature absolument. Nous sommes placés sans cesse dans la pénible alternative, ou de repousser, pour un seul article, des projets de loi dont toutes les autres parties sont sagement combinées, ou d'admettre une espèce de compensation, en vertu de laquelle nous adoptons les projets qui contiennent plus de dispositions utiles que de dispositions défectueuses ; mais un calcul pareil est singulièrement trompeur. Les inconvéniens d'une loi ne tiennent point à ses avantages : une loi n'est pas indivisible par sa nature ; elle ne l'est que par la volonté de ceux qui nous la présentent, et cette volonté ne peut nous servir de règle. Il est contre toute raison de prétendre que, lorsqu'une loi est bonne dans la plupart de ses articles, ce soit un devoir de l'adopter malgré ses imperfections ; ce système conduirait à l'absurde : car on pourrait accumuler dans une loi une telle quantité d'objets, que la grande majorité de ses dispositions fût excellente, et que la minorité défectueuse formât néanmoins une telle masse d'inconvéniens, que l'ensemble en deviendrait très-funeste.

Cette méthode a été constamment suivie depuis la mise en activité de la Constitution de l'an VIII ; nous avons eu peu de projets de loi qui n'en aient offert la preuve, et l'excès semble aller chaque jour en croissant. Je vois, dans l'un des projets qui nous occupent, le droit d'aubaine réuni à la mort civile, et ces deux dispositions, bonnes ou mauvaises, liées indissolublement à la faculté de recouvrer les droits civils après les avoir perdus en servant dans l'étranger. Y eut-il jamais questions plus distinctes ? Et cette association n'est-elle pas incohérente autant qu'arbitraire ?

Notre Constitution actuelle refusant à l'autorité qui discute toute faculté de modifier, toute possibilité même d'adopter avec telle ou telle interprétation, ou sous telle ou telle réserve, l'on devrait toujours, ce me semble, pouvoir résoudre les projets de loi qu'on nous soumet en un petit nombre de questions simples. Avec l'organisation de nos assemblées représentatives, la complexité des questions me paraît un aussi grand défaut en législation que dans les procédures criminelles ; et de même qu'un jugement doit être cassé, lorsque les questions qui ont été posées se trouvent complexes, je pense qu'une loi qui embrasse un grand nombre de questions devrait presque toujours être rejetée.

Sans doute cette théorie multiplierait beaucoup les projets de loi ; mais elle les rendrait plus courts, plus clairs, plus précis ; elle faciliterait nos discussions ; elle nous mettrait plus souvent à même de seconder sans regret les intentions du gouvernement ; elle dispenserait le Tribunat de recourir à des vœux impuissans, à des interprétations illusoires, puisqu'elles ne font point autorité : car la loi reste seule en force après que nos interprétations ont été, ou réfutées, ou, plus souvent encore, oubliées.

Ces considérations ne sont point étrangères au projet actuel. Ce projet contient, disent les motifs, six parties distinctes, et se rapporte à trois grandes époques de la vie de l'homme, la naissance, le mariage et la mort. N'est-il pas évident que les formes nécessaires pour constater la première et la dernière de ces trois époques sont d'une nature beaucoup plus simple que celles qui sont destinées à constater la seconde ? La naissance et la mort ne sont que des faits indépendans de la loi ; elle n'a d'action relative à ces faits, que pour leur donner de l'authenticité. Le mariage est bien autrement compliqué : c'est la nature qui a formé le lien, mais c'est la loi qui crée le contrat ; et il est très-difficile de séparer les formes qui ne tendent qu'à le constater des conditions qui en facilitent ou en entravent la conclusion.

Que l'on ne dise pas que la loi eût été trop incomplète, si l'on s'était borné, dans le projet actuel, à traiter des actes de naissance et des actes de décès ; ne l'est-elle pas également, puisque rien n'est déterminé sur l'adoption et sur le divorce, qui cependant, de quelque manière qu'on les organise, auront une place dans les registres de l'état civil ? On a renvoyé la fixation des formes relatives à ces actes jusqu'à l'époque où le législateur aura prononcé sur le fond. Il fallait de même, en laissant subsister les lois existantes, renvoyer la nouvelle fixation des formes relatives au ma-

riage, jusqu'à ce que le législateur en eût déterminé les conditions ; car ces conditions influent sur les formes d'une manière essentielle. Vous verrez tout à l'heure combien il est
peu raisonnable de nous obliger, par exemple, à voter sur
l'effet des oppositions au mariage, avant d'avoir expliqué ce
qui rendra les oppositions valides?

Il fallait donc, mes collègues, diviser le projet de loi relatif aux actes de l'état civil, en deux ou trois lois séparées ;
ou bien il fallait, pour chaque époque de la vie humaine,
joindre les formes au fond, sauf à rassembler ensuite en un seul
volume, pour l'instruction des fonctionnaire publics, les
formes qui auraient été décrétées ; ou enfin, ce qui sans doute
valait mieux encore, il fallait, suivant le désir que votre
commission a exprimé, nous soumettre simultanément les
différentes lois qui composeront le premier livre du Code
civil, nous les eussions adoptées ou rejetées isolément : mais
examinées dans leur ensemble, elles se seraient appuyées,
éclaircies, complétées l'une par l'autre, et nous n'eussions pas
été arrêtés à chaque instant par des lacunes et des omissions.

Vous démêlerez facilement, tribuns du peuple, le motif
qui dicte ces réflexions. C'est le désir sincère que nous
soyons réduits rarement à rejeter des projets de loi.

Je n'ai jamais ressenti ce désir plus vivement que dans la
discussion qui nous occupe. Je me plais à rendre hommage,
avec votre commission toute entière, à l'esprit général du
projet que vous examinez aujourd'hui. Il est recommandan-
dable, en ce qu'il sépare clairement, et à jamais, le pouvoir
civil de ce que l'on nommait autrefois la puissance religieuse.
Il répond aux craintes que plusieurs bons esprits avaient
conçues. Les ministres d'un culte quelconque ne s'empareront
plus de l'état civil des citoyens, pour puiser dans ce ministère de tous les instans, en rapport avec toutes les classes de
la société, et toutes les circonstances solennelles de la vie,
des moyens d'influence également dangereux aux gouvernans
et aux gouvernés. Que les opinions individuelles s'agitent

librement dans le domaine de la pensée; mais que le corps social ne connaisse ni de ces opinions, ni de leurs organes.

Le projet consacre formellement le calendrier républicain. C'est encore un mérite : dans un moment où l'esprit public, incertain et vacillant, reçoit ou donne tant d'impulsions rétrogrades. Il est utile de proclamer la conservation de ce calendrier, le plus parfait en lui-même de tous ceux qui existent, et qui forme une partie nécessaire de la liberté des cultes, en affranchissant les époques civiles et politiques de toutes les traditions, de tous les souvenirs religieux.

Les articles 61, 62, 63, 64, 89, 90, et le titre V en entier, méritent aussi votre approbation. Ils introduisent, dans la tenue des actes de l'état civil, des améliorations essentielles. 58 à 61-86-87 et ch. 5

Ce titre V retrace les triomphes de nos armées victorieuses. Il rappelle, et leurs invasions rapides, et leur long séjour sur le territoire des ennemis qui nous avaient provoqués. C'est en quelque sorte un trophée élevé, par les lois, à la valeur militaire.

Je donnerai encore des éloges à l'article 88, qui confirme et qui étend la loi du 21 janvier 1790. Il est juste qu'après avoir frappé, la société pardonne, ou du moins qu'elle oublie, et que les enfans d'un père tombé victime de la loi ne retrouvent pas sans cesse dans les actes nécessaires à toutes leurs transactions un monument ineffaçable de sa honte et de leurs malheurs. 85

Mais ces nombreuses dispositions que j'approuve, et que je me suis plu, tribuns du peuple, à vous retracer, ne diminuent en rien les vices des articles que j'attaque. Elles ne peuvent donc me déterminer à les admettre. Ce sont les articles 60 et 71. ap.57et68

Je commencerai par le dernier, parce que je ne lui reproche qu'une lacune, et que, malgré cette lacune, j'aurais voté l'adoption, si l'article 60 ne m'avait forcé au rejet.

Mais mon opinion étant déterminée de la sorte, je vais soumettre au Tribunat mes objections contre l'article 71.

Il est ainsi conçu : « En cas d'opposition, l'officier de l'état civil ne pourra célébrer le mariage avant qu'on lui en ait remis la main-levée, sous peine de 300 francs d'amende et de tous dommages et intérêts. »

Je ne vois rien dans ce projet de loi qui détermine ce qui rendra légitime une opposition.

La loi du 20 septembre 1792 indique les personnes qui auront le droit d'en former. Cette loi n'est pas abrogée, dit-on; donc les autorités compétentes seront dirigées par cette loi.

J'observe, en premier lieu, que la loi du 20 septembre 1792, et le projet de loi actuel, ayant manifestement le même but, il est présumable que l'une abroge l'autre. Plusieurs des dispositions de la loi ancienne sont textuellement rappelées dans le projet : ne pourra-t-on pas supposer que les dispositions qui n'y sont pas rappelées ne doivent pas être maintenues? La loi qu'on vous propose n'est point une loi supplémentaire à la loi du 20 septembre, c'est une loi destinée à être complète. L'on indique même, dans l'exposé des motifs, que les lacunes qui s'y trouvent seront remplies dans le titre du mariage. Si les auteurs du projet avaient voulu conserver une partie de la loi du 20 septembre, ne l'auraient-ils pas dit? Cette loi, au contraire, n'est pas même nommée dans tout le projet. N'est-il pas à craindre que des doutes ne s'élèvent dans différentes communes de la République, et n'apportent aux mariages les plus légitimes, les plus désirables, des difficultés et des retards?

L'article 36 de la seconde section du titre II du livre premier du projet de Code civil, distribué en messidor, article correspondant à celui que j'examine, contenait ces mots : « Les actes d'opposition, lorsqu'il en est formé dans les cas « et par les personnes que la loi autorise. » L'article 40 du même projet renfermait une réserve semblable. Pourquoi, tribuns, et dans quel but ces mots ont-ils été retranchés du projet actuel?

Cette objection n'est pas aussi faible qu'elle le paraît peut-être à quelques-uns de ceux qui m'écoutent. Je ne suis pas le seul qu'elle ait frappé dans la commission, et celui de nos collègues qui a partagé mon avis à cet égard a même compris cet article d'une manière plus absolue; car il a semblé croire qu'il était destiné à autoriser les oppositions formées sans motifs par toutes personnes. Cette crainte ne me paraît pas fondée; mais, si elle a pu être conçue par un membre éclairé du Tribunat, vous semble-t-il très-improbable qu'elle le soit par quelque officier de l'état civil dans quelques communes de la République?

Il me suffit, je l'avoue, qu'un article de loi paraisse obscur à l'un de mes collègues, pour craindre qu'il ne soit mal entendu par des fonctionnaires d'un ordre inférieur. Cette crainte me paraît d'autant plus fondée, que ces fonctionnaires, qui n'assistent point à nos débats, et auxquels nos opinions ne peuvent être envoyées, ne savent plus, depuis quelque temps, où en chercher même une faible image.

Les rédacteurs du seul journal obligé par devoir et par son titre, et en état, par son étendue, de rendre nos séances avec les détails utiles pour l'intelligence des lois, ont adopté une méthode qui refuse aux fonctionnaires publics, comme à tous les Français, ces éclaircissemens nécessaires.

Je ne m'étendrai point sur les inconvéniens qui résulteraient du droit d'opposition accordé à toutes personnes; ces inconvéniens sont manifestes. Des héritiers, des rivaux, des malveillans, des hommes cupides, abuseraient de ce prétendu droit, pour retarder à leur gré des mariages, ou pour faire acheter leur rétractation et leur silence. Votre commission, bien qu'elle considère la loi du 20 septembre comme en force, a cru devoir vous développer la nécessité de circonscrire les oppositions. Elle a pensé que son rapport servirait de commentaire à la loi qu'elle vous propose d'adopter : mais les rapports de vos commissions, les discours de vos orateurs, l'exposé même des motifs du Conseil d'État, toutes ces choses sont éphémères. Ce qui est durable, c'est la loi.

Pour qu'une loi soit bonne, il faut qu'elle soit ou supplé-mentaire ou complète. Quand elle est supplémentaire, il faut qu'elle dise : Tels articles de telle loi sont modifiés ainsi qu'il suit. Tous les autres continueront à être en vigueur. Quand elle est complète, il faut qu'en déterminant les amé-liorations qu'elle apporte aux lois antérieures, elle contienne en même temps tous les articles de ces lois qui ne doivent pas être modifiés.

Le projet actuel est vicieux sous ces deux rapports. Il co-pie des articles entiers de la loi du 20 septembre 1792 ; et, si cette loi n'est pas abrogée, il était inutile de les copier. Il omet d'autres articles de la même loi ; et, si ces articles doi-vent continuer à servir de règle, il fallait les rapporter. Cette différence, établie entre des articles destinés à avoir la même force, peut être un sujet d'incertitude éternelle.

En cas d'opposition, dira-t-on ! mais le cas d'opposition existe toutes les fois qu'une opposition quelconque est for-mée. L'officier de l'état civil se trouvait autorisé, par la loi du 20 septembre, à juger, non pas la validité des oppositions en elles-mêmes, mais le droit des opposans à en former. Le projet actuel ne me paraît point lui laisser cette faculté. Il recevra donc toutes les oppositions, sauf aux tribunaux à les juger. Ne voyez-vous pas, dans cette disposition, une source féconde de retards, et de retards dangereux, quel-quefois irréparables, pour les militaires appelés à quitter su-bitement leur domicile, à rejoindre leurs drapeaux ; pour les négocians prêts à entreprendre des voyages de long cours au-delà des mers ? Quelques mots de plus auraient prévenu tous ces inconvéniens ; et ces mots, il suffisait de ne pas les retrancher.

On nous reproche quelquefois, mes collègues, de ne pas entendre les lois que nous discutons : mais, non seulement les lois que nous n'entendons pas sont par cela même de mauvaises lois ; mais les lois que nous entendrions seuls se-raient encore des lois très-mauvaises.

On répond que la matière des oppositions ne doit être traitée qu'au titre du mariage. Je réplique que plusieurs des articles insérés dans le projet actuel seront nécessairement reproduits dans le titre du mariage; par exemple, les articles 77, 78 et 79. Il fallait en faire autant à l'égard des oppositions. Quelques répétitions valent mieux qu'une incertitude préjudiciable au repos des familles. Les oppositions légitimes devaient se trouver indiquées ici. Elles pourraient l'être en peu de mots; elles l'étaient suffisamment dans le premier projet de Code civil, comme je l'ai dit en commençant : ou bien il fallait nous présenter simultanément le titre du mariage, qui aurait dissipé l'obscurité de cette partie du projet que nous discutons.

Je n'attaque, au reste, l'article 71, que parce que l'ar- •p. 57 ticle 60 me détermine à rejeter le projet entier. Sans ce dernier article, j'aurais voté l'adoption. Je répète cette déclaration positive, pour que, dans la réfutation de mon opinion, si quelqu'un la jugeait digne d'être réfutée, on ne s'empare pas de cette partie, au lieu de répondre à celle que je crois bien plus importante. Si l'on s'élevait contre les conjectures que je vous ai soumises, relativement à la complexité des projets de lois, ou si l'on s'étendait sur les doutes que j'ai exprimés relativement aux oppositions, on ne m'aurait point répondu. Il ne faut pas conduire son armée là où l'ennemi ne se trouve pas. La nature de nos discussions appelle des objections de tout genre : les unes sont faibles; mais, dirigées contre des imperfections légères, elles peuvent conduire à des améliorations désirables; les autres sont purement hypothétiques, et, néanmoins, elles sont utiles, comme appelant l'examen sur des idées qu'il est bon d'examiner. Les troisièmes, enfin, sont celles qui ont décidé l'opinion de l'orateur : ces dernières forment le véritable objet de la discussion. Contre les autres, la victoire est facile; mais elle a peu de mérite, et n'a point d'utilité.

L'article 60 est ainsi conçu : « S'il est déclaré que l'enfant

« est né hors mariage, et si la mère en désigne le père, le
« nom du père ne sera inséré dans l'acte de naissance qu'avec
« la mention formelle qu'il a été désigné par la mère. »

On a pensé, disent les motifs, qu'il y aurait d'autant
moins d'inconvénient à laisser à la mère le droit de désigner
le père de l'enfant, que, dans ce cas, on a adopté le principe
que la recherche de la paternité n'était pas permise, et que
l'énonciation du nom du père dans l'acte, et non avouée de
lui, ne pouvait faire de titre contre lui. La foi n'est plus due
à la mère, comme dans l'ancienne jurisprudence; la loi ne
lui accorde point de provision. D'un autre côté, il eût été
trop rigoureux pour la mère et pour l'enfant de refuser à
celle-ci la faculté de désigner le père. L'enfant, quoique né
hors du mariage, a intérêt à ce que son état soit constaté, et
à ce qu'on lui conserve tous les commencemens de preuve
qui peuvent un jour le conduire à ce résultat. Mais, en
même temps, on n'admet la désignation du père que comme
simple déclaration de la mère. L'effet de cette déclaration
est subordonné aux règles contenues dans le titre de la *paternité* et de la *filiation*, et au jugement des tribunaux.

Je ne sais, mes collègues, si vous serez frappés comme
moi des contradictions accumulées dans ce passage des motifs. D'abord, la recherche de la paternité ne semble plus
permise. L'énonciation du nom du père ne forme aucun titre
contre lui; la foi n'est point due à la mère; la loi ne lui accorde point de provision; sa déclaration n'est autre chose
qu'une simple déclaration sans force et sans effet ultérieur :
mais bientôt cette déclaration est appelée un commencement
de preuve; elle peut conduire l'enfant à faire constater son
état : l'effet de cette déclaration, qui, tout à l'heure, ne
devait point avoir d'effet, est subordonné au titre de la *paternité* et de la *filiation*, titre que vous ne connaissez pas; et
les tribunaux peuvent en faire l'objet de leurs jugemens.

Il me semble évident que les rédacteurs du projet ont
voulu, dans cette occasion, comme dans plusieurs autres, se

glisser entre deux systèmes opposés ; et, qu'en essayant de les concilier, ils en ont réuni précisément ce qui était inutile et inadmissible.

Beaucoup de raisonnemens, et, dans ce nombre, j'en aperçois de très-spécieux, peuvent être allégués pour faire admettre, avec des formalités convenables, les recherches de paternité, et pour faire considérer la déclaration de la mère d'un enfant né hors mariage comme un commencement de preuve.

On peut dire qu'en séduisant une femme, en la rendant mère, on contracte, envers elle, des obligations que la loi doit nous forcer à remplir. L'on peut affirmer, avec plus de justice encore, qu'en donnant le jour à un enfant, l'on s'impose le devoir sacré de pourvoir à son existence ; enfin, l'on peut regarder la possibilité des recherches de ce genre comme un frein salutaire à opposer aux passions désordonnées : en considérant cet objet sous ce point de vue, l'intérêt de la mère, l'intérêt de l'enfant, l'intérêt des mœurs, semblent se réunir pour faire admettre la déclaration d'une femme dans cette situation.

Le système opposé n'est pas moins susceptible d'être défendu. Une femme ne peut guère être admise en témoignage sur sa propre honte, surtout si l'on considère à quel degré de corruption une femme doit être parvenue, pour qu'il n'existe d'autres indices de ses liaisons avec un homme que sa déclaration personnelle, sans promesses antérieures, sans preuves quelconques d'assiduité et de relations antécédentes.

Les rédacteurs du premier projet de Code civil avaient adopté ce dernier système ; l'article 26 de la première section du titre II du livre premier portait :

« Si la mère n'est point mariée, le père ne sera point dénommé dans l'acte, à moins qu'il ne soit présent et qu'il ne fasse sa déclaration signée de lui. Cette déclaration peut être faite par un fondé de procuration spéciale et authentique. »

J'ai cherché vainement, dans les discussions du Conseil

d'État, ce qui avait pu motiver le remplacement de cet article par un article tout-à-fait contraire. Non seulement ce
changement n'est point expliqué, mais l'article que je combats ne se trouve point dans ces discussions.

Mon étonnement redouble quand je considère que la plupart des tribunaux d'appel de la République avaient applaudi,
dans leurs observations sur le projet de Code civil, à la disposition primitive : plusieurs même avaient encore demandé
des précautions ultérieures.

« On aime à croire, dit le tribunal de Riom, que ce n'est pas
sans dessein qu'ici les auteurs du projet veulent que la déclaration du père soit signée de lui ; sans quoi il serait trop facile et
trop funeste au repos des familles et au bien de l'État, de supposer à un bâtard le père qu'on voudrait. Mais qu'on le fasse
donc mieux sentir, et qu'on dise, dans la dernière phrase de
l'article, que la procuration qu'on ne fait que permettre est
un acte nécessaire dans le cas où le père ne sait signer ; qu'on
exige du moins que ce père, ignorant dans l'art d'écrire, se
fasse assister, dans sa déclaration devant l'officier public,
par deux témoins qui garantissent l'identité de sa personne
et le fait de sa déclaration. »

Cependant, quel qu'ait été le motif de cet abandon des
principes professés dans l'origine par les rédacteurs du projet de Code civil, si l'on avait adopté dans le projet actuel
l'un des deux systèmes que je viens de vous soumettre, je
l'aurais compris.

Mais que fait-on ? L'on admet la déclaration de la mère,
mais sans avantage pour elle, sans avantage pour son enfant.
On l'admet dans un registre légal, il est vrai, mais pour
ainsi dire clandestin ; car rien ne dit qu'il en sera donné
connaissance à l'homme qui s'y trouvera désigné. On admet
cette déclaration sans laisser à l'individu injustement inculpé le droit de la faire annuler. Précisément parce que
cette déclaration n'aura point de suite, l'on n'aura nul recours contre la femme calomniatrice. Les tribunaux diront

au réclamant : **Cette déclaration n'est qu'une simple décla-**
ration sans force légale; elle ne vous fait aucun tort, elle
n'exige rien de vous; et cependant, s'il est marié, son repos
domestique sera troublé. S'il a des enfans dans l'adolescence,
autour d'eux circuleront des bruits scandaleux qui serviront
d'apologie à leur conduite et de justification à leurs écarts.
S'il est prêt à contracter un mariage, la femme à laquelle il
voudra s'unir, ou les parens de cette femme, pourront le repousser comme suspect au moins de mauvaises mœurs. L'o-
pinion n'a pas besoin de preuves légales. Une déclaration
sans force aux yeux de la loi n'est pas sans force aux yeux
d'une famille qui veut disposer librement de sa confiance; et
contre ces inconvéniens qui peuvent détruire le bonheur, la
fortune, tous les calculs d'un homme irréprochable, qui
peuvent, je le répète, porter atteinte à la morale de ses enfans, la loi n'accorde point de recours !

Votre commission a paru penser qu'elle permettrait l'action d'injures. Je ne vois rien qui autorise cette supposition;
mais, en l'admettant, d'autres difficultés se présentent. Si
la loi permet l'action d'injures, permettra-t-elle à la mère la
défense? nous retombons dans les recherches de paternité.
Refusera-t-elle à la mère le droit de prouver la vérité de sa
déclaration? Alors cette déclaration, qu'elle aura rendue possible, sera un malheur de plus pour la déclarante; malheur
qui pèsera précisément sur la femme faible et séduite, et qui
ne sera rien pour la femme dégradée; car une femme publique, déjà vouée à l'opprobre, ne rougira point de voir
annuler la déclaration qu'elle aura faite. Celle qui en rougira,
celle qui sera en proie au désespoir et à l'infamie, sera la fille
timide et trompée, à qui la loi n'aura accordé une ressource
illusoire, que pour la livrer à une double honte, à celle de
sa faiblesse et à celle de voir révoquer en doute sa véracité.

Je n'insiste pas, au reste, sur cette objection; car je pense,
en opposition avec le rapporteur, que l'action d'injures ne
sera pas admise; elle détruirait le peu d'utilité apparente

qu'on attache à l'article 60, et serait souvent impossible de fait, les déclarations de cette nature pouvant, durant un temps non déterminé, rester inconnues à ceux qui en seront les objets.

L'ancienne jurisprudence, qui admettait la déclaration de la mère comme un commencement de preuve, était mille fois plus raisonnable ; elle modifiait la maxime *creditur virgini*, par cette restriction nécessaire, *non autem meretrici creditur* ; et, par une conséquence de ce principe, elle interdisait cette déclaration en cas de récidive. La déclaration était utile à la déclarante, quand elle n'était pas indigne de foi. Je ne demanderais, pour motiver le rejet de l'article que je combats, d'autres moyens que ceux qui me sont fournis par le rapporteur. Il voudrait qu'on admît la déclaration d'une fille mineure et d'ailleurs honnête, et que cette déclaration donnât un droit de provision. Comment peut-on, d'après ce système, consentir à une déclaration permise indistinctement à toute femme publique, et qui ne donne point le droit de provision, qui seul peut la rendre utile aux femmes qui n'auront été que malheureuses et abandonnées ?

On prétend que les déclarations qui supposeraient l'inceste ou l'adultère ne seront pas admises. Je ne vois rien qui autorise l'officier de l'état civil à les repousser. Je dis plus : il y aura impossibilité physique à ce qu'il les repousse. Ces déclarations se feront souvent loin du domicile de l'individu désigné, et devant un magistrat à qui cet individu sera complètement inconnu. Comment saura-t-il si cet individu est marié, ou quel est son degré de parenté avec la femme qui le désigne pour père ? J'ignore les raisonnemens qui seront employés en faveur de cette hypothèse ; mais, de quelque force apparente qu'on l'environne, veuillez vous rappeler, mes collègues, que tout ce qui n'est que dans l'opinion d'un orateur, tout ce qui n'est pas formellement dans le texte de la loi, n'a aucune autorité ; n'adoptez pas une disposition dangereuse, sur la foi d'une traduction qui peut, après coup, être déclarée inexacte ou erronée.

L'article que je combats favorise, nous dit-on, ces êtres infortunés, victimes, dès leur naissance, de l'inconduite de leurs parens, et jetés au hasard, sans appui, sans ressource, au milieu d'une société qui les méconnaît. Mais il y a ici confusion d'idées.

Il ne s'agit point de ces enfans qui résultent d'un commerce ignoré des lois, mais néanmoins excusé par l'habitude; ceux-là ont des droits, et je les défendrais s'ils étaient attaqués. Mais il s'agit du très-petit nombre d'enfans qui doivent le jour aux êtres les plus pervertis et les plus vils : je les plains. La société leur doit des secours; elle doit leur servir de famille, et réparer le malheur de leur naissance en les préparant à une vie utile et industrieuse. Mais la législation peut-elle sacrifier à ces exceptions très-rares le repos des mariages, l'intérêt qu'a chaque citoyen, chaque époux, chaque père de famille, à ce que sa réputation soit pure, et à ce que des êtres liés à lui par les affections les plus tendres ne le soupçonnent point d'une honteuse dépravation? Je dis plus, je maintiens que cette disposition, loin d'être favorable aux enfans naturels, leur sera funeste. En effet, vous ne doutez pas que les déclarations qu'elle autorise ne se multiplient. Les femmes sans mœurs n'hésiteront jamais à couvrir leur opprobre d'un mensonge pour ainsi dire sollicité par la loi ; mensonge qui ne peut jamais leur nuire, et qui peut quelquefois leur être utile. Mais, par cela seul, ces déclarations seront tellement décréditées, que l'usage autorisera bientôt ceux qui s'en verront les objets à n'en tenir aucun compte. La fausseté manifeste de la plupart de ces dépositions rejaillira donc sur celles dont le contenu serait véritable; de ce que les citoyens accusés à tort dans des déclarations de ce genre seront forcés de les dédaigner, il s'ensuivra que ceux qui auront mérité cette inculpation imiteront l'indifférence des autres. Je vous le demande maintenant, qu'auront gagné les enfans naturels à cet article, qui, rendant innombrables les fausses déclarations, aura frappé la vérité même de discrédit et de nullité?

Mais, dit-on, vous ne pouvez refuser à une mère le droit de désigner le père de son enfant. Ne le lui refusez pas, j'y consens; mais n'insérez pas cette indication dans l'acte de naissance : qu'elle reste déposée chez un magistrat; qu'elle ne devienne point partie des registres de l'état civil, où elle serait sans utilité, puisqu'elle n'a point de force légale, et où elle n'est pas sans danger, puisqu'elle peut influer sur l'opinion.

Ce moyen réunit le double avantage de diminuer le scandale de ces déclarations quand elles seront faites, et de les rendre plus rares. Dans le mode actuel, nul doute que toutes les mères d'enfans naturels autorisées à nommer pour père de leur enfant le premier individu qu'elles voudront désigner, et leur indication ne pouvant être contestée, elles ne fassent usage, pour ainsi dire, au hasard, de cette faculté dangereuse; mais la nécessité de se rendre chez un magistrat, de préméditer une déclaration, et de l'entourer de quelque solennité, écartera la plupart et surtout la portion la plus dépravée de ces femmes qui, d'après le projet que je combats, n'ayant au contraire qu'un mot à prononcer, le prononceront toujours.

En refusant à la mère d'un enfant né hors mariage la faculté de nommer le père dans l'acte, l'on donnerait, disent les motifs, nécessairement à l'officier de l'état civil le droit d'exiger à chaque naissance la représentation de l'acte de mariage : de là, des inquisitions, des contestations et des retards. Pourquoi donc? Notre législation n'admet plus ces peines absurdes et barbares contre les femmes accouchant hors du mariage : pourquoi l'officier de l'état civil exigerait-il la représentation d'un acte que la mère déclarerait ne pas exister? Ce qui résulterait de l'absence de cet acte serait seulement la non-insertion du nom du père.

On prétend que la déclaration de la mère peut servir quelque jour au père pour retrouver, et, s'il le veut, pour reconnaître son enfant.

Mais quel homme a besoin, pour savoir s'il a pu être le père de tel enfant, de se trouver désigné dans son acte de naissance? quel homme, s'il n'avait pas d'autres souvenirs ou d'autres preuves, ajouterait foi à cette désignation? On peut imaginer quelques circonstances bien rares, bien romanesques, qui rendent cette hypothèse possible; mais il me semble que ce n'est point pour des fictions pareilles, c'est pour la réalité, pour les circonstances ordinaires, pour les intérêts de chaque jour, que nous faisons un Code civil.

Je pense, d'ailleurs, que ces déclarations produiront souvent un effet tout opposé; en nuisant au père ainsi désigné, elles l'aliéneront d'autant plus contre la cause innocente du tort qui lui sera fait dans l'opinion.

Il est un dernier inconvénient, mes collègues, dont je ne vous ai pas encore parlé, et qui, je le pense, vous paraîtra grave.

Une femme publique désigne aujourd'hui tel citoyen pour père de son enfant. Ce peut n'être, à cette époque, qu'un sujet d'assez triviales plaisanteries; mais vingt ans s'écoulent. La mère est morte : toutes les circonstances sont oubliées. On ne sait plus quelle était la conduite, quelles étaient les mœurs, les relations, les habitudes de cet homme, après un intervalle de vingt années. L'enfant se présente, son acte de naissance en main. Cet acte n'a contre le père aucune force légale; mais le porteur de cet acte se montre partout comme une victime abandonnée. Il accuse aujourd'hui de barbarie celui que, vingt ans auparavant, sa mère accusait de débauche. Ici la question change, et devient sérieuse. Il ne s'agit plus de savoir si tel jeune homme a des mœurs plus ou moins pures; question que nos habitudes peuvent nous avoir appris à traiter avec assez d'insouciance : il s'agit de savoir si tel vieillard n'est pas un père impie et cruel. Voilà donc la conséquence de cet article que vous re-présentiez comme insignifiant et sans importance. Après une vie irréprochable, et précisément à l'époque où la considé-ration devient le premier besoin, ce vieillard voit l'attache-ment des siens s'éloignant de lui; la compagne de sa longue carrière troublée dans sa confiance, doutant du passé, in-quiète pour l'avenir sur les droits de ses enfans; ces enfans lui désobéissant, lui reprochant sa conduite antérieure; l'ingra-titude filiale s'armant de soupçons qu'il ne peut dissiper; des aventuriers le calomniant; l'opinion flottante, indécise, et nécessairement malveillante; sa mort même ne mettant pas un terme aux troubles élevés dans sa famille; le doute sur-vivant à sa mémoire, et dénonçant ses héritiers légitimes comme des détenteurs injustes et des frères dénaturés. Et ce trouble, ces maux, cette destruction du bonheur domestique sont le résultat de trois lignes insérées sans examen dans une imprudente loi.

Réclamera-t-il contre les cendres d'une femme inconnue ou dès long-temps oubliée? attaquera-t-il le porteur de l'acte de naissance? Mais ce dernier n'est pas l'auteur de cette dé-claration : il ne peut être tenu d'en constater la vérité. Il n'est coupable en rien; et, s'il se permet quelques murmures, il n'intente aucune action que la loi réprouve.

Voilà pour les individus. Voyons maintenant les consé-quences de cette déclaration sur la morale publique.

Quoi de plus dépravateur que le spectacle d'un père livrant son fils, sans ressource, à l'indigence et à l'abandon! Eh bien! ce spectacle, à tort ou à raison, paraîtra se renouveler sans cesse : le public n'examinera point si la déclaration d'une femme est ou n'est pas un titre légal contre celui qu'elle in-culpe. Il ne relira ni vos motifs, ni vos commentaires, ni vos interprétations. Il verra des individus se disant les enfans naturels de tel citoyen dans l'aisance; il verra ce citoyen, leur opposant le texte inflexible de la loi, paraissant de la sorte combattre la nature avec des formes, et ne pouvant démontrer que ce n'est pas la nature qu'il outrage, mais le mensonge qu'il repousse et qu'il confond. Qu'en résultera-t-il? ou l'opinion flétrira les hommes qui se laisseront soupçonner de cette indifférence coupable ; et la déclaration proposée sera contre eux la cause d'une véritable flétrissure : ou la multiplicité de ces exemples familiarisera tous les esprits avec la dureté des pères envers leurs enfans naturels ; et la morale du peuple sera pervertie.

Votre commission l'a bien senti ; elle craint, dit son rapporteur, que ces déclarations ne soient impuissantes contre les hommes corrompus. Je le crains aussi ; et je vous demande, tribuns du peuple, si vous pouvez admettre ce qui inquiète l'innocence, sans en imposer à la corruption.

Tribuns, l'article que je combats est immoral, inutile et dangereux.

Il est immoral ; car il autorise, il sollicite, il enregistre sans réclamation, sans examen, les impostures des femmes sans mœurs. Il ouvre la porte au plus honteux des trafics, à des menaces de déclarations rétractées à prix d'argent, à tout ce que la débauche et la cupidité peuvent inventer d'alarmant pour l'époux et le père soigneux de sa réputation et de son bonheur domestique.

Il est inutile ; car il ne procure à la mère ni dédommagement, ni réparation ; il ne fournit à l'enfant aucun moyen de constater son état, aucun droit à ce qu'il soit pourvu à sa subsistance.

Il est dangereux ; car, sans imposer aucun devoir à l'homme désigné dans une déclaration de ce genre, il flétrit sa conduite d'un doute injurieux.

Il menace de semer la division dans les unions les mieux assorties ; il peut exercer sur la félicité conjugale l'influence rétroactive la plus désastreuse. L'épouse qui verra s'élever contre son époux des déclarations restées secrètes pendant plusieurs années, ne saura plus si ce qu'elle a pris si long-temps pour l'affection la plus tendre était autre chose qu'une longue hypocrisie. La loi aura pour elle empoisonné même le passé.

Cet article tend à répandre, dans l'esprit des enfans, des soupçons outrageans contre la conduite de leur père, soupçons qui peuvent dépraver, dès l'âge le plus tendre, la moralité des enfans. Comme il aura troublé le mariage, il corrompra l'adolescence en déconsidérant la vieillesse, en ébranlant l'autorité paternelle.

Il offre de nombreux et faciles prétextes, non pas aux prétentions, mais aux assertions et aux mensonges des aventuriers les plus audacieux.

Il justifie, aux yeux de la société, la dureté des pères envers leurs enfans naturels ; car, comme tous seront soupçonnés, ceux qui le seront à juste titre se réfugieront dans l'absolution que l'opinion sera forcée de donner à tous.

Cet article n'est conforme ni à l'ancienne ni à la nouvelle jurisprudence ; c'est un composé bizarre de ce qu'elles avaient de défectueux : il écarte, comme je vous l'ai prouvé, ce que l'une et l'autre avaient d'utile, de préservateur et de salutaire.

En considération de ce seul article, je vote le rejet du projet de loi.

OPINION DU TRIBUN J. A PERREAU,
POUR LE PROJET.

Fiunt scripturæ ut quod actum est, facilius probari possit per eas.
Leg. 4, ff. De fid. instru.

Tribuns, il suffit, sans doute, d'énoncer le projet de loi soumis à votre discussion, pour en faire sentir toute l'importance : là, en effet, où il n'y aurait pas de moyens certains pour reconnaître et fixer l'état des personnes, là il n'y en aurait aucun pour assurer l'état des familles, et, par une conséquence nécessaire, celui des nations ; là on ne verrait que des agrégations d'individus formées par des rapports passagers, et non des sociétés unies par des liens communs et durables.

L'ordre selon lequel nous devons rechercher ces moyens est déterminé par l'ordre même de nos destinées. La naissance, le mariage, le décès, voilà les points d'où partent et où viennent se rattacher tous nos liens, où correspondent enfin les intérêts de toutes les générations.

Aussi retrouvons-nous ces trois époques toujours également consacrées chez tous les peuples, sans excepter même les hordes barbares, par les actes les plus solennels.

Avant d'entrer dans la discussion du projet, permettez-moi, et ceci peut aider à mieux faire connaître dans quel esprit une loi de ce genre doit être faite; permettez-moi, dis-je, de fixer rapidement quelques instans vos regards sur l'intéressante origine et le mode des premiers témoignages humains.

Dans chaque famille d'abord, et long-temps après dans les premiers établissemens de ces sociétés plus nombreuses, formées, sous le nom de nations, de la réunion des familles, ce n'était qu'à des souvenirs fixés par la continuité des affections et des usages que l'on confiait le soin de conserver les distinctions des individus et des races.

C'était dans ce dépôt que chacun venait rechercher et réclamer les preuves de son état. S'agissait-il, par exemple, de la plus légère incertitude sur un fait dont quelques circonstances pouvaient être moins fidèlement retracées, sur telle ou telle condition peu essentielle d'un mariage, on appelait des familles voisines les nombreux témoins qui, avant même le jour de la fête, avaient été présens au moment où s'était fait l'échange des premières promesses : tous avaient été chargés de les recueillir et de les conserver dans leur souvenir; tous, en joignant leurs vœux aux sermens des époux, semblaient en avoir garanti la mutuelle fidélité. Eh! comment les fruits de ces heureuses unions auraient-ils pu jamais être méconnus? A la naissance d'un enfant, ces mêmes

témoins revenaient prendre leur part de la joie des parens.
C'était à qui apporterait le premier ses félicitations, ses présens et ses souhaits ; c'était à qui, dans sa naïve simplicité,
découvrirait quelque nouveau trait de ressemblance entre
l'enfant et les auteurs de ses jours ; il croissait et se dévelop-
pait sous leurs yeux ; chacun d'eux ne connaissait pas mieux
ses propres enfans. Les jours de deuil avaient aussi, comme
les jours de fête, leurs solennités. On accourait au partage
de la douleur, comme on s'était rendu, dans des temps plus
heureux, au partage des plaisirs. Les mêmes témoins encore
s'empressaient de venir mêler leurs larmes à celles de la famille affligée. Il ne pouvait y avoir de doute pour aucun
d'eux sur l'identité de l'objet des regrets communs : tous
l'avaient connu ; tous, leurs regards attachés sur ses restes
inanimés, rappelaient ses vertus, ses actes de bienfaisance ou
de courage. Ces témoignages se perpétuaient de génération
en génération : chacune d'elles, à son passage, en recevait,
avec un religieux respect, le dépôt, pour le remettre aussi
fidèlement à celle qui la suivait.

Les diverses branches des familles se reconnaissaient entre
elles à des signes, à des indices, que leur fournissaient la nature et le souvenir d'événemens qui leur étaient particuliers,
à des dénominations communes, tirées de celles des lieux
mêmes où les premières souches avaient pris racine. A ces
preuves toujours vivantes de leur commune origine, de simples, mais de durables monumens unissaient leurs dépositions, pour en aider la tradition orale et assurer ses récits.
L'arbre que l'on avait planté le jour de la naissance d'un enfant, et qui croissait avec lui, en marquait l'âge à chaque
renouvellement de son feuillage ; le tertre élevé près de la
cabane où s'établissait un nouveau ménage, attestait l'époque
de son union ; ainsi encore une tombe grossière rappelait,
dans la brute mais énergique simplicité de ses emblèmes, les
anciens rapports de celui qu'elle couvrait avec la race à laquelle il avait autrefois appartenu.

Ainsi, je le répète, au témoignage des hommes, venaient donc se joindre, s'unir ceux de tous les objets insensibles auxquels, si j'ose ainsi m'exprimer, on avait donné la vie, en les chargeant de souvenirs. Tels étaient les premiers dépôts des familles et des nations naissantes, tels sont encore ceux que nous retrouvons aujourd'hui chez la plupart des peuples sauvages. On n'avait alors aucun intérêt à contester leur authenticité; on ne voyait pas, dans l'heureuse simplicité de ces premiers temps, la cupidité et l'ambition élever des questions d'État, former et dissoudre, presque dans le même instant, les nœuds sacrés du mariage, soustraire ou supposer des enfans, faire disparaître des vivans, ou apparaître de faux morts.... Eh ! comment imaginer que ces crimes eussent pu être appuyés de quelque espoir de succès ? Tous les habitans d'une même contrée se servaient réciproquement de témoins, tous vivaient les uns près des autres, et achevaient leur carrière sur le sol qui les avait vus naître. Quel aurait été le fourbe assez insensé pour attaquer la vérité d'une tradition si fidèlement transmise et si universellement reconnue, pour oser démentir tous les souvenirs et accuser d'imposture tous les monumens ?

Non, ce ne fut qu'à l'époque où les premières associations s'accrurent en domaines et en puissance, que le besoin d'autres témoignages commença de se faire sentir. A mesure que les rapports de ces sociétés se multiplièrent, les liens des affections s'affaiblirent en s'étendant, bientôt ceux même de simples connaissances disparurent; à mesure, dis-je, que les développemens de l'industrie firent naître de nouveaux besoins, et avec ces besoins des passions jusque là inconnues, on renonça au paisible bonheur de la vie sédentaire; on abandonna les champs paternels pour courir après de faux biens sur des terres étrangères. Les familles, ainsi transplantées, perdirent jusqu'à leur tradition; les monumens qu'elles avaient élevés ne parlèrent plus qu'un langage inconnu à celles qui étaient venues les remplacer : ainsi, tout se mêla et se confondit; à peine même les membres de ces familles, placés à la plus faible distance de leur première origine, purent-ils se reconnaître; il n'y eut plus, entre eux , d'autre signe de parenté qu'un nom commun, qui bientôt s'altéra et se perdit.

Ainsi, tous les membres des mêmes familles, des mêmes nations, seraient entièrement devenus étrangers les uns aux autres, si cette même perfectibilité, qui, sous tant d'autres rapports, les avait égarés, ne leur eût donné de nouveaux moyens de se rallier, en substituant aux antiques témoignages tombés sans confiance, celui de l'écriture (a).

Dès le moment où l'esprit humain se fut enrichi de cette précieuse découverte, on s'empressa d'en consacrer l'usage à fixer l'état des individus et des familles; au moins c'est là ce que nous apprend l'histoire des premiers temps de la civilisation chez presque tous les peuples. On établit des dépôts publics, des registres destinés à recevoir, à constater par des dates, des déclarations certaines, les actes des naissances, des mariages et des décès; car, sans doute, on ne put rien innover alors, pas plus qu'aujourd'hui, à l'ordre dans lequel ces trois points sont irrévocablement fixés par la nature. En remplaçant les anciens, ces nouveaux témoignages écrits obtinrent bientôt, exclusivement, une confiance universelle. Ni la tradition, ni les titres, ni les déclarations orales, rien désormais ne put prévaloir contre leurs dépositions. En effet, quelle foi donner à une tradition qui, depuis si long-temps, n'avait plus rien de certain, à des monumens dont le sentiment ne pouvait plus entendre la langue, à des titres que la mauvaise foi, déjà si commune, avait pu falsifier, à des témoins enfin que la cupidité, l'ignorance, la

---

(a) Vous me pardonnerez, j'ose l'espérer, de m'être laissé aller à une digression où m'entraînait naturellement mon sujet. Un moment de retour vers ces premiers âges rafraîchit la pensée , souvent fatiguée du travail des discussions, et lui rend de nouvelles forces. Eh! comment pourrait-on s'occuper de législation , et ne pas se remettre quelquefois en présence de cet ordre de choses où tout a commencé, et où repose éternellement la raison de toutes les lois?

faiblesse, avaient pu livrer au crime, à l'erreur ou à la séduction?

Il ne fut donc plus permis de recourir, dans toutes les questions d'État, à d'autres preuves que celles des registres, si ce n'est dans le cas où leurs dépôts manqueraient, et dans celui où, soit la prévarication, soit la négligence, de quelque part qu'elle vînt, en auraient altéré la vérité. Ce fut alors seulement qu'on accorda la faculté d'appeler, à leur défaut, les titres, les dépositions des témoins, avec la précaution, cependant, quant à cette dernière preuve, tant est profonde la défiance qu'elle inspire, de ne l'admettre jamais que lorsqu'il y avait un commencement de preuve par écrit.

Ces principes, que la raison avoue, que la législation romaine et celle des peuples modernes ont également consacrés, sont toujours ceux sur lesquels doit reposer une loi dont l'objet est de consacrer les actes de l'état civil. Si nous recherchons ce que doivent être plus particulièrement ses dispositions, voici, je pense, celles que nous lui demanderons.

Il faut d'abord qu'elle puisse, dans toutes, s'appliquer aux trois ordres d'actes qu'elle embrasse, pour assurer leur validité, les défendre de l'erreur, de la négligence, de la prévarication, et assurer la conservation de leur dépôt.

Ensuite, descendant à chacun de ces trois ordres, la naissance, le mariage, le décès, elle doit, dans le premier, en constatant l'époque de la naissance, assurer la filiation ; dans le second, imprimer tous les caractères qui en constituent la force au plus saint des contrats, à l'acte créateur de la première des sociétés ; dans le troisième, non seulement régler l'époque du décès, mais ne laisser aucun doute sur sa certitude, en prévenant, dans ce genre, par les soins les plus scrupuleux, les horribles suites d'une criminelle précipitation.

Nous ajouterons encore qu'il serait bien à désirer de voir

les dispositions de cette loi s'étendre à ceux que la défense
de la patrie appelle au-delà de son territoire.

Enfin, on lui demanderait de fournir les moyens, tout à la
fois aussi justes que simples, de rectifier tout ce que, relativement à ces actes divers, on a pu omettre d'essentiel ou
insérer de vicieux : or, ce plan, vous le voyez, est celui
même du projet remis à votre examen. Comme le rapporteur
de votre commission, dans le compte parfait qu'il vous en a
rendu, ne vous a rien laissé ignorer de tout ce qui peut vous
mettre à portée de bien le connaître et de le juger sûrement,
je me bornerai à vous rappeler quelques-unes de ses plus
importantes dispositions.

35   Dès le second article de son titre premier, il prévient en
sa faveur tous les vrais amis de la liberté et de l'ordre, en
consacrant ce principe régénérateur, par lequel l'Assemblée
constituante avait rendu au ministère civil tous les droits
qu'avait usurpés le ministère ecclésiastique; principe que
l'Assemblée législative ne se contenta pas de reconnaître et
de soutenir, mais qu'elle mit heureusement en action par sa
loi du 20 septembre 1792. L'esprit de cette loi, si justement
estimée, est celui que les auteurs du projet ont généralement
suivi; ils n'y ont guère apporté de changemens, comme ils
le disent eux-mêmes, que ceux dont l'expérience avait démontré la nécessité. Ils ont donc maintenu, dans l'article 38,
cette sage disposition qui interdit à l'officier civil toute extension de son ministère, et qui le borne rigoureusement à in-
35-40 sérer les déclarations telles qu'il les reçoit. Il en est ainsi de
celles des articles 40, 48, relatives aux qualités, au choix
des témoins, à la faculté, pour quelque personne que ce soit,
de se faire délivrer des extraits des registres publics, sans
avoir à rendre compte des motifs; disposition parfaitement
conforme aux droits de tous les citoyens, et propre à tenir
constamment les officiers civils dans les limites de leurs fonctions.

45 à 44 Vous retrouverez la même sagesse dans les articles 45, 46.
et 53

47, 55, dont le but est de prévenir, par les plus soigneuses précautions, toutes les fautes de l'erreur, de la négligence, tous les délits de la prévarication, et de les punir.

Je ne vous arrêterai pas sur les avantages qui doivent ré- 40 sulter de l'établissement d'un seul registre : l'expérience a suffisamment fait connaître que ce mode est préférable, en ce qu'il est, par sa simplicité, le plus propre à rassurer contre toutes les sortes d'infidélités. Ce principe, d'ailleurs, n'est pas si rigoureusement posé, qu'on ne puisse le modifier selon les localités, par suite d'autres considérations.

L'objet du second titre est d'établir tous les moyens de ch 2. constater la naissance, et d'assurer la filiation. On a d'abord très-convenablement déterminé dans l'article 57, le premier 55 de ce titre, le délai dans lequel les déclarations doivent être faites; c'est ce qu'avait omis la loi de 1792, et ce qu'avait réparé la loi additionnelle du 19 décembre de la même année. Mais il est à remarquer qu'on avait laissé subsister, et qu'on avait même aggravé la peine infligée aux personnes quelconques, qui, présentes à la naissance, négligeraient d'en faire la déclaration. Les auteurs du projet ont reconnu avec raison que cette disposition pénale, nécessaire peut-être dans d'autres circonstances, devait cesser d'avoir lieu dans des temps plus heureux, où il n'existait aucun motif de craindre l'infraction de ce premier devoir. Elle a donc été retranchée, non seulement comme inutile, mais encore comme dangereuse, en ce que, par cet effet, généralement commun à toutes les menaces de peines, d'inspirer de l'éloignement pour les occasions qui peuvent y exposer, elle tendrait à priver une femme de secours dans le moment même où elle en aurait le plus pressant besoin. L'article 61 me paraît renfermer toutes 58 les précautions que l'humanité prescrit pour constater l'état de l'enfant abandonné, assurer son existence, et lui préparer les moyens de retrouver un jour ses parens. En remplissant ainsi des obligations qui, sans aucun doute, sont de la plus étroite rigueur pour la société, il n'établit, d'ailleurs, aucune de ces recherches odieuses dont autrefois une législation aussi barbare qu'absurde avait fait autant de sources de crimes et d'attentats contre les premiers sentimens de la nature.

59 à 61   Vous remarquerez sans doute avec satisfaction les mêmes soins dans les articles 62, 63, 64, qui ont pour objet de veiller sur l'état des enfans nés pendant les voyages de mer.

62   Si, dans l'article relatif aux enfans nés hors mariage, on s'est contenté de statuer que l'acte de reconnaissance serait inscrit sur les registres, ou en marge de l'acte de naissance, c'est parce que tout ce qui tient à ce sujet sera, comme on l'annonce, particulièrement traité au titre de la *filiation*.

Permettez-moi de saisir ici l'occasion de vous rappeler une remarque très-judicieuse, faite par notre collègue Duchesne, et applicable à l'examen non seulement de cette loi, mais de celles qui nous seront ainsi successivement transmises; c'est que, pour les bien juger, il faut toujours considérer les rapports qu'elles ont avec celles qui les suivront.

ap. 57   Je n'abandonnerai pas ce titre sans essayer de détruire un reproche assez grave fait à l'article 60. Dans l'état de défense le plus assuré, j'ai toujours regardé comme très-maladroit de traiter légèrement des objections même peu sérieuses en apparence. Elles ne sont jamais sans danger : à plus forte raison ne doit-on pas se jouer de celles qui, par elles-mêmes et par le talent connu de leurs auteurs, imposent rigoureusement l'obligation de tenter au moins d'y répondre. Il s'agit de l'article 60 qui dit, *que s'il est déclaré que l'enfant est né hors mariage, et si la mère en désigne le père, le nom du père ne sera inséré dans l'acte de naissance qu'avec la mention formelle qu'il a été désigné par la mère.*

Il suit de là évidemment que la mère peut désigner qui bon lui semble pour le père, que sa déclaration, vraie ou fausse, sera très-formellement inscrite sur les registres. Si cette déclaration est fausse, nous objectera-t-on, que d'inconvéniens! Mais, si elle est vraie, répondrai-je, que d'avan-

tages! Tout se réduit donc à balancer les uns et les autres,
après avoir d'abord reconnu qu'il n'y a pas de principe, quelque vrai, quelque bon qu'il soit en lui-même, qu'on ne
puisse attaquer dans l'abus de telle ou telle de ses conséquences, et qu'ainsi, avant de s'occuper de cet abus, il serait
sage d'examiner ce qu'est essentiellement en lui-même le
principe.

Je remarque d'abord que les inconvéniens n'existent pas
devant la loi; que cette déclaration, quelle qu'elle soit, n'autorise aucune recherche de paternité, ne forme aucun titre
contre le père désigné, ne donne aucun droit à la femme,
pas même pour obtenir des provisions, etc. Que craignez-vous donc? mais une injure faite à la réputation, mais le
trouble que cette licence peut jeter dans les familles, mais
la désunion d'époux jusque là confians et heureux. Daignez
observer que ces considérations peuvent ne pas avoir, dans
la vérité, autant d'importance qu'on leur en prête; qu'une
femme assez vile pour faire une déclaration fausse trouverait
dans l'opinion beaucoup moins d'appui qu'on paraît le croire;
que, si elle ne l'était déjà, elle serait bientôt assez connue
pour que l'infamie n'en retombât que sur elle, et que l'homme
honnête aussi injustement attaqué serait peut-être vengé
dans cette opinion si redoutable, avant même de savoir qu'il
a été l'objet de l'outrage.

Mais enfin, admettons l'objection dans toute sa force : eh
bien! pourrez-vous vous déterminer à lui sacrifier tous les
avantages qui doivent résulter pour l'enfant d'une déclaration vraie? Le priverez-vous des moyens de constater un jour
son état? Lui enleverez-vous ce premier des droits que réclame pour lui la nature? et refuserez-vous à une mère infortunée, victime de la perfidie et de l'abandon, la douce
satisfaction de contribuer, autant qu'elle le peut, à lui assurer pour l'avenir le plus grand des biens, je le répète, son
état? Pensez-vous, de bonne foi, que, pour une déclaration
fausse, il n'y en aura pas cent vraies? Et vous hésiteriez, d'a-

près ce calcul ! Mais les lois de la nature même ont aussi leurs inconvéniens.…. Celle qui rend le feu propre à tant d'usages utiles, est aussi celle en exécution de laquelle il porte au loin les ravages de l'incendie et la destruction. C'est par suite des mêmes lois qui règlent leur paisible cours, que les fleuves, dans d'autres circonstances, se changent en torrens dévastateurs…. Voudriez-vous donc rejeter les lois de la gravité et bouleverser l'univers, parce que vous auriez fait un faux pas ? Non, je le répète, et c'est une des premières vérités qu'un législateur ne doit jamais perdre de vue : vous ne trouverez dans aucun ordre, naturel ou humain, un seul principe dont l'application absolue puisse se faire à tout sans blesser quelque rapport particulier.

N'abandonnons pas sans appui, sans espoir, la faiblesse séduite et trompée, dans la vaine crainte de tel ou tel abus que la corruption peut faire d'une disposition bienfaisante.

Il est temps de mettre fin à ce reproche, qui serait ici, comme dans tant d'autres circonstances, trop justement mérité, que les lois faites par les hommes semblent n'avoir été faites que pour eux. Soyons plus justes envers les femmes, et ne nous prévalons pas toujours contre elles de la crainte des vices dont la première cause ne peut si souvent être imputée qu'à nous.

Mais, ajouterai-je encore en faveur de tout ce que nous recommande ici l'humanité, croyez-vous que le système contraire n'aurait pas aussi ses abus ? Ne s'ensuivrait-il pas que, d'instrument passif qu'il est et doit toujours être sous ce rapport, l'officier civil prendrait la plus dangereuse activité ; qu'il pourrait, dans le cas supposé, exiger, à chaque naissance, la représentation de l'acte de mariage ? Voyez alors tout ce qui pourrait résulter de là en inquisition, comme le disent très-bien les motifs du projet, et en débats, et en retards dangereux pour l'enfant.

ch. 3.   Je ne m'arrêterai au titre *des Actes de mariage*, que pour appuyer ce que le rapporteur de votre commission vous a si sagement exposé en faveur des précautions qu'on y a prises pour en assurer, dans toutes leurs formes, la validité. En effet, les articles 66, 67, 73, 74, n'y laissent rien à désirer. Si l'on était tenté de faire quelques observations sur l'article 71, on reconnaîtrait bientôt, avec un peu de réflexion, qu'il ne peut entrer dans le plan de la loi proposée d'énumérer toutes les diverses espèces d'oppositions. Les estimables auteurs de la loi de 92 l'ont fait, parce que, ne sachant pas s'ils auraient occasion d'y revenir, ils ont dû regarder comme nécessaire alors de s'en occuper. c 8

Non seulement vous avez retrouvé dans le titre 4, relatif *aux décès*, les belles dispositions de cette loi et de nos plus sages ordonnances; mais vous en avez aussi remarqué plusieurs qui sont propres au projet et qui honorent la sensibilité de ses auteurs. Telle est particulièrement celle de l'article 88. Oui, tant qu'il existe de ces préjugés dont la raison ne peut encore triompher, c'est un sentiment bien louable que celui du respect pour des familles infortunées, qui, sans de tels ménagemens, seraient victimes de leur injustice. ch 4 85

Nous applaudirons sûrement encore aux intentions d'après lesquelles on a rédigé toutes les dispositions du titre 5. ch. 5.

C'est une heureuse et belle idée que celle qui, pour me servir de la noble expression des motifs, attache ainsi la patrie aux drapeaux, qui la fait marcher au milieu de ses défenseurs partout où se montrent ses armes victorieuses; qui, sans jamais la séparer du citoyen, fait jouir le soldat français, sur la terre étrangère et ennemie, de tous les droits dont il jouirait dans ses foyers.

Comme il me paraît que le système adopté dans le titre VI, relativement à *la rectification des actes de l'état civil*, doit obtenir l'assentiment général, je crois pouvoir négliger de vous en rappeler les dispositions. Je finis donc en votant pour le projet. ch. 6.

ap. 57　Tribuns, l'article 60 de la loi soumise à votre discussion est ainsi conçu :

« S'il est déclaré que l'enfant est né hors mariage, et si « la mère en désigne le père, le nom du père ne sera inséré « dans l'acte de naissance qu'avec la mention formelle qu'il « a été désigné par la mère. »

Cet article est le seul qui soit censuré d'une manière à laisser des doutes dans quelques esprits ; il est attaqué par des raisonnemens spéciaux, il faut le justifier par des raisonnemens solides.

Il est immoral, dit-on, parce qu'il autorise l'injure et la calomnie, et qu'il présente à l'audace d'une fille corrompue ou prostituée un appât pour sa cupidité.

Il est immoral, parce qu'il tend à troubler les familles, à jeter le germe du soupçon, de la méfiance et de la jalousie entre les époux les plus unis.

Il faut en convenir, ces réflexions ont quelque chose de spécieux ; mais aussi n'est-ce pas se livrer à trop de soins, que de porter si loin la prévoyance ? J'oserais presque assurer qu'il n'existe pas un article de loi qui pût se soustraire à une critique de cette nature, sortie d'une plume exercée à mettre les possibilités en ation. Si l'abus est un enfant de l'ordre, il faut donc renoncer à l'ordre, de peur de légitimer des abus.

L'article censuré autorise l'injure et la calomnie.

Je vous avoue que je suis tout aussi jaloux de ma réputation qu'aucun autre, et que l'injure dont vous parlez, loin de m'humilier, n'exciterait que mon mépris et ma pitié pour l'être dépravé qui s'en ferait un jeu.

Ce serait un appât pour la cupidité d'une fille.

D'abord, je n'en serais ni la dupe ni la victime : je ne place pas mon honneur à si bas prix, que je consente jamais à le racheter pour un peu d'argent.

En second lieu, si la fille est prostituée, sa déclaration tournera encore à sa honte ; les gens de bien l'apprécieront, et je ne fais nul cas de l'opinion factice des méchans.

Si la fille n'est qu'une victime des faiblesses de son sexe, elle ne commettra pas une lâcheté, qui serait le premier et le dernier terme de son déshonneur.

Ainsi, sous tous ces rapports, les résultats de l'article n'ont aucun inconvénient pour les hommes qui s'estiment et se respectent.

Tend-il à troubler les familles ?

Je le nie encore, et par les motifs que je viens de déduire, et par ceux que je vais y ajouter. Des époux s'estiment bien peu, des maris inspirent à leurs femmes bien peu de confiance et de sécurité, si la déclaration d'une prostituée, que l'on dit même devoir être sollicitée par des méchans, a le pouvoir étrange d'effacer tout-à-coup les sentimens d'union, de confiance et d'abandon qui les ont unis long-temps. C'est injurier gratuitement et les maris, et les épouses, et tous les gens de bien, que d'établir de pareilles probabilités ; c'est ravaler à la fois le cœur et l'esprit, et le caractère, et la raison des hommes. D'ailleurs, l'article 60 n'admet point les déclarations de paternité contre les hommes mariés : ce serait reconnaître, approuver implicitement l'adultère ; et certes, vous ne pouvez supposer cette pensée à la loi.

Si je raisonnais d'après la méthode des censeurs du projet, si je fouillais comme eux dans le grand livre des possibilités, j'y trouverais sans peine une foule d'argumens dont je ferais usage pour prouver, non l'immoralité, mais la moralité de l'article.

Je dirais, avec des moyens tout aussi spécieux, que ses dispositions tendent à corriger, à améliorer les mœurs ; que la faculté accordée à la mère de déclarer le père de son enfant, retiendra les jeunes séducteurs, mettra un frein aux passions brutales de quelques vieillards débauchés ; je dirais que les maris, jaloux de conserver la paix et l'union dans leurs ménages, veilleront plus attentivement sur leur conduite, sur leurs connaissances, sur leurs liaisons ; je ferais un volume sur les effets d'un article que j'envisagerais toujours au profit des mœurs.

Mais tout ce que je viens de dire, tout ce que j'y ajouterais, comme tout ce que les adversaires du projet ont établi, ne serait qu'un rapprochement hypothétique de résultats si éloignés de la cause, de possibilités si peu dignes de l'attention du législateur, que je crois que vous en ferez bientôt justice.

On dit qu'un registre secret aurait rempli l'objet de la loi et n'en eût pas eu les inconvéniens.

C'est une erreur. Un registre secret, tel secret qu'il soit, n'est que le secret de la comédie. La fille dont vous craignez la calomnie, l'injure, la cupidité, ne répandra-t-elle pas publiquement qu'elle vous a mis sur le registre secret ? Ou, si, comme vous le supposez, elle vous veut faire acheter son silence, ses moyens ne sont-ils pas les mêmes, n'auront-ils pas les mêmes effets sur vous, sur l'opinion des méchans que vous redoutez ? Ayez des registres secrets ou publics, ou n'en ayez pas du tout, je vous assure que vous n'échapperez pas à l'impudence d'une fille qui voudra vous donner les honneurs de la paternité.

Après avoir réduit à leur juste valeur les prétendus dangers de l'article, et démontré qu'ils n'ont rien de réel, j'examine quels sont ses avantages.

Le motif est de conserver à l'enfant la possibilité d'être un jour recherché, reconnu, légitimé, ou adopté, par son père.

Ce motif est, ce me semble, plus beau, plus grand, plus humain, plus digne du législateur, que ne sont solides les craintes pusillanimes ou chimériques dont on veut l'environner.

Sur cent malheureuses victimes de l'amour, si l'article

donne un père à un seul infortuné, n'aura-t-il pas fait mille fois plus pour l'humanité qu'une prétendue calomnie n'aura fait de mal à un homme de bien?

Vous, qui naguère exprimiez à cette tribune tant de sollicitude pour les enfans naturels d'un père flétri par l'infamie, votre humanité, votre pitié s'est-elle tout-à-coup éteinte pour les enfans de l'amour? Ne voyez-vous plus dans ceux-ci que les enfans de la débauche, ou bien vos sentimens généreux ne sont-ils que des moyens oratoires?

Cette fille dont l'amant vient de partir pour un voyage d'outre-mer, porte dans son sein le gage de sa tendresse; il n'a pu l'épouser : les volontés d'un père, des intérêts à ménager, ont imposé la loi d'une séparation douloureuse.

Cependant la mère meurt après avoir donné le jour à son fils, et sans avoir pu nommer le père. Il revient; tous les obstacles sont levés; il demande, il cherche le reste précieux, le seul reste de sa tendresse : vain espoir! le sort de l'enfant est enseveli, avec le secret de sa naissance, dans le sein glacé de sa mère; il traînera un jour dans la société une vie d'abandon et de misère, pendant que la fortune s'épuise vainement à le rechercher pour lui donner un nom, un état, un père.

Tribuns, que la calomnie essaie mille fois de m'atteindre, et que ce père puisse retrouver son fils; que ce fils infortuné puisse être pressé dans les bras de son père! voilà mon vœu : c'est celui de la loi dont je vote l'adoption.

OPINION DU TRIBUN DUVEYRIER,
POUR LE PROJET.

Tribuns, je ne parle que sur le soixantième article, et j'aurai répondu à tout.

Quelles que soient la force et la véhémence avec lesquelles on l'attaque, je suis résolu à le défendre, s'il m'est possible, avec une vigueur et une force égales.

Quelles que soient la bonne foi et la conviction de ceux qui proclament le danger de cet article, et qui veulent le faire rejeter, j'atteste qu'avec la même bonne foi je suis intimement convaincu de ses salutaires effets, de sa nécessité même; et je croirais nos lois civiles, en ce cas, dignes d'un reproche d'imperfection, si l'article 60 n'existait pas, ou s'il présentait une disposition différente.

C'est au nom de l'honnêteté publique et de la convenance sociale qu'on demande qu'il soit rejeté.

C'est pour l'intérêt de la société, c'est au nom de la décence publique, et, ce qui est plus puissant encore, au nom de la morale, de la justice et de la nature, que je demande qu'il soit consacré.

On met aux prises, pour le condamner, la nature et la société; et je pense fermement qu'on ne pourrait l'écarter ou le changer, sans outrager l'une aux dépens de l'autre. Je pense que cet article, tel qu'il est, et tel qu'il doit être entendu, est la plus sage combinaison des préceptes de la nature et des règles de la société.

La question n'est pas ici complexe. Elle est une, elle est simple. C'est une pure question de morale sociale, qui dédaigne les profondeurs de la science et de l'érudition, pour n'appeler à son jugement que les cœurs droits et les esprits justes.

Je ne parlerai donc, sur les enfans naturels, ni des Grecs, ni des Romains. Je ne citerai, ni les lois de Solon, ni les institutes de Constantin ou de Justinien. Je ne parcourrai point, avec Chopin, Baquet ou Pasquier, toutes les variantes historiques de la bâtardise, depuis les temps obscurs ou fabuleux de la monarchie jusqu'à sa fin. Je ne ferai même qu'en passant cette observation qui pourrait être, sans indiscrétion, plus soigneusement appliquée.

C'est que ces enfans naturels, proscrits encore en 1789, exclus par l'opinion de toutes prérogatives sociales, par la loi de toutes successions et de tous droits de famille, ont été

tout-à-coup, par nos lois modernes, placés au sein de la société avec toutes les attributions civiles, établis au milieu des
familles avec tous les droits de parenté et d'hérédité, tellement, que l'indifférence de la législation ajoutant encore à
la légèreté des mœurs, on pouvait craindre qu'il ne restât au
mariage et à la légitimité des enfans, que le ridicule d'une
décence inutile, et la contrainte d'un lien sans honneur.

Et ce serait aujourd'hui tomber dans la même inconséquence, si ce n'est dans le même danger, pour éviter ses excès, de dépasser même l'excès contraire, en sacrifiant, dans
les bases de notre législation civile, aux scrupules même
plausibles de quelques individus, l'intérêt social, la morale
universelle, les premiers préceptes de l'éternelle justice, et
les droits les plus sacrés de la nature.

Ceci bien entendu, j'entre dans l'examen de l'article 60.
Je fixe la véritable étendue de ses dispositions, et je balance
ses conséquences diverses.

N'oublions pas qu'il est ainsi conçu :

*S'il est déclaré que l'enfant est né hors mariage, et si la mère
en désigne le père, le nom du père ne sera inséré dans l'acte de
naissance qu'avec la mention formelle qu'il a été désigné par la
mère.*

Dans toutes les controverses, c'est une tentative oratoire
assez communément employée, de donner d'avance à la vérité qu'on veut combattre les honneurs du sophisme, et aux
raisons simples qui doivent convaincre, l'éloge intéressé de
l'esprit qui abuse et du talent qui séduit.

Cet échange ne peut me convenir. Qu'on me permette,
pour mon compte, au moins de ne pas l'accepter.

Il ne faut ni esprit ni talent, mais un sens droit et une
raison calme, pour trouver la vérité lorsqu'elle ne se cache
pas, et pour la voir lorsqu'il suffit de ne pas fermer ou détourner les yeux.

Non, il ne faut dans l'espèce que la rectitude du jugement
et la simplicité des paroles pour croire, pour sentir, pour

dire, pour prouver même, qu'une loi ne dit pas ce qu'elle ne
peut pas dire; qu'elle ne veut pas dire ce qu'elle ne dit pas ;
qu'elle ne veut point ce qu'il lui est impossible de vouloir ;
qu'elle ne permet pas ce qu'elle ne pourrait permettre sans
parjurer son caractère, dénaturer son essence, empoisonner
ses effets, sans se combattre, sans se détruire elle-même,
sans cesser d'être loi, pour devenir une chose que je ne puis
nommer, un statut de scandale et d'infamie.

Vous voulez donc que l'article 60 de la loi qui nous occupe autorise, sur la déclaration de la mère, la désignation
du père, dans les actes de naissance de tous les enfans naturels sans exception? La loi n'excepte rien, dites-vous; ainsi
il ne faut rien excepter.

Ainsi, vous voulez que la paternité la plus honteuse et la
plus criminelle soit, par la puissance même de la loi, consignée dans les actes publics, monumens les plus augustes de
la loi elle-même !

Vous voulez que cette loi impose à ces actes le devoir sa-
crilége de notifier chaque jour à la société l'inceste et l'adultère! Vous voulez qu'en vertu de cette loi, une fille, et quelquefois une fille flétrie, puisse désigner pour père à son
enfant bâtard, un homme engagé dans les liens du mariage,
un époux vertueux, un père de famille environné de ses enfans légitimes!

Vous voulez donc aussi qu'en vertu de cette loi, une femme
mariée, à qui une faiblesse aura donné la maternité que la
longue absence de son mari lui refusait, puisse, si la passion
l'égare, si son état convulsif l'exalte, graver, dans un registre public, sa honte ineffaçable, et consigner peut-être un
double adultère !

Vous voulez donc aussi, car tout ici est conséquence rigoureuse du même principe, que le ministre de la loi, dépositaire de ces actes, ne puisse refuser son ministère à la
révélation d'un désordre inouï, que la nature elle-même dés-
avoue, que la société ne veut pas savoir, que la loi ne veut

pas connaître !.... Je m'arrête. Ce que vous supposez dans les facultés de cette loi, eh bien! je n'ose le dire.

Ah! si cet article 60 peut donner lieu à de telles turpitudes; s'il autorise l'inceste et l'adultère à se montrer au grand jour, orgueilleux même de leur publicité; s'il contient un tel blasphème à la pureté des mœurs, au repos des familles, et à la pudeur sociale, déchirons-le avec indignation : ce que je viens de dire prouve assez que mon opinion, à cet égard, ne peut être incertaine.

Mais pourquoi, sur quels fondemens, suppose-t-on que l'article 60 autorise, ou seulement permet des écarts aussi condamnables?

Cet article contient-il littéralement cette autorisation, cette faculté, cette licence de désigner, dans un acte public, le père d'un enfant incestueux ou adultérin?

Non, et il me semble déjà que si nous discutons avec sang-froid, nous conviendrons que, pour trouver dans la loi un ordre ou une prohibition contraire à ce qui est moral et licite, il ne faut rien moins qu'un texte exprès, littéral, et même, on peut le dire, effrayant de clarté et de précision ; et, si une telle loi existait, il faut convenir encore que la démence seule aurait pu produire un tel monstre.

Non, l'article 60 ne dit pas que la mère d'un enfant né de l'inceste ou de l'adultère pourra consigner dans le registre public la désignation du père.

Et déjà, dans le silence de la loi, il serait déraisonnable de supposer cette faculté coupable.

Mais au moins cette faculté scandaleuse est-elle tellement enveloppée dans la disposition générale de l'article, qu'elle en soit une dépendance nécessaire, qu'il faille absolument la sous-entendre, et la lire comme si elle était littéralement écrite!

On le croit, puisque c'est sur ce fondement presque unique qu'on établit la censure et le rejet d'une loi d'ailleurs si bienfaisante et si sagement combinée.

Erreur innocente et de bonne foi, sans doute; mais erre palpable, incompatible avec toute idée saine de jurisprudence; démentie par le texte même de l'article rapproché du vocabulaire usité sur la matière; démentie par le but même assez sensible de ce bienfaisant article; démentie plus hautement encore par ces maximes de sagesse éternelle qui règnent au-dessus de la loi même, et que la loi ne peut ni changer, ni modifier, ni détruire.

C'est donc sur le texte de l'article, sur son objet, et sur un principe inaltérable d'équité naturelle, que j'ai fondé ma conviction personnelle, et que je désire vous convaincre, si vous doutez encore, qu'au nombre des désignations de paternité permises par l'article 60, on ne peut pas mettre la désignation d'un inceste ou d'un adultère.

L'article dit : *S'il est déclaré que l'enfant est né hors mariage.*

Je sais bien que dans le monde, dans nos cercles dispensés de sciences, et surtout de la science judiciaire, on ne fera pas sans guide les distinctions nécessaires des espèces essentiellement différentes entre tous les enfans nés hors mariage, c'est-à-dire entre tous les enfans naturels.

Mais ici, c'est la loi qui parle, et il faut bien lui permettre de parler le langage accoutumé de la législation.

Depuis Justinien jusqu'à nous, depuis les lois romaines qui, jusqu'à la révolution, ont été le seul flambeau, l'unique règle en cette matière, notre législation, dans ses réglemens, dans ses traités, dans ses commentaires, dans ses discussions, dans ses jugemens, n'a jamais compris sous la dénomination générale d'enfans nés hors mariage, ou d'enfans naturels, que les bâtards simples, nés *ex soluto et soluta;* les enfans nés d'une conjonction illicite, à la vérité, mais non criminelle; les enfans nés, enfin, de deux personnes respectivement libres du lien conjugal.

Jamais la législation n'a compris, sous cette dénomination générale, l'enfant incestueux ou adultérin, qu'elle a toujours distingué par la désignation du crime auquel il devait

sa naissance, par des prohibitions plus sévères, par des pri-
vations d'effets civils presque absolues.

Je pourrais aussi citer Montesquieu, Domat, Ferrière,
Bourjon, les plus savans enfin en législation, tant ancienne
que moderne.

Je pourrais citer Justinien lui-même, et sa novelle 89, qui
refuse aux enfans nés de l'inceste et de l'adultère, même la
qualification d'enfant naturel.

Mais on me dirait, avec raison, que tout le monde ne lit
pas Justinien, Domat et Montesquieu; et je veux me contenter, comme tout le monde peut le faire, d'un livre usuel,
placé dans toutes les bibliothèques, mis à la portée et à l'u-
sage de tous, d'un livre populaire enfin, si l'on peut en
trouver un sur cette matière, de la Collection de jurisprudence, imprimée seulement depuis quinze à seize ans.

Ce que cet auteur dit, à cet égard, pourrait être un appendice naturel à l'article du projet contesté.

Ses paroles sont plus convenables peut-être encore au
temps où nous vivons qu'au temps où il écrivait.

Voici ce qu'il dit :

« Le caractère commun à tous les bâtards, ce qui les cons-
« titue tels, est, comme nous l'avons dit, d'être nés hors le
« mariage; mais il y a ensuite des circonstances particulières
« qui peuvent accompagner ce fait principal, et qui donnent
« lieu de distinguer différentes espèces de bâtards.

« D'abord, on ne doit pas absolument confondre l'enfant
« né de deux personnes qui, vivant ensemble hors le mariage,
« formaient néanmoins une société qui excluait de fait le
« commerce de toute autre personne, et dont la filiation est
« moralement certaine et avouée par les père et mère, avec
« l'enfant né d'une fille publique, qui ne saurait indiquer le
« père de l'enfant qu'elle a conçu. Il serait peut-être difficile
« de trouver cette distinction expressément établie, soit dans
« les lois romaines, soit dans nos lois; mais elle n'est pas
« moins très-réelle dans l'opinion publique et dans la matière

« que nous traitons en ce moment (c'est toujours l'auteur
« qui parle) : l'opinion publique, qui forme les mœurs d'une
« nation, n'est pas moins à considérer que ses lois écrites. »

Il continue : « Ensuite, il faut distinguer, entre les bâ-
« tards, l'enfant né de deux personnes libres, qui pouvaient
« contracter mariage au temps de sa conception, de celui qui
« est né de deux personnes au mariage desquelles la loi s'op-
« posait au temps de la conception de l'enfant. Si la cause de
« l'obstacle au mariage était un mariage légitime subsistant,
« le bâtard est appelé *bâtard adultérin*. Si l'empêchement au
« mariage naissait de la parenté ou de l'affinité existante entre
« les père et mère, le bâtard est appelé *bâtard incestueux*. »

Je le répète : compilez tous les registres anciens et modernes, romains et français, et vous n'en trouverez pas un
seul qui, sous la dénomination générale d'enfans naturels,
d'enfans nés hors mariage, de bâtards, comprennent, sans
distinction expresse, les adultérins et les incestueux.

Ces fruits d'un crime plus ou moins sévèrement puni,
suivant les temps, suivant les mœurs, sont et seront toujours
distingués, dans le droit, par des noms différens, par des
dispositions légales plus différentes encore.

Les enfans naturels obtenaient des dispenses pour certaines
charges publiques.

Les adultérins et les incestueux n'en obtenaient pas.

Les enfans naturels pouvaient être reconnus et légitimés
par lettres du prince, ou par le mariage subséquent de leurs
père et mère.

Les inscestueux et les adultérins ne pouvaient être ni reconnus ni légitimés.

Les enfans naturels pouvaient recevoir de leur père, à titre
testamentaire, une partie de la succession paternelle; et,
dans les derniers temps de la monarchie, le parlement, sur
ma défense et celle de Gerbier, a solennellement confirmé
un legs particulier de 600,000 livres fait par un père à son
enfant naturel.

L'enfant adultérin ou incestueux ne pouvait prétendre qu'à
la pitié naturelle; et, dans la succession paternelle la plus opulente, malgré son père lui-même, il n'obtenait jamais que des
alimens strictement calculés sur la nécessité de vivre.

Ces principes sont encore dans nos mœurs, dans les convenances de notre législation; et, ce que je remarque pour la
véritable et nécessaire application de l'article 60, je le trouve
déjà dans les différens projets de loi qui doivent composer le
Code civil.

Et ce que je vais citer est d'autant plus remarquable, que
les propres expressions de l'article 60, si libéralement éten-
dues aux enfans nés de l'adultère et de l'inceste, vont elles-
mêmes consacrer les restrictions et les limites que le droit
commun et la raison leur assignent.

Ouvrons le titre VII du projet du Code civil. L'article 10
du chapitre premier porte en termes exprès : « Les enfans
nés hors mariage (même expression que celle de l'article 60
que nous discutons), les enfans nés hors mariage sont légitimés par le mariage subséquent de leurs père et mère, suivant
les règles établies au chapitre IV du titre *du Mariage.* »

Il doit être clair pour ceux qui le prétendent ainsi, sur l'article 60, que, sous cette dénomination générale d'enfans nés
hors mariage, sont compris tous les enfans naturels, simples,
adultérins, et incestueux.

Ils prétendraient donc, par toutes les raisons qu'ils ont
alléguées contre l'article 60 du projet discuté, qu'en vertu de
cet article 10 du chapitre premier du titre VII, un mariage
subséquent pourrait légitimer l'enfant adultérin, et même
l'incestueux, si le mariage était possible.

Eh bien! ils se tromperaient, comme ils se trompent sur
l'article 60.

L'article 62 du chapitre IV, au titre V, porte : « Le ma-
« riage subséquent ne légitime point les enfans adultérins. »
On ne parle point des incestueux, parce qu'on sait bien que
le mariage subséquent de leurs père et mère est impossible.

11.

Ici, l'expression littérale de la loi se met à ma place pour prouver ce qu'on vous a dénoncé d'avance comme un système hasardé, comme une opinion bizarre, isolée, et contre laquelle votre méfiance devait rassembler toutes ses précautions.

Ici, l'expression littérale de la loi prouve que les enfans adultérins et incestueux ne sont pas compris sous la dénomination commune d'enfans nés hors mariage.

Ai-je besoin de citer les autres différences et les autres preuves?

Voyez le chapitre IV du livre III du même projet du Code civil.

Après avoir établi les droits de succession des enfans naturels en général, une section particulière proclame l'indignité de l'adultérin ou incestueux privé de tout droit d'hérédité dans les successions de son père et de sa mère, et le réduit à de simples alimens, même alors où il serait reconnu, dans le cas où il pourrait l'être; car la loi se réserve expressément d'ordonner que ces enfans, qui jamais ne pourront être légitimés, ne puissent pas même, en certains cas, être reconnus.

Je n'ai donc annoncé qu'une vérité bien simple et maintenant sensible, lorsque j'ai dit que le texte lui-même de l'article 60, et l'expression générale dont il se sert, me fournissaient le premier motif de ma conviction, que la faculté donnée à la mère d'un enfant naturel de désigner le père dans l'acte de naissance ne s'applique, en aucune manière, à la désignation scandaleuse d'un inceste ou d'un adultère.

L'objet de cet article, que je pourrai tout à l'heure développer davantage, confirme cette vérité.

Cet objet est de droit naturel pour la mère et l'enfant.

Il est d'intérêt général pour la société.

Je ne parle encore que de l'intérêt social.

Le mariage, à vrai dire, ne serait qu'un lien d'affection particulière, inutile à la société, s'il n'était le sceau public de la paternité et de l'état des enfans, le premier titre de la division des familles et des propriétés.

Le premier intérêt social est de tracer d'une main sûre le cercle des familles, et celui des propriétés; d'établir l'un et l'autre sur des fondemens tels, qu'ils soient, autant que possible, à l'abri des vicissitudes naturelles et des déplacemens innombrables que la mort ne cesse pas un instant d'imposer à la race humaine.

C'est pour cela que le premier soin de toutes les législations civiles a été de constater l'état des enfans à leur naissance. Ce soin négligé, plus de familles certaines, plus de propriétés immuables.

Et comme, par les mêmes raisons, le même intérêt social recommande avec instance de diminuer, autant que possible, le nombre des enfans sans famille, le devoir de la société et de la loi, lorsque le mariage n'existe pas, est d'y suppléer par tous les moyens convenables, et surtout de ne pas éteindre volontairement dans le bourbier des passions humaines, l'unique flambeau à la faveur duquel l'enfant né hors mariage pourra retrouver un jour sa place dans sa famille et dans la société.

Cet avantage, il ne peut l'obtenir que par sa légitimation subséquente, à laquelle encore il ne parviendra que par la reconnaissance de son père.

Or, pour peu que l'on veuille méditer sur tous les rapports de notre législation, on verra que la reconnaissance du père est toujours impossible et nulle, si la mère ne l'a pas consacrée par son aveu.

L'article 27 du chapitre III, titre VII, livre premier du projet de Code civil, dit précisément :

Toute reconnaissance du père seul, non avouée par la mère, est de nul effet, tant à l'égard du père que de la mère.

Il est donc non pas seulement de prudence et de précaution, mais de devoir spécial, de saisir cet aveu de la mère, au seul moment où la nature peut-être lui permettra de le faire. En le donnant, elle peut perdre la vie; et, sans la faculté consignée dans l'article 60, elle emporte avec elle, à la honte des lois et au préjudice de la société, tout moyen de rétablir l'état de l'enfant qu'elle a mis au monde, par la reconnaissance du père à jamais nulle et sans effet, parce que l'aveu de la mère ne pourra plus la consacrer.

Et, pour revenir à la vérité déjà démontrée, n'est-il pas évident que, dans l'intention et l'objet de la loi, la prévention permise, la faculté donnée par l'article 60, ne concerne point les enfans adultérins et incestueux, qui n'auront jamais de propriété dans les biens paternels et maternels, jamais de famille; qui ne pourront jamais être légitimés, et dans plusieurs cas, jamais reconnus, pas même de leur mère; qui formeront enfin une classe infortunée, mais distincte, pour ainsi dire proscrite, placée hors du cercle social, sans état civil, et par conséquent sans droit et sans intérêt aux précautions qui doivent constater cet état.

Il en faudrait moins sans doute pour resserrer dans ses bornes véritables l'application de l'article 60; et cependant, lors même qu'on aurait ignoré cette distinction si universellement établie par tous les monumens de la législation ancienne et moderne entre les enfans de la faiblesse et les enfans du crime; lors même qu'on n'en aurait recueilli aucune idée par la lecture entière de tous les titres du projet du Code civil; il suffirait encore, pour ne pas s'y tromper, de rappeler à sa mémoire une de ces maximes du droit commun, que j'ai annoncées universelles, inaltérables, qui n'ont pas besoin d'être consacrées par la loi pour exercer un empire absolu.

Toute convention, toute stipulation, toute déclaration contraire à la loi et aux bonnes mœurs, sont interdites.

Et l'on prétendrait ici, dans le silence de l'article 60, que cet article lui-même autorise la déclaration la plus contraire à la loi, aux mœurs, à l'honnêteté publique, la déclaration d'un crime que l'intérêt de la société, l'honnêteté publique, et les mœurs, couvrent à l'envi de voiles et de ténèbres.

Non, la loi ne le dit pas, et cela suffit pour qu'on ne

puisse pas le suppléer ; elle ne peut pas le dire sans se corrompre, sans se détruire, et cela suffit encore pour qu'il soit
impossible de le supposer. Si elle le disait, si elle le faisait
seulement entendre, ce ne serait plus une loi, comme je l'ai
dit, mais un monument de scandale.

Serait-il mieux que l'article 60 prononçât le contraire af-
firmativement, qu'il exceptât de la faculté générale les naissances adultérines et incestueuses ? J'en doute.

Ce que je sais précisément, c'est qu'une telle exception est
inutile ; c'est qu'elle est une conséquence trop sûre du droit
commun, pour qu'on puisse s'y méprendre ; c'est que les lois
ont aussi leur pudeur qu'il faut respecter.

On objecte que quelquefois cette distinction sera, dans la
pratique, physiquement impossible ; que quelquefois le magistrat sera dans l'impossibilité de savoir si le père désigné
est l'époux d'une autre femme, ou le parent de la mère au
degré prohibé.

Je réponds que, pour censurer une loi générale, on se place
dans une hypothèse accidentelle et particulière ; qu'on met
de côté l'espèce générale, pour ne juger que d'après ses habitudes et ses relations ; qu'on oublie le reste de la terre, pour
ne songer qu'au lieu qu'on habite.

Je réponds que rigoureusement cette erreur peut être com-
mise dans une cité immense, où toutes les familles, où tous
les individus de chaque famille ne sont ni sous les yeux, ni
dans les relations possibles du magistrat.

Mais dans nos campagnes, dans les villages, dans les
bourgs, dans les cités peu populeuses, dans tous les lieux
enfin dont l'habitation n'est pas surchargée, ce qui forme les
cinq sixièmes au moins de la population générale, le magistrat civil connaît assez toutes les familles de l'arrondissement
qu'il surveille, pour que l'erreur soit improbable, ou du
moins extrêmement rare.

Je réponds que les précautions imposées par la même loi
doivent rendre l'erreur plus difficile encore, et que l'article 59

du projet voulant que l'acte de naissance énonce les prénoms, nom, profession et domicile du père, le magistrat aura nécessairement connaissance de l'état du père désigné, ou moyens suffisans de le connaître dans tous les cas qui pourraient justifier ses soupçons.

Je réponds enfin que dans le cas improbable, mais possible, d'une erreur de ce genre, elle n'aurait ni suite, ni effet, ni conséquence, puisqu'elle devrait être réformée et anéantie aussitôt qu'aperçue, sans procès, sans réclamation, sans controverse, et sur l'évidence seule du père désigné, c'est-à-dire sur la certitude acquise du désordre criminel que cette désignation scandaleuse tendrait à consigner dans les registres publics.

J'ai mis quelque soin à la démonstration que je viens de terminer, parce que, si nous pouvons rassembler les traits brillans, mais un peu confus, dont la censure s'est armée contre l'article, il m'a semblé qu'en le purgeant des impuretés dont on le souille aux dépens, à mon avis, de la vérité et de la raison, je portais sur la discussion une clarté nécessaire; j'arrachais tout d'un coup à la critique ses armes les plus redoutables, ou plutôt les seules qu'elle ait sérieusement employées, et que je touchais ainsi, du premier pas, au bout de la carrière.

En effet, nous ne pouvons oublier quels tableaux, tous pathétiques sans doute, mais presque tous semblables de dessin et de coloris, sont venus dénoncer, au milieu de nous, l'immoralité de cet article, le désordre qu'il doit produire, le scandale dont il doit effrayer la société.

Presque toujours nous avons vu des époux vertueux, des pères de famille environnés de leurs enfans légitimes, accusés de débauche par des filles prostituées; presque toujours des épouses honnêtes et sensibles, forcées de croire au déréglement de leurs maris; toujours des ménages, asile de la paix et du bonheur, incendiés tout-à-coup par toutes les torches du soupçon et de la jalousie; toujours des enfans autorisés, par la loi même, à mépriser leur père, accusé ou seulement soupçonné d'inconduite.

Rassurez-vous, classe la plus nombreuse et la plus intéressante de la société; rassurez-vous, pères de famille, époux respectables, épouses vertueuses, enfans respectueux : la loi peut autoriser ce qu'elle n'avoue pas; elle n'autorise point ce qu'elle condamne et ce qu'elle punit. Elle n'autorise jamais la déclaration d'un inceste ou d'un adultère. Jamais, en vertu de l'article controversé, la déclaration de paternité ne sera admise, dans un registre public, contre un homme engagé dans les liens du mariage.

Tranquille désormais sur l'honneur des mariages et la délicatesse des époux, je n'ai donc plus à m'occuper que des célibataires; et, malgré tout l'intérêt qu'ils doivent inspirer, ils voudront bien convenir qu'ici la question change de face, et qu'il sera permis de balancer, avec l'impartialité du sang-froid, les dangers dont cet article ne menace qu'eux, les chagrins qu'il ne peut apporter qu'à eux, avec les avantages qu'il promet aux autres membres de la société, et à la société entière.

D'abord, j'oserai hasarder une observation que j'ai plusieurs fois entendu proclamer ici même, comme une vérité immuable, et comme le guide infaillible du législateur.

C'est que la loi est faite pour l'intérêt général de tous les membres de la société, et non pas pour l'intérêt du plus petit nombre.

A côté de cette vérité, j'aurai la hardiesse de proposer un calcul que je crois infaillible.

Je partage la société en deux classes à peu près égales, le mariage et le célibat.

La première classe n'a rien à craindre de l'article; je l'ai démontré : au contraire, tous les époux, excepté peut-être ce père avide qui veut détourner de son fils la suite d'un loyal et modeste attachement, tous les époux invoqueront l'article et sa disposition propice, parce que tous les pères, toutes les mères, sont intéressés à ce que leurs filles ne puissent être impunément abusées, flétries, et abandonnées.

C'est dans la seconde classe seule; dans la classe des célibataires, que je trouve les scrupules, les craintes et les réclamations.

Mais l'un et l'autre sexe subdivise encore cette seconde classe en deux portions égales; et ici l'intérêt se croise et se combat ouvertement.

Si l'homme libre du lien conjugal s'agite et s'inquiète d'une disposition légale qui peut troubler ses apathiques jouissances et ses insoucians plaisirs, la fille avilie, et abandonnée au moment terrible où elle devient mère, bénit, avec larmes, cette loi protectrice qui, dans l'exercice des droits naturels les plus sacrés, lui laisse pour elle une consolation, et pour son enfant une espérance.

Femmes, toujours reines et esclaves, dominatrices et victimes, quelle sera votre destinée? Naguère, jusque dans nos discussions politiques, on demandait pour vous le partage des droits politiques et civils; et aujourd'hui nous délibérons sur la question de savoir si on ne vous ravira pas le premier et le plus inviolable des droits de la nature!

Mais, entre un homme coupable qui se cache et ne veut point rougir, et cette femme éplorée qui le désigne, s'élève l'enfant qui vient de naître, cet enfant qui n'a d'autre appui que la loi faite pour lui, d'autre protecteur que la société pour laquelle il existe. Ici, la balance est rompue; et le double droit des deux victimes, le droit de la maternité et le droit de l'enfance l'emportent sur l'intérêt individuel et faux de l'impunité.

Après avoir ainsi réduit à moins du dixième de la population le nombre de ceux que l'article 60 pourra gêner ou inquiéter, sans parcourir toutes les hypothèses raisonnables qui pourraient les réduire encore à un nombre presque insensible, je les enferme tous dans un cercle étroit que l'imagination la plus fertile ne saurait franchir.

Tous ils réclament contre les dangers d'une déclaration de paternité dans un acte de naissance.

Mais ces désignations seront, ou fausses, ou vraies.

Fausses, pourquoi les craindre?

Vraies, pourquoi les rejeter?

Oui, pourquoi craindre une déclaration dont la fausseté, si elle est fausse, doit frapper tous les yeux?

Je m'explique.

Une fausse déclaration de paternité ne peut sortir que d'une source impure.

Un sentiment intérieur plus fort que tous les sophismes, plus fort que la raison même, nous dit qu'une fille innocente, qui n'a cédé qu'à la nature et à son cœur, ne trouve pas, dans son existence entière, une seule faculté pour en imposer à son cœur et à la nature. Toutes les puissances de son être sont dirigées vers l'auteur de sa faute, et l'objet de ses affections, et n'eût-elle pour confident que son enfant malheureux, sa plus douce et sa plus impérieuse jouissance sera de lui nommer son père.

La fille publique, la femme prostituée, peuvent seules spéculer sur les fruits infortunés de leur honteux trafic.

Aussi vous avez vu que, parmi les inconvéniens reprochés à l'article 60, on a fait retentir surtout les déclarations intéressées et mensongères des filles publiques.

Mais les filles publiques sont une portion seulement de la lie des grandes villes.

Parce que dans les grandes villes les filles publiques pourront faire des déclarations fausses de paternité, faut-il que, sur tout le territoire de la République, la loi elle-même étouffe les cris d'une mère trahie et d'un enfant abandonné!

Et ces fausses déclarations des filles publiques, quelle conséquence pourront-elles avoir? quel crédit obtiendront-elles?

Prenez-y garde, tribuns ; on a voulu, devant vous, prouver tout à la fois et l'inutilité de l'article et ses dangereuses
conséquences.

Pour prouver son inutilité, on vous a dit : L'enfant lui-
même n'y gagnera rien ; la multiplicité de ces déclarations
les fera bientôt tomber dans un discrédit total ; l'opinion
publique elle-même se fatiguera de ses méprises ; le nombre
des innocens accusés enhardira les coupables ; la désignation
de paternité ne produira plus aucun effet, ou plutôt elle ne
sera entre le père et l'enfant qu'une nouvelle barrière.

Pour prouver ses dangereuses conséquences, on vous a
dit, dans le même instant, que, vingt ans encore après l'effet
terrible d'une telle désignation de paternité porterait dans
une famille toutes les fureurs de la discorde et toutes les
larmes du désespoir.

· De ces deux hypothèses absolument contraires, une au
moins doit s'approcher de la vérité.

Oui, la première est à moitié vraie.

Certaines de ces déclarations n'auront aucun crédit ; l'opinion les a flétries d'avance : ce sont celles dont je parle, les
déclarations des filles publiques.

La notoriété, l'infamie de leur conduite, l'avilissement de
leurs facultés, la prostitution de leur caractère, tout dépose
contre elles ; tout défend de les croire et même de les écouter.
La maxime législative, *non creditur meretrici*, n'est point
abolie dans nos mœurs, elle ne peut l'être, et tout homme
irréprochable et sensé ne mettra point à ces mensonges une
importance que le public entier leur refusera.

Et si par hasard quelques hommes, plus faibles peut-être,
et aussi corrompus que leurs accusatrices, cèdent à la menace
et achètent un silence aussi méprisable que l'accusation,
faut-il donc pour eux seuls, pour la garantie de quelques
écus, qu'une conscience irréprochable ne donnerait pas,
faut-il que les lois des nations conspirent avec la perfidie des
hommes contre le plus doux sentiment et le plus saint devoir?

Les déclarations sincères et probables auront seules le crédit et l'effet que la loi veut leur donner.

Et, je le répète, quelle injustice de les supprimer !

De toutes les fictions qu'on m'a proposées, je choisis la plus intéressante.

Un mariage va se conclure ; la veille même, les parens de la future épouse reçoivent l'avis certain que, dans un acte de naissance, l'époux futur est désigné père d'un enfant naturel. Quel désordre ! Voilà le mariage le mieux assorti rompu pour toujours, et deux familles dans la désolation.

Je trouve la conséquence exagérée, si la déclaration de paternité est fausse ; ou tout-à-fait inexacte, si elle est vraie.

Si elle est fausse, tout en démontre la fausseté et l'inconséquence : les plus faciles renseignemens amènent des explications satisfaisantes ; et un mariage réciproquement utile et désiré n'est pas rompu pour une calomnie, dont il est échappé au censeur même du projet de vanter l'inefficacité.

Si la déclaration de paternité est vraie, tout en dévoile la vérité, et le mariage est rompu ; mais c'est justice. Ne dirait-on pas qu'il n'y a d'intéressant ici que le nouvel objet et les nouveaux calculs de l'infidélité. La mère infortunée, que le séducteur oublie sur un lit de honte et de désespoir, est-elle donc moins précieuse que la victime nouvelle et parée qu'il conduisait à l'autel ? et l'enfant qu'il a donné à la société ne vaut-il pas tous ceux qu'il allait lui promettre ?

L'exécution de l'article 60 n'a plus rien de vague ni d'indéterminé ; son objet et son intention sont bien précisés. Plus de scandale, plus de danger social ; et si quelques désagrémens particuliers sont possibles, la balance n'est point égale entre le droit général qu'il consacre et l'abus accidentel qu'il peut laisser échapper.

Tous les documens de la législation, et même quelques articles précis du projet actuel du Code civil, ont prouvé que sous la dénomination générale d'enfans nés hors mariage, ne sont pas compris les adultérins et les incestueux. Point de déclaration possible dans un acte public , de l'inceste ou de l'adultère. Les hommes mariés ne pourront être l'objet de ces déclarations , vraies ou mensongères : le mariage sera un asile impénétrable à la calomnie , et même à la vérité scandaleuse, puisque , sur cette terre corrompue, la vérité elle-même peut être un scandale.

Contre les autres, les fausses déclarations seront discréditées par la source même d'où elles seront sorties. On convient qu'en général une fille prostituée peut seule faire le calcul et le trafic d'une fausse déclaration de paternité ; et l'on convient encore que les déclarations d'une fille publique n'auront aucune force , aucune importance , même dans l'opinion. L'ordre social, la police , donneront des armes sûres contre cet abus peu fréquent , et veilleront même à sa répression s'il devenait sensible.

Les filles innocentes et séduites ; coupables , mais non perverties ; faibles , mais non corrompues , peuvent dissimuler peut-être, et taire quelquefois , pour d'autres intérêts, le nom de leur complice, mais leur bouche n'en peut prononcer un autre ; et c'est leur droit, le droit de leur enfant, que l'article 60 consacre.

Droit de la nature ! unique refuge peut-être contre une faute réparable ! unique ressource de deux êtres abandonnés ! droit imprescriptible et sacré que les lois civiles peuvent modifier et régler , mais qu'elles ne peuvent détruire sans une tyrannie odieuse !

Quel tyran dirait à une mère : Tu mourras dans les douleurs de l'enfantement sans pouvoir révéler l'auteur, la cause de ta honte , et ce qui la justifie peut-être ; tu mourras sans dire à ton enfant : Voilà ton père ; sans donner à ton fils le droit de connaître l'auteur de sa naissance, de solliciter et de mériter sa tendresse , le droit plus précieux encore de l'honorer, de le servir, de l'aimer, d'être lui-même un jour , peut-être son seul appui dans l'infortune, ou l'unique soutien de sa vieillesse !

Elle mourra peut-être; et si son aveu n'a pas d'avance consacré légalement la reconnaissance possible et même présumable du père, plus de ressource, la bâtardise est irrévocable.

On a trop prodigué dans cette discussion les fictions romanesques, les cas supposés, les exemples imaginaires, pour que je vous fatigue de répétitions inutiles.

Je m'attache aux conséquences infaillibles.

Chaque enfant naturel, ainsi privé, par l'insouciance ou la barbarie de la loi, du droit de sa naissance, c'est-à-dire de son état civil, ou des moyens de le recouvrer, présente l'image d'un assassinat civil.

Chaque enfant naturel, arraché ainsi, par l'insouciance ou la barbarie de la loi, à sa famille qui pouvait le réclamer, à la société qui doit toujours l'attendre, est un délit social.

J'ai prouvé que le premier intérêt de la société était dans tous les moyens de constater l'état de tous ses membres, quels qu'ils soient, pour la division stable des familles et des propriétés.

Ce droit de la mère et de l'enfant, ce droit inviolable de la nature, a subjugué les censeurs même du projet.

Ils avouent qu'il y aurait injustice et cruauté à le détruire; mais ils voudraient qu'il ne fût exercé qu'en secret, et par des actes déposés chez les notaires.

Cela est impossible.

L'état civil des citoyens est le plus précieux objet de la sollicitude publique. Tous les actes qui peuvent servir à le constater ne doivent être inscrits que dans les registres publics, qui reposent eux-mêmes dans les dépôts publics. Tout est public, et tout doit l'être pour ce qui concerne l'ordre social au premier degré.

Voyez les précautions infinies prises dans le projet de loi même que vous discutez. Le plus léger changement, l'addition, la radiation, la rectification d'un seul mot, ordonnés par la justice, doivent être reportés sur le registre public de

l'état civil, malgré le jugement solennel dans lequel ils sont
consignés.

Disséminez maintenant sur tout le territoire de la République des dépôts privés où pourront être reçus des actes
secrets destinés à modifier, dans telle ou telle circonstance,
le contenu aux actes publics, la foi due aux registres natio-
naux ne sera plus certaine, irréfragable ; et l'intérêt, la malignité, l'opinion même insouciante, mettront toujours à
côté de la preuve sociale une preuve différente ou contraire,
autorisée par la loi elle-même ; et c'est la loi même qui aurait jeté le désordre dans ce qu'elle règle avec le plus de
scrupule et de soin !

Je termine par une observation politique plus élevée et
plus imposante.

Je n'ai pas parlé de la règle moderne qui défend toute
recherche de la paternité.

Elle ne fait point encore partie du Code civil, et nous
l'examinerons.

Je la suppose ici ; mais je ne l'adopte pas, si elle est absolue.

Absolue, je la combattrai comme injuste, impolitique et
antisociale. Je la considère comme toutes ces autres maximes
nées dans ces temps d'exagération où, pour éviter un excès,
on ne manquait jamais de s'élancer dans l'excès contraire.

Si vous daignez vous en souvenir, elle est sœur jumelle
de cette autre règle qui appelait les enfans naturels reconnus
par leur père à tous les droits des enfans légitimes.

L'une était la bizarre compensation de l'autre.

Nous l'examinerons bientôt ; mais je la suppose ici, parce
que sa rigueur, même absolue, me fait sentir davantage le
prix et la nécessité de l'article qu'on voudrait supprimer.

Si toute recherche de la paternité est interdite hors le mariage ; si la mère naturelle n'a pas même le droit de solli-
ter, par un signe public, je ne dis plus la tendresse et la
bienveillance, je dis la pudeur de l'homme qui l'a rendue

mère, quel frein laissez-vous donc aux passions humaines, aux déréglemens, à la débauche? Est-ce l'impunité du désordre social que vous décrétez, que vous érigez en système social, en loi civile? Eh! que n'ordonnez-vous que les corrupteurs seront aussi affranchis du remords?

Tout père d'une fille nubile doit frémir.

« Ce ne sont pas les femmes, dit Montesquieu, ce sont les « hommes qu'il faut porter au mariage. »

Les femmes en seront-elles plus vertueuses, ou plus fortes, ou plus prudentes? Non, parce que la nature est immuable.

Les hommes, garantis par la loi même du joug social, et forcés par la loi même à l'impudeur publique, n'auront plus besoin du mariage, et le repousseront même pour accumuler, en despotes licencieux, les plaisirs quelquefois partagés et plus souvent arrachés à la faiblesse.

La population sera frappée ou confondue dans ses premiers élémens. Une nouvelle race, une population nouvelle d'enfans vulgaires, d'êtres isolés, sans pères, sans famille, sans ressource, sans alimens, fatiguant, épuisant la charité publique, pèsera, comme un fardeau infâme et bientôt dangereux, sur la société entière; et la postérité admirera comment, dans ce siècle de justice et de lumières, chez une nation glorieuse de ses exploits guerriers et de ses institutions politiques, la corruption des mœurs s'est accréditée au point d'obtenir de la loi même un encouragement et une récompense!

Non, cette règle, qui défend toute recherche de la paternité, sera, je l'espère, resserrée dans ses justes bornes.

Mais, en attendant, ne nous privons pas d'une précaution légale qui en tempère la dureté et l'imprudence, dont la législation elle-même prévient et comprime les abus, qui donne à la mère et à l'enfant naturel l'exercice du droit naturel le plus inviolable, et à la société un remède bien doux, et trop

peu efficace peut-être aux écarts qui en troublent l'harmonie.

Je vote pour l'adoption du projet.

OPINION DU TRIBUN SIMÉON,
POUR LE PROJET.

Tribuns, cette discussion fournit une nouvelle preuve de
la difficulté de composer un code : elle résulte de ce que l'on
remet en question tout ce qui était déjà établi et pratiqué.

Ce que l'usage avait consacré, ce que l'expérience ou l'habitude avaient appris à ne pas redouter, à mesure qu'il devient le sujet d'une nouvelle loi, est soumis à l'examen. Les
doutes naissent à l'envi les uns des autres : il n'y a plus rien
de certain. On ne voit qu'inconvéniens et dangers ; et des
dispositions auxquelles on ne soupçonnait ni vices, ni défauts,
paraissent des monstres, parce qu'elles sont reproduites dé-
pouillées de la sanction du temps, et abandonnées, comme
des nouveautés, à la discussion de quiconque veut les attaquer.

57 et ap.57   Depuis qu'il existe des registres de l'état des hommes, on
y recevait la déclaration de ceux qui venaient y faire inscrire
la naissance d'un enfant.

Cette déclaration constatait un fait certain, sa naissance :
elle lui formait un titre à l'état dont il aurait la possession ;
mais, sans cette possession, elle ne lui donnait aucun droit
contre des tiers absens.

La déclaration du 9 avril 1736 portait, article premier :
« Dans les actes de baptême, il sera fait mention du jour de
« la naissance, du nom qui sera donné à l'enfant, de celui de
« ses père et mère. »

Quelques-uns des hommes alors préposés à la rédaction de
ces actes n'avaient pas su, comme on le fait aujourd'hui,
distinguer ce qui était relatif à l'acte dont ils étaient les mi-

nistres, ce qu'ils attestaient comme leur fait, et ce qu'ils certifiaient comme le fait d'autrui.

Ce qui était à eux, ce qui faisait foi, c'était qu'on leur avait présenté un enfant : ils lui donnaient acte de sa naissance.

Ce qui était à autrui, c'étaient les déclarations des présentateurs, c'était l'état que ces déclarations préparaient, et qu'il ne leur appartenait pas à eux de donner; ils devaient les consigner dans l'acte comme on les leur faisait : ils n'en étaient pas les juges.

Et lorsqu'ils se permirent d'entrer en connaissance de ces déclarations, et d'en exprimer leur sentiment personnel par la moindre énonciation, on les réprima comme excédant leurs pouvoirs. Le 12 mai 1782, il intervint une déclaration ainsi conçue : « Enjoignons à tous curés et vicaires, lorsqu'ils « rédigeront les actes de baptême qu'ils auront administrés, « et dont ils attesteront la vérité par leurs signatures, *de* « *recevoir et d'écrire les déclarations* de ceux qui présente- « ront les enfans, conformément à ce qui est ordonné par « l'article 4 de la déclaration du 9 avril 1736; *leur faisons* « *défenses*, et à tous autres, *d'insérer par leur propre fait*, « soit dans la rédaction desdits actes, soit sur les registres « sur lesquels ils sont transcrits, ou autrement, *aucunes clau-* « *ses, notes ou énonciations*, autres que celles contenues aux « déclarations de ceux qui auront présenté les enfans au bap- « tême, *sans pouvoir faire aucune interpellation sur les décla-* « *rations qui seront faites par ceux qui présentent les enfans au* « *baptême :* le tout sous les peines portées par l'article 39 de « la déclaration du 9 avril 1736. »

La loi du 20 septembre 1792, qui donna les registres de l'état civil aux municipalités, ne changea rien à ces règles. L'article 7, titre des *naissances*, dit : « La déclaration con- « tiendra le jour, l'heure et le lieu de la naissance, la décla- « ration du sexe de l'enfant, le prénom qui lui sera donné, « *les prénoms et noms de ses père et mère.* » L'article 12 du même titre renouvelle les dispositions de la déclaration de 1782.

Ni la déclaration de 1736, ni la loi de 1792 ne distinguent si le père est marié ou non, s'il est absent ou présent ; dans tous les cas, le nom du père, s'il est désigné, sera mentionné. On pouvait donc autrefois, avant comme après la déclaration de 1736, qui avait renouvelé des dispositions plus anciennes ; on pouvait, avant comme après la loi de 1792 ; on peut encore, puisque cette loi nous régit, donner un enfant à un homme qui n'en est pas le père ; on peut choisir cet homme parmi les maris les plus attachés aux épouses les plus jalouses, parmi les jeunes gens destinés aux alliances les plus enviées ; on le peut, on l'a pu depuis plus d'un siècle, et nous ne voyons pas que cette faculté ait produit les désordres dont la sensibilité de l'un des orateurs qui m'ont précédé s'est émue si vivement : tant il est vrai que l'imagination passe toujours le but ; elle s'égare dans des craintes chimériques, elle s'effraie des fantômes qu'elle crée, et qui se dissipent à la lumière moins brillante, mais plus sûre, de l'expérience.

Qu'il me soit permis de dire que les Anglais, qu'on nous cite si souvent comme des modèles, vivent sous une loi dont il serait bien plus facile de s'effrayer. Chez eux, les enfans nés hors du mariage sont à la charge des paroisses ; toute fille, sans attendre d'être mère, peut aller déclarer qu'elle est enceinte des œuvres d'un tel. Sur cette déclaration, avant même qu'elle accouche, et sans que l'on soit certain de sa grossesse, l'homme qu'il lui a plu de désigner est saisi, conduit en prison, jusqu'à ce qu'il paie, selon son état et sa richesse présumée, depuis dix jusqu'à cinquante livres sterlings.

Les Anglais vivent sous cette loi, et sous beaucoup d'autres qui nous paraîtraient bien étranges ; car leur code civil est loin de la perfection de leur code politique : mais ils sont moins avides que nous de nouveautés, moins ingénieux à se tourmenter sur les défauts de leurs lois ; ils les tiennent pour bonnes, parce qu'elles sont anciennes.

Enfin cette licence laissée aux femmes, cette croyance aveugle à leurs déclarations, ne produit pas en Angleterre les abus dont on la pourrait croire susceptible ; et ceux qu'elle entraîne ne troublent ni les mariages faits, ni les mariages à faire : on paie le malheur d'avoir été connu seulement de nom et de demeure par une fille impudente ; on n'en est pas moins réputé un époux fidèle, un jeune homme de bonnes mœurs : une imputation trop facile et discréditée par sa facilité ne fait aucune impression.

Elle n'en fait pas davantage en France ; elle doit en faire moins, puisque dès long-temps nous nous sommes affranchis de cette vieille règle conservée par les Anglais, qu'il faut croire à la déclaration d'une fille enceinte.

L'argument le plus fort contre la disposition attaquée, c'est qu'elle peut fréquemment produire de graves inconvéniens ; et, les faits et l'expérience démontrant que cette possibilité ne se réalise pas, le projet de loi est défendu et justifié.

Il ne s'agit point ici d'un essai périlleux que l'on veuille tenter ; la disposition n'est que le renouvellement de ce qui est, de ce qui a été de tous les temps, de ce qu'on pratique habituellement, sans qu'aucun abus intolérable en ait exigé le remède.

Tout ce qu'il y a de nouveau dans la disposition, c'est qu'elle marque plus spécialement qu'aucune loi ne l'a fait jusqu'à présent, que la désignation du père absent étant faite par la mère, elle ne fait pas preuve.

On avait à choisir entre deux systèmes, ou de ne recevoir aucune désignation de père hors du mariage, à moins qu'il ne fût présent ou représenté, ou de recevoir la désignation comme on la reçoit à présent.

On s'est déterminé à ce second parti, parce qu'il a déjà la sanction des lois et de l'habitude, et que rien n'a indiqué le besoin d'innover ;

Parce que l'état actuel est sans danger, et qu'il y aurait des inconvéniens plus réels dans l'innovation.

L'état actuel est sans danger. Que craindre en effet d'une allégation que la loi qui l'admet déclare sans force, qu'elle note elle-même de suspicion en la faisant consigner comme énonciation d'une partie intéressée? L'opinion publique n'a pas besoin, dit-on, de preuve légale : mais comment peut-on supposer que l'opinion publique s'établisse sur une désignation que chacun sait être arbitraire?

Si elle a si peu de valeur, a-t-on dit, où est l'utilité de la permettre?

Elle est dans l'avantage que peut en tirer un jour l'enfant nouveau-né.

On ne se place, pour attaquer le projet, que dans l'hypothèse d'une femme hardie, qui ment aux lois et à elle-même. Mais ne faudrait-il pas songer aussi à ces femmes moins rares, faibles et vraies, qui, délaissées dans le moment où elles auraient droit à plus d'intérêt, ont vu fuir le père volage et cruel de leur malheureux enfant? Quand elles l'appellent au milieu des douleurs de l'enfantement, pourquoi ne pourraient-elles pas le nommer à l'officier chargé de recueillir les auspices et les espérances sous lesquels nous arrivons à la vie?

Pourquoi, par son silence, se dégradera-t-elle jusqu'à se montrer ignorante du nom de l'homme qu'elle a reçu dans ses bras?

Pourquoi confondrait-elle cet enfant, conçu avec pudeur, dans l'illusion des plus douces espérances, sous la foi des promesses les plus sacrées, avec ces enfans de la débauche, auxquels leur mère pourrait assigner plusieurs pères, sans pouvoir en désigner exclusivement aucun?

Pourquoi ne pourrait-elle pas placer pour cet enfant, né orphelin, un repère, qui lui servira peut-être un jour à se rattacher à son père, à renouer des fils injustement rompus?

Le père lui-même pourrait regretter un jour que cet enfant n'eût pas reçu de celle qui le mit au monde ce témoignage, qu'il a droit de récuser, mais qui aussi pourra souvent être assez puissant pour qu'il s'y rende.

La déclaration de la mère peut donc être utile, et elle ne peut nuire, car elle ne fait pas foi.

On n'a pas même besoin de l'attaquer pour la faire réformer; c'est une de ces allégations qui tombent d'elles-mêmes, que l'on reçoit comme celle d'un témoin, d'un dénonciateur, qui rendent compte d'un fait, ou qu'on interroge; ils peuvent tromper, ils peuvent dire la vérité : on prend toujours leur déposition.

Ce sont les observations du tribunal de Lyon qui doivent avoir fait préférer la disposition que nous discutons à celle du projet de Code. Ces observations sont décisives.

Il a remarqué que les enfans nés hors du mariage ne peuvent avoir d'état que par la reconnaissance de leurs parens;

Que celle du père n'est point utile, si la mère n'avoue et ne reconnaît.

Il faut donc qu'une femme, qui peut mourir avant que le père de son enfant le reconnaisse, puisse, en s'avouant mère, désigner le père;

Sinon, quand elle serait morte, le père ne pourrait plus reconnaître l'enfant qui naquit d'elle : un autre homme pourrait le revendiquer, et l'infortuné n'appartiendrait à aucun.

La mère ne pourrait sortir de son tombeau pour résoudre cet intéressant problème.

Il faut donc qu'elle ait la faculté de placer à côté du berceau de son enfant une pierre d'attente, inutile sans doute si les oreilles du père sont toujours fermées à la voix de la nature, mais indispensable, s'il l'écoute un jour, pour asseoir et fonder sa déclaration. De là, a dit le tribunal de Lyon, « il serait préférable, *conformément au droit actuel*, « de permettre à la mère de nommer le père de l'enfant, « quoique absent, en ordonnant que, jusqu'à la reconnais-

« sance du père, cette déclaration sera regardée comme non
« écrite, et ne pourra former aucun titre ni commencement
« de titre. »

L'article du projet, quoique avec moins de développement, dit la même chose : « S'il est déclaré que l'enfant est
« né hors mariage, et si la mère en désigne le père, *le nom*
« *du père ne sera inséré dans l'acte* de naissance qu'*avec la*
« *mention formelle qu'il a été désigné par la mère.* »

Foi n'étant pas due à la mère, déclarer expressément que
le père n'est désigné que par elle, c'est consigner seulement
une allégation sans conséquence, si le père n'y donne pas
suite; c'est, comme je l'ai dit, une précaution qui console
la mère, qui peut être utile à l'enfant, et qui ne saurait
nuire au père, puisqu'elle ne fait pas titre contre lui.

Les motifs de la loi expliquent cela très-bien, et ne contiennent pas les contradictions qu'on y a trop subtilement
cherchées. Quand l'orateur du gouvernement a dit qu'il fallait conserver à l'enfant tous les commencemens de preuve
qui peuvent un jour le conduire à s'assurer un état, il n'a
pas démenti ce qu'il avait dit précédemment, que la désignation de la mère ne fait pas titre contre le père; il a dit seulement, avec raison, que cette déclaration est un commencement de preuve, qui, nul par lui-même, peut devenir
utile s'il est étayé d'autres circonstances : entre autres cas où
cela peut arriver, j'en ai désigné deux : celui où le père
peut se rendre à cette réclamation indirecte de la femme qu'il
séduisit; celui où, la mère morte, le père veut reconnaître
l'enfant.

Lorsqu'on se permettait ce reproche de contradiction, ne
l'aurait-on pas encouru soi-même en disant, d'une part, que
la déclaration de la mère ne sera pas utile aux enfans, parce
qu'étant discréditée, tout le monde y sera indifférent; et
en disant un peu plus loin, que ces déclarations feront assez
d'impression pour tourmenter les épouses fidèles, pour détourner l'établissement des jeunes gens, pour souiller les

derniers jours d'un père de famille honoré, auquel on viendrait, ces déclarations à la main, reprocher des torts de jeunesse qu'il n'eut point ou qui étaient ignorés?

Laissons toutes ces vaines argumentations, et remarquons
que de tous les temps, que dans l'état actuel, une femme
qui accouche peut se dire mariée sans l'être ; qu'elle peut
nommer le mari qu'il lui plaît ; qu'elle peut, sans se dire mariée, désigner à son enfant un père qui n'eut jamais de relations avec elle, qui est fiancé ou marié à une autre.

Ces inconvéniens ne sont pas ceux du nouveau projet : ils
existent ; ils ne troublent point la société ; elle les supporte ,
parce qu'ils sont inséparables du besoin de recevoir des déclarations, et de la nécessité de les recevoir sans procéder à
une vérification de titres , ou à une enquête sur leur vérité.

Le nouveau projet améliore l'état actuel, en exprimant
et consacrant ce qui n'est que de jurisprudence, que ces déclarations ne font pas titre contre le père absent. Obliger le
rédacteur de l'acte de mentionner formellement que le père
n'est désigné que par la mère, c'est avertir la société que la
mère déclare une chose qui n'est point prouvée, qui ne tire
point à conséquence, qui n'a pas même besoin d'être démentie.

Mais, dit-on, si l'on veut faire biffer cette déclaration, la
mère aura le droit de la soutenir : voilà donc des recherches
sur la paternité, et il est, depuis dix ans, dans le vœu du
législateur de les prohiber, et le projet de Code les exclut ;
et, si l'on refuse à la mère le droit de la soutenir, pourquoi
lui permettre une allégation qu'un souffle peut détruire?

On la lui permet, parce qu'il serait trop cruel de lui fermer
la bouche : elle peut faire une déclaration vraie quoiqu'incon-
cluante ; il est possible que le père qui en connaît la vérité
n'ose pas la démentir.

S'il la conteste et la repousse, la mère n'a rien à opposer.
Dès qu'il n'y a point de mariage ni de reconnaissance, aucune preuve de sa part ne serait recevable ; la loi est sourde

pour elle. Elle ne peut, en rentrant dans sa conscience, que rougir de son mensonge, ou attester le ciel, témoin muet de sa véracité.

Aimerait-on mieux établir que toutes les fois que la mère ne se déclarera pas épouse, et que le père ne sera pas présent ou représenté, il ne sera fait aucune mention de lui?

Mais cela contrarierait tout ce qui s'est pratiqué jusqu'à présent; cela ferait le préjudice des filles séduites et trompées, sous le prétexte de mettre un frein à l'audace des filles coupables et déhontées.

Cela ferait le préjudice des enfans innocens des faiblesses de leurs mères et du parjure de leurs pères. Quoique la déclaration de leurs mères ne leur fasse pas titre, si elle est contestée, elle est un moyen qui peut être souvent utile, et qui est toujours consolateur.

Voilà les raisons qui ont fait jusqu'à présent, et qui doivent toujours faire admettre la déclaration.

Les raisons de la repousser sont nulles, car elle ne peut nuire à ceux qui la contestent ou qui se bornent à la mépriser.

Elle ne troublera, car elle ne trouble pas à présent, ni les mariages faits, ni ceux à faire : car on sait que, vraie ou fausse, elle ne fait pas preuve; on sait que la loi ne la recueille que comme une assertion qu'on lui confie, et non comme un titre dont on lui demandera l'exécution.

Je vote pour le projet.

OPINION DU TRIBUN CAILLEMER,
CONTRE LE PROJET.

Tribuns, je ne me suis point disposé à parler sur la matière importante qui vous occupe en ce moment; mais puisqu'aucun orateur ne se trouve inscrit pour parler contre le projet, j'oserai vous soumettre quelques observations improvisées.

ap. 57 De toutes les dispositions du projet de loi relatif aux actes de l'état civil, une seule me semble susceptible d'improbation; c'est celle qui autorise la mère d'un enfant né hors mariage à en désigner le père, et à en faire insérer le nom dans l'acte de naissance.

Je n'entrerai point dans le détail de tous les inconvéniens qui peuvent en résulter; ils ont été suffisamment développés, et je suis persuadé que, dans la balance, ils l'emporteront sur les avantages que l'on a essayé de vous faire apercevoir.

Je viens détruire une erreur de fait sur laquelle le tribun Siméon a basé son opinion en faveur du projet.

Il a prétendu que l'article 60 ne présentait aucune innovation; que de tout temps, au moins depuis qu'il existe des registres civils, les parties intéressées y ont toujours fait consigner la déclaration de l'état des personnes; que la déclaration de 1736 veut que l'acte de naissance énonce les noms des père et mère; que ni cette déclaration ni la loi du 20 septembre 1792 ne distinguent si le père est marié ou non; qu'ainsi on pouvait, avant comme après la loi de 1792, et on peut encore, puisque cette loi existe, donner un enfant à un homme qui n'en est pas le père.

Je conviens, avec mon estimable collègue, que la déclaration de 1736 et la loi du 20 septembre 1792, ne distinguent pas si le père est marié ou non, mais elles supposent évidemment que le père, marié ou non, s'avoue et se déclare père, parce qu'aux yeux de la loi n'est considéré comme père que celui qu'un mariage légitime indique, ou qui déclare l'être.

Cela est si vrai, que jamais un enfant n'est inscrit sur le registre de l'état civil comme issu de tel citoyen, qu'autant que ce citoyen se présente ou fait parvenir sa déclaration.

Les lois anciennes et modernes, et l'usage constamment suivi, ne peuvent donc être invoqués en faveur du projet.

Et remarquez, tribuns, que l'homme honnête, faussement désigné comme père de l'enfant né hors mariage, n'a pas même, d'après le projet, la faculté de faire effacer, sur le registre civil, l'inscription calomnieuse de son nom; ainsi, le remède n'est point placé à côté du mal; ainsi, il faut que cet homme vertueux, qui fut toute sa vie sage , époux fidèle, et bon père, voie subsister sur un registre public un monument de honte et d'humiliation !

Quels sont donc les avantages que l'on a voulu faire sortir de cette disposition du projet de loi? Le principal consiste à faciliter dans l'avenir au père la recherche de son fils, et au fils la recherche de son père.

Croit-on bien qu'un père perde jamais de vue celui auquel il a donné la vie? Ah ! si la nature reprend ses droits sur son cœur, il lui sera toujours facile de le trouver et d'exercer sa bienfaisance.

L'orateur qui m'a précédé à cette tribune , notre collègue Duveyrier, a fait une distinction entre l'enfant né d'un commerce incestueux ou adultérin , et celui né de deux personnes libres; il a ptétendu que l'article 60 du projet n'était applicable qu'au dernier, et qu'il ne pouvait l'être à l'enfant né de l'inceste ou de l'adultère. S'il en était autrement, a-t-il dit, l'article autoriserait l'adultère à se montrer au grand jour; il serait éversif du repos des familles , de la morale et de la pudeur ; il faudrait nous hâter de déchirer un Code qui consacrerait un tel monument de scandale.

Je réponds que l'article 60 ne fait point cette distinction, et que , dès-lors , il sera défendu au magistrat civil de la faire, parce que c'est un principe sacré que , là où la loi ne distingue point, nul ne peut distinguer.

Que le sort de l'enfant né d'une personne libre et d'un homme marié doive être différent de celui réservé à l'enfant issu de deux personnes non engagées dans les liens du mariage, c'est en cela qu'il peut y avoir une distinction à faire. Mais la loi autorisant généralement la mère à faire insérer le nom du père vrai ou supposé, il s'ensuit qu'elle pourra indiquer et faire inscrire le nom d'un homme marié comme celui de l'homme qui ne le sera pas; et, dès-lors, tribuns, se présentent tous ces inconvéniens vraiment graves dont on vous a présenté l'effrayante série. Il suffira du simple soupçon qu'aura au moins fait naître la déclaration de la fille, pour jeter le trouble dans les familles, pour empoisonner les jours d'époux unis par les liens de la tendresse, et surtout par la persuasion d'une fidélité réciproque.

Mais, indépendamment de ces funestes inconvéniens, ne suffirait-il pas des effets que produirait presque toujours la déclaration d'une fille contre un homme sur le point de contracter une alliance que l'on voudrait méchamment empêcher?

Je m'arrête, tribuns, parce que je ne me suis proposé que de relever l'erreur professée à cette tribune sur l'usage suivi jusqu'à ce jour; parce que, cette erreur détruite, il devient superflu de réfuter toutes les conséquences que l'on en a tirées.

Je crois avoir en même temps prouvé que la distinction d'après laquelle le préopinant a essayé de justifier l'article 60 du projet, n'étant point énoncée dans cet article, il ne sera jamais au pouvoir des magistrats de la faire; qu'ainsi l'application sera nécessairement générale. J'en conclus, comme lui, qu'une telle disposition ne peut trouver sa place dans un Code destiné à assurer le repos des familles et de la société entière.

Non, tribuns, vous ne consacrerez point par votre approbation une innovation aussi dangereuse; et j'espère que le gouvernement s'empressera de retrancher cette disposition qui dépare un projet digne, à cela près, d'une approbation générale. Je vote, quant à présent, le rejet du projet.

TABLEAU ANALYTIQUE, PAR LE TRIBUN SÉDILLEZ, DES CONSÉQUENCES DE L'ARTICLE 60 DU PROJET.

Il résulte de cet article qu'une mère non mariée peut faire insérer dans l'acte de naissance de son enfant illégitime le nom de l'homme qu'elle juge à propos de désigner comme père de cet enfant.

ap 57

Cette disposition législative est

Inutile. 1°. A la mère. Elle ne peut se faire un titre à elle-même. Un titre de sa turpitude ! — 2°. A l'enfant. Cette désignation serait-elle une preuve de paternité ? une semi-preuve ? un commencement de preuve (a) ?

Inconnue dans notre législation. 1°. L'édit de Henri II n'avait pour objet que la conservation de l'enfant. — 2°. La règle immorale, *creditur virgini*, n'aboutissait qu'à une provision. Ces deux déclarations étaient secrètes (b). —3° La loi ne voit, ne reconnaît de père que dans l'union d'un mariage légitime. *Pater est is....*

Effrayante pour tous les citoyens. 1°. Pour le jeune homme responsable de sa conduite, à un père tendre, qu'il craint d'affliger ; à une mère vertueuse, qu'il ferait rougir ; à des surveillans sévères qui pourraient le punir. — 2°. Pour l'homme de tout âge qui tient à une femme qui l'aime ; à des enfans auxquels il doit l'exemple ; à un état qui exige la décence ; à une réputation intacte.

Dangereuse dans ses effets. 1°. Elle peut donner lieu à des voies de fait qu'on se permet trop aisément quand on est abandonné ou trahi par la loi. — 2°. Elle introduit dans la société des aventuriers qui la troublent au moins par des clameurs et des prétentions (c).—3°. Elle sera funeste à plu-

(a) Loin de servir à l'enfant, elle peut lui être très-préjudiciable ; car, en la supposant vraie, dès que le père n'en reconnaît pas la vérité, c'est qu'il a quelque intérêt, au moins momentané, à s'en défendre. Cette imprudente désignation peut aliéner pour toujours la bonne volonté qu'il aurait pu avoir pour son enfant. Elle doit nécessairement l'éloigner de donner à cet enfant des secours dangereux, et qu'il lui eût peut-être prodigués, s'il eût pu le faire sans conséquence.

(b) On a dit que cette désignation d'état était autorisée par nos lois anciennes. Si cette autorisation existait, il faudrait la révoquer comme mauvaise ; mais elle n'existe pas. On a cité l'ordonnance de 1736, qui veut que, dans les actes de naissance, on fasse mention des noms des père et mère de l'enfant ; mais n'est-il pas évident que la loi civile ne pouvant voir ni reconnaître de père que dans un mariage légitime, suivant la règle *pater est...*, il n'est question, dans la loi, que des noms d'un père légitime ? Et en effet, il était défendu, sous peine d'une forte amende, à ceux qui rédigeaient alors ces actes, d'insérer le nom d'un père naturel sans sa participation. Au reste, qu'importent les jurisprudences ? La question est de savoir si la chose est bonne ou mauvaise.

(c) Au moyen de ce que les registres de l'état civil sont publics, et de ce qu'il est permis à tout le monde de s'en faire délivrer des extraits, on peut être assuré qu'il n'y aura pas un bâtard qui ne soit muni de l'acte qui contient la désignation de son prétendu père, qui ne cherche à le faire

sieurs citoyens par ses effets; elle les tourmentera tous, au moins par la crainte d'en être victime.

Immorale dans ses conséquences. — 1°. Elle excite toutes les passions basses. 1° Le mensonge presque toujours nécessaire; 2° la malignité qui veut nuire; 3° la cupidité qui veut faire acheter son silence. — 2°. Elle a l'inconvénient 1° d'engager des filles à des avances, à des provocations trompeuses, pour rendre vraisemblable une imputation méditée; 2° de rendre les registres sacrés de l'état civil les dépositaires éternels et publics de la chronique scandaleuse de la société (a); 3° de donner aux femmes des prétextes d'inconduite, d'outrager la sainteté du mariage, de provoquer le divorce; 4° d'affaiblir le respect de l'autorité paternelle, d'entraîner les enfans à la licence par le fait ou par le prétexte de l'exemple.

Inévitable dans ses suites les plus sensibles. 1°. Ni l'âge, ni la vertu, ni la dignité, ne peuvent nous mettre à l'abri; ce seront des titres de plus pour craindre. — 2°. Dédaignera-t-on l'inculpation? Il n'est pas permis à tout le monde d'être insouciant sur ce point. — 3°. Fera-t-on rayer la désignation? Le remède serait pire que le mal. Il faudra intenter un procès : et quel procès (b)!

CONCLUSION.

Le premier caractère de toute disposition législative est

valoir, à en trafiquer, et qui, s'il est repoussé justement ou injustement, ne tente tous les moyens de diffamation et de vengeance. Et l'on pense que c'est là un petit inconvénient! Qu'il n'en résultera pas de grands désordres dans les familles, et peut-être de grands crimes, des crimes que je n'ose nommer!

(a) Tous les oisifs, tous les méchans se feront un plaisir de les feuilleter, dans la seule intention de chercher un aliment à leur désœuvrement ou à leurs passions, et de réveiller des anecdotes oubliées pour troubler le repos des vivans et la mémoire des morts; en disséminant une calomnie, ils pourront toujours avoir en main un acte authentique.

(b) Nous pensions qu'on pourrait au moins faire rayer une désignation de cette nature : mais non; cela ne sera pas même possible : car s'il est vrai que la désignation est nécessaire, comme on le dit, non seulement pour servir de renseignement sur la paternité, mais qu'elle en soit encore le complément indispensable, il faudra que cette désignation reste là ineffaçable pour attendre la reconnaissance éventuelle, mais toujours possible, que pourrait faire le père jusqu'à l'instant de sa mort.

d'être nécessaire. **Toute loi inutile est, par cela seul, jugée mauvaise.**

Il m'est démontré que l'article 60 ne peut être utile à ceux en faveur de qui il paraît avoir été rédigé, aux mères et aux enfans naturels (a).

Il ne me paraît pas moins évident qu'il peut avoir des suites tellement funestes pour le repos des familles, pour l'honneur du lien conjugal, que quelques espérances d'une utilité éventuelle et particulière ne suffiraient pas pour l'autoriser avec

(a) M. Duveyrier a fait un fort beau discours pour défendre l'art. 60, mais un discours tout-à-fait dans le genre judiciaire, et dans le sens d'une défense à outrance.

Voici à peu près ce qui en résulte :

1°. L'orateur a épuisé toutes les ressources de l'art ; il a prodigué la richesse des expressions, la pompe et l'énergie des pensées, la hardiesse des figures, et jusqu'à la séduction des mouvemens, pour reprocher à son adversaire d'avoir été éloquent dans l'attaque.

2°. Il a fait un commentaire anticipé pour prouver que l'art. 60 ne dit pas ce qu'il dit pourtant d'une manière très précise. Il a cité Montesquieu et Denisart ! Mais son commentaire s'oubliera ; la loi, si elle passe, restera seule ; elle sera interprétée et exécutée à la lettre, et dans sa latitude indéfinie.

3°. Sans doute, contre son intention, il s'est élevé d'une manière très-forte contre l'art. 60, lorsqu'il a dit que, s'il permettait de désigner le père de bâtards adultérins ou incestueux, il faudrait en déchirer la page et le rejeter avec indignation. Cependant l'article, dans sa généralité illimitée, contient nécessairement cette faculté, qui ne peut disparaître dans un commentaire.

4°. Il essaie de chercher un cas où la désignation de la mère pourrait être utile à l'enfant ; et c'est, dit-il, celui où, par la suite, le père voudrait reconnaître son enfant : dans ce cas, la reconnaissance du père aura dû être préparée par celle de la mère. C'est aller chercher bien loin un cas bien éventuel, bien rare, bien hypothétique. Eh ! pourquoi donc la reconnaissance du père ne suffirait-elle pas seule pour la paternité ? Un pareil système, que rien n'établit encore, paraîtrait bien hasardé, bien barbare ; il mérite au moins d'être mûrement réfléchi.

5°. Vous dites que les bâtards adultérins ne sont pas compris dans l'art. 60 ? *Homines modicæ fidei*, qui punissez le crime du père sur l'innocence de l'enfant.

6°. Vous dites que la désignation de la mère est nécessaire pour compléter un jour la preuve de la paternité ? *Homines modicæ fidei*, il ne suffisait donc pas de lui donner la faculté de désigner ; il fallait lui en imposer le devoir !

7°. L'art. 60 paraît tellement parfait à l'orateur, qu'il nous assure que sa disposition est réclamée par l'intérêt des mœurs, par le vœu des pères de famille. Pères imprudens et indiscrets ! quoi ! vous avouez qu'il vous est désormais impossible d'entourer vos filles de la triple barrière de la pudeur, de la vigilance, et de l'honneur, et vous sollicitez cette loi pour assurer des époux à vos filles séduites, et un père à leurs enfans illégitimes ! Allez, sollicitez plutôt une disposition contraire, seule ressource à votre désespoir.

8°. On suppose qu'un mariage arrêté entre deux familles se trouve arrêté par le rapport d'une désignation de paternité contre le futur époux ; l'orateur répond : Si la désignation est fausse, pourquoi la craindre ? Le jeune homme en fera connaître la fausseté, et le mariage se fera. Si la désignation est vraie, j'avoue que le mariage sera rompu, et cela est juste. Je ne réponds pas à ce raisonnement : je le laisse à juger aux pères de familles.

un danger si réel et si présent pour toutes les classes de citoyens.

La proposition diamétralement contraire me semblerait beaucoup plus salutaire, rédigée à peu près ainsi : ·

« S'il est déclaré que l'enfant est né hors mariage, le nom « du père ne pourra être désigné que dans le cas où il serait « présent, et approuverait la désignation faite par la mère. »

On pourrait, dans un autre titre, donner des moyens de parvenir à la recherche de la paternité, et l'on pourrait autoriser la mère à déposer, chez un officier public, une désignation secrète du nom du père et des autres renseignemens qui pourraient servir de base à cette recherche.

En attendant, le vice et le danger de l'article 60 restent dans toute leur évidence : mais, pour une disposition mauvaise, le Corps législatif rejettera-t-il une loi d'ailleurs excellente et nécessaire? Cela serait pénible, sans doute; et l'on ne pourrait s'y déterminer que dans l'espérance de pouvoir bientôt consacrer à l'unanimité la même loi purgée d'un article qui en trouble l'harmonie et la beauté.

Une chose assez singulière, et qui donne de la confiance à ceux qui attaquent l'article 60, c'est que cet article semble manquer lui-même de l'acte qui le rendrait légitime, puisqu'il n'a pas été discuté au Conseil d'État, ni même imprimé dans la rédaction des articles projetés ou discutés; de sorte qu'on pourrait, en quelque sorte, présumer qu'il s'est introduit trop légèrement dans le projet.

OPINION DU TRIBUN ANDRIEUX,
POUR LE PROJET.

Tribuns, l'article 60 a été fortement combattu. ap. 57
Je viens le défendre.

Non, je ne pense pas qu'il faille refuser à la mère non mariée la faculté de désigner le père de son enfant dans l'acte de naissance.

VIII.   13

J'ai beaucoup entendu parler contre les femmes, par ceux qui ont attaqué cette mesure : on me permettra de parler un peu pour elles dans une assemblée d'hommes justes et sensibles, de magistrats éclairés, qui savent que les lois ne sont pas faites pour une moitié seulement du genre humain.

On est épouvanté du danger des fausses déclarations ! *elles vont bouleverser la société !... ni l'âge, ni les vertus, ni les dignités, ne seront épargnés !... ce seront autant de titres pour craindre d'être inculpé !...* Hommes injustes que vous êtes ! vous ne voyez que vos dangers ; je vous parlerai tout à l'heure de ceux des enfans et des femmes... Mais croyez-vous donc qu'il y aura tant de fausses déclarations ? Une déclaration évidemment fausse ne tombera-t-elle pas d'elle-même ? attaquera-t-on si légèrement et avec quelque espoir de succès l'homme connu par des mœurs pures, par des habitudes honnêtes ? Que le volage célibataire craigne de pareilles déclarations, cela se peut, et je n'y vois pas un grand mal ; mais pour le bon père de famille, pour l'époux fidèle et tendre, elles ne seront guère à redouter : et d'ailleurs ne pourra-t-on pas s'en défendre ? et tous tant que nous sommes, vivons-nous à l'abri de toutes les accusations fausses et calomnieuses ? Supprimera-t-on les accusations, afin qu'un innocent n'y puisse jamais être exposé ? Cette jurisprudence serait tout à fait commode pour les coupables.

J'avoue qu'il y a quelque apparence de contradiction entre l'exposé des motifs et la disposition de l'article 60.

On annonce dans les motifs qu'on adoptera, ou plutôt qu'on a adoptés pour le Code civil, cette maxime de fer : *La recherche de la paternité sera interdite.....* C'est donner à ceux qui combattent l'article un grand avantage ; car ils peuvent dire : A quoi donc servira cette déclaration de la mère qui désignera le père ? Elle ne servira ni à la mère ni à l'enfant : ni l'un ni l'autre ne pourra jamais en faire usage.

On a répondu d'une manière suffisante, en citant quelques cas possibles où cette déclaration ne sera pas sans utilité.

Mais moi, j'irai plus loin ; car je veux être tout à fait conséquent. J'admets l'article 60, je le défends, précisément parce qu'il affaiblit la rigueur du principe qui interdirait la recherche de la paternité, principe que je n'admettrai point, que je combattrai, si l'on nous le présente à discuter.

Ce principe prétendu n'a été jusqu'à présent ni dans nos lois ni dans nos mœurs ; il a toujours été permis à la fille enceinte ou devenue mère d'actionner celui qu'elle désigne comme le père de son enfant.

Je sais que depuis dix ans la maxime, que *la paternité non avouée ne peut être recherchée,* s'est accréditée parmi nos jurisconsultes : elle a pour elle, je l'avoue, des autorités respectables ; cependant elle a paru, pour la première fois, dans notre législation, presqu'en même temps que la loi du 12 brumaire an II : par cette loi, on avait trop fait pour les enfans naturels ; et, à côté d'une faveur excessive, on plaça bientôt une excessive rigueur.

La maxime que j'ai citée fut adoptée peut-être comme une compensation des trop grands avantages faits aux enfans naturels par la loi du 12 brumaire ; elle fut insérée dans les projets de Code civil présentés à la Convention nationale, et professée par son comité de législation, qui donna des décisions conformes ; elle est même suivie dans l'usage : mais je ne sache pas qu'elle soit nulle part convertie en une loi formelle, qui ait été promulguée, et qui soit devenue exécutoire.

Elle se retrouve encore dans le dernier projet de Code civil, et l'on avance aujourd'hui qu'elle y sera conservée : je pense donc qu'il est nécessaire de la signaler à la porte de la législation, et de l'empêcher d'y entrer.

Cette maxime serait très-commode pour les libertins, mais très-contraire aux droits des femmes, à ceux des enfans, et surtout aux bonnes mœurs.

Aux droits des femmes. Certes, on ne dira pas que le sexe le plus faible n'ait aussi ses droits ; et en est-il de plus sacré

13.

que celui d'une mère, même illégitime? Une mère n'aurait
pas d'action pour faire reconnaître son enfant, pour lui
donner un père! Ah! son action est bien antérieure à toutes
vos lois écrites; elle la tient de la nature : ôtez-la lui par les
lois, cette action, que lui restera-t-il? la pitié douteuse de
l'homme qui l'a séduite. S'il n'est pas un honnête homme,
s'il abandonne la mère de son enfant, et son enfant au berceau, sa malheureuse victime n'aura plus que l'infamie, le
désespoir, la mort; et peut-être, dans son égarement déplorable, ira-t-elle jusqu'à attenter aux jours de son enfant.

Cette maxime est contraire aux droits des enfans; leur
faiblesse est leur titre : ils périront s'ils sont abandonnés. Ils
naissent; ils ont droit de vivre, d'être protégés, nourris,
mis à l'abri des maux et des dangers qui menacent leur enfance. Qui doit avoir la charge et le plaisir de leurs premières
années, sinon leur père, ou même celui qu'on peut justement présumer l'être? le fait que je vais citer pourra paraître
plaisant, et j'en suis fâché; car mon intention n'est jamais
de faire rire dans nos discussions.

Il y a un arrêt du parlement de Grenoble, cité dans le
Traité de la Séduction, du jurisconsulte *Fournel*, qui a condamné plusieurs hommes solidairement à se charger de la
nourriture et de l'éducation d'un enfant. Il était prouvé et
convenu au procès que chacun des inculpés pouvait être le
père; et sur cette présomption, ce parlement rendit un arrêt
absurde en apparence (a); mais il pensa que ce qui serait plus
absurde encore, ce serait de laisser sans père un enfant qui
en avait un, qui avait besoin d'en avoir un.

_____

(a) Cet arrêt ressemble assez aux jugemens du bon Sancho-Pança; mais il a un siècle et demi
de date : il est du 25 février 1661. Deux ans après, en 1663, le parlement de Paris condamna un
fou nommé *Simon Morin*, à être brûlé vif (et il le fut), pour avoir dit qu'il était *Jésus-Christ;* et
le dévot président de Lamoignon eut encore la barbarie de le plaisanter en l'envoyant au supplice.
Cela était beaucoup plus absurde, et surtout plus cruel que l'arrêt du parlement de Grenoble que
je rapporte, sans l'approuver, *in exemplum, non in exemplar,* comme exemple et non pas comme
modèle.

Enfin ce serait cette maxime, si l'on pouvait la consacrer, qui serait funeste aux bonnes mœurs.

Quoi! vous voulez des mœurs, et vous laisseriez au sexe le plus fort, le plus hardi, à celui à qui la nature même a donné l'attaque, vous lui laisseriez liberté entière! Que dis-je? vous enflammeriez ses désirs, vous exciteriez son impétuosité en le délivrant de toute crainte, de tout souci, de la plus légère inquiétude, sur les suites de ses entreprises! Les hommes pourraient faire à leur gré des victimes, pourvu seulement qu'ils eussent ensuite l'âme assez dure pour les oublier!...... Il est vrai qu'en renforçant l'attaque, on veut aussi renforcer la défense; et pour cela, on dit aux femmes : Vous ne devez jamais céder : les hommes n'ont rien qui les arrête, eux; ils sont libres de vous perdre; mais vous, ne vous oubliez pas un seul instant, car cet instant seul serait celui de votre ruine totale; vous vous mettriez à la merci d'un pervers qui aurait le droit de vous mépriser, de vous abandonner, de se féliciter de votre misère....... Est-ce là de la justice? Quoi! d'un seul côté toutes les peines, toutes les inquiétudes, toutes les douleurs!...... Quoi! le sexe le plus faible serait encore accablé par la loi! la législation livrerait au désespoir la fille séduite, et la jetterait en larmes et mourante aux pieds de son séducteur qui ne daignera pas lui tendre la main pour la relever! Est-ce là le moyen de protéger les mœurs? Vous laisseriez chez les hommes les passions sans frein, sans obstacle, sans le moindre danger! Les femmes ont déjà le frein de la pudeur, celui des périls de toute espèce auxquels elles s'exposent. Ne songez donc pas tant à renforcer la défense, et occupez-vous beaucoup plus d'affaiblir et d'arrêter l'attaque.

On nous parle de femmes sans pudeur et sans honte, de femmes perdues de débauche!..... Heureusement il s'en faut de beaucoup qu'elles forment le grand nombre. Mais l'homme sans cœur et sans entrailles, qui abandonne celle qu'il a rendue mère, qui n'est pas touché de l'idée que son enfant naî-

tra pour lui sourire, ce libertin endurci est-il donc si recommandable? Vaut-il mieux que la femme débauchée? Et la
femme débauchée a aussi été une jeune fille innocente!.....
Elle n'aurait pas perdu ses mœurs, si son premier séducteur
eût été retenu par une crainte salutaire.

Mes collègues, nous voulons voir fleurir la République;
faisons donc aimer ses lois aux femmes : car les femmes sont
nos mères, nos épouses et nos sœurs ; et nos sœurs, nos mères
et nos épouses ont sur nos sentimens, sur nos opinions, un
empire invincible et d'autant plus fort, qu'il est souvent
ignoré de nous-mêmes.

Je me déclare donc franchement contre le principe barbare et dangereux qui interdirait toute recherche de paternité.

L'article 60 du projet, s'il ne contient pas une dérogation
formelle à ce principe, tend du moins à l'affaiblir et à en diminuer la rigueur.

C'est par ce motif que je l'adopte.

Je n'ajoute que très-peu de mots. Un enfant naît de deux
personnes : lorsque toutes les deux le reconnaissent, il n'y a
point de doute, point d'incertitude ; mais si l'un des deux
auteurs de sa naissance est absent ou se cache, il faut bien
qu'on reçoive la déclaration de l'autre. Cette déclaration est
celle d'un témoin nécessaire ; elle est destinée à préparer, à
commencer l'état de l'enfant. Elle peut servir à le lui faire
retrouver un jour.

Je vote pour le projet de loi.

OPINION DU TRIBUN GRENIER,
CONTRE LE PROJET.

ap. 57   Tribuns, je viens vous soumettre quelques observations
sur l'article 60 du projet de loi dont il s'agit : je le fais, parce
que j'ai pensé que, malgré tout ce qui a été dit à ce sujet,
elles peuvent ne pas être inutiles.

D'après mes réflexions, cet article n'a cessé de me présenter les plus graves inconvéniens, que je ne vois pas suffisamment balancés par les avantages qu'il peut procurer.

L'article dit : « S'il est déclaré que l'enfant est né hors « mariage, et si la mère en désigne le père, le nom du père « ne sera inséré dans l'acte de naissance qu'avec la mention « formelle qu'il a été désigné par la mère. »

Les inconvéniens qui résultent de cette faculté accordée à la mère, de désigner dans un dépôt public tout citoyen qu'il lui plaira de choisir, comme étant le père de l'enfant, sont tels, qu'il est impossible de ne pas en être fortement frappé.

Le citoyen honnête qui attache le plus grand prix à sa réputation, et qui la fera consister dans la pureté des mœurs, gémira donc toute sa vie sous le poids d'une accusation qui, si elle ne peut conduire à un jugement, pour m'exprimer ainsi, puisqu'on convient qu'elle ne doit pas avoir de suite nécessaire, sera toujours un soupçon capable de le tourmenter continuellement; il produira dans son imagination l'effet de le faire croire privé, dans l'opinion publique, du fruit de la conduite la plus régulière qu'il aura tenue jusqu'alors; et ce sera peut-être l'âme d'un vieillard qui sera livrée à cette espèce de supplice. Les souvenirs heureux de sa vie passée ne pourront lui donner les douces consolations propres à nous soutenir en descendant au tombeau.

Si ce soupçon se dirige contre un père de famille, il y a bien encore de plus grands désordres; c'est jeter le trouble, la défiance, la honte, la discorde, dans la société domestique. Je ne saurais voir une position plus affreuse. La famille la plus heureuse, la plus honorable, peut tout-à-coup devenir un triste assemblage d'ennemis.

Le mal devient plus terrible qu'il ait jamais été, si le divorce est admis dans notre législation. Est-ce vouloir parler plutôt au sentiment qu'à l'esprit; est-ce faire des fantômes pour se donner le vain plaisir de les combattre, que de dire, ou qu'une telle désignation devient un instrument propre à

favoriser l'inconstance, la légèreté, ou une passion naissante
qui épie le moment favorable pour mieux aller à son but et
colorer ses desseins, ou qu'elle est capable elle-même de faire
concevoir un projet aussi funeste dans le cœur d'une épouse
honnête et vertueuse, mais jalouse de posséder sans réserve
l'affection de son époux, qui pourrait tout supporter, tout
pardonner, excepté le mépris qu'elle croira que son mari aura
affiché pour elle, et une espèce de honte dans laquelle elle
s'imaginera être enveloppée dans l'opinion publique? En parlant ainsi, ce n'est pas se livrer à des déclamations oratoires,
propres à soulever le sentiment contre la raison ; c'est, selon
moi, raisonner dans le véritable état de la question, c'est
être dans la vérité.

Mais, dit-on, une pareille désignation ou déclaration de
la part de la mère à l'égard du père naturel, a toujours été
permise, elle l'est encore, même d'après la loi de septembre 1792.

Ceci demande une distinction ; et je crois que celui de mes
collègues qui a parlé dans un sens contraire, et dont les opinions m'éclairent ordinairement, n'est pas entré dans un développement nécessaire pour se former à ce sujet des idées
justes.

Il faut distinguer ce qui se pratiquait dans l'ancien régime,
de ce qui a eu lieu depuis la révolution.

Sous l'ancien régime, les ministres du culte, auxquels on
présentait des enfans pour être baptisés, ont toujours cru,
soit d'après la déclaration de 1736, soit d'après celle du 12
mai 1782, qu'ils ne devaient pas, lorsqu'il s'agissait d'enfans
naturels, recevoir des déclarations indicatives de paternité,
sans le consentement de celui qui était indiqué, ou d'un fondé
de pouvoir (a). Il est possible cependant que quelques-uns

(a) *Art. 9 du titre 20 de l'ordonnance de 1667.* « Dans l'article des baptêmes, sera fait mention
« du jour de la naissance, et seront nommés l'enfant, le père, la mère, le parrain et la mar-
« raine ; et aux mariages, etc. »

Art. 4 de la déclaration du 9 avril 1736. « Dans les actes de baptême, il sera fait mention du
« jour de la naissance, du nom qui sera donné à l'enfant, de celui de ses père et mère, parrain

aient pratiqué différemment; mais les plus instruits auraient cru, en cela, sortir des bornes de leur ministère. Ils pensaient que ces sortes de déclarations étaient du ressort judiciaire, et l'usage constant était, en effet, qu'elles se faisaient en justice : ils se contentaient de dire que l'enfant était enfant naturel de celle au nom de laquelle il était présenté.

Mais, quoi qu'il en fût à cet égard, il y avait une raison pour que ces déclarations fussent reçues de manière ou

« et marraine ; et l'acte sera signé sur les deux registres, tant par celui qui aura administré le « baptême, que par le père, s'il y est présent, le parrain et la marraine : et à l'égard de ceux « qui ne sauront ou ne pourront signer, il sera fait mention de la déclaration qu'ils en feront. »

Déclaration du 12 mai 1782. « Nous avons été informés que quelques curés ou vicaires, affec- « tant de ne pas distinguer, lors de la rédaction desdits actes, le fait relatif au sacrement de bap- « tême qu'ils ont administré, et dont ils attestent la vérité par leurs signatures, et les faits relatifs « aux qualités personnelles à l'enfant ou à l'état de l'enfant, à l'égard desquelles ils certifient seu- « lement, par leurs dites signatures, que les parrain et marraine, et le père, s'il est présent, ont « fait telles ou telles déclarations en présentant l'enfant à l'église pour être baptisé, se sont cru « permis d'entrer en connaissance du mérite de ces déclarations, et d'exprimer même dans les « actes leur sentiment personnel sur le fond de ces déclarations, par différentes clauses ou énon- « ciations, selon la manière dont ils s'en trouvaient affectés, comme s'ils pouvaient excéder les « bornes du pouvoir de rédiger ces actes, et supprimer, altérer ou affaiblir, par leur propre fait, « la forme dans laquelle il a été ordonné que ces actes seraient rédigés, et les termes dans les- « quels les déclarans ont exprimé leur déclaration; voulant faire cesser les inconvéniens qui « pourraient résulter d'interprétations aussi préjudiciables à la tranquillité de nos sujets, *dès* « *qu'elles pourraient tendre à répandre des nuages sur la possession de l'état de chacun d'eux,* etc. : « à ces causes, voulons que l'article 4 de la déclaration du 9 avril 1736 *sera exécuté selon sa forme* « *et teneur;* et icelui interprétant, en tant que de besoin, est ou serait, enjoignons à tous curés « ou vicaires, lorsqu'ils rédigeront les actes de baptême qu'ils auront administré, et dont ils at- « testeront la vérité par leurs signatures apposées au bas desdits actes, de recevoir et d'écrire les « déclarations de ceux qui présenteront les enfans au baptême, *conformément à ce qui est ordonné* « *par l'article 4 de la déclaration du 9 avril 1736*; et, par notre présente déclaration, leur faisons « défenses, et à tous autres, d'insérer, par leur propre fait, soit dans la rédaction desdits actes, « soit sur les registres sur lesquels ils sont transcrits, ou autrement, aucunes clauses, notes ou « énonciations, autres que celles contenues aux déclarations de ceux qui auront présenté les en- « fans au baptême, sans pouvoir faire aucunes interpellations sur les déclarations qui seront « faites par ceux qui présenteront les enfans au baptême : le tout, sous les peines portées par « l'article 39 de la déclaration du 9 avril 1736. »

On n'a jamais pu appliquer avec certitude cette loi aux déclarations de paternité d'enfans na- turels, lorsque le père naturel n'y consentait pas. On a pensé que ce qui y avait donné lieu, c'étaient des difficultés que faisaient quelquefois des ministres du culte sur des qualités fausses que prenaient souvent des pères légitimes pour les transmettre à leurs enfans, ou sur ce que le mari était absent depuis long-temps; car la loi se réfère à toutes les précédentes, ou, en parlant du père, on entend celui qu'indique le mariage.

Au surplus, toute interprétation à ce sujet devient indifférente d'après la législation nouvelle, à laquelle il faut s'en tenir, et qui n'a plus permis les déclarations de paternité.

d'autre, qu'on ne peut invoquer aujourd'hui. Elle était une conséquence de l'action reçue alors, en recherche de la paternité.

La mère avait intérêt de faire nourrir, élever l'enfant, et de lui assurer une existence par un état, selon les facultés du père. Sur quoi était fondée cette demande? Ou sur les écrits du père, ou, à défaut d'écrits, sur la preuve que la mère pouvait faire des fréquentations, des assiduités auprès d'elle de la part de celui qu'elle désignait.

Remarquez encore que celui-ci avait la faculté de la preuve contraire, et cette preuve contraire pouvait porter sur les assiduités et fréquentations auprès de la mère, de la part de tous autres individus.

Or, c'était une jurisprudence dont le vice était remarqué depuis long-temps. On ne peut asseoir l'état d'un enfant sur des preuves aussi équivoques. La nature a jeté un voile sur l'acte de la paternité, et depuis long-temps la raison demandait qu'elle ne pût dépendre que d'une reconnaissance précise.

Aussi, depuis la promulgation de ce principe, il n'a plus été question de déclaration de paternité.

On sait que les dix premiers articles du Code civil furent adoptés par la Convention nationale. L'un d'eux, qui était l'article 6, était ainsi conçu :

« L'enfant a pour père celui que le mariage désigne,

« Ou celui qui le reconnaît dans les formes prescrites. »

A la vérité ces articles n'eurent pas force de loi; mais le principe consigné dans cet article 6 ne passa pas moins dans tout ce qui tenait à la législation.

La loi du 12 brumaire an II est entièrement conçue dans le sens qu'il ne devait plus être question de déclaration de paternité.

L'article 10 dit : « A l'égard des enfans nés hors du ma-
« riage, dont le père et la mère seront encore existans lors de
« la promulgation du Code civil, leur état et leurs droits se-

« ront, en tous points, réglés par les dispositions du Code. »

Art. 11. « Néanmoins, en cas de mort de la mère avant la « publication du Code, *la reconnaissance du père, faite de-* « *vant un officier public,* suffira pour constater à son égard l'é- « tat de l'enfant né hors du mariage, et le rendre habile à lui « succéder. »

Aussi la loi du 20 septembre 1792, quoiqu'elle eût prévu l'inscription sur les registres de l'état civil de la naissance d'un enfant né hors mariage, *articles* 3 *et* 4, n'autorise nulle part l'admission des déclarations de paternité.

Enfin un décret du 4 pluviose an II. « Après avoir entendu « le rapport de son comité de législation sur la pétition de la « citoyenne Bertrand, tendant à ce qu'il fût rendu un décret, « qui autorise les tribunaux à juger définitivement les procès « en déclaration de paternité dans lesquels la preuve testi- « moniale a été ordonnée et faite *antérieurement aux lois nou-* « *velles, sur les enfans nés hors mariage,* passe à l'ordre du « jour, motivé sur ce que *les lois n'ont pas d'effet rétroactif.* »

La Convention n'a pu s'expliquer ainsi que dans le sens que, quoique la législation nouvelle eût aboli les déclarations de paternité, elle ne devait pas influer sur l'ancienne qui les admettait.

Aussi depuis plusieurs années aucun juge de paix n'admettait de semblables déclarations.

Ce n'est donc que par erreur qu'il a été dit que, jusqu'à présent, elles avaient lieu de droit, et même dans l'usage.

Il y a même plus; c'est que, pour établir le droit que la loi du 12 brumaire an II donnait aux enfans naturels dans les successions de leurs père et mère, cette loi n'admit pas les jugemens rendus sur des déclarations soutenues des preuves de fréquentations, même sous l'ancien régime.

Elle voulut, article 8, que, pour être admis à l'exercice de ce droit, les enfans hors mariage fussent tenus de prouver leur possession d'état; et il y fut dit :

« Cette preuve ne pourra résulter que de la représentation

« d'écrits publics ou privés du père, ou de la suite des soins
« donnés, à titre de paternité et sans interruption, tant à
« leur entretien qu'à leur éducation. »

Mais abandonnons le passé, puisque nous ne devons nous
occuper que de l'avenir.

L'article 25 du titre 7 du projet de Code civil porte : « La
« loi n'admet point la recherche de la paternité non avouée. »
Nous ne pouvons guère douter que cette disposition législative ne soit conservée.

Cela étant, la désignation du père de la part de la mère
devient sans objet. Elle ne peut être admise sous le prétexte
d'un commencement de preuve ; car je ne conçois pas de
commencement de preuve pour une action que la loi interdit.

Mais, dit-on, cette désignation n'est pas sans objet dans
certaines idées morales. Le particulier désigné, qui, d'a-
bord, pourra être sourd à la voix de la nature, aux devoirs
qu'elle lui impose, pourra enfin se rendre aux vœux, aux
sollicitations qui lui seront adressées par l'enfant muni de la
désignation.

Mais ces idées sont-elles bien sûres? Ne pourrait-on pas
dire aussi que l'enfant pourrait recevoir souvent des secours,
précisément parce que la paternité sera ignorée? Le particulier qui est le père, sans être indiqué, peut alors donner
essor au mouvement de la nature ; il peut ne pas en être empêché par un sentiment de honte bien ou mal entendu, et
quelque injuste qu'il soit ; au lieu que, si, par l'effet de ce
sentiment, il est principalement animé du désir de cacher
une faiblesse, il se peut, par cela même, et pour détruire
une inculpation qui l'humilie, qu'il ferme son cœur sans retour et pour la mère et pour l'enfant. Il faut faire entrer
dans le calcul des idées purement morales toutes celles qui
peuvent sortir du cœur humain sans exclusion.

Mais aussi, si la déclaration est mensongère, et il n'est
pas déraisonnable de supposer qu'il y en aura beaucoup de
ce genre, quelles en seront les suites?

Indépendamment de toutes celles dont j'ai déjà parlé, la loi exposerait des hommes honnêtes à toutes les attaques de la part de ceux qui auront en leur faveur des désignations faites par des femmes qui, au moins en général, sont suspectes ; de là des discordes, des violences, des voies de fait, enfin tout ce qui porte le trouble dans la société.

Autrefois donc, la désignation avait une cause qui n'existe plus aujourd'hui, c'était l'action en recherche de la paternité. Maintenant qu'on détruit le principe, on en laisse subsister une des conséquences ; aussi ne peut-elle se lier à rien dans le système de notre nouvelle législation.

Remarquez bien, en effet, qu'anciennement il y avait une action en injure contre la déclarante. Si la déclaration ne pouvait être soutenue par les preuves d'assiduité et de fréquentation, elle était déclarée fausse et calomnieuse ; il y avait souvent des peines pécuniaires ; l'idée de la paternité disparaissait, et il était ordonné qu'il serait fait mention du jugement sur le registre à côté de la déclaration.

Il y avait donc une réparation. L'inculpation était détruite. Le soupçon, dont les calomniateurs visent toujours à laisser des traces, comme une cicatrice après la plaie qui même est guérie ; ce soupçon, dis-je, s'affaiblissait, se dissipait même par le défi de faire une preuve de fréquentation, ordinairement aisée lorsqu'on attaquait avec fondement. L'enfant était repoussé par le jugement qui avait, pour ainsi dire, flétri la désignation dont il aurait voulu se faire un titre.

Mais aujourd'hui l'homme injustement attaqué n'aurait pas même la ressource de la justification. Pour éclaircir la vérité ou la fausseté de l'assertion injurieuse pour celui contre lequel elle est dirigée, lorsqu'elle est sans fondement, il faudrait en venir à une procédure que nous convenons tous ne plus exister, c'est-à-dire à la recherche de la paternité.

J'avoue que je ne concevrai jamais que la loi puisse permettre une attaque injurieuse par sa nature, et en même temps interdire la défense.

Mais, dit-on, si la mère vient à mourir sans avoir fait une déclaration de paternité, l'enfant serait privé de la faculté d'avoir son état, comme enfant naturel, respectivement au père, parce qu'il y a lieu de présumer qu'on admettra la disposition de l'article 27 du titre 7 du projet de Code civil : « Toute reconnaissance du père seul, et non avouée par la « mère, est de nul effet, tant à l'égard du père que de la « mère, sans préjudice néanmoins de la preuve de la mater- « nité, et de ses effets contre la mère seulement. »

Voilà la principale objection.

Remarquons d'abord que la mère seule, en supposant que le principe fût admis, peut, en ce qui la concerne, assurer tous les droits que les lois pourront accorder sur sa succession à l'enfant naturel.

Quant au père, j'avoue qu'il ne doit pas être autorisé à reconnaître un individu pour son enfant naturel, sans l'aveu de la mère, qu'il en est le père. Il est aisé de sentir les motifs de cet assentiment.

Mais la reconnaissance du père, soutenue de l'aveu de la mère, ne peut-elle donc pas se faire pendant la grossesse, après l'accouchement, enfin jusqu'à la mort de la mère ? D'ailleurs, il faut présumer que, si la mère n'obtient pas avant sa mort la reconnaissance du père, c'est que celui-ci ne voudra pas la faire ; car il saura bien qu'après la mort de la mère, il n'en aura pas la faculté. Mais toujours la reconnaissance de la mère seule aura à son égard tout son effet.

Il semble qu'on s'est déterminé à écrire la disposition dont il s'agit, dans l'idée que la mère pourrait mourir des suites de son accouchement.

C'est donc dans l'idée d'une prévoyance pour un enfant naturel, et pour un seul cas, qui, de sa nature, doit être très-rare ; c'est donc en créant une hypothèse d'après la simple possibilité d'un événement qui n'est pas dans le cours ordinaire des choses, qu'on tolérera une disposition aussi alarmante pour la société, aussi contraire à la morale et au bonheur des familles !

Un de nos collègues, qui m'a précédé à la tribune, s'est principalement occupé à établir la différence des enfans naturels nés de personnes libres, et hors des degrés de parenté, de ceux qui sont adultérins ou incestueux. L'article 60, dit-il, ne peut s'appliquer qu'aux enfans naturels de la première espèce, et non à ceux des deux autres.

Mais, à mon sens, il était difficile de faire une plus forte critique de la disposition de l'article.

C'est d'abord admettre qu'au moins l'inculpation acquiert un nouveau degré de gravité, lorsqu'elle porte sur un adultère ou sur un inceste ; et c'est faire apercevoir la possibilité d'un mal encore bien plus grand. Ensuite, outre que, sans ces deux caractères, l'inculpation est toujours fâcheuse pour les hommes qui soignent leur réputation, et qui en sentent tout le prix, la loi distingue-t-elle entre les enfans dont la paternité sera indiquée? Des officiers civils sont-ils constitués juges des cas où ils pourront refuser la désignation, de ceux où ils devront l'admettre? Peuvent-ils même recevoir ce droit? Il est sensible qu'en voulant ainsi justifier l'article, on n'a fait que mettre encore plus à découvert les dangers qu'il présente.

Il est pénible sans doute que, pour un seul article, on soit obligé de voter le rejet d'une loi dont tous les autres sont marqués au coin de la sagesse ; mais la tache est trop forte pour ne pas désirer ardemment qu'elle disparaisse.

Je vote pour le rejet.

OPINION DU TRIBUN HUGUET,
POUR LE PROJET.

Tribuns, la mère d'un enfant né hors mariage, c'est-à-dire ap. 57 de personnes libres, doit-elle avoir la faculté de désigner le nom du père de son enfant? Telle est la question que présente l'article 60 du projet de loi.

Naturellement, les actes de naissance sont faits pour contenir les noms des père et mère de l'enfant.

Quand il est né hors mariage, ce qui veut dire, je le répète, de personnes libres, je sais qu'assez généralement on se contente de dire né d'une telle et d'un père inconnu : mais je sais aussi qu'assez fréquemment on y déclare le nom du père ; que la mère a toujours eu le droit de faire cette déclaration ; qu'avant d'aller, autrefois à l'église, aujourd'hui à la municipalité, l'accoucheur ou la sage-femme demande à la mère le nom du père ; et c'est lorsqu'elle ne veut pas le dire, qu'on met les mots *père inconnu* ; que cela est si vrai, que lorsqu'un homme était poursuivi pour reconnaître un enfant, et qu'en définitif il gagnait son procès, dans le cas où l'acte de naissance était en son nom, le jugement ordonnait toujours qu'il serait réformé.

J'en ai un sous les yeux, du 15 mars 1793 ; voici ce qu'il porte : après avoir déclaré la fille non recevable dans sa demande, il dit : « Le tribunal ordonne que, dans le cas où « ladite fille*** aurait fait baptiser l'enfant sous le nom du- « dit***, l'extrait de baptême sera réformé ; à quoi faire seront « les dépositaires des registres contraints. » De ce jugement il résulte la preuve bien évidente qu'il était reconnu que la mère avait pu, avait eu la faculté de déclarer le nom du père : ainsi, on ne doit donc pas considérer l'article comme une innovation, mais dire que de tout temps cela s'est pratiqué ainsi, que de tout temps la mère a eu le droit de déclarer le nom du père : et vous êtes à même de juger quelles sortes d'inconvéniens il en est résulté jusqu'à présent.

J'ai écrit à un officier de l'état civil de Paris ; je lui demande, par ma lettre, entre autres choses, si, lorsque la mère charge l'accoucheur ou la sage-femme ou autre personne, de déclarer le nom du père, on se refuse à recevoir cette déclaration et à l'insérer sur le registre : voici sa réponse : « Si la mère charge l'accoucheur ou la sage-femme de nom- « mer le père, on l'annonce ainsi, fils d'une telle... et de...

« d'après la déclaration de la mère à nous transmise par l'ac-
« coucheur ou la sage-femme, et on ne refuse jamais d'énoncer
« le père quand on le nomme. » Cela s'est donc toujours pratiqué jusqu'à présent.

On a dit qu'autrefois ces déclarations étaient mystérieuses,
qu'elles se faisaient chez un notaire, qu'on y apposait des
cachets pour y avoir recours au besoin ; cela veut dire qu'il
pouvait s'en faire de cette manière, mais cela ne dit pas qu'on
n'en faisait pas à l'église ou à la municipalité. Au surplus ,
aujourd'hui ces déclarations clandestines sont nulles : depuis la loi de brumaire an II, on n'admet plus de reconnais-
sances de paternité autres que celles faites devant l'officier de
l'état civil.

Mais je vais plus loin ; je soutiens qu'il est impossible qu'on
ne donne pas à la mère la faculté de déclarer le nom du père :
en effet, il est de principe que, hors mariage, la reconnaissance de la paternité est nulle, ne produit aucun effet, sans
la reconnaissance préalable ou simultanée de la mère.

Un homme n'est pas maître de se dire père de tel enfant, s'il n'en a pas l'aveu de la mère ; une prétention de
cette nature serait ridicule et absurde, par une raison bien
simple.

La conception est couverte d'un voile impénétrable ; le secret n'appartient qu'à la mère : cet enfant est sa propriété
et à elle seule, tant qu'elle n'a pas indiqué le père ; quand
elle l'indique, sa propriété se partage, si le père alors veut
reconnaître : mais, jusqu'à ce qu'elle ait fait cet aveu, qui
que ce soit n'a encore le droit de se dire père ; qui que ce soit
même n'a le droit de la forcer de faire sa déclaration. Un procès de cette nature se jugerait par le démenti de la mère ,
plus même par son silence ; car, comment pourrait-on admettre le père à prouver qu'il est père ? Alors , ce serait l'admettre à prouver une incertitude ; et , dans ce cas, il faudrait
au moins admettre la mère à prouver le contraire, c'est-à-
dire à prouver qu'elle a pu avoir des liaisons avec d'autres

hommes : on n'aurait jamais vu de procès plus ridicule, plus immoral.

Dans le silence de la mère, après sa mort même, il n'est plus possible d'admettre la reconnaissance de la paternité, parce qu'encore une fois c'est le secret de la mère, c'est sa propriété; elle seule sait avec qui elle doit la partager, et aucune puissance ne peut suppléer à son silence; c'est un secret caché dans la conscience, ou, si elle est morte, enseveli avec elle dans son tombeau.

Il faut donc convenir que la reconnaissance de la paternité est nulle, et ne peut avoir d'objet, si elle n'est appuyée et fortifiée par la reconnaissance de la mère.

Or, si la reconnaissance de la mère est nécessaire, vous ne pouvez par conséquent lui ôter la faculté de la faire; ce serait une innovation dangereuse autant pour l'enfant que pour le père : car, si elle venait à mourir, vous priveriez le père du droit de pouvoir reconnaître son enfant, s'il juge à propos de le faire; vous le mettriez dans l'impuissance d'être juste envers son enfant, et de lui donner un état civil.

Pourquoi je vote pour le projet.

RÉSUMÉ DU TRIBUN DUCHESNE,
SUR LE PROJET.

ap. 57   Tribuns, au point où se trouve la discussion, je dois me borner à fixer votre attention sur deux observations principales et décisives.

La première, que l'article 60, qui autorise la déclaration de *paternité* dans l'acte de naissance d'un enfant illégitime, ne change rien et n'ajoute rien à la législation actuelle. La seconde, que cette autorisation, déjà reconnue nécessaire pour assurer un jour, dans plusieurs cas, la filiation et l'état de l'enfant né hors du mariage, l'est encore plus relativement aux droits que la loi civile entend lui réserver dans la succession paternelle, lorsqu'il aura été authentiquement reconnu.

En m'attachant à développer ces deux points, je me dispenserai de revenir sur les prétendus dangers qu'on attache à l'insertion de la déclaration de la mère dans les registres de l'état civil. Les orateurs qui ont parlé en faveur du projet ont suffisamment dissipé ces vains prestiges. Ils ont sagement observé qu'il n'est aucun principe dont on ne puisse abuser. Il faut donc balancer ici, avec cette impartialité dont le législateur s'honore, les avantages et les inconvéniens de la mesure proposée.

Je dis d'abord que cette mesure n'est point nouvelle, et qu'elle est au contraire exactement en rapport avec la législation existante.

En effet toutes les lois sur la matière, depuis la déclaration de 1736 jusqu'à la loi du 20 septembre 1792, ont formellement imposé aux officiers de l'état civil, d'un côté l'obligation de désigner le père de l'enfant nouveau-né, lorsqu'il serait connu ou déclaré ; et de l'autre, celle de recevoir les déclarations de naissance, sans pouvoir rien y ajouter ni en retrancher de leur chef.

Sans remonter à la déclaration de 1736, ni même à celle du 12 mai 1782, qui l'a interprétée sur ce point essentiel, si propre à maintenir le repos et à garantir l'honneur des familles, il me suffit de porter votre attention sur les règles renouvelées par la loi de 1792.

L'article 2 du titre III dispose que, « si le mari est présent « et en état d'agir, il sera tenu de faire lui-même la décla- « ration de naissance de son enfant. »

L'article 3 veut « que lorsque le mari sera absent, ou ne « pourra agir, ou lorsque *la mère ne sera pas mariée* (je vous « prie de retenir ce troisième cas, qui rentre dans notre hy- « pothèse), le chirurgien ou la sage-femme qui auront fait « l'accouchement seront obligés *de déclarer la naissance.* »

L'article 7, qui correspond aux trois précédens, ordonne dans tous les cas, sans exception, que « la déclaration con-

14.

« tiendra le jour, le lieu et l'heure de la naissance, la dési-
« gnation du sexe de l'enfant, le prénom qui lui sera donné,
« les prénoms et noms de ses *père* et *mère*, etc. »

Enfin l'article 12 « défend impérieusement aux officiers
« publics, à peine de destitution, d'insérer, par leur propre
« fait, dans la rédaction des actes et sur les registres, au-
« cunes clauses, notes ou énonciations, autres que celles con-
« tenues aux déclarations qui leur seront faites. »

Je demande maintenant quel moyen l'officier public chargé,
par la loi du 20 septembre 1792, d'un ministère purement
passif, aurait pu employer pour empêcher qu'on insérât dans
l'acte de naissance d'un enfant naturel la déclaration de *paternité* faite par la mère? Mais il y a plus : cette déclaration
était rigoureusement exigée toutes les fois qu'elle était possible; et si l'on veut lire avec attention les articles 3 et 7, on
se convaincra que tel est l'esprit de la loi citée, puisque le
premier enjoint à l'accoucheur de déclarer la naissance, et
que le second exige indistinctement la mention de la *paternité*, telle qu'elle est *déclarée*, sans laisser à l'officier public
le droit abusif de juger si cette déclaration est sincère ou supposée.

Pressés par toutes les dispositions que je viens de rappeler,
ceux qui attaquent le projet ont imaginé de soutenir qu'elles
n'étaient applicables qu'aux enfans *nés d'un légitime mariage*;
parce que, disent-ils, c'était pour ceux-là seuls que la déclaration de paternité pouvait être exigée, selon la règle *is pater
est quem justæ nuptiæ demonstrant*, et que la loi ne recon-
naissait aucun *père* à des enfans nés d'une union qu'elle ré-
prouvait.

Mais d'abord, cette objection se réfute par le texte même
de la loi du 20 septembre 1792; puisque, d'une part, elle a
pris les précautions nécessaires pour constater la naissance
des enfans nés hors du mariage, et que, de l'autre, en inter-
disant à l'officier public le pouvoir de réformer ou d'atté-
nuer la *déclaration* qui lui est faite, elle a laissé par cela

même toute la latitude possible à la mère pour y faire insérer la mention de la *paternité*.

En second lieu, la sage maxime *is pater est* a établi, il est vrai, une juste présomption de LÉGITIMITÉ à l'égard des enfans nés d'un mariage avoué par la loi; mais elle n'exclut certainement pas la preuve de *la filiation des enfans naturels* dans tous les cas où elle peut leur être utile.

Toujours, en effet, il a existé ou dû exister entre eux et les auteurs de leurs jours des rapports plus ou moins caractérisés, selon que la législation de chaque peuple leur était plus ou moins favorable. A Rome, ils succédaient de plein droit à leur mère ; et à défaut d'enfans légitimes, la Novelle 89 leur donnait aussi des droits très-étendus dans la succession de leurs pères. Dans la presque totalité de l'ancienne France, ils ne pouvaient prétendre qu'à de simples *alimens;* mais, pour obtenir ces alimens même, le premier préalable à remplir était de prouver leur filiation : il était donc aussi conséquent que juste de leur laisser cette ressource dans l'acte de leur naissance ; et voilà pourquoi aucune de nos lois anciennes ni modernes ne contient l'interdiction d'y désigner le *père*, lorsqu'il aura été *déclaré*.

La déclaration de paternité est devenue d'ailleurs bien plus favorable, et moins sujette à des abus, depuis que la loi du 12 brumaire an II, en introduisant, pour toute la France, un droit de *successibilité* en faveur des enfans naturels, a en même temps voulu qu'ils ne pussent être admis à l'exercer qu'autant qu'ils auraient été *reconnus* authentiquement par leur père.

Je le demande à tous les hommes de bonne foi: de quelle utilité serait la double prérogative accordée aux enfans nés hors du mariage, celle d'être *reconnus*, et celle de pouvoir *succéder*, si la loi civile, en opposition avec elle-même, refusait à leur mère jusqu'à la satisfaction de préparer cette reconnaissance pour l'avenir, en déclarant publiquement quel est le véritable auteur de leurs jours?

Qu'importe après cela que dans quelques lieux , et d'après un prétendu *usage*, que j'appellerai à mon tour abusif, on se soit constamment abstenu de dénommer le père naturel dans les actes de naissance ? — Nous n'avons point à examiner si ce prétendu usage est aussi certain, ni aussi général qu'on le présuppose ; vous venez d'entendre qu'il a été formellement démenti pour le département de la Seine. — Je conçois cependant qu'il a pu naître et se maintenir , par le seul empire des préjugés et de l'habitude , dans des coutumes où l'on avait admis cette maxime inhumaine , que les bâtards ne pouvaient avoir *nec genus, nec gentem*. — Là , en effet ni leur mère, ni personne pour eux, n'avaient intérêt de leur assurer une possession d'état.

Mais, outre que les choses ont entièrement changé de face à cet égard depuis la loi du 12 brumaire an II ; outre qu'il ne s'agit plus pour les enfans naturels de simples *alimens*, mais d'un *droit éventuel à des successions*, je peux, de mon côté, citer des exemples contraires à ceux qu'on allègue ; et ils sont bien plus analogues à l'état actuel de notre jurisprudence.

Dans le ci-devant Dauphiné, où l'on suivait à la lettre la disposition du droit romain en faveur des enfans naturels nés *ex soluto et solutâ*, on n'a jamais fait difficulté d'admettre la déclaration de *paternité* dans les actes de leur naissance ; sauf à ceux qui étaient ainsi désignés , leur action légale pour la contredire et pour la faire réformer. Je l'atteste ainsi , parce que j'en ai vu une multitude d'exemples , et que les abus étaient extrêmement rares.

C'est maintenant à vous à décider , tribuns , si le principe admis ou plutôt renouvelé par l'article 60 du projet, et fortifié par l'exemple que j'invoque , n'est pas une conséquence nécessaire , soit de la législation en vigueur relativement aux déclarations qui peuvent et doivent être insérées dans tous les actes de naissance , soit encore plus particulièrement de celle qui restitue aux enfans naturels nés de personnes libres des droits trop long-temps méconnus.

J'ajouterai, sur le second point, que, si la loi du 12 brumaire an **II** a (comme on vous l'observait très-bien hier)
dépassé le but, en assimilant les enfans *naturels* préalablement reconnus aux enfans *légitimes*, quant à la capacité de
succéder, cet excès de faveur sera bientôt réparé, dans le
nouveau Code civil, par des tempéramens plus conformes à
l'équité et à la faveur, que méritent, à tant de titres, les
enfans nés dans l'honorable état du mariage.

Mais ces tempéramens même, déjà préparés par les auteurs
du projet de Code, prouvent de plus en plus combien il devient nécessaire de consacrer aujourd'hui le principe auquel
on attache tant d'inconvéniens chimériques ; car à quoi bon
la loi s'occuperait-elle des moyens de fixer les droits des enfans naturels dans la succession de leur père, si, d'un autre
côté, elle ne leur donnait pas celui de le reconnaître un jour,
et d'en être reconnus ?

Mais, indépendamment de cette considération très-puis-
sante, j'ai déjà exposé, au nom de votre commission, plusieurs autres cas où il importe également de conserver à l'enfant, né hors d'un légitime mariage, la ressource de constater
un jour sa véritable *filiation*.

Ces cas sont, en premier lieu, ceux où l'enfant est né d'un
mariage *clandestin*, ou d'un mariage contracté en pays étranger par un Français domicilié en France ; par un mineur
(pour choisir un exemple) qui, voulant se soustraire à la loi
de son pays, ira se marier, sans le consentement de ses parens, dans un lieu où l'on suit à cet égard les dispositions du
concile de Trente. — Dans ces deux cas, le mariage pouvant
être *réhabilité*, combien ne serait-il pas dur et injuste de
refuser à une femme de bonne foi le droit de désigner le père
de son enfant dans l'acte même de sa naissance ?

Un troisième cas est celui d'un mariage, contracté en
France, mais qui n'est pas revêtu des formes prescrites par
les lois civiles. — Il n'en existe peut-être que trop d'exemples en ce moment, dans les lieux où les esprits, égarés par

le fanatisme religieux, se sont montrés constamment rebelles à ces mêmes lois, en se contentant imprudemment d'un lien formé sous les seuls auspices de la religion, et par l'intervention du seul ministre d'un culte.

Or, ne laisserez-vous pas', du moins, à ces époux malheureux et trompés la perspective de pouvoir réparer un jour ce qu'il y a de défectueux dans leur union? Proclamerez-vous dès à présent leurs enfans *bâtards?* Renouvellerez-vous enfin contre eux, dans ce siècle de la tolérance civile et religieuse, l'intolérable persécution qu'on fit éprouver aux protestans après la révocation de l'Édit de Nantes?

Le quatrième cas est celui où un père, cédant aux cris de l'humanité et de la justice, veut reconnaître librement l'enfant de la nature, lui donner un état, et l'admettre dans sa famille.

On est forcé de convenir qu'il ne pourra faire utilement cette reconnaissance qu'avec le concours d'un *aveu* de sa mère. Or, cet aveu, où peut-il mieux être placé que dans l'acte même de la naissance de l'enfant? Quand et comment pourra-t-il être suppléé, si cette mère meurt après l'enfantement? Le père sera donc alors à jamais privé de la satisfaction de réparer ses torts par un acte que la loi autorise?

On a senti que cette difficulté était insoluble, et l'on s'est contenté de répondre que le cas proposé serait extrêmement rare.

Mais, ne dût-il y avoir qu'un exemple unique dans les siècles à venir, je demanderai de quel droit on prétend ravir à un enfant son état futur, pour rassurer quelques hommes pusillanimes qui s'alarmeront d'une fausse déclaration de *paternité?* Je demanderai si, pour la garantie même de ces hommes, si peureux; on peut prendre de précaution plus sage que d'arracher l'aveu de la mère dans le moment même de ses souffrances, où le danger de la mort doit bannir le mensonge de ses lèvres, de son cœur toute idée de ressentiment, et de son esprit toute combinaison perfide d'intérêt personnel?

Non, ce ne sera jamais, ou du moins bien rarement, en vue de cet intérêt, qu'elle proclamera le *père* de son enfant dans l'acte de naissance ; et ce n'est point aussi pour son intérêt que nous persistons à croire l'article 60 à l'abri des inculpations qu'on lui a faites, mais uniquement pour celui de l'enfant lui-même, auquel la loi doit toute sa protection.

Je termine par deux observations :

La première, que ceux qui ont combattu le projet ont eux-mêmes senti la nécessité de consigner quelque part la déclaration facultative de la *paternité ;* mais ils n'ont pu s'accorder entre eux sur le mode. Les uns nous proposent un registre particulier ; d'autres, un acte devant le juge de paix ; d'autres, un acte par-devant notaire. Ceux-là admettent la publicité de l'acte, mais dans une forme différente de celle que le projet adopte ; ceux-ci, au contraire, veulent qu'il reste enseveli dans une sorte de mystère. Mais aucun de ces systèmes ne serait exempt des inconvéniens exagérés qu'on attache à l'article 60.

Une seconde observation plus importante, c'est que le projet ne s'est occupé que de la *forme* de la déclaration, lorsque la mère voudra la faire coucher sur le registre ; il ne traite point, et il n'a pas dû traiter des questions du *fond :* le législateur ne pourra s'en occuper qu'au titre *de la paternité et de la filiation.*

Ce sera donc là, et seulement là, qu'il s'agira de concilier le principe admis par le projet avec la maxime reçue qui exclut *la recherche de la paternité.* En supposant que cette maxime soit admise ou modifiée par le Code, ce sera là aussi qu'on pourra s'expliquer et s'entendre, soit sur les conséquences de ce principe, soit sur les effets limités de la déclaration de la mère, soit enfin sur la nécessité de la restreindre aux seuls enfans *nés de personnes libres.*

Toutes les objections fondées sur les prétendus dangers de cette déclaration sont donc au moins prématurées.

Votre commission persiste en conséquence à vous proposer le vote d'adoption.

OPINION DU TRIBUN PARENT-RÉAL,
CONTRE LE PROJET.

> *La loi n'admet point la recherche de la paternité non avouée.*
> Art. 10 du projet de Code civil présenté en l'an III.
> Art. 25 du projet de Code civil présenté en l'an VIII.

ap. 57　　Tribuns, lorsqu'une discussion est aussi avancée que celle qui nous occupe ; lorsqu'elle a eu lieu avec des armes respectives également fortes et brillantes, il serait imprudent, de la part de ceux qui n'interviennent que comme auxiliaires, de recommencer toute l'attaque : ils doivent se borner à affaiblir quelques traits de leurs adversaires. Je n'ai point d'autre prétention.

Je dénie d'abord que la déclaration du 9 avril 1736, non plus que la loi du 20 septembre 1792, en prescrivant qu'il sera fait mention des prénoms et noms des père et mère de l'enfant, doivent être appliquées au cas où l'enfant est né hors du mariage. Cette déclaration et cette loi ne parlent que des pères et mères légitimes. Il ne s'agit donc plus, dans la question, de ce que l'usage a consacré, de ce que l'habitude a fait trouver bon. C'est par la raison que ni la déclaration de 1736, ni la loi de 1792, ne distinguent pas si le père est marié ou non, qu'elles ne permettent point de confondre ces deux cas, et qu'elles confirment la règle que la paternité n'est démontrée que par le mariage. Ainsi on ne pouvait point, avant comme après la loi de 1792, on ne peut pas encore donner un enfant à un homme qui n'en est pas le père légal ; on n'a pas au moins cette faculté d'après la législation que l'on invoque, ni à l'occasion de la déclaration de la naissance de l'enfant. C'est donc ici le renversement de tout ce qui s'est pratiqué ; c'est véritablement l'essai d'un système nouveau.

On a cité des faits pour prouver qu'il ne saurait être dangereux. Ces exemples, puisés dans une législation étrangère, ne m'ont point convaincu ; et l'orateur lui-même a dû convenir que les lois civiles des Anglais n'étaient pas, a beaucoup près, aussi bonnes que leurs lois politiques. Nos voisins conservent ces lois, a-t-il dit, par cela seul qu'elles ont la sanction du temps. Je n'ai rien à répondre à ce motif. Il est d'ailleurs d'autant plus péremptoire, qu'il favorise les habitudes, et qu'il s'accommode à la paresse générale des hommes. D'après lui, il n'y a aucune innovation à faire, il n'y a point même de Code civil à réformer ; il n'y a que ce mot à dire : *C'est la législation de nos pères.*

Si j'examine d'ailleurs la loi citée des Anglais, je trouve d'abord ce principe général que les lois civiles d'une nation peuvent difficilement convenir à une autre ; qu'elles doivent être propres au peuple pour qui elles sont faites, et relatives à la nature de son gouvernement, aux mœurs et aux inclinations des habitans. Ainsi il est possible que le lord ou le bourgeois anglais ne soit point compromis par l'imputation de la paternité ; mais je maintiens qu'elle est injurieuse au Français. Cet effet peut tenir à un préjugé ; mais, puisqu'on a invoqué les mœurs, je crois à mon tour qu'il leur est utile.

La déclaration de la mère est avantageuse, a-t-on prétendu, parce qu'elle peut servir à l'enfant à établir sa filiation, ou au père à reconnaître sa paternité, et qu'il importe à la société d'assurer l'état des citoyens.

J'évite d'opposer à ces motifs philantropiques des principes trop sévères ; je ne rappellerai point que Montesquieu observe qu'il faut connaître les bâtards dans les pays où la loi d'une seule femme est établie ; qu'il faut dans ces pays flétrir le concubinage ; qu'il faut donc flétrir les enfans qui en sont nés, et que dans les républiques, où il est nécessaire que les mœurs soient pures, les bâtards doivent être

encore plus odieux que dans les monarchies. Je n'ajouterai
point, avec le même publiciste, que les institutions devant
inviter tous les citoyens au mariage, les mariages étant d'ailleurs adoucis par la permission de faire divorce, il n'y a
qu'une très-grande corruption de mœurs qui puisse porter
au concubinage. Enfin je ne demanderai point si, en voulant
trop favoriser la reconnaissance des enfans et ensuite leur
légitimation, on espère qu'il n'y aura plus de bâtards en
France, ainsi qu'on n'en connaît point chez les Perses ni
chez les Chinois?

Ce n'est pas assez non plus, pour bien apprécier une disposition législative, d'en examiner avec droiture le principe
et l'intention; il faut aussi en rechercher et en découvrir les
effets. Or, quels seraient ceux de l'article que je combats, et
auraient-ils le mérite qu'y attachent ses défenseurs? Je re-
connais d'abord avec eux qu'il est des hommes vils qui sé-
duisent et s'éloignent comme des traîtres. Après s'être livrés
à l'impulsion de la nature, ils en méconnaissent bientôt la
voix et les devoirs. Ils la profanent au moment où elle est
plus sacrée, celui de sa fécondité. Je les méprise aussi ces
pères indignes qui désireraient que le plaisir n'eût que des
fleurs, et qu'il fût stérile en fruits. Je plains les mères abandonnées. Je plains les enfans auxquels l'on ne peut apprendre
à parler par le doux nom de père, ou pour lesquels ce nom,
s'ils le prononcent, n'a jamais de réponse. Mais, en payant
à ces malheurs tout mon tribut, je ne crois point qu'ils soient
aussi fréquens qu'on l'a exposé. Non, la perversité de la nature n'est point telle. Un homme ne peut être insensible au
sourire par lequel un petit être nouveau cherche à le connaître pour son auteur; il ne peut être insensible aux ca-
resses que ses mains réunies lui adressent, aux pleurs par
lesquels il demande qu'il protége sa faiblesse. Celui qui
abandonne la femme qu'il a fécondée n'est ni l'homme de
la nature, ni l'homme de la société; c'est un monstre, et il
faut l'envoyer à l'école de la bête apprendre à aimer sa com-

pagne et à nourrir ses enfans. Je crois donc que l'abandon
des femmes-mères par ceux qui les ont séduites est très-
rare, et qu'il ne peut être opposé que par exception ; mais,
parmi ces mères délaissées et trahies, le législateur ne porte
sans doute d'intérêt qu'à celles qui n'ont point perdu toute
pureté de mœurs pour avoir été faibles. Or, ces femmes qui
ont cédé à la nature sans avoir renoncé à la vertu, on connaît quelle est leur délicatesse et leur générosité. Elles crai-
gnent de punir le lâche qui les a trompées. Son ingratitude
les fait souvent mourir de repentir et de honte, mais elles
ne désignent point l'auteur de leurs peines ; elles meurent
avec leur secret. Les déclarations concernant la paternité ne
seront donc faites habituellement que par ces femmes har-
dies que l'auteur de Phèdre a peintes dans des vers célèbres,
si caractéristiques ; par des femmes qui, s'étant tout à fait
abandonnées à l'incontinence, corrompent avant que d'être
corrompues, et qui, violant toutes les lois de la nature, perdant les qualités distinctives et essentielles de leur sexe, ne
se réservent presque plus la défense et entreprennent l'attaque.

Ici l'on m'interrompt pour m'objecter que c'est dans l'intérêt des enfans plutôt que dans celui des mères qu'est conçu
l'article 60 du projet.

Je réponds que je viens d'établir que la désignation dont
s'agit ne sera faite généralement que par des femmes dont
celui à qui elles attribueront la paternité, et l'enfant qui
sera né dans leur sein, ne pourront s'honorer, et que la déclaration de ces misérables sera presque toujours fausse.
Mais, lors même qu'elle pourrait être vraie, devriez-vous
pour cela la favoriser davantage ; et quel père aideriez-vous
l'enfant à reconnaître, que l'amant d'une femme dissolue ?
quel père d'ailleurs trouve-t-on en celui qui ne veut pas
l'être ? S'il est riche, il donnera de l'or à l'enfant ou à la
mère. Oui ; mais il leur inspirera en même temps des vices,
et il se croira quitte.

Je vais plus loin. En admettant que la désignation permise sera faite aussi quelquefois par des femmes vertueuses, car il en est qui peuvent l'être même au sein de la séduction, je désire néanmoins qu'elles désignent le père de leur enfant autrement qu'en faisant la déclaration de sa naissance, et ailleurs que sur un registre public. On a combattu le moyen de faire porter cette désignation par-devant un notaire ; mais nepeut-on point la confier à une proche parente, ou à une amie ? Il est de la destinée d'une mère, ainsi qu'on l'a dit, de perdre souvent la vie en la donnant ; mais plusieurs personnes l'assistent dans la crise de l'enfantement, plusieurs partagent le spectacle de sa fin, et elle peut en choisir une ou deux à qui elle fasse ce pénible aveu. Sans doute cette déclaration ne pourrait jamais fournir une preuve ni un commencement de preuve ; mais, ainsi que la désignation qu'on propose, elle laisserait une trace, elle formera au besoin une tradition, et elle n'aurait point les mêmes dangers. Cette déclaration poserait aussi une pierre d'attente auprès du berceau de l'enfant ; mais le nom du père n'y serait écrit en quelque sorte qu'en caractères hiéroglyphiques, et ce serait à la prudence et à la sagesse à les expliquer, au jour seulement de l'utilité.

Ici, je dois rappeler le principe, que la loi n'admet point la recherche de la paternité non avouée. Déjà d'excellens esprits, trompés par leur cœur, l'ont dénoncé comme étant trop absolu, et se sont engagés à le combattre, s'il se présentait dans le projet de Code civil ; ils l'ont considéré d'ailleurs comme n'étant pas observé dans la législation actuelle. Je crois qu'ils se trompent, et je me fonde sur une lettre adressée à tous les tribunaux par le comité de législation de l'Assemblée conventionnelle. En voici le texte :

Paris, le 6 floréal, l'an III de la République française, une et indivisible.

Les représentans du peuple composant le comité de législa-
tion, au tribunal du district de.....

Depuis long-temps l'intérêt des bonnes mœurs et la tranquil-
lité des familles exigeaient qu'on n'admît plus ces demandes
scandaleuses en déclaration de paternité, qui, à la honte de
l'ancienne jurisprudence, retentissaient tous les jours dans les
tribunaux. Aucune loi n'avait autorisé ces sortes de demandes;
elles n'étaient accueillies que par une jurisprudence dont l'usage
avait prévalu. L'article 10 du Code civil, décrété dans la séance
du 19 frimaire dernier, a comblé, à cet égard, les vœux de
tous les amis de l'ordre social et de la vertu : le tribunal ne peut
se conformer avec trop de zèle à la disposition de cet article, par
lequel la loi déclare qu'elle n'admet pas la recherche de la paternité non avouée. *Les bureaux de paix doivent étouffer dans*
leur principe ces demandes scandaleuses, et les juges ont droit
d'y refuser leur ministère.

Les membres chargés de la correspondance,
T. BERLIER, président, etc.

Cette lettre, basée sur un article décrété est une autorité,
sans doute. J'avoue que je partage les principes qui y sont
professés contre la recherche de la paternité; je me félicite
de ce que le nouveau projet de Code civil consacre, pour la seconde fois, la prohibition de cette action contraire à la nature
et à la société; j'espère qu'elle sera maintenue dans ce Code,
et qu'elle trouvera dans cette enceinte plus d'un défenseur.

Il est beau, sans doute, de se constituer celui du sexe le
plus faible. Cette portion intéressante du genre humain, dans
laquelle nous trouvons des mères et des nourrices, des com-
pagnes et des amies; celle qui embellit le voyage de notre
vie; dont le commerce polit nos mœurs et adoucit leur féro-
cité; celle enfin que, par une expression sublime et vraie,
l'homme appela la plus belle moitié de lui-même, la femme

sera toujours protégée par nos lois. Je conviens que nos pères ont été ingrats envers elles, et se sont montrés des législateurs despotes plutôt que justes. Les mêmes reproches ne sauraient nous atteindre : nous avons consacré les droits des femmes, nous les avons appelées au partage égal des biens ; mais il ne faut rien exagérer. Le législateur ne doit pas confondre les principes qui règlent la société, et il est obligé de faire des lois qui combattent quelquefois les sentimens naturels même. Le législateur ne travaille particulièrement ni pour les hommes, ni pour les femmes, mais pour le corps social ; et c'est dans ce sens que les individus, pour lui, n'ont point de sexe.

Moi aussi, je veux qu'on honore les femmes, puisque je suis fils, frère, époux ; mais, en m'armant de sévérité contre elles, ce sont leurs intérêts que je soutiens. Je sais aussi que leurs vices les rendent fatales au gouvernement républicain. On a dit depuis long-temps que, s'il n'y avait point de séducteurs, il n'y aurait point de femmes séduites ; mais, depuis long-temps aussi l'on a rétorqué l'argument, et on a répondu qu'il y aurait moins de suborneurs, s'il n'y avait pas tant de femmes faciles à séduire.

Enfin, vous, qui faites valoir la cause des mœurs en faveur de l'article combattu, prenez garde aux moyens qu'il va introduire de les flétrir.

Les mœurs ! nous voulons tous les conserver ou les réhabiliter ; mais, lorsque vous nous citez l'arrêt du 25 février 1161, qui reconnut cinq individus pères du même enfant, ne nous avertissez-vous point d'éviter de permettre aucune espèce de déclaration de paternité faite par la mère ?

Sert-il les mœurs cet arrêt qui admet une fille à déclarer à la justice dans son sanctuaire, et au monde entier, qu'elle a connu, le même jour, cinq à six hommes ? Monument de scandale et de honte ! je suis affligé qu'on ait dû t'indiquer ; mais, puisque te voilà exposé aux regards publics, je te dénonce à la morale des législateurs.

Le jurisconsulte qui a fourni cette autorité effrayante pouvait être cité sous d'autres rapports, et je réclame aussi son témoignage. Dès l'époque du *Traité* qu'il fit de la *Séduction*, et, dans ce traité même, Fournel s'élève avec force contre cette jurisprudence barbare qui mettait les meilleures réputations à la merci d'une malheureuse.

Vous invoquez les mœurs ! mais c'est pour les faire respecter que je ne veux rien qui puisse désunir les familles.

Le mariage protége les mœurs : il faut donc que la diffamation ne puisse pas y poursuivre l'époux jusque dans les bras de l'épouse ; il faut qu'elle ne puisse point frapper d'avance le jeune homme dans le cœur de son amante.

Si vous voulez encourager au mariage, faites-le donc tellement honorer qu'il ne puisse être troublé, et n'en barrez point le chemin par les obstacles injurieux de la délation.

Je veux aussi une garantie au jeune homme qu'il vous paraît convenable d'abandonner à toutes les chances de l'accusation. Le célibat n'est pas un crime ; le célibataire n'est point toujours le héros du libertinage et de la perversité. Pourquoi proscrire aussi celui qui n'est pas encore arrivé à l'âge propre au mariage, ou qui n'est point parvenu au-delà de cet âge ?

En vain a-t-on répété qu'une fausse imputation ne pouvait atteindre l'homme de bien. Cette assertion est vraie en elle-même ; mais, en cette occasion, la conscience de l'homme de bien ne suffit point à sa sécurité. Il est décrié par la malignité, par la haine, par la vengeance, et par les passions les plus basses. L'on a d'ailleurs toujours vu l'objet sur le théâtre d'une grande cité. Là, sans doute, il n'y a point de chronique scandaleuse : tel est le nombre des habitans et le tourbillon des événemens, que les bonnes et les mauvaises actions y sont souvent également ignorées. Mais la loi ne régira point seulement les grandes cités ; elle gouvernera aussi la petite ville et le hameau. Transportons-la donc sur cette scène, et voyons y en action toutes les calomnies. Déjà le mensonge attaque sa victime. On arrache un époux de la couche de son épouse; l'on prétend qu'il est allé profaner celle de l'innocence, ou se souiller lui-même dans les bras d'une Phrynée. Quel est toutefois cet homme sur qui l'on déverse ainsi la satire et le mépris, et que l'on attache en quelque sorte au poteau de l'infamie? Est-ce un partisan connu de la débauche? Non; c'est le père de famille dont la conduite est la mieux ordonnée : dix ans d'union en ont éprouvé l'austérité. Est-ce l'habitant qui a le moins besoin de la considération publique? Non; c'est le premier magistrat de l'arrondissement : c'est celui qui est chargé de censurer les mœurs et de les réprimer.

Tribuns, les résultats que j'indique ne sont point des tableaux d'imagination dont je noircis trop les couleurs. Ils sortiront tous nécessairement de l'article 60, si le projet est adopté.

Il m'est démontré que cette disposition est une innovation dans la législation; qu'elle est inutile à la société; qu'elle y fera fermenter tous les germes de troubles, et y portera tous les élémens de la corruption; qu'elle est en contradiction avec le principe conservateur qui n'admet point la recherche de la paternité non avouée, et que l'un de ses effets nécessaires sera de faire abroger ce principe; qu'elle doit éloigner du mariage, comme étant subversive de ses effets.

Il m'est démontré qu'étant conçue généralement, sans restriction, et sans réserve, l'on ne peut point prouver qu'elle *distingue*, ni qu'elle ne concerne point les enfans adultérins et incestueux.

Il m'est démontré, enfin, qu'en supposant son principe avantageux dans certains cas, et seulement par exception, la disposition peut et doit être remplacée par des moyens plus prudens et qui s'accomplissent sans publicité.

Je vote le rejet.

Nota. Je prétends moins d'ailleurs que la mention du père ne peut pas avoir lieu hors du mariage, lorsqu'il se présente ou qu'il est représenté, que je soutiens que cette désignation ne doit jamais être faite par la mère. Cette sorte de déclaration n'a pu être admise que d'après une in-

SECONDE OPINION DU TRIBUN BENJAMIN CONSTANT,
CONTRE LE PROJET (a).

Tribuns, je viens essayer de répondre à trois des orateurs *ap.* 57
qui ont parlé pour l'article soumis, depuis quelques jours,
à nos discussions : ces trois orateurs ont apporté en faveur
de cet article les raisonnemens, sinon les plus forts, au moins
les plus spécieux. Je commencerai par le dernier que vous
avez entendu.

Il vote pour cette disposition de la loi, parce que, nous
a-t-il dit, elle supplée, quoique imparfaitement, aux recherches de paternité qu'il regrette de voir, sans restrictions,
effacées de notre Code. Cette disposition de la loi ne supplée
en rien aux recherches de paternité ; et si je croyais utile
qu'elles fussent, avec les précautions convenables, consacrées
dans notre Code, je voterais encore contre l'article qu'on
nous présente. Les recherches de paternité, je l'ai dit dans
ma première opinion, peuvent paraître justes, à quelques
égards, parce qu'elles offrent des ressources à l'enfant, des
dédommagemens à la faiblesse ; parce qu'elles peuvent contenir les passions impétueuses, ramener l'homme insouciant à la nature, forcer l'homme insensible à remplir ses
devoirs. Mais l'article que je combats est injuste, sous quelque point de vue qu'on le considère ; parce qu'il laisse l'enfant
sans secours, la femme séduite sans appui, les passions sans

---

risprudence inquisitoriale introduite par les *prêtres*, trop long-temps les rédacteurs arbitraires de
l'état civil, et qui, ayant fait un crime de la paternité hors mariage, voulaient que le criminel
fût toujours connu. Les prêtres étaient conséquens à leur manière ; le législateur doit l'être selon
la raison publique. Si la paternité hors du mariage n'est ni un délit public ni un délit privé,
considérée politiquement, il ne faut point que la loi en admette la recherche lorsqu'elle n'est pas
avouée. Enfin, il ne s'agit point d'établir par des citations du barreau si la désignation du père
faite par la mère est en usage, ou si elle ne l'est pas ; il importe seulement de démon rer qu le
Code civil ne doit point la permettre.

(a) J'avais cru nécessaire de répéter dans cette opinion quelques raisonnemens déjà contenus dans
la première ; je les retranche à l'impression, les deux opinions pouvant être réunies. Celle-ci ne
renferme, en conséquence, de ce que j'ai prononcé à la tribune, que ce que j'ai dit en réponse
à aux défenseurs du projet.

15.

frein : car qu'est-ce qu'un frein qu'il suffit de mépriser pour l'anéantir ? Les recherches de paternité peuvent conduire à la découverte de ce qui est vrai : mais la déclaration qu'on vous propose d'admettre se borne à confondre sans réserve le mensonge et la vérité. Les recherches de paternité ont du moins quelque avantage pour l'une des parties intéressées; mais le projet de loi, dans son article 60, ne peut que nuire sans jamais servir.

Ce qui cause l'indécision qui subsiste encore sur cette question, c'est que les défenseurs du projet ont tantôt confondu les déclarations qu'il autorise avec les recherches de paternité qu'il interdit, et tantôt considéré ces déclarations comme des choses à peine existantes. De là des argumentations pathétiques, mais qui, rapprochées, suffiraient pour se réfuter l'une par l'autre. Lorsqu'il a fallu vous attendrir sur la destinée des femmes séduites, on a représenté les déclarations proposées comme toutes-puissantes pour secourir la faiblesse et consoler le malheur; lorsqu'il a fallu vous rassurer sur le repos des hommes calomniés, on vous a dit que ces déclarations seraient nulles et de nul effet : vous discernerez facilement ce qu'il y a d'inexact dans ces tableaux contraires, mais également exagérés. Le dernier orateur, il faut le dire, n'est pas tombé dans cette confusion. Il vous a présenté des considérations touchantes, des sentimens doux, des réflexions ingénieuses; mais il s'est aperçu, il est presque convenu lui-même, que ce n'était pas traiter la question. Il a voulu protester d'avance contre un système qui lui semble trop rigoureux et trop absolu. Mais, comment n'a-t-il pas senti, comment n'a-t-il pas lu dans les motifs, en termes exprès, que l'article qu'il a défendu composait la première partie, la partie la plus décisive du système qu'il repousse ?

Un autre orateur a plaidé plus positivement pour l'article 60; mais il a commencé par en retrancher tout ce qui pouvait alarmer les mœurs, ou troubler la paix des familles.

Je ne reprocherai point à cet orateur de s'être élevé contre l'éloquence et le mouvement, en mettant dans son opinion plus de mouvement qu'on n'en met d'ordinaire dans nos discussions.

Je rendrai justice à son talent, sans essayer d'en tirer avantage contre ses raisonnemens ou sa science.

Il nous a dit que la loi n'entendait point admettre la déclaration de la mère d'un enfant né hors mariage, quand la naissance de cet enfant serait entachée d'inceste ou d'adultère; par là, il a cru désintéresser de cette cause les hommes mariés. Lisez la loi, mes collègues, et jugez vous-mêmes.

Il prétend que les lois ont leur pudeur, qui ne leur permet pas de prévoir des circonstances honteuses, et d'en faire une mention détaillée; mais il nous a dit en même temps, comme démonstration de son interprétation de cette loi, que, dans un de ses titres postérieurs, dans le septième projet, si je ne me trompe, le Code civil confirmerait la maxime, que les enfans adultérins ne pourront jamais être reconnus.

Je demande comment la mention de l'adultère n'outragera pas la pudeur de la loi dans le septième titre du Code civil, et l'aurait outragée dans le troisième.

Vous vous convaincrez facilement que la supposition de cet orateur est dénuée de toute raison, si vous réfléchissez que, lors même que le vœu de la loi eût été tel qu'il l'imagine, ce vœu serait impossible à remplir dans l'exécution.

Comment l'officier de l'état civil saura-t-il si l'individu qu'on désigne comme père d'un enfant est marié ou non, ou s'il est parent de celle qui le désigne? Lui demandera-t-il la preuve négative? Cette idée n'est pas admissible.

On répond : Des cas semblables peuvent arriver en très-petit nombre dans nos immenses cités, mais jamais dans nos villages, nos bourgs, nos cités moyennes, où l'officier de l'état civil, averti, par la notoriété publique, de la situation de celui qu'une femme voudra désigner, repoussera des déclarations incestueuses ou adultérines.

On dirait que la mère d'un enfant né hors mariage ne peut jamais accoucher que dans la capitale ou dans sa commune. Mais si une fille, pour cacher sa honte, s'éloigne à dix lieues de son domicile ordinaire, comment l'officier de l'état civil, au lieu de son nouvel asile, connaîtra-t-il sa parenté, la situation de l'individu qu'elle déclarera être le père de son enfant?

Encore une question sur cette hypothèse. Que fera-t-on à l'officier de l'état civil qui, même dans le lieu du domicile de la déclarante, recevrait une déclaration souillée des vices que l'orateur voudrait repousser? Prétendra-t-on que la loi, qui, dites-vous, exclut tacitement ces déclarations, prononce aussi tacitement une peine contre l'officier qui les reçoit, ou seulement qu'elle permet tacitement la rectification de ces registres ainsi flétris? Mais le titre 6 de la loi s'y oppose d'une manière formelle. D'ailleurs, dans ce système, ce serait donc à l'arbitraire de l'officier de l'état civil que serait confiée la pureté des registres de l'état des citoyens.

Non, toutes ces hypothèses sont insoutenables.

Ce qui n'est pas dans la loi ne peut s'y supposer. Toutes les déclarations des femmes accouchant hors du mariage seront reçues, de quelque nature qu'elles soient.

Ainsi s'écroule toute cette partie de la défense du projet. Ainsi nous voyons reparaître tous les dangers que l'on s'était flatté d'écarter. Non, la moitié de l'espèce humaine, et la plus importante, les époux et les pères de famille ne sont point désintéressés dans cette question. Elle n'est point inquiétante seulement pour les célibataires; elle est alarmante pour tous. La police, nous a-t-on dit, veillerait sur l'abus que pourraient faire des femmes perdues, de la faculté qui leur serait accordée. Mais ne voyez-vous pas quels moyens de vexation vous organisez? L'action de la police est-elle par essence assez délicate pour distinguer les faiblesses de l'amour et les désordres de la corruption? Sera-t-elle toujours assez éclairée pour ne prêter jamais son appui au séducteur qui voudra faire taire sa victime? Vous croyez plaider la cause des femmes ; et, après leur avoir permis de parler, c'est à la police que vous recourez pour leur imposer silence !

On nous a présenté le tableau touchant de la douleur d'une fille ne pouvant nommer au fruit malheureux de sa faiblesse celui qui lui donna le jour. La dureté de la loi a été peinte en couleurs terribles ; mais l'on avait déplacé la question.

On avait supposé qu'il n'existait point de milieu entre le silence absolu commandé à la mère infortunée, et l'insertion du nom du père dans l'acte de naissance de l'enfant. Admettez un mode de déclaration séparée, et tout ce qui vous a ému disparaîtra.

J'ai répondu, je pense, au second défenseur du projet. Tout son système reposait sur la supposition que les déclarations contre des hommes mariés ne seraient pas admises. Il vous a dit que, si elles devaient l'être, il voterait contre le projet, et repousserait cet article avec horreur. J'ai prouvé qu'elles le seraient.

J'arrive à l'opinion de celui de nos collègues qui a bien voulu répondre à celle que je vous avais soumise, et qui vous en a présenté une réfutation très-forte et très-élégante. Ici, les difficultés de la tâche que je me suis imposée redoublent ; je tenterai de les surmonter.

Je dirai d'abord quelques mots sur le reproche de remettre tout en question, de dédaigner l'expérience, et de supposer à des dispositions qui ont subsisté de tout temps, des inconvéniens qui n'ont jamais existé.

Le seul fait de notre discussion actuelle prouve, ce me semble, la nécessité, non de remettre tout en question, mais de soumettre tout à l'examen. Si l'ancienne jurisprudence nous suffisait, nous ne nous occuperions pas d'un nouveau Code civil. C'est parce que les vices des lois qui ont existé de tout temps, ou depuis un certain temps, frappent le gouvernement, comme tous les bons esprits, qu'il nous propose une rectification générale. La nécessité d'une réforme dans la législation civile n'est point équivoque. Il est indispensable, écrivait en l'an IV un jurisconsulte célèbre, le citoyen Cambacérès, de substituer aux lois anciennes un nouveau Code de lois. Ces mots ont été répétés sans cesse, et cette vérité sert de base à tous les travaux du gouvernement dans cette partie. Or, puisqu'il est question de refondre le Code, il faut tout examiner. Une longue existence peut être un préjugé favorable pour une loi ; mais cependant, de ces lois qui ont eu cette longue existence, il y en aura beaucoup qu'il faudra changer ; il faut donc les approfondir toutes, sans égard pour leur date et leur antiquité.

Venant ensuite à la question particulière qui nous occupe, je demanderai si je n'ai pas lieu de m'étonner qu'on ait attribué mes craintes sur l'article que l'on nous propose, à une imagination sans expérience, qui s'effarouche de tout ce qu'elle ne connaît pas. Ne dirait-on pas que je me suis seul créé des fantômes, que j'ai seul été frappé des inconvéniens que j'ai décrits ? tandis que je n'ai fait que partager le premier avis des auteurs du projet de Code civil. Je vous ai déjà cité leur rédaction primitive ; permettez-moi de la répéter.

« Si la mère n'est point mariée, le père ne sera point dénommé dans l'acte, à moins qu'il ne soit présent et qu'il ne fasse sa déclaration signée de lui : cette déclaration peut être faite par un fondé de procuration spéciale et authentique. »

Les auteurs du premier projet de Code civil n'étaient point, je pense, des hommes sans expérience, ignorant ou dédaignant des lois qui avaient toujours existé, et imaginant des inconvéniens que l'on n'avait jamais ressentis.

Ils ont changé d'avis, ou plutôt leur avis a été modifié ; car, aucune discussion ne nous ayant éclairés sur les causes de ce changement, nous pouvons encore croire que quelques-uns d'entre eux ont persisté : mais, quoi qu'il en soit, j'ose dire qu'une opinion partagée avec de tels hommes, ne fût-ce que pour un temps, ne méritait point d'être confondue avec les rêves et les suppositions exagérées d'une imagination sans frein.

Le jurisconsulte célèbre que j'ai déjà cité avait été bien plus loin, et comme il a donné ses motifs, il me sera permis de m'appuyer de cette autorité respectable.

L'article 34 du quatrième paragraphe du premier titre du livre premier du projet de Code civil, par le citoyen Cambacérès, porte :

« L'acte de naissance ne peut assigner pour père à l'enfant que celui que le mariage désigne. Si la mère n'est point mariée, le père ne peut ni faire de déclaration, ni être dénommé dans l'acte ; sauf à lui à reconnaître l'enfant, s'il y a lieu, suivant la forme autorisée par la loi. »

Cette disposition est ainsi motivée dans le discours préliminaire :

« Plus rien de sacré, pourra-t-on objecter, s'il est permis de se jouer des sentimens de la nature, si la paternité dépend de l'aveu qu'un homme voudra ou ne voudra pas faire.

« Mais la meilleure législation est celle qui favorise l'intérêt général, et les progrès de la morale publique. On sait que, dans les habitudes de la vie, il est facile de répandre une présomption de paternité qui n'a jamais existé. Que cet abus disparaisse, et aussitôt de grandes ressources sont enlevées à la séduction et à la perversité. Les mœurs auront des ennemis de moins, et les passions un frein de plus. »

A ces autorités, je pourrais ajouter celle du tribunal de cassation qui, en approuvant la disposition primitive du premier projet de Code civil, a ajouté des observations parfaitement conformes à celles d'un tribunal d'appel que je vous ai rapportées précédemment.

Après ces citations, mes collègues, je me crois suffisamment justifié du reproche d'avoir inventé des inconvéniens que personne n'avait ni prévus, ni ressentis. L'on voit que ces reproches, s'ils étaient fondés, ne s'adresseraient pas à moi seul.

Je passe aux objections de détail.

On vous dit que la déclaration de 1736, la loi du 20 septembre 1792, toutes les lois enfin, admettent ce qui est proposé par l'article 60 du projet actuel : car elles ordonnent que les noms du père et de la mère seront insérés dans les actes de naissance.

Mais il est évident que, dans cette disposition de ces lois, il ne s'agit jamais que des enfans nés dans le mariage. Le mariage est la règle, la loi traite de la règle ; ce n'est qu'ensuite qu'elle parle de l'exception.

Je le prouve par cela seul que toutes les lois contiennent cette disposition générale, lors même qu'elles en renferment de particulières à l'égard des enfans naturels. Le projet actuel le démontre.

L'article 59 porte que l'acte de naissance énoncera le jour, l'heure et le lieu de la naissance, le sexe de l'enfant et les prénoms qui lui seront donnés, les prénoms, nom, profession et domicile des père et mère, et ceux des témoins : voilà la règle générale.

L'article 60 ordonne que le nom du père d'un enfant né hors mariage ne sera inséré dans l'acte que si la mère le désigne, et comme désigné par elle : voilà la règle particulière. Il est évident que l'article 59 se rapporte aux enfans légitimes, l'article 60 aux enfans naturels.

Dans le premier projet de Code civil, l'article 23 voulait qu'on insérât dans l'acte de naissance les noms des père et mère, et l'article 26 le défendait pour les enfans nés hors du mariage.

Dans le Code civil du citoyen Cambacérès, l'article 32 l'ordonnait de même, et vous avez vu que l'article 34 s'y opposait pour les enfans naturels.

Il en est ainsi de toutes les lois ; elles commencent par statuer pour le plus grand nombre des cas, pour les cas reconnus par elles, c'est-à-dire, dans cette occasion, pour la naissance des enfans légitimes. Elles font ensuite des exceptions ;

et il n'est pas d'une saine logique d'appliquer la règle générale à ces exceptions.

Le premier raisonnement de notre collègue est donc erroné, en ce qu'il confond deux choses essentiellement distinctes.

Cela est d'autant plus étonnant, que l'usage et la pratique
constante, dans tous les temps, dans tous les régimes, avant
et après la révolution, ont toujours été contraires à l'assertion
de notre collègue (a).

Les curés, sous la monarchie, ne pouvaient insérer le
nom du père dans l'acte de naissance d'un enfant né hors
mariage : il y a des membres du Tribunat qui peuvent vous
l'attester.

Depuis la loi du 20 septembre 1792, les officiers de l'état

(a) La question s'est trouvée déplacée ici d'une manière assez bizarre et presque insensiblement ;
et je pense, je l'avoue, que cette déviation imperceptible a contribué beaucoup à la décision du
Tribunat.

Au lieu d'examiner l'effet moral ou législatif sur lequel on délibérait, les adversaires de cet article ont attaché une grande importance à prouver qu'il était contraire à la jurisprudence de la
monarchie, et ses défenseurs n'ont pas apporté moins de soins à prouver que la déclaration qu'il
permet avait toujours été permise.

Le fait est que les uns et les autres ont été trop absolus dans leurs assertions. La jurisprudence ancienne n'était ni uniforme ni constante à cet égard, et sa pratique surtout variait non-
seulement d'une province, mais d'un village à l'autre, parce que la loi n'étant ni claire ni précise,
les officiers de l'état civil d'alors, c'est-à-dire les curés, l'interprétaient comme ils voulaient.

C'est pour avoir méconnu cette vérité, que les partisans des deux opinions se sont combattus
par des citations et des autorités qui se détruisaient mutuellement. Je dirai pourtant que les apolo-
gistes du projet ont été beaucoup plus loin que leurs opposans, en citations, et surtout en interprétations hasardées. Je renvoie le lecteur, pour la preuve de cette assertion, à l'opinion de mon
collègue Grenier. Il démontre que l'on a donné à la déclaration du 9 avril 1736, et à celle du 12
mai 1782, une extension tout-à-fait inadmissible.

Mais il est résulté de cette dispute sur les faits, que plusieurs membres du Tribunat ont pensé
que la question était dans les faits, et qu'ils ont perdu de vue qu'elle était bien plus dans l'utilité
ou le danger de l'article. L'on a oublié que l'article 60 était une loi à faire, et l'on a plaidé pour
cet article comme pour un client qui devait être jugé d'après les lois existantes.

Il est clair toutefois,

1°. Que la déclaration que l'article 60 admet, eût-elle été consacrée formellement par l'ancienne
jurisprudence qui autorisait les recherches de paternité, devient inutile et ne peut être que dangereuse dans la jurisprudence nouvelle, qui ne permet pas ces recherches ;

2°. Que lorsqu'on fait un nouveau Code civil, l'on ne doit pas se diriger d'après les dispositions
de l'ancienne jurisprudence que l'on modifie et que l'on réforme, surtout quand on prend ces
dispositions isolément, et qu'on abjure les principes qui les rendaient conséquentes et raisonnables.

civil ne se sont jamais permis de pareilles insertions, sur le simple témoignage de la mère. Je puis citer à cet égard mon expérience personnelle. J'ai présidé pendant trois ans l'administration municipale du canton où je suis domicilié, et j'ai vu cette règle uniformément et constamment observée.

N'éprouvez-vous pas quelque surprise, mes collègues, en voyant que les adversaires du projet, que l'on accusait de dédaigner ou d'ignorer les anciens usages, s'opposent précisément à un usage nouveau et réclament pour les usages anciens ? Il faut juger les lois en elles-mêmes, et les plus antiques ne sont pas toujours les meilleures. Mais certes, ceux qui attaquent le projet ne devaient pas s'attendre à passer pour des novateurs dans une circonstance où ils sont, au contraire, des partisans zélés des anciennes lois.

Vous voyez, tribuns, la faiblesse du raisonnement qui avait produit peut-être le plus d'impression sur quelques esprits. L'on vous a dit que nous imaginions des inconvéniens chimériques, puisque l'article qu'on vous propose étant d'usage immémorial, ces inconvéniens n'en résultaient pas.

Les faits vous prouvent que l'absence de ces inconvéniens tenait à l'absence de leur cause. La faculté que l'article 60 du projet veut introduire n'existait point; donc elle ne pouvait avoir d'inconvéniens. Si vous créez cette faculté, comme on vous le demande, ne doutez pas que les inconvéniens ne s'ensuivent.

On m'a opposé l'avis du tribunal de Lyon. J'étais si loin de m'attendre à voir cet avis cité contre moi, qu'en examinant les observations des divers tribunaux de la République, j'avais trouvé celles du tribunal de Lyon plutôt conformes que contraires à mon opinion, et je les aurais même rapportées en ma faveur, si elles n'avaient été plus longues et ne m'avaient semblé exiger plus de développement que celles d'un autre tribunal dont je vous ai mis les réflexions sous les yeux. Maintenant que l'on veut s'en faire une autorité contraire, je vais vous les soumettre ; mais je vous lirai tout le paragraphe qui explique la phrase isolée qu'on vous a présentée : je vous demande pardon si la citation est un peu longue ; mais il faut la voir tout entière pour juger de son véritable sens.

« On pense, dit le tribunal de Lyon, que la mère non mariée ne devrait pas être contrainte de se nommer dans l'acte de naissance de son enfant. On reviendra sur cette observation importante dans la suite des discussions de ce titre, et sur le second chapitre du titre II.

« Si le père n'est ni au lieu de la naissance de l'enfant, ni dans son domicile, ne peut-il pas faire cette reconnaissance devant l'officier de l'état civil du lieu où il se trouve, ou donner une procuration pour la faire ?

« D'un autre côté, il est prohibé à la mère non mariée de déclarer le nom du père, s'il n'est pas présent ; enfin, contre le droit actuel qui ordonne que la reconnaissance sera faite conjointement par le père et la mère, on autorise leur reconnaissance séparée.

« Mais, s'ils reconnaissent séparément, ne pourra-t-il pas arriver qu'un enfant reconnu par trois ou quatre pères n'en ait aucun, si la mère ne veut point les nommer, et même qu'il s'en trouve un cinquième qui sera le seul légal, s'il plaît à la mère d'en désigner un nouveau ? En donnant ainsi à un homme le pouvoir de reconnaître l'enfant de la première fille devenue mère, qu'il rencontrera sous ses pas, n'est-ce pas autoriser expressément l'allégation d'une fausse paternité ?

« Il serait préférable, 1° conformément au droit actuel, de permettre à la mère de nommer le père de l'enfant, quoique absent, en ordonnant que, jusqu'à la reconnaissance du père, cette déclaration sera regardée comme non écrite, et ne pourra former aucun titre, ni commencement de titre ; 2° d'ordonner que, lorsque la mère n'aura point dénommé le père dans l'acte de naissance de l'enfant, ils ne pourront le reconnaître que par un seul et même acte, lors duquel l'un d'eux, ou tous deux pourront se faire représenter par un fondé de procuration. »

Ne voyez-vous pas, mes collègues, le but du tribunal de Lyon dans ses observations ?

Il ne suppose point une femme désignant pour père de son enfant un homme qui ne veut pas le reconnaître ; il n'en dit pas un mot : mais il établit expressément son hypothèse du père n'étant ni au lieu de la naissance, ni dans son domicile, et ne pouvant, par conséquent, faire cette reconnaissance comme l'exige le droit actuel, conjointement avec la mère. Dans cette hypothèse, le tribunal de Lyon ne veut pas que l'absence accidentelle du père puisse priver l'enfant d'une désignation à laquelle ses père et mère seraient également disposés.

Le tribunal de Lyon veut que la mère, séparée du père, puisse désigner ce dernier, en attendant sa reconnaissance. Il le dit formellement par ces mots : jusqu'à la reconnaissance du père. Mais là se borne son désir. Assurément ce tribunal qui, bien que la maternité soit manifeste, soit évidente, soit incontestable, propose que la mère puisse ne pas être désignée dans l'acte, ne peut pas vouloir que le prétendu père, dont la paternité est si douteuse, y soit désigné malgré lui.

Un principe qui fait impression sur plusieurs esprits, c'est que l'on suppose que le père ne pourra reconnaître son enfant, s'il n'a pas été désigné par la mère. Je dis que, de fait, il le pourra toujours, et qu'il le peut de droit dans notre législation actuelle.

Il le pourra de fait, car je maintiens qu'un homme a d'autres preuves qu'il est père d'un enfant, que la désignation de la mère. On peut, comme je l'ai dit, inventer un roman dont une désignation pareille vienne, ainsi qu'un trait de lumière, précipiter le dénouement. Mais ces choses n'existent pas en réalité ; et si, par un concours d'accidens véritablement miraculeux, elles se rencontraient une fois, une exception tellement rare ne peut justifier une disposition aussi dangereuse pour les familles. Faut-il, pour un événement qui peut arriver une fois dans un siècle, nous inquiéter, nous alarmer, nous tourmenter tous les jours ?

Le père pourra reconnaître son enfant, indépendamment de toute désignation faite par la mère. La loi l'y autorise en termes exprès.

Le décret du 12 brumaire an II porte, articles 11 et 12 :

« En cas de mort de la mère, la reconnaissance du père, faite devant l'officier public, suffira pour constater à son égard l'état de l'enfant né hors du mariage, et le rendre habile à lui succéder. Il en sera de même dans le cas où la mère serait absente, ou dans l'impossibilité absolue de confirmer par son aveu la reconnaissance du père. »

Si, comme on l'annonce, l'on nous propose de changer cette partie de notre législation et de rapporter ce décret, je prouverai tous les inconvéniens du système contraire : mais je ne puis raisonner sur une hypothèse, et cette discussion serait ici déplacée.

Je vais traiter l'objection la plus spécieuse : je commence par la présenter dans toute sa force, et avec plus de clarté, si je puis, que l'exposé des motifs.

Le principe futur de notre législation, dit-on, sera d'empêcher tout refus et toute contestation de la part de l'officier de l'état civil. En règle générale, l'officier de l'état civil devra toujours énoncer simplement dans l'acte le nom du père qui lui sera désigné. Plus de représentation d'acte de mariage, plus d'attestation de témoins. Ainsi, a prétendu l'un de mes collègues, il est impossible d'empêcher une femme non mariée de désigner pour père de l'enfant l'individu qu'elle choisira, puisque l'officier de l'état civil ne pourra constater si cet individu n'est pas son mari.

Ce système est nouveau, car il est subversif de l'usage actuel, qui exige, ou la représentation de l'acte de mariage, ou l'attestation de deux témoins responsables de la fausse

déclaration qu'ils pourraient faire. Il est de plus singulièrement dangereux. Non seulement une femme non mariée
pourra désigner comme son mari l'individu qu'elle connaîtra
le moins, mais une femme réellement mariée pourra, en
accouchant dans une commune où elle ne sera pas connue,
attribuer son enfant à tout autre qu'à son mari véritable. La
passion portée au comble s'est permis plusieurs fois des ten-
tatives pareilles, et j'en pourrais citer un exemple, dont la
répression exigea un décret formel de la Convention, du 19
floréal an II.

Mais, sans me livrer à ces réflexions, je pars de ce principe, et je dis : Il est certain que toutes les femmes pourront
désigner comme leur mari et comme père de leur enfant tel
individu qu'il leur plaira; mais il ne s'ensuit pas que cette
déclaration soit de la même nature que la désignation autorisée par l'article 60 ; les actes de naissance contiennent, au
moins jusqu'à ce jour, l'énonciation du mariage des parens.
Je n'imagine pas qu'on veuille supprimer désormais cette
mention nécessaire.

Ainsi donc, si l'article 60 était retranché, il ne serait pas
vrai, comme le prétendent les défenseurs de cet article, que
toute femme conservât le droit de désigner tout individu
pour père de son enfant : il faudrait que, de plus, elle le
désignât comme son mari. ·

Pour faire admettre cette déclaration dans l'acte de naissance, il faudrait donc supposer un mariage qui n'existerait
pas. L'allégation serait donc beaucoup plus facile à réfuter,
beaucoup plus absurde, et par conséquent beaucoup plus
rare. Les femmes publiques ne se la permettraient point :
l'idée ne leur en viendrait pas. Elle est beaucoup moins naturelle que celle d'attribuer au hasard un père à son enfant.
Son effet, dans le public, serait nul : la notoriété le ferait
évanouir ; l'opinion repousserait, avec bien plus d'indignation
et bien plus aisément, l'imposture évidente et ridicule d'un

mariage supposé, sans titres, et quand un autre existerait publiquement, qu'elle ne repousserait l'inculpation beaucoup plus probable d'une liaison illégitime.

Je ne dirai qu'un mot sur l'action d'injures ou la faculté de faire annuler la déclaration, faculté supposée gratuitement dans la loi, qui n'en dit rien, comme on avait supposé précédemment celle de rejeter les déclarations contre des hommes mariés ; car c'est toujours de ce que la loi ne dit pas que ses défenseurs arguent. Bien que je n'aperçoive rien dans cette loi qui donne cette faculté, j'admets qu'elle existe, et j'affirme que, s'il est permis de faire annuler ces déclarations, bientôt tous ceux qui seront ainsi désignés se verront forcés d'exiger cette annulation. Pour apaiser un père, pour rassurer une femme, pour en imposer à des enfans légitimes, les hommes de toutes les situations et de tous les âges seront obligés de désavouer, de faire biffer ces alarmantes dénonciations. Ne pas les repousser lorsqu'il y aura possibilité de les faire disparaître, semblerait, aux yeux de la sévérité paternelle ou de l'inquiétude conjugale, en reconnaître la vérité. Alors l'utilité de votre article ne deviendra-t-elle pas nulle ? Que sera-t-il, sinon, comme on l'a dit, un malheur de plus pour la mère ? Il en résultera un inconvénient que vous n'apercevez pas, même quand ces déclarations seraient dirigées contre des célibataires. Tel homme qui sera véritablement le père de l'enfant désigné comme le sien, mais qui, dépendant de son propre père ou de parens austères et soupçonneux, sera forcé, par ces circonstances domestiques, à réclamer contre cette désignation, se trouvera lié par cet acte, rougira de convenir, à une époque quelconque, de son mensonge antérieur, et ne verra plus de moyen de reconnaître l'enfant que cette déclaration inutile et prématurée l'aura condamné à repousser. Il persistera, pour son honneur, dans l'abandon de son enfant. Il sera bien coupable, sans doute ; mais le législateur doit éviter de placer les hommes dans une situation qui les invite à être coupables.

Je me hâte de conclure , mes collègues, et je ne ferai plus que deux observations.

On vous a cité la jurisprudence anglaise. Elle est dure ; mais elle n'est du moins pas inconséquente. Elle assure à l'enfant des secours ; et si elle fait d'un côté du mal, de l'autre au moins elle fait du bien. L'article qu'on vous propose ne fait de bien à personne.

On a oublié d'ailleurs de vous dire qu'en Angleterre on défère le serment à la fille enceinte, et que le serment dans ce pays est regardé comme une chose si solennelle, qu'il est admis même contre des actes par écrit. Il faut prendre l'ensemble de la jurisprudence et des mœurs d'un peuple pour juger des lois qui peuvent lui convenir.

On a prétendu que je m'étais contredit en affirmant que ces déclarations seraient impuissantes à la fois et dangereuses. Elles seraient impuissantes aux yeux de la loi , dangereuses aux yeux de l'opinion ; impuissantes contre les hommes corrompus , dangereuses et alarmantes pour les hommes honnêtes ou scrupuleux.

Ces assertions ne sont nullement contradictoires.

Des trois orateurs que j'avais entrepris de réfuter, l'un a parlé contre l'article , car il a parlé pour les recherches de paternité que l'article exclut. Un autre a supposé dans l'article une limitation qui n'y est point. Tout ce qu'il a dit est inapplicable à la question. Le troisième a posé pour base de son apologie un fait absolument erroné. Toutes les conséquences qu'il en a tirées s'écroulent avec ce fait même. L'article, j'ose le dire , n'a donc pas été défendu.

Je réclame contre cet article pour la législation actuelle, pour celle qui a existé de tout temps , pour l'honnêteté publique et pour le repos des familles , pour les enfans naturels eux-mêmes, auxquels cet article n'accorde qu'une désignation chimérique en échange des secours dont ils ont besoin; pour les filles séduites, que cet article confond avec les filles perdues de mœurs. Je réclame enfin pour toutes les classes , pour celle que le projet paraît favoriser, tandis qu'en réalité il lui refuse toute justice, et pour celle qu'il livre sans défense à la calomnie et à la diffamation.

Je vote contre le projet.

SECONDE OPINION DU TRIBUN SIMÉON,
POUR LE PROJET.

Tribuns, j'ai dit que jadis les curés, qu'aujourd'hui les ²p. 57 officiers de l'état civil, étaient obligés de recevoir la déclaration qui donnait un père à un enfant né hors mariage, quoique ce père ne fût ni présent ni représenté; j'en ai conclu que l'article attaqué n'innove point en cette matière, qu'il n'empire donc pas l'état dans lequel nous vivons, et ne nous menace pas du déluge de maux dont on voudrait nous effrayer. La conséquence était juste. On a nié le fait sur lequel je l'appuyais; j'ai donc à le rétablir, car on m'a accusé d'inexactitude; on a même été jusqu'à dire qu'il n'y a pas d'exemples de baptême ou d'actes de naissance tels que je les ai supposés.

Je réponds que les lois ont toujours prescrit d'écrire les noms des père et mère dans les actes de naissance, qu'il y eût mariage ou non;

Qu'elles ont été exécutées;

Enfin, que cela ne peut être autrement.

J'avais énoncé une maxime connue et respectée en jurisprudence, on la nie; il faut donc que l'on me permette de recourir aux fastes de la jurisprudence.

Les ordonnances qui avaient établi les registres de naissance voulaient que les noms des père et mère y fussent inscrits; elles ne distinguaient point si les père et mère étaient mariés ou ne l'étaient pas, si le père était présent ou absent. Un enfant était né, il avait nécessairement un père; si ce père était nommé, son nom était inscrit avec mention de son absence.

« L'article 10 de l'ordonnance de 1667, disait l'avocat-
« général Saint-Fargeau, dans la cause des demoiselles Si-
« monet, jugée en 1758, et l'article 14 de la déclaration
« de 1736, qui ont réglé que, si *le père était présent*, il
« signerait, ou qu'il serait fait mention qu'il ne pouvait si-
« gner, n'ont point exigé qu'il fût présent. Ces termes con-
« ditionnels, *signera*, *s'il est présent*, indiquent assez que le
« législateur a prévu qu'il pouvait n'être pas présent. »

Son absence ne doit pas faire tort à l'enfant; ce n'est pas
seulement dans le mariage que l'absence du père ne doit pas
nuire à l'enfant : même hors du mariage, le père peut bien
lui refuser sa reconnaissance; mais l'absence du père, qui
peut avoir mille motifs innocens, n'est pas une preuve de
son refus. Donc, lorsque le père est nommé, quoique absent,
soit que l'enfant naisse dans ou hors le mariage, le nom du
père, s'il est déclaré, doit être écrit.

Non seulement cela suit des termes des lois, qui ne distinguent point entre les pères absens, mariés ou non mariés;
mais cela suit de ce principe constamment admis dans les
tribunaux, que les curés, aujourd'hui les officiers de l'état
civil, sont les dépositaires, les enregistrateurs de l'État : ils
n'en sont pas les juges, ils ne le donnent pas.

Voici ce qu'on disait dans la cause de Louise du Feu, rap-
portée au Journal des audiences (a) : « Il y a une différence
« infinie entre la preuve de l'âge et celle de la filiation : l'en-
« fant est d'ordinaire porté sur les fonts de baptême dès qu'il
« est né; le prêtre qui le baptise est en état de certifier sur
« les registres, qu'il a baptisé cet enfant un tel jour : il est,
« en cette partie, une personne publique qui remplit son
« ministère, on doit ajouter foi au témoignage qu'il rend par
« rapport au baptême qu'il a fait : mais, à l'égard de la filia-
« tion, le prêtre n'en peut rendre aucun témoignage; c'est
« un fait qui lui est étranger : il ne peut certifier que ce qu'on
« lui en dit, *sans être en état ni en droit de le critiquer.* »

(a) Tome 7. page 704.

Il est bien étrange que l'on ait prétendu que les curés ne mentionnaient pas le père, lorsqu'il n'y avait pas de mariage, et qu'il était absent.

Ils le mentionnaient, et ceux qui ne le faisaient pas, étaient coupables; ils usurpaient sur la puissance temporelle, dont ils étaient ministres quant à la tenue des registres.

Ils le mentionnaient; et la plupart des questions d'État, si célèbres dans les fastes de la jurisprudence, ont pour base des actes de baptême où un père absent est nommé.

Je vais citer des causes connues par tous ceux qui ont étudié la jurisprudence.

Dans l'affaire du prétendu Sasilly, il y avait un acte de baptême qui le faisait fils de Louis-Jean-Baptiste Marin, seigneur de la Coudraye, *absent....* Il n'était point dit que les père et mère fussent mariés.

Dans l'affaire de Thérèse Perrin, l'acte de baptême désignait un père absent, et ne mentionnait point le mariage.

Dans l'affaire de madame d'Anglure, défendue par Élie de Beaumont, il n'était point mention de mariage; le père était absent. Le baptême avait été fait à Vincennes. Le curé avait mis à la marge, *nata ex illicitâ copulâ.* Il n'en avait pas moins nommé le père.

J'ai connu une affaire jugée au parlement de Provence en 1788, fondée principalement sur un acte de baptême fait le 15 février 1759 à la paroisse Saint-Paul de Paris. Deux avocats célèbres, Debonnières et Hardouin, avaient fait des mémoires dans cette cause que je défendais; et, puisque on a prétendu que les curés ne mentionnaient pas le père non marié, je lirai, pour prouver l'assertion contraire, cet acte de baptême.

« L'an 1759, le jeudi 15 février, a été baptisé Joseph-
« Louis, né le jour précédent, fils de Joseph-Alphonse de
« Caussini, et de Marie-Louise de Pioncamp, demeurant
« rue Saint-Antoine, de cette paroisse : le parrain Thomas
« Demende, gagne-denier, demeurant rue des Nonandières,

« de cette paroisse; la marraine, Jeanne Cuissart, demeu-
« rant rue des Tournelles, lesquels ont déclaré ne savoir
« signer. »

Vous voyez que le père n'est pas présent; qu'il n'y a point
de mariage énoncé; que le parrain et la marraine sont des
gagne-deniers, ne sachant écrire : et, cependant, dans une
paroisse considérable de Paris, on écrit le nom du père.

On l'écrit, parce que les lois le veulent. Tout en convenant
que les actes de baptême peuvent être dressés sur de fausses
déclarations, d'Aguesseau et tous ses successeurs reconnaissaient la nécessité d'écrire ces déclarations, sauf à les rejeter
ou à n'y avoir aucun égard.

« On ne craint pas d'exagérer, disait Debonnières dans la
« dernière cause que je viens de citer, quand on mettra en
« avant qu'il y a chaque année plus de trente extraits de
« baptême réformés à Paris. Tantôt c'est un père qui veut
« rendre à des enfans la plénitude de leur état qu'il ne leur
« avait pas d'abord donné; tantôt c'est un enfant à qui l'on
« avait supposé un père et une mère qui n'existaient pas. »

Il est donc vrai, ainsi que je l'ai avancé, qu'on écrivait les
dénonciations et déclarations telles qu'elles étaient faites; et,
lorsque, sous le prétexte des bonnes mœurs, ou par des
craintes semblables à celles qu'on a manifestées ici, les curés
s'avisèrent de ne vouloir pas écrire ces déclarations, il intervint, en 1782, une loi qui les y contraignit.

Un de nos collègues a dit qu'il était défendu aux curés,
sous peine d'une amende de 500 livres, d'énoncer un père
hors du mariage, à moins qu'il ne fût présent ou consen-
tant. En attendant qu'il indique où est cette défense dont je
n'ai jamais ouï parler, j'opposerai, moi, la déclaration
de 1782; la voici :

« Nous avons été informés que quelques curés ou vicaires
« n'ont pas distingué, lors de la rédaction des actes de bap-
« tême, le fait relatif au sacrement qu'ils ont administré, et
« les faits relatifs à l'état de l'enfant, à l'égard duquel ils

« certifient seulement que les parrain et marraine, ou le
« père, ont fait telles ou telles déclarations : enjoignons à
« tous curés et vicaires, lorsqu'ils rédigeront les actes de
« baptême, de recevoir et d'écrire les déclarations de ceux
« qui présenteront les enfans; leur défendons d'insérer dans
« les registres aucunes autres clauses ou énonciations que
« celles faites par ceux qui auront présenté les enfans, et
« sans pouvoir faire aucune interpellation sur lesdites décla-
« rations. »

Peut-il exister quelque chose de plus clair? Leur *enjoignons
de recevoir et d'écrire les déclarations de ceux qui présenteront les
enfans:* donc, si celui qui présente l'enfant lui désigne un père,
le rédacteur de l'acte doit l'écrire; il ne doit point s'enquérir
si ce père est l'époux de la mère, si, ne l'étant pas, il a consenti à être nommé. La loi lui défend toute question : *sans
pouvoir faire aucune interpellation sur lesdites déclarations.*

La loi de 1792 porte les mêmes obligations et les mêmes
défenses.

Je sais qu'il y a des hommes qui ont l'opinion soutenue
par les orateurs que je combats. Je connais même une com-
pilation des lois relatives aux corps administratifs, où l'on a
inséré que si le père n'est pas marié et est absent, son nom
ne doit pas être écrit. Mais cette opinion est en opposition
évidente avec ce qui s'est généralement pratiqué, et avec
toutes les règles de la matière ; elle n'a pas plus de force que
les opinions que je combats ; pas plus que la réponse que le
ministre de l'intérieur donna en l'an VII sur cette question,
qui eût été mieux résolue par le ministre de la justice.

J'ai prouvé, par des faits, que le père absent et non marié
était désigné dans les actes de naissance, quand ceux qui
présentent l'enfant le nommaient.

J'ai prouvé que les lois l'exigent.

Il me reste à prouver que cela ne peut être autrement.

Qu'est-ce que le registre de l'état civil?

Un livre destiné à recueillir tout ce qui concerne la naissance, le mariage, le décès des hommes.

Un enfant naît; il doit donc y être inscrit.

Un enfant est le produit de deux êtres; on doit donc, autant qu'on le peut, les désigner. C'est dans cet objet que toutes les lois disent que le père et la mère doivent être nommés. Ceux qui ont cité la maxime qu'il n'y a de père que celui qui est désigné par le mariage, en ont fait une fausse application.

Cette maxime est une règle de la *filiation*, des droits, desquels ils ne s'agit pas ici; elle est étrangère au fait de la *naissance*, dont il est question.

Le mari est toujours le père : c'est une présomption du droit et de la loi, introduite pour le repos des familles. L'enfant né dans le mariage a un père certain et connu.

Mais, pour naître hors du mariage, on n'en a pas moins un père; et ce père n'étant plus connu d'avance, au lieu de la présomption de la loi, on n'a plus, pour le connaître, que la voie des déclarations; il faut donc les recevoir : voilà pourquoi, en fait de naissance, on n'a dû ni pu distinguer s'il y a mariage ou non. Il y a toujours naissance; il y a toujours un père légitime ou illégitime, connu ou inconnu.

Si les deux individus qui ont eu un enfant hors du mariage se réunissent pour faire leurs déclarations, elles sont reçues.

Quand un seul se montre, et que l'autre se cache, on prend encore la déclaration de celui qui se présente; l'autre viendra, s'il veut, la démentir.

Mais l'officier de l'état civil, qui est le préposé de la société pour recueillir ce qui concerne les naissances, ne peut refuser d'écrire le nom du père, parce que nécessairement il y en a un.

On aura désigné le véritable père, ou il aura été supposé; les juges de l'état, les tribunaux, en décideront, s'il y a lieu. Mais l'officier de l'état civil, qui est le commissaire enquêteur de la société, ne peut s'empêcher d'écrire la déclaration, pour valoir ce que de raison.

Tout homme doit trouver dans ce registre le principe de son état et de ses droits; il doit y apprendre le temps de sa naissance; y connaître, autant qu'il est possible, ses père et mère; y apprendre s'il est enfant légitime, ou s'il n'est que naturel; s'il est né de parens connus ou inconnus.

Ce ne sont pas des titres proprement dits que la société prépare aux hommes nouveaux-nés; ce sont des renseignemens qu'elle recueille, et pour eux, et pour elle qui a intérêt à la formation, à la conservation, et à la distinction des familles.

Le but serait manqué si, sous le prétexte que ces renseignemens pourraient inquiéter des tiers, on se refusait à les prendre, et si l'on négligeait les preuves ou les indices de l'état d'un enfant qui naît sans défenseur, pour ménager les intérêts, la délicatesse d'hommes dont tous les droits sont réservés par la loi même. En effet, elle déclare que ce qu'elle recueille comme pouvant être utile, ne le sera pas toujours, jamais tout seul, et ne fera foi qu'autant qu'il sera appuyé de l'aveu de ceux qui y ont intérêt.

Quand cette disposition serait aussi nouvelle qu'elle est ancienne, elle est trop conforme à la nature et au but des registres de l'état civil, pour n'être pas adoptée; le registre serait incomplet si, toutes les fois que le père peut être désigné, il ne l'était pas.

Le Tribunat venait de voter l'adoption de ce projet, quand le message du 12 nivose survint; il n'envoya point soutenir son vœu devant le Corps législatif, et il y eut alors suspension dans la discussion du Code, jusqu'au 7 messidor an X (26 juin 1802), jour auquel le gouvernement communiqua le même projet sans changemens à la section de législation, à l'effet d'avoir ses observations.

COMMUNICATION OFFICIEUSE

A LA SECTION DE LÉGISLATION DU TRIBUNAT.

OBSERVATIONS DE LA SECTION.

La commission fait un rapport sur le projet de loi intitulé : *Actes de l'état civil.*

34 à 45   Les douze premiers articles sont successivement adoptés.

46   L'article 13 est discuté ; il est ainsi conçu :

« Lorsqu'il n'aura pas existé de registres, ou qu'ils seront « perdus, la preuve en sera reçue tant par titres que par té- « moins. »

La section est d'avis de substituer à cette rédaction celle qui suit :

« Si les registres sont perdus, ou qu'il n'y en ait jamais « eu, la preuve en est reçue tant par titres que par témoins ; « et, en l'un et l'autre cas, les mariages, naissances et décès « peuvent être justifiés, tant par les registres et papiers do- « mestiques, ou autres écritures publiques et privées, que « par témoins. »

Il ne suffit pas de dire comment on peut réparer le cas de non-existence et de la perte des registres : il faut de plus, cette preuve étant faite, indiquer les moyens de constater, dans ces deux cas, l'état des citoyens.

Il a paru à propos d'indiquer ces moyens dans ce titre, pour n'avoir pas à les répéter à chaque titre, où il serait question dans la suite des naissances, mariages et décès.

La section a aussi cru qu'il était juste de faire entrer dans les preuves les rapports des écritures publiques et privées, qui pourraient être au pouvoir d'autres personnes que les pères et mères ; et tel est le motif de l'addition de ces mots, *ou autres écritures publiques et privées*, faite à la rédaction de l'article 19 du titre II du livre 1er du projet de Code civil présenté par la commission nommée par le Premier Consul.

Cette latitude ne présente aucun danger dans une matière sur laquelle on peut offrir la simple preuve par témoins.

L'article 14 est adopté. 47

L'article 15. 49

La section pense que la rédaction de cet article doit être ainsi qu'il suit :

« Dans tous les cas où la mention d'un acte relatif à l'état « civil devra avoir lieu en marge d'un autre acte déjà ins-« crit, elle sera faite d'office, ou à la requête des parties, par « l'officier de l'état civil, sur les registres courans. »

De plus, la section vote l'addition suivante à cet article :

« Celui qui aura fait la mention sera tenu d'en donner avis « dans trois jours au commissaire du gouvernement près le tri-« bunal de première instance, qui veillera à ce que la mention « soit faite sur les deux registres d'une manière uniforme. »

La section a cru nécessaire que la mention soit répétée uniformément sur les deux doubles, et le moyen indiqué lui a paru propre à y obtenir cette uniformité.

L'article 16 est adopté, mais avec la modification suivante : 50

« Toute contravention aux articles ci-dessus, de la part des « fonctionnaires y dénommés, sera poursuivie devant les « tribunaux civils, et punie d'une amende qui ne pourra ex-« céder cent francs. »

L'objet de ce changement est d'indiquer que, pour la simple contravention, l'officier civil ne doit point être jugé par les tribunaux correctionnels, quoiqu'il s'agisse d'une amende qui réclamait au premier abord la compétence de ces tribunaux : qu'il ne doit être condamné à cet égard que par les tribunaux civils, par l'effet d'une attribution particu-lière dans ce cas.

Les articles 17 et suivans, jusques et compris l'article 23, 51 à 57 sont adoptés.

La discussion est ouverte sur l'article ajouté (*dans la séance* ap. 57 *du 2 frimaire an X*) après l'article 22.

La section est convaincue que la disposition que doit con-

tenir cet article est subordonnée à ce qui aura été décidé par
rapport à la question de la recherche de la paternité, et aux
droits qui seront attribués aux enfans naturels. Elle considère
d'ailleurs qu'il n'y a pas d'inconvénient à suspendre l'examen de l'article jusqu'à la législation sur les points dont on
vient de parler, puisque le présent titre, et ceux qui contien-
dront cette législation, doivent paraître simultanément. En
conséquence, elle croit devoir suspendre l'examen du présent article jusqu'après la détermination de la législation relative à la paternité et aux enfans naturels.

58   L'article 24 est soumis à la discussion.

La section propose la rédaction suivante :

« Toute personne qui aura trouvé un enfant nouveau-né
« sera tenue de le remettre à l'officier de l'état civil, ainsi
« que les vêtemens et autres effets trouvés avec l'enfant, et
« de déclarer toutes les circonstances du temps et du lieu où
« il aura été trouvé. Il en sera dressé un procès-verbal, etc. »
(Le reste comme dans l'article du projet.)

On ne saurait trop prendre de précautions pour constater
l'identité de l'individu. Il a paru sage d'exiger le rapport
même des vêtemens, et de dire précisément que leur des-
cription, ainsi que les autres circonstances, seront l'objet du
procès-verbal, outre l'âge, le sexe et les noms de l'enfant.

59   L'article 25 est adopté.

60   La section propose d'ajouter une disposition conçue ainsi
qu'il suit, et qui formera l'article 26.

« Au premier port où le bâtiment abordera, soit de relâche,
« soit pour toute autre cause que celle de son désarmement,
« les officiers de l'administration de la marine, capitaine,
« maître ou patron, seront tenus de déposer deux expédi-
« tions authentiques des actes de naissance qu'ils auront ré-
« digés, savoir : dans un port français, au bureau du préposé
« à l'inscription maritime, et dans un port étranger, entre
« les mains du commissaire des relations commerciales, s'il
« y en a un.

« L'une de ces expéditions restera déposée au bureau de
« l'inscription maritime ou à la chancellerie du commissariat;
« l'autre sera envoyée au ministre de la marine, qui fera
« parvenir une copie, de lui certifiée, de chacun desdits
« actes, à l'officier de l'état civil du domicile du père de l'en-
« fant, ou de la mère, si le père est inconnu. Cette copie sera
« inscrite de suite sur les registres. »

La section a proposé l'addition de cet article, en ob-
servant qu'il avait pour objet de soustraire, le plus tôt qu'il
est possible aux dangers de la mer, les actes de l'état civil
que les circonstances obligent de rédiger à bord des bâtimens.

C'est aussi l'intention bien marquée des rédacteurs du
projet, quand ils exigent la remise d'une expédition *en cas
de relâche dans un port étranger.*

La section ne fait qu'étendre cette sage précaution, en
obligeant, dans tous les cas, à profiter du premier port où
l'on aborde, autre que celui du désarmement, pour assurer
la conservation de l'acte, par la remise d'expéditions qui
puissent suppléer l'original, si le bâtiment qui en est porteur vient à se perdre en se rendant au port du désarmement.

L'article 26 du projet est adopté pour former l'article 27.	61

Au lieu de la rédaction de l'article 28, la section propose	62
la rédaction suivante :

« L'acte de reconnaissance d'un enfant sera inscrit sur les
« registres, à sa date ; et il en sera fait mention en marge de
« l'acte de naissance, s'il en existe un. »

Le motif de ce changement est, qu'il est à propos que tout
acte quelconque soit inscrit sur les registres à sa date, afin
d'éviter des omissions, des transpositions ou des faux, sauf
ensuite la mention sur l'acte de naissance, s'il y en a un.
Cette mention servirait de renseignement à l'enfant qui re-
tirerait l'extrait de sa naissance, et qui pourrait ignorer la
reconnaissance ultérieure.

63 à 75   Les articles 29 et suivans, jusques et compris l'article 41, sont adoptés.

76   La section désire l'addition d'un nouveau paragraphe à l'article 42, par lequel on exigerait, dans l'acte du mariage, la mention des actes de réquisition du conseil des parens, dans le cas où il y en aurait eu d'après la loi.

Cette addition pourrait former la matière du cinquième paragraphe en ces termes :

« 5°. Les actes respectueux, s'il en a été fait en exécution « de l'article... du titre premier du mariage. »

Ces actes étant prescrits par la loi, il en résulte que, lors du mariage, il doit être constant, ou que les parens ont donné leur consentement, ou que leur conseil a été demandé.

On doit avoir la certitude que la loi a été exécutée sur ce point, comme sur les autres : et cette certitude ne peut résulter que de la mention de l'exhibition des actes de réquisition.

Cette mention a paru d'autant plus nécessaire, en cette partie, pour l'exécution de la loi, que souvent on pourrait cacher le mariage aux père et mère des majeurs, et que, dèslors, ces père et mère seraient dans l'impossibilité de former les oppositions auxquelles ils sont autorisés par la loi.

77   L'article 43 est adopté avec cette modification :

« Aucune inhumation ne sera faite sans une autorisation, « sur papier libre et sans frais, de l'officier de l'état civil, etc. »

Il faut prévenir les abus et éloigner l'idée de la nécessité de l'enregistrement.

78 à 85   Les art. 44, jusques et compris l'article 51, sont adoptés.

86-87   Les articles 52 et 53 sont susceptibles de modifications, à raison de l'addition ci-dessus proposée pour former l'article 26.

L'article 52 doit subsister tel qu'il est dans ses deux premiers paragraphes.

Il doit être substitué au dernier paragraphe la rédaction suivante :

« Au premier port où le bâtiment abordera, soit de relâ-
« che, soit pour toute autre cause que celle de son désarme-
« ment, les officiers de l'administration de la marine, capi-
« taine, maître ou patron qui auront retiré un acte de décès,
« seront tenus d'en déposer deux expéditions, conformément
« à l'article 26. »

En suivant les mêmes idées, la disposition de l'article 53
doit disparaître, comme étant fondue dans la présente rédaction; et cet article doit être remplacé par la disposition du
paragraphe dernier de l'article 52, « à l'arrivée du bâtiment
« dans le port du désarmement, etc. »

L'article 54 est adopté, mais il doit y être dit : « seront 88
« rédigées dans les formes prescrites par les dispositions pré-
« cédentes, » au lieu de, « dans les formes prescrites par les
« dispositions du présent titre. » C'est une simple erreur de
rédaction qui est évidente, et qu'ils uffit de relever.

Les art. 55, jusques et compris l'article 64, sont adoptés. 89 à 98
L'article 65. 99
La section vote la rédaction suivante :

« Lorsque la rectification d'un acte de l'état civil sera de-
« mandée, il y sera statué, sauf l'appel, par le tribunal com-
« pétent, et sur les conclusions du commissaire du gouver-
« nement; les parties intéressées seront appelées, s'il y a
« lieu. »

Il peut y avoir des cas où il ne soit pas nécessaire que les
parties intéressées soient appelées ; ce qui doit être renvoyé
à l'arbitrage des juges, d'après les circonstances. S'il y a un
jugement, il peut être par défaut; et dans ce dernier cas, il
est exécutoire après le délai de l'opposition.

L'article 66 est adopté. 100
L'article 67 l'est aussi, mais la section propose la substitu- 101
tion de ces mots, « les jugemens de rectification définitifs
« ou acquiescés, » à ceux écrits dans l'article, « les jugemens
« de rectification rendus en dernier ressort, ou passés en
« force de chose jugée. »

De la manière dont l'article est rédigé dans le projet, il résulterait qu'un jugement de rectification rendu par défaut,
après le délai de l'opposition, ne serait pas suffisant.

Il doit avoir cependant le même effet qu'un jugement contradictoire, et sous les expressions dont la substitution est
votée par la section, on peut comprendre un jugement rendu
dans ce cas, qui doit être considéré comme définitif.

Enfin, ces expressions ont paru d'autant plus propres, que
les auteurs du projet les ont eux-mêmes employées dans le
même sens.

RÉDACTION DÉFINITIVE DU CONSEIL D'ÉTAT.

(Procès-verbal de la séance du 22 fructidor an X. — 9 septembre 1802.)

Le Consul Cambacérès dit que, conformément à l'arrêté
pris par le gouvernement et au vœu manifesté par le Tribunat, il a été ouvert, en sa présence, des conférences sur le
projet de Code civil; que les titres concernant les actes de
l'état civil, etc..., y ont été discutés; que la dernière rédaction de ces projets sera présentée de nouveau au Conseil
d'État, pour y être définitivement arrêtée; que la discussion
des titres qui n'ont pas encore été examinés par le Conseil
sera également reprise.

Le Consul ouvre ensuite la discussion du titre relatif aux
Actes de l'état civil, l'un de ceux qui ont été l'objet des
conférences.

M. Thibaudeau présente la rédaction définitive de ce titre.
Le chapitre Ier est ainsi conçu :

CHAPITRE Ier.
Dispositions générales.

34 Art. 1er. « Les actes de l'état civil énonceront l'année, le
« jour et l'heure où ils seront reçus, les prénoms, noms,
« âge, professions et domiciles de tous ceux qui y seront
« dénommés. »

Art. 2. « Les officiers de l'état civil ne pourront rien insé- 35
« rer dans les actes qu'ils recevront, soit par note, soit par
« énonciation quelconque, que ce qui doit être déclaré par
« les comparans. »

Art. 3. « Dans les cas où les parties intéressées ne seront 36
« point obligées de comparaître en personne, elles pourront
« se faire représenter par un fondé de procuration spéciale
« et authentique. »

Art. 4. « Les témoins produits aux actes de l'état civil ne 37
« pourront être que du sexe masculin, âgés de vingt-un ans
« au moins, parens ou autres ; et ils seront choisis par les
« personnes intéressées. »

Art. 5. « L'officier de l'état civil donnera lecture des actes 38
« aux parties comparantes, ou à leurs fondés de procuration,
« et aux témoins. Il y sera fait mention de l'accomplissement
« de cette formalité. »

Art. 6. « Ces actes seront signés par l'officier de l'état 39
« civil, par les comparans et les témoins ; ou mention sera
« faite de la cause qui empêchera les comparans et les té-
« moins de signer. »

Art. 7. « Les actes de l'état civil seront inscrits, dans cha- 40
« que commune, sur un ou plusieurs registres tenus doubles. »

Art. 8. « Les registres seront cotés par première et der- 41
« nière, et paraphés, sur chaque feuille, par le président
« du tribunal de première instance, ou par le juge qui le
« remplacera. »

Art. 9. « Les actes seront inscrits sur les registres, de 42
« suite, sans aucun blanc. Les ratures et les renvois seront
« approuvés et signés de la même manière que le corps de
« l'acte. Il n'y sera rien écrit par abréviation, et aucune date
« ne sera mise en chiffres. »

Art. 10. « Les registres seront clos et arrêtés par l'officier 43
« de l'état civil, à la fin de chaque année ; et, dans le mois,
« l'un des doubles sera déposé aux archives de la commune,

« et l'autre au greffe du tribunal de première instance. »

44   Art. 11. « Les procurations et les autres pièces qui doi-
« vent demeurer annexées aux actes de l'état civil, seront
« déposées , après qu'elles auront été paraphées par la per-
« sonne qui les aura produites, et par l'officier de l'état civil,
« au greffe du tribunal , avec le double des registres dont le
« dépôt doit avoir lieu audit greffe. »

45   Art. 12. « Toute personne pourra se faire délivrer, par les
« dépositaires des registres de l'état civil, des extraits de ces
« registres. Ces actes, et les extraits délivrés conformes aux
« registres, et légalisés par le président du tribunal de pre-
« mière instance, ou par le juge qui le remplacera, feront
« foi jusqu'à inscription de faux. »

46   Art. 13. « Lorsqu'il n'aura pas existé de registres , ou
« qu'ils seront perdus, la preuve en sera reçue, tant par titres
« que par témoins ; et, dans ce cas , les mariages , naissances
« et décès pourront être prouvés , tant par les registres et pa-
« piers émanés des pères et mères décédés, que par témoins. »

47   Art. 14. « Tout acte de l'état civil des Français et des
« étrangers , fait en pays étranger , fera foi, s'il a été rédigé
« dans les formes usitées dans ledit pays. »

48   Art. 15. « Tout acte de l'état civil des Français, en pays
« étranger, sera valable, s'il a été reçu , conformément aux
« lois françaises , par les agens diplomatiques ou par les com-
« missaires des relations commerciales de la République. »

49   Art. 16. « Dans tous les cas où la mention d'un acte relatif
« à l'état civil devra avoir lieu en marge d'un autre acte déjà
« inscrit, elle sera faite, à la requête des parties, par l'offi-
« cier de l'état civil , sur les registres courans , ou sur ceux
« qui auront été déposés aux archives de la commune ; et par
« le greffier du tribunal de première instance , sur les regis-
« tres déposés au greffe : à l'effet de quoi l'officier de l'état civil
« en donnera avis, dans les trois jours, au commissaire du gou-
« vernement près ledit tribunal, qui veillera à ce que la men-
« tion soit faite d'une manière uniforme sur les deux registres. »

Art. 17, « Toute contravention aux articles précédens, de la 50
« part des fonctionnaires y dénommés , sera poursuivie
« devant le tribunal de première instance , et punie d'une
« amende qui ne pourra excéder cent francs. »

Art. 18. « Tout dépositaire des registres sera civilement 51
« responsable des altérations qui y surviendront, sauf son re-
« cours, s'il y a lieu, contre les auteurs desdites altérations.»

Art. 19. « Toute altération , tout faux dans les actes de 52
« l'état civil , toute inscription de ces actes faite sur une
« feuille volante, et autrement que sur les registres à ce des-
« tinés , donneront lieu aux dommages-intérêts des parties ,
« sans préjudice des peines portées au *Code pénal.* »

Art. 20. « Le commissaire du gouvernement près le tri- 53
« bunal de première instance sera tenu de vérifier l'état des
« registres, lors du dépôt qui en sera fait au greffe ; il dres-
« sera un procès-verbal sommaire de la vérification , dénon-
« cera les contraventions ou délits commis par les officiers
« de l'état civil, et requerra contre eux la condamnation aux
« amendes. »

Art. 21. « Dans tous les cas où un tribunal de première 54
« instance connaîtra des actes relatifs à l'état civil , les parties
« intéressées pourront se pourvoir contre le jugement. »

M. Jollivet observe , sur l'article 12 , que jusqu'ici les 45
actes authentiques ont fait foi en justice , sans légalisation,
dans l'étendue de l'arrondissement où ils ont été reçus.

M. Emmery répond que l'article ne contredit point ce principe. Il n'exige , en effet, la légalisation que dans le cas où
le tribunal ne connaît pas la signature de l'officier public par
lequel l'acte a été reçu.

M. Lacuée demande si les commissaires du gouvernement 50
près les tribunaux seront aussi soumis aux peines que prononce
l'article 17. Cet article , en effet , est tellement absolu, qu'il
paraîtrait s'appliquer aux commissaires du gouvernement , à
raison des fonctions qui leur sont confiées par l'article 16.

Une telle disposition ne porterait-elle pas atteinte à la dignité du caractère dont ils sont revêtus ?

Le Consul Cambacérès dit que, suivant les anciennes ordonnances, les juges étaient soumis à des amendes lorsqu'ils se montraient négligens dans l'exercice de leurs fonctions.

M. Bérenger ajoute que la loi perd toute sa force, si on l'affaiblit par une dispense de l'exécuter.

Les articles du chapitre sont adoptés.

Le chapitre II est soumis à la discussion, et adopté ainsi qu'il suit :

CHAPITRE II.

Des Actes de Naissance.

55   Art. 22. « Les déclarations de naissance seront faites, dans
« les trois jours de l'accouchement, à l'officier de l'état civil
« du lieu ; l'enfant lui sera présenté. »

56   Art. 23. « La naissance de l'enfant sera déclarée par le
« père, ou, à défaut du père, par les officiers de santé ou
« autres personnes qui auront assisté à l'accouchement ; et
« lorsque la mère sera accouchée hors de son domicile, par
« la personne chez qui elle sera accouchée.

« L'acte de naissance sera rédigé, de suite, en présence
« de deux témoins. »

57   Art. 24. « L'acte de naissance énoncera le jour, l'heure et
« le lieu de la naissance, le sexe de l'enfant, et les prénoms
« qui lui seront donnés ; les prénoms, noms, profession et
« domicile des père et mère, et ceux des témoins. »

58   Art. 25. « Toute personne qui aura trouvé un enfant nou-
« veau-né sera tenue de le remettre à l'officier de l'état civil,
« ainsi que les vêtemens et autres effets trouvés avec l'en-
« fant, et de déclarer toutes les circonstances du temps et
« du lieu où il aura été trouvé.

« Il en sera dressé un procès-verbal détaillé, qui énoncera
« en outre l'âge apparent de l'enfant, son sexe, les noms

« qui lui seront donnés , l'autorité civile à laquelle il sera
« remis. Le procès-verbal sera inscrit sur les registres. »

Art. 26. « S'il naît un enfant pendant un voyage de mer , 59
« l'acte de naissance sera dressé dans les vingt-quatre heures,
« en présence du père, s'il est présent, et de deux témoins
« pris parmi les officiers du bâtiment , ou , à leur défaut ,
« parmi les hommes de l'équipage. Cet acte sera rédigé , sa-
« voir : sur les bâtimens de l'État , par l'officier d'adminis-
« tration de la marine ; et sur les bâtimens appartenant à un
« armateur ou négociant, par le capitaine, maître ou patron
« du navire. L'acte de naissance sera inscrit à la suite du rôle
« d'équipage. »

Art. 27. « Au premier port où le bâtiment abordera, soit 60
« de relâche , soit pour toute autre cause que celle de son
« désarmement, les officiers de l'administration de la ma-
« rine, capitaine , maître ou patron , seront tenus de déposer
« deux expéditions authentiques des actes de naissance qu'ils
« auront rédigés , savoir : dans un port français, au bureau du
« préposé à l'inscription maritime ; et dans un port étranger,
« entre les mains du commissaire des relations commerciales.

« L'une de ces expéditions restera déposée au bureau de
« l'inscription maritime , ou à la chancellerie du commissa-
« riat ; l'autre sera envoyée au ministre de la marine, qui
« fera parvenir une copie , de lui certifiée, de chacun des-
« dits actes , à l'officier de l'état civil du domicile du père de
« l'enfant, ou de la mère , si le père est inconnu. Cette copie
« sera inscrite de suite sur les registres. »

Art. 28. « A l'arrivée du bâtiment dans le port du désar- 61
« mement, le rôle d'équipage sera déposé au bureau du
« préposé à l'inscription maritime, qui enverra une expédi-
« dition de l'acte de naissance, de lui signée, à l'officier de
« l'état civil du domicile du père de l'enfant, ou de la mère
« si le père est inconnu. Cette expédition sera inscrite de
« suite sur les registres. »

Art. 29. « L'acte de reconnaissance d'un enfant sera ins- 62

« crit sur les registres, à sa date; et il en sera fait mention
« en marge de l'acte de naissance, s'il en existe un. »

Le chapitre III est soumis à la discussion, et adopté ainsi
qu'il suit :

CHAPITRE III.

Des Actes de Mariage.

63　　Art. 30. « Avant la célébration du mariage, l'officier de
« l'état civil fera deux publications, à huit jours d'inter-
« valle, un jour de dimanche, devant la porte de la maison
« commune. Ces publications, et l'acte qui en sera dressé,
« énonceront les prénoms, noms, professions et domiciles
« des futurs époux, leur qualité de majeurs ou de mineurs,
« et les prénoms, noms, professions et domiciles de leurs
« pères et mères. Cet acte énoncera, en outre, les jours,
« lieux et heures où les publications auront été faites : il sera
« inscrit sur un seul registre, qui sera coté et paraphé
« comme il est dit en l'article 8, et déposé, à la fin de chaque
« année, au greffe du tribunal de l'arrondissement. »

64　　Art. 31. « Un extrait de l'acte de publication sera et res-
« tera affiché à la porte de la maison commune pendant les
« huit jours d'intervalle de l'une à l'autre publication. Le
« mariage ne pourra être célébré avant le troisième jour,
« depuis et non compris celui de la seconde publication. »

65　　Art. 32. « Si le mariage n'a pas été célébré dans l'année, à
« compter de l'expiration du délai des publications, il ne
« pourra plus être célébré qu'après que de nouvelles publica-
« tions auront été faites dans la forme ci-dessus prescrite. »

66　　Art. 33. « Les actes d'opposition au mariage seront si-
« gnés, sur l'original et sur la copie, par les opposans ou par
« leurs fondés de procuration spéciale et authentique; ils se-
« ront signifiés, avec la copie de la procuration, à la per-
« sonne ou au domicile des parties, et à l'officier de l'état
« civil, qui mettra son *visa* sur l'original. »

67　　Art. 34. « L'officier de l'état civil fera, sans délai, une

« mention sommaire des oppositions sur le registre des pu-
« blications ; il fera aussi mention , en marge de l'inscription
« desdites oppositions , des jugemens ou des actes de main-
« levée dont l'exécution lui aura été remise. »

Art. 35. « En cas d'opposition, l'officier de l'état civil ne 68
« pourra célébrer le mariage avant qu'on lui en ait remis la
« main-levée, sous peine de trois cents francs d'amende, et
« de tous dommages-intérêts. »

Art. 36. « S'il n'y a point d'opposition, il en sera fait 69
« mention dans l'acte de mariage ; et si les publications ont
« été faites dans plusieurs communes, les parties remettront
« un certificat, délivré par l'officier de l'état civil de chaque
« commune, constatant qu'il n'existe point d'opposition. »

Art. 37. « L'officier de l'état civil se fera remettre l'acte de 70
« naissance des futurs époux. Celui des époux qui serait dans
« l'impossibilité de se le procurer, pourra le suppléer en
« rapportant un acte de notoriété délivré par le juge de paix
« du lieu de sa naissance, ou par celui de son domicile. »

Art. 38. « L'acte de notoriété contiendra la déclaration 71
« par sept témoins de l'un ou de l'autre sexe, parens ou non
« parens, des prénoms, nom, profession et domicile du futur
« époux, et de ceux de ses père et mère, s'ils sont connus ; le
« lieu, et, autant que possible, l'époque de sa naissance, et
« les causes qui empêchent d'en rapporter l'acte. Les témoins
« signeront l'acte de notoriété avec le juge de paix ; et s'il en
« est qui ne puissent ou ne sachent signer, il en sera fait
« mention. »

Art. 39. « L'acte de notoriété sera présenté au tribunal de 72
« première instance du lieu où doit se célébrer le mariage.
« Le tribunal, après avoir entendu le commissaire du gou-
« vernement, donnera ou refusera son homologation, selon
« qu'il trouvera suffisantes ou insuffisantes les déclarations des
« témoins, et les causes qui empêchent de rapporter l'acte
« de naissance. »

Art. 40. « L'acte authentique du consentement des père 73

« et mère, ou aïeuls et aïeules, ou, à leur défaut, celui de
« la famille, contiendra les prénoms, noms, professions et
« domiciles du futur époux et de tous ceux qui auront con-
« couru à l'acte, ainsi que leur degré de parenté. »

74   Art. 41. « Le mariage sera célébré dans la commune où
« l'un des deux époux aura son domicile. Ce domicile, quant
« au mariage, s'établira par six mois d'habitation continue
« dans la commune. »

75   Art. 42. « Le jour désigné par les parties, après les délais
« des publications, l'officier de l'état civil, dans la maison
« commune, en présence de quatre témoins, parens ou non
« parens, fera lecture aux parties des pièces ci-dessus men-
« tionnées, relatives à leur état et aux formalités du ma-
« riage, et du chapitre VI du titre *du Mariage*, contenant *les*
« *Droits et les Devoirs respectifs des Époux*. Il recevra de cha-
« que partie, l'une après l'autre, la déclaration qu'elles veu-
« lent se prendre pour mari et femme ; il prononcera, au nom
« de la loi, qu'elles sont unies par le mariage, et il en dres-
« sera acte sur-le-champ. »

76   Art. 43. « On énoncera dans l'acte de mariage :
« 1°. Les prénoms, noms, professions, âge, lieux de nais-
« sance et domiciles des époux ;
« 2°. S'ils sont majeurs ou mineurs ;
« 3°. Les prénoms, noms, professions et domiciles des
« pères et mères ;
« 4°. Le consentement des pères et mères, aïeuls et aïeu-
« les, et celui de la famille, dans les cas où ils sont requis ;
« 5°. Les actes respectueux, s'il en a été fait ;
« 6°. Les publications dans les divers domiciles ;
« 7°. Les oppositions, s'il y en a eu, leur main-levée, ou
« la mention qu'il n'y a point eu d'opposition ;
« 8°. La déclaration des contractans de se prendre pour
« époux, et la prononciation de leur union par l'officier
» public ;
« 9°. Les prénoms, noms, âge, professions et domiciles

« des témoins, et leur déclaration s'ils sont parens ou alliés
« des parties, de quel côté et à quel degré. »

Le chapitre IV est soumis à la discussion; il est ainsi
conçu :

CHAPITRE IV.
Des Actes de Décès.

Art. 44. « Aucune inhumation ne sera faite sans une auto- 77
« risation, sur papier libre et sans frais, de l'officier de l'état
« civil, qui ne pourra la délivrer qu'après s'être transporté
« auprès de la personne décédée, pour s'assurer du décès,
« et que vingt-quatre heures après le décès, hors les cas
« prévus par les règlemens de police. »

Art. 45. « L'acte de décès sera dressé par l'officier de l'état 78
« civil, sur la déclaration de deux témoins. Ces témoins se-
« ront, s'il est possible, les deux plus proches parens ou voi-
« sins, ou, lorsqu'une personne sera décédée hors de son
« domicile, la personne chez laquelle elle sera décédée, et
« un parent ou autre. »

Art. 46. « L'acte de décès contiendra les prénoms, nom, 79
« âge, profession et domicile de la personne décédée; les
« prénoms et nom de l'autre époux, si la personne décédée
« était mariée ou veuve; les prénoms, noms, âge, profes-
« sions et domiciles des déclarans, et, s'ils sont parens, leur
« degré de parenté.

« Le même acte contiendra de plus, autant qu'on pourra
« le savoir, les prénoms, noms, profession et domicile des
« père et mère du décédé, et le lieu de sa naissance. »

Art. 47. « En cas de décès dans les hôpitaux militaires, 80
« civils, ou autres maisons publiques, les supérieurs, direc-
« teurs, administrateurs et maîtres de ces maisons, seront
« tenus d'en donner avis, dans les vingt-quatre heures, à
« l'officier de l'état civil, qui s'y transportera pour s'assurer
« du décès et en dresser l'acte, conformément à l'article pré-
« cédent, sur les déclarations qui lui auront été faites, et
« sur les renseignemens qu'il aura pris.

« Il sera tenu en outre, dans lesdits hôpitaux et maisons,
« des registres destinés à inscrire ces déclarations et ces ren-
« seignemens.

« L'officier de l'état civil enverra l'acte de décès à celui du
« dernier domicile de la personne décédée, qui l'inscrira sur
« les registres. »

81 « Art. 48. « Lorsqu'il y aura des signes ou indices de mort
« violente, ou d'autres circonstances qui donneront lieu de
« le soupçonner, on ne pourra faire l'inhumation qu'après
« qu'un officier de police, assisté d'un officier de santé, aura
« dressé procès-verbal de l'état du cadavre, et des circons-
« tances y relatives, ainsi que des renseignemens qu'il aura
« pu recueillir sur les prénoms, nom, âge, profession, lieu
« de naissance et domicile de la personne décédée. »

82 Art. 49. « L'officier de police sera tenu de transmettre de
« suite à l'officier de l'état civil du lieu où la personne sera
« décédée, tous les renseignemens énoncés dans son procès-
« verbal, d'après lesquels l'acte de décès sera rédigé.

« L'officier de l'état civil en enverra une expédition à celui
« du domicile de la personne décédée, s'il est connu. Cette
« expédition sera inscrite sur les registres. »

83 Art. 50. « Les greffiers criminels seront tenus d'envoyer,
« dans les vingt-quatre heures de l'exécution des jugemens
« portant peine de mort, à l'officier de l'état civil du lieu où
« le condamné aura été exécuté, tous les renseignemens
« énoncés en l'article 46, d'après lesquels l'acte de décès sera
« rédigé. »

84 Art. 51. « En cas de décès dans les prisons ou maisons de
« réclusion et de détention, il en sera donné avis sur-le-
« champ, par les concierges ou gardiens, à l'officier de l'état
« civil, qui s'y transportera comme il est dit en l'article 47,
« et rédigera l'acte de décès. »

85 Art. 52. « Dans tous les cas de mort violente, ou dans les
« prisons et maisons de réclusion, ou d'exécution à mort, il
« ne sera fait sur les registres aucune mention de ces circons-

« tances, et les actes de décès seront simplement rédigés dans
« les formes prescrites par l'article 46. »

Art. 53. « En cas de décès pendant un voyage de mer, il en 86
« sera dressé acte dans les vingt-quatre heures, en présence
« de deux témoins pris parmi les officiers du bâtiment, ou,
« à leur défaut, parmi les hommes de l'équipage. Cet acte
« sera rédigé, savoir, sur les bâtimens de l'État, par l'officier
« d'administration de la marine ; et sur les bâtimens appar-
« tenant à un négociant ou armateur, par le capitaine, maître
« ou patron du navire. L'acte de décès sera inscrit à la suite
« du rôle d'équipage. »

Art. 54. « Au premier port où le bâtiment abordera, soit 87
« de relâche, soit pour toute autre cause que celle de son dés-
« armement, les officiers de l'administration de la marine,
« capitaine, maître ou patron qui auront rédigé des actes de
« décès, seront tenus d'en déposer deux expéditions, confor-
« mément à l'article 27.

« A l'arrivée du bâtiment dans le port du désarmement,
« le rôle d'équipage sera déposé au bureau du préposé à
« l'inscription maritime ; il enverra une expédition de l'acte
« de décès, de lui signée, à l'officier de l'état civil du domi-
« cile de la personne décédée. Cette expédition sera inscrite
« de suite sur les registres. »

M. TRUGUET demande, sur les articles 53 et 54, comment 86-87
les décès seront constatés dans le cas où un bâtiment aura
péri.

M. THIBAUDEAU répond que quand les circonstances ne
fourniront pas de preuves, tout se réglera par les dispositions
relatives *aux absens*.

Les articles du chapitre sont adoptés.

Le chapitre V est soumis à la discussion ; il est ainsi conçu :

CHAPITRE V.

Des Actes de l'état civil concernant les Militaires hors du territoire de la République.

88   Art. 55. « Les actes de l'état civil faits hors du territoire
« de la République, concernant des militaires ou autres per-
« sonnes employées à la suite des armées, seront rédigés dans
« les formes prescrites par les dispositions précédentes ; sauf
« les exceptions contenues dans les articles suivans. »

89   Art. 56. « Le quartier-maître, dans chaque corps d'un ou
« plusieurs bataillons ou escadrons, et le capitaine comman-
« dant, dans les autres corps, rempliront les fonctions d'of-
« ficier de l'état civil : ces mêmes fonctions seront remplies,
« pour les officiers sans troupes, et pour les employés de
« l'armée, par l'inspecteur aux revues attaché à l'armée ou
« au corps d'armée. »

90   Art. 57. « Il sera tenu, dans chaque corps de troupes, un
« registre pour les actes d'état civil relatifs aux individus de
« ce corps, et un autre à l'état-major de l'armée ou d'un
« corps d'armée, pour les actes civils relatifs aux officiers
« sans troupes et aux employés : ces registres seront conser-
« vés de la même manière que les autres registres des corps
« et états-majors, et déposés aux archives de la guerre, à la
« rentrée des corps ou armées sur le territoire de la Répu-
« blique. »

91   Art. 58. « Les registres seront cotés et paraphés, dans
« chaque corps, par l'officier qui le commande ; et à l'état-
« major, par le chef de l'état-major général. »

92   Art. 59. « Les déclarations de naissance à l'armée seront
« faites dans les dix jours qui suivront l'accouchement. »

93   Art. 60. « L'officier chargé de la tenue du registre de l'état
« civil devra, dans les dix jours qui suivront l'inscription
« d'un acte de naissance audit registre, en adresser un extrait
« à l'officier de l'état civil du dernier domicile du père de
« l'enfant, ou de la mère si le père est inconnu. »

Art. 61. « Les publications de mariage des militaires et 94
« employés à la suite des armées, seront faites au lieu de leur
« domicile : elles seront mises, en outre, vingt-cinq jours
« avant la célébration du mariage, à l'ordre du jour du
« corps, pour les individus qui tiennent à un corps ; et à
« celui de l'armée ou du corps d'armée, pour les officiers
« sans troupes, et pour les employés qui en font partie. »

Art. 62. « Immédiatement après l'inscription sur le regis- 95
« tre, de l'acte de célébration du mariage, l'officier chargé
« de la tenue du registre en enverra une expédition à l'offi-
« cier de l'état civil du dernier domicile des époux. »

Art. 63. « Les actes de décès seront dressés, dans chaque 96
« corps, par le quartier-maître ; et pour les officiers sans
« troupes et les employés, par l'inspecteur aux revues de
« l'armée, sur l'attestation de trois témoins ; et l'extrait
« de ces registres sera envoyé, dans les dix jours, à l'officier
« de l'état civil du dernier domicile du décédé. »

Art. 64. « En cas de décès dans les hôpitaux militaires 97
« ambulans ou sédentaires, l'acte en sera rédigé par le di-
« recteur desdits hôpitaux, et envoyé au quartier-maître du
« corps, ou à l'inspecteur aux revues de l'armée ou du corps
« d'armée dont le décédé faisait partie : ces officiers en feront
« parvenir une expédition à l'officier de l'état civil du der-
« nier domicile du décédé. »

Art. 65. « L'officier de l'état civil du domicile des parties, 98
« auquel il aura été envoyé, de l'armée, expédition d'un acte
« de l'état civil, sera tenu de l'inscrire de suite sur les re-
« gistres. »

M. Petiet dit que les quartiers-maîtres ont des fonctions 88
trop multipliées pour qu'ils puissent encore s'occuper de la
rédaction des actes de l'état civil ; que cette attribution appartenait précédemment aux *majors*, et qu'il serait conséquemment plus convenable d'en charger le chef de bataillon
ou d'escadron, qui remplace le major dans les corps à pied
et à cheval.

M. Thibaudeau observe que l'art. 55 a été rédigé d'après l'avis de la section de la guerre.

Les articles du chapitre sont adoptés.

Le chapitre VI est adopté; il est ainsi conçu :

CHAPITRE VI.
De la Rectification des Actes de l'état civil.

99   Art. 66. « Lorsque la rectification d'un acte de l'état civil
« sera demandée, il y sera statué, sauf l'appel, par le tribu-
« nal compétent, et sur les conclusions du commissaire du
« gouvernement : les parties intéressées seront appelées, s'il
« y a lieu. »

100   Art. 67. « Le jugement de rectification ne pourra, dans
« aucun temps, être opposé aux parties intéressées qui ne
« l'auraient point requis, ou qui n'y auraient pas été appe-
« lées. »

101   Art. 68. « Les jugemens de rectification seront inscrits sur
« les registres par l'officier de l'état civil, aussitôt qu'ils lui
« auront été rémis, et mention en sera faite en marge de
« l'acte réformé. »

Le gouvernément arrêta que MM. Thibaudeau, Français et Jollivet présenteraient ce projet au Corps législatif le 9 ventose an XI (28 février 1803), et M. Thibaudeau en fit l'exposé dans la séance du 10.

PRÉSENTATION AU CORPS LÉGISLATIF.

EXPOSÉ DES MOTIFS, PAR LE CONSEILLER D'ÉTAT THIBAUDEAU (*).

Législateurs, le projet de loi que nous sommes chargés de vous présenter renferme beaucoup de dispositions qui peu-

(*) Cet exposé de motifs a beaucoup de ressemblance avec celui du 21 frimaire an X. Cependant nous n'avons pas cru pouvoir nous dispenser de donner celui-ci, parce que n'étant pas entièrement le même que l'autre, quelques personnes auraient pu regretter de ne pas connaître ce qu'il contient de différent.

vent d'abord paraître minutieuses; cependant elles sont
d'une grande importance, puisqu'elles ont pour objet de
fixer l'état des individus : il s'agit ici de la base fondamentale de la société et de la constitution des familles. Nous
n'analyserons point toutes ces dispositions; il y en a beaucoup qu'il suffira de lire pour que leur utilité soit facilement
sentie.

Ce projet de loi contient six parties distinctes; cette division était indiquée par la nature des choses.

Trois grandes époques constituent l'état des hommes, et
sont la source de tous les droits civils : la naissance, le mariage et le décès.

Lorsqu'un individu reçoit le jour, il y a deux choses qu'il
importe de constater, le fait de la naissance et la filiation.

Le mariage a pour but de perpétuer régulièrement l'espèce et de distinguer les familles ; il faut donc des règles
qui impriment à ce contrat un caractère uniforme et légal.

La mort rompt les liens qui attachaient l'homme à la société : en cessant de vivre, il transmet des droits. Les naissances, les mariages et les décès sont donc soumis à des règles qui leur sont particulières.

Il y a néanmoins des règles également applicables à tous
ces actes, et des principes généraux qui doivent les régir ;
on les a compris dans un chapitre préliminaire de dispositions générales ; un chapitre règle ce qui concerne les actes de
l'état civil des militaires hors du territoire de la République.
Enfin, malgré la prévoyance du législateur, il peut se glisser
des erreurs dans la rédaction des actes; les parties intéressées ont intérêt d'en demander la rectification; il a fallu
déterminer la forme des actions, la compétence des tribunaux, et les effets des jugemens. Voilà le système et l'ensemble de la loi.

Avant d'examiner chacun des chapitres, nous devons prévenir une réflexion qui se présente naturellement. On pourrait croire que la loi est incomplète, en ce qu'elle ne parle

point du divorce et de l'adoption; mais il aurait été pré-
maturé de déterminer les formes des actes relatifs à ces
institutions, avant de les avoir soumises au législateur;
nous ne traitons ici que des formes; le fond doit faire
l'objet d'autres lois. Les naissances et les décès sont des faits
physiques; le mariage est une institution nécessaire et consacrée; il ne peut y avoir à cet égard de dissentiment, ni
aucune espèce de discussion. Il n'en est pas ainsi de l'adoption et du divorce. On a donc cru plus régulier et plus
convenable de renvoyer à chacune de ces matières les
formes dans lesquelles les actes qui les concernent seront
rédigés.

L'Assemblée constituante avait décidé qu'il serait établi
pour tous les Français, sans distinction, un mode de constater les naissances, mariages et décès; elle voulait rendre
la validité des actes civils indépendante des dogmes religieux. L'Assemblée législative organisa ce principe par la
loi du 20 septembre 1792, qui est encore exécutée; mais
cette loi ne statua pas seulement sur les formes des actes,
elle régla les conditions du mariage. Tout ce que cette loi
contenait d'essentiel sur la forme des actes a été conservé
dans le projet de loi; on y a seulement fait des additions ou
des modifications, qui sont le résultat de l'expérience de plusieurs années; telle est la disposition qui rappelle expressément aux officiers de l'état civil qu'ils n'ont aucune juridic-
25 tion, et qu'instrument passif des actes, ils ne doivent y insérer que ce qui est déclaré par les comparans; celle qui veut
35 que les témoins soient du sexe masculin, et âgés de vingt-
un ans : en effet il serait inconséquent de ne pas adopter,
pour les actes de l'état civil, les mêmes formes que pour les
45 contrats ordinaires; celle qui permet à toute personne de se
faire délivrer des expéditions des actes de l'état civil. Les
lois qui semblaient avoir limité cette faculté aux parties intéressées étaient injustes. L'état civil des hommes doit être
public, et il y avait de l'inconvénient à laisser les officiers

civils juges des motifs sur lesquels pouvait être fondée la demande d'une expédition.

Quant aux registres, la déclaration de 1736 n'en avait 40 établi que deux; c'est-à-dire un seul pour tous les actes, mais tenu double : la loi de 1792 en établit six; c'est-à-dire trois tenus doubles, un pour les naissances, un pour les mariages, et l'autre pour les décès. On avait cru que cette multiplicité de registres faciliterait la distinction de chaque espèce d'actes; mais l'expérience a prouvé que l'on s'était trompé. C'est à cette multiplicité de registres qu'il faut au contraire attribuer l'état déplorable où ils sont dans un trop grand nombre de communes. Comment, en effet, espérer que des administrateurs municipaux souvent peu instruits, et chargés gratuitement de la rédaction des actes, ne commissent pas un grand nombre d'erreurs et de confusions? Lorsque le registre des actes de décès était rempli avant la fin de l'année, l'officier de l'état civil inscrivait ces actes sur le registre des naissances, où il restait des feuillets blancs; et ce qui n'était qu'une transposition a souvent paru une lacune ou une omission. On a donc pensé qu'il était plus convenable de n'avoir qu'un seul registre tenu double pour l'inscription des actes de toute espèce à la suite les uns des autres, et que ce procédé était beaucoup plus simple, exigeait moins d'attention, et exposait à moins d'erreurs. Cette forme ne rend pas plus difficiles les relevés que le gouvernement est dans le cas d'ordonner pour les travaux relatifs à la population. Cependant la règle de l'unité des registres n'est pas posée d'une manière si absolue, que le gouvernement ne puisse y faire exception pour les villes où les officiers de l'état civil ont plus de lumières, et où la rédaction des actes est plus multipliée. Cette latitude parut même nécessaire dans les discussions qui précédèrent la loi du 20 septembre : on disait alors que la tenue de six registres serait plus embarrassante qu'utile dans les endroits qui n'étaient pas très-peuplés.

La loi de 1792 attribuait à l'autorité administrative une sorte de juridiction et de police sur la tenue des registres. En effet, elle disposait qu'ils seraient cotés et paraphés par le président du directoire de district; que l'un des doubles serait transmis à cette administration, qui vérifierait si les actes avaient été dressés et les registres tenus dans les formes prescrites, et que ce double serait ensuite envoyé au directoire de département avec les observations, déposé et conservé aux archives de cette administration. On motivait ces dispositions sur les relations des citoyens avec les administrations de département, les relations des administrations avec le ministre de l'intérieur et le Corps législatif. On prétendait que les registres seraient mieux conservés dans les archives des administrations que dans les greffes; que ce dépôt n'avait rien de commun avec les fonctions judiciaires; que les rapports des citoyens avec les tribunaux, quant à leur état civil, étaient purement accidentels; qu'au contraire l'administration devait donner les états de population, et répartir les contributions, dont la population est une des grandes bases.

D'un autre côté, on dit avec raison que l'état civil des citoyens est une propriété qui repose, comme toutes les autres propriétés, sous l'égide des tribunaux. Les registres doivent être cotés et paraphés par le juge, parce que sans cela, en cas de contestation, il serait obligé de faire vérifier la signature et le paraphe des préfet ou sous-préfet. Ainsi, lorsque les registres étaient tenus par les curés, ils étaient déposés aux greffes des bailliages, et conservés par l'autorité chargée de protéger l'état des citoyens. On n'attente point aux droits de l'autorité administrative : ses fonctions, qui ne sont à cet égard que de police, se bornent à pourvoir les communes de registres; car, s'il y a des altérations, s'il survient des procès, cela ne regarde plus que les tribunaux. Il importe que le dépositaire du registre soit, autant que possible, permanent; et les agens de l'autorité judiciaire sont plus stables que ceux de l'autorité administrative. Si les préfets ont besoin des registres pour les états de population, on pourra les autoriser à prendre, aux greffes des tribunaux, tous les renseignemens qui leur seront nécessaires; d'ailleurs, le double qui doit être déposé aux archives de chaque commune est toujours à leur disposition.

C'est d'après ces motifs que l'on propose de faire coter et parapher les registres par le président du tribunal de première instance, de faire déposer l'un des doubles au greffe de ce tribunal, et d'annexer à ce double les procurations ou autres pièces dont la présentation aura été exigée.

Il ne suffisait pas de régler la forme dans laquelle les registres doivent être tenus, et d'en prescrire le dépôt; il fallait encore rendre les officiers civils responsables, prononcer des peines contre ceux qui se rendraient coupables de contraventions ou de délits, imposer à une autorité étrangère à la tenue des registres le devoir d'en vérifier l'état et de poursuivre l'application des peines, et réserver les dommages et intérêts des parties lésées. 50 à 53

On doit, en effet, distinguer les simples contraventions qui sont le résultat de l'erreur ou de la négligence, des délits qui supposent des intentions criminelles, tels que les faux ou les altérations. Les contraventions ne sont punies que d'une amende qui ne peut excéder 100 fr.; les délits sont punis de peines qu'il n'appartient qu'au Code pénal de déterminer.

Le commissaire du gouvernement près le tribunal de première instance vérifie l'état des registres lorsqu'ils sont déposés au greffe; il en dresse procès-verbal sommaire; il dénonce les délits, et requiert la condamnation aux amendes.

Cette vérification ne lui donne pas le droit, ni au tribunal, de rien changer d'office à l'état des registres; ils doivent demeurer avec leurs omissions, leurs erreurs ou leurs imperfections: il serait du plus grand danger que, même sous le prétexte de régulariser, de corriger ou de perfectionner, au-

cune autorité pût porter la main sur les registres. L'allégation
d'un vice dans un acte est un fait à prouver ; il peut être contesté par les tiers auxquels l'erreur prétendue a acquis des
droits ; c'est la matière d'un procès : les tribunaux ne peuvent
en connaître que dans ce dernier cas, comme on le verra au
titre de la *rectification des actes*. S'il en était autrement, l'é-
tat, la fortune des citoyens seraient à chaque instant compromis et toujours incertains.

46 Il n'y a que l'autorité des titres publics et de la possession
qui rende l'état civil inébranlable. La loi naturelle a établi la
preuve qui naît de la possession ; la loi civile a établi la preuve
qui naît des registres ; la preuve testimoniale seule n'est pas
d'un poids ni d'un caractère qui puissent suppléer à ces espèces de preuves, ni leur être opposés.

Toutes les ordonnances animées de cet esprit ont donc
voulu que la preuve de la naissance fût faite par les registres
publics, et en cas de perte des registres publics, que l'on eût
recours aux registres et papiers domestiques des pères et
mères décédés, pour ne pas faire dépendre uniquement l'é-
tat, la filiation, l'ordre et l'harmonie des familles, de preuves
équivoques et dangereuses, telles que la preuve testimoniale
seule, dont l'incertitude a toujours effrayé les législateurs.

L'ordonnance de 1767 avait, par une disposition formelle,
consacré ces principes : la jurisprudence y a toujours été
conforme, et le projet de loi les rappelle.

42-43 Il était nécessaire de régler ce qui concerne l'état civil des
Français qui sont momentanément à l'étranger. La loi leur
permet de suivre les formes établies dans les pays où ils se
trouvent, ou de profiter du bénéfice de la loi française en s'a-
dressant aux agens diplomatiques de leur nation, qui sont
considérés comme officiers de l'état civil. On a donné, à cet
égard, quelque extension aux dispositions de l'ordonnance
de 1681.

Le chapitre II règle ce qui concerne les actes de naissance.

56-57 Les anciennes lois exigeaient simplement dans les actes de baptême la signature du père, s'il était présent, et celle du parrain et de la marraine.

La loi de septembre 1792 exigea davantage ; elle imposa au père et à l'accoucheur présens à la naissance, ou à la personne chez laquelle une femme serait accouchée, l'obligation de déclarer la naissance à l'officier de l'état civil ; elle punit de deux mois de prison la contravention à cette disposition ; mais on reconnut bientôt que la loi était incomplète, puisqu'elle ne déterminait pas le délai dans lequel la déclaration devait être faite. Cette omission fut réparée par la loi additionnelle du 19 décembre 1792, qui fixa ce délai à trois jours de la naissance et du décès, et qui porta la peine jusqu'à six mois de prison en cas de récidive. On ne voit point, dans la discussion de ces lois, le motif de ce nouveau système de déclarations ; cependant il est facile de le reconnaître lorsqu'on se reporte aux circonstances. Les dissensions religieuses et politiques faisaient dissimuler les naissances. Il y avait des parens qui, par esprit d'opposition à la nouvelle législation, ou par les alarmes qu'on jetait dans leur conscience, refusaient de présenter leurs enfans à l'officier civil ; l'état de ces enfans était compromis ; mais il fallait éclairer plutôt que punir. La menace de la peine ne convertit point les parens de mauvaise foi ; elle ne décida point les consciences timorées et crédules : tout le monde sait que la loi ne continua pas moins à être éludée.

Maintenant que les circonstances sont changées, que la liberté des cultes existe réellement, que les persécutions religieuses ont entièrement cessé, qu'en attribuant à l'autorité civile la rédaction des actes relatifs à l'état des hommes, on ne défend point aux parens de les faire sanctifier par les solennités de leur religion, il est inutile d'employer des moyens de rigueur, dont l'effet est d'ailleurs toujours illusoire. La déclaration des naissances n'a donc été conservée que comme un conseil, et comme l'indication d'un devoir à remplir par les parens ou autres témoins de l'accouchement. On a pensé

que la peine ne servirait qu'à éloigner de la mère les secours
de l'amitié, de l'art et de la charité, dans le moment où ,
donnant le jour à un être faible , elle en a le plus besoin pour
elle et pour lui. Car quel est celui qui ne redouterait pas
d'être témoin d'un fait à l'occasion duquel il pourrait être
un jour, quoique innocent, recherché et puni de deux ou six
mois de prison? D'ailleurs, pour punir le défaut de déclaration, il faut évidemment fixer un délai dans lequel cette
obligation devra être remplie; et si, par des circonstances
que le législateur ne peut prévoir, cette déclaration n'a pas
été faite dans le temps prescrit, il en résultera que l'on continuera à dissimuler la naissance de l'enfant, plutôt que de
s'exposer à subir une peine en faisant une déclaration tardive : ainsi les précautions que l'on croirait prendre pour assurer l'état des hommes, ne feraient au contraire que le compromettre.

Les déclarations de naissance seront faites dans les trois
jours de l'accouchement à l'officier civil, par le père ou autres
personnes qui auront assisté à l'accouchement; l'acte sera
dressé de suite en présence de deux témoins.

L'enfant sera toujours présenté à l'officier civil. Cette formalité est nécessaire pour prévenir beaucoup d'abus; elle
n'interdit point à l'officier civil de se transporter vers l'enfant, suivant l'urgence des cas.

58   Un article règle ce qui concerne les enfans trouvés, comme
dans la loi de 1792. On a seulement évité d'employer toute
expression qui tendrait à occasioner des recherches sur la
paternité. Constater la naissance de l'enfant, et le lieu où il
est déposé, pourvoir à ses besoins, recueillir avec soin tout
ce qui peut servir un jour à le faire reconnaître par ses parens, voilà les droits et les obligations de la société , voilà ce
qui se pratique chez toutes les nations policées. Les recherches
que l'autorité ferait de la paternité seraient funestes aux enfans; elles mettraient aux prises l'honneur avec la tendresse

maternelle, la pudeur avec la nature ; elles renouvelleraient le scandale de ces crimes affreux que provoquait une législation barbare.

On a prévu le cas où un enfant naîtrait pendant un voyage 59 à 61 de mer : on a pourvu à ce que son acte de naissance ne se perdît point en cas de naufrage.

Enfin, comme au titre *de la paternité et de la filiation* il est 62 traité de la reconnaissance des enfans nés hors mariage, un article statue que les actes de reconnaissance seront inscrits sur les registres.

Le chapitre III traite des actes de mariage.

On en a soigneusement écarté tout ce qui est relatif aux conditions, aux empêchemens, aux nullités : tous ces objets, tenant à la validité du mariage, ont été renvoyés au titre qui concerne cet important contrat.

Le mariage intéresse toute la société : son premier carac- 63-64 tère est d'être public. L'ordonnance de Blois voulait : « Que « toute personne, de quelque état et condition qu'elle fût, « ne pût contracter valablement mariage sans proclamation « précédente de bans, faite par trois divers jours de fête avec « intervalle compétent, dont on ne pourrait obtenir dispense, « sinon après la première publication, et seulement pour « quelque urgente et légitime cause. »

Mais les dispositions de cette loi furent éludées; la formalité des publications n'était plus observée que par ceux qui n'avaient pas le moyen de payer les dispenses ; ces trois publications étaient devenues l'exception ; et les dispenses, la règle habituelle.

La loi de 1792 n'exigeait qu'une publication faite huit jours avant la célébration du mariage, et affichée pendant ce délai.

Il est si important de prévenir les abus des mariages clandestins, que l'on propose de faire deux publications à huit jours d'intervalle.

Mais les publications ne produisent réellement la publicité

que lorsqu'elles sont faites les jours où les citoyens se réunissent; c'est par ce motif que l'on a désigné le dimanche :
cependant les publications n'en seront pas moins un acte
civil absolument étranger aux institutions religieuses; c'est
l'officier civil qui est chargé de les faire, et devant la porte
de la maison commune. On a encore ajouté la précaution de
l'affiche pendant les huit jours d'intervalle de l'une à l'autre
publication, et le mariage ne pourra être célébré que trois
jours après la deuxième publication.

Il serait superflu de détailler ici les énonciations qui doivent être faites dans ces sortes d'actes, ainsi que la forme du
registre sur lequel elles doivent être inscrites.

65   Il fallait prévoir le cas où le mariage n'aurait pas été célébré après les publications, ni dans l'année qui les suit; alors
on dispose qu'il ne pourra plus l'être sans de nouvelles publications : le motif de cette disposition n'a pas besoin d'être
développé.

66 à 69   Plusieurs articles règlent la forme des oppositions, de
leur notification et de leur main-levée, la mention sur le
registre des publications. En cas d'opposition, l'officier de
l'état civil ne peut passer outre au mariage, sous peine de
trois cents francs d'amende et des dommages-intérêts.

70 à 72   Comme la validité du mariage dépend de l'âge des contractans, ils sont tenus de représenter leur extrait de naissance à l'officier de l'état civil : mais il y a des circonstances
où la représentation de cet acte est impossible : il est juste
alors d'y suppléer : la faveur due au mariage l'exige.

On le fera en rapportant un acte de notoriété qui devra
être homologué par un tribunal, qui appréciera les causes
qui empêchent de rapporter l'acte de naissance.

74-75   Après avoir pris toutes les précautions pour assurer la publicité du mariage, et après avoir désigné les pièces que les
contractans doivent produire relativement à leur état, la loi
règle la célébration.

Elle doit avoir lieu dans la commune où l'un des deux

époux a son domicile ; ce domicile, quant au mariage, s'établit par six mois d'habitation ; c'est un principe consacré par toutes les lois : c'est l'officier de l'état civil qui célèbre le mariage au jour désigné par les futurs époux, et dans la maison communne.

L'acte de célébration doit être inscrit sur les registres.

Le chapitre IV règle ce qui concerne les décès.

Les dispositions de la loi sont conformes à celle de 1792, sauf quelques modifications.

L'inhumation ne peut être faite sans une autorisation de 77-80 l'officier de l'état civil, qui ne pourra la délivrer qu'après s'être transporté auprès de la personne décédée, pour s'assurer du décès, et que vingt-quatre heures après le décès ; la loi ajoute : *hors les cas prévus par les réglemens de police.* Cette exception a été réclamée par plusieurs tribunaux. Il y a en effet des circonstances où le délai de vingt-quatre heures pourrait devenir funeste ; il est d'une bonne police d'y pourvoir.

Le transport de l'officier de l'état civil auprès de la personne décédée est une précaution indispensable pour constater le décès : la loi l'a exigé dans des cas où celle de 1792 l'avait omis ; comme ceux de décès dans les hôpitaux, prisons et autres établissemens publics.

Il y a des décès qui, par leur nature et leurs causes, font 81 exception : la loi de 1792 n'avait réglé que ce qui concernait les corps trouvés avec des indices de mort violente.

Le projet de loi embrasse encore ce qui concerne les exécu- 83 à 85 tions à mort, ou les décès dans les maisons de réclusion et de détention.

L'usage était d'inscrire sur les registres le procès-verbal d'exécution à mort ; la loi du 21 janvier 1790 l'abolit, et ordonna qu'il ne serait plus fait sur les registres aucune mention du genre de mort.

On a pensé qu'il fallait étendre cette disposition à trois espèces qui les renferment toutes.

La mort violente, qui comprend le duel, et surtout le sui-cide.

La mort en prison, ou autre lieu de détention ; ce qui comprend l'état d'arrestation, d'accusation et de condamna-tion.

Enfin, l'exécution à mort par suite d'un jugement.

Quoique, aux yeux de la raison, les peines, et la flétris-sure qui en résulte, soient personnelles, on ne peut pas se dissimuler qu'un préjugé contraire a encore beaucoup d'em-pire sur le plus grand nombre des hommes : dès lors la loi qui ne peut l'effacer subitement doit en adoucir les effets, et venir au secours des familles qui auraient à en supporter l'injustice. Elle a donc consacré formellement le principe de celle de 1790, en disposant que, dans tous ces cas, les actes de décès seront simplement rédigés dans les formes com-munes aux décès ordinaires.

86-87   Elle règle ensuite ce qui concerne le décès en mer, comme elle l'a fait pour les naissances.

88   Après avoir embrassé dans sa prévoyance la naissance, le mariage et la mort ; après avoir prescrit toutes les précau-tions capables d'assurer l'état des hommes, et prévenir les abus que la fraude, la négligence ou l'erreur peuvent intro-duire, la loi a dû s'occuper de ce qui concerne les mili-taires hors du territoire de la République ; c'est l'objet du chapitre V.

Les armées de la République sont composées de toute la jeunesse française ; ce sont les fils des citoyens que la loi y appelle sans exception. En obéissant à la voix de la patrie, chaque soldat n'en continue pas moins d'appartenir à une famille ; il ne cesse point d'avoir le libre usage des droits civils, dans les limites qui sont compatibles avec l'état mili-taire. Ainsi, lorsqu'il est sur le territoire français, ses droits sont réglés par la loi commune ; mais en temps de guerre, lorsque l'armée est sur le territoire étranger, il y a nécessai-rement exception.

On aurait pu rigoureusement, dans le projet de loi, se contenter de l'article du chapitre des dispositions générales, qui porte : Que tous actes de l'état civil des Français faits en pays étranger, feront foi, lorsqu'ils auront été rédigés dans les formes usitées dans ces pays.

Mais, quant à cette matière, on a pensé avec raison que la France était momentanément partout où une armée française portait ses pas, que la patrie pour des militaires était toujours attachée au drapeau.

Pendant la dernière guerre, on s'est joué du plus saint des contrats, du mariage. Des héritiers dont l'origine a été inconnue aux familles viennent chaque jour y porter le trouble : des parens sont toujours dans l'incertitude sur l'existence de leurs enfans. Il y a eu sans doute des abus que le caractère extraordinaire de cette guerre ne permettait pas de prévenir ; mais il en est un grand nombre qu'on peut attribuer à l'imprévoyance de la législation.

Il y aura donc un registre de l'état civil dans chaque corps de troupe, et à l'état-major de chaque armée, pour les officiers sans troupes et pour les employés.

Les fonctions d'officier de l'état civil seront remplies, dans 89 les corps, par le quartier-maître ; et à l'état-major, par l'inspecteur aux revues.

Les actes seront inscrits sur ces registres, et expédition en 90-93 sera envoyée à l'officier de l'état civil du domicile des parties, pour y être inscrite sur les registres. A la rentrée des armées sur le territoire de la République, les registres de l'état civil des militaires seront déposés aux archives de la guerre.

Les publications de mariage continueront d'être faites au 94 lieu du dernier domicile des époux, et mises en outre à l'ordre du jour des corps ou de l'armée, vingt-cinq jours avant la célébration du mariage.

Le chapitre sixième du projet de loi contient quelques dispositions relatives à la rectification des actes de l'état civil.

Il y a eu à cet égard deux systèmes.

99   Dans le projet du Code, on avait décidé que les ratures et renvois non approuvés ne viciaient point le surplus de l'acte, et qu'on aurait tel égard que de raison aux
abréviations et dates mises en chiffres. S'il y avait des nullités, le commissaire près le tribunal devait requérir que les
parties et les témoins qui avaient souscrit les actes nuls fussent tenus de comparaître devant l'officier de l'état civil pour
rédiger un nouvel acte, ce qui devait être ordonné par le
tribunal. En cas de mort ou d'empêchement des témoins, ils
étaient remplacés par d'autres témoins.

    La rectification pouvait aussi être ordonnée par les tribu-
naux, sur la demande des parties intéressées : le jugement
ne pouvait jamais être opposé à celles qui n'avaient point requis la rectification ou qui n'y avaient point été appelées.

    Les jugemens de rectification, rendus en dernier ressort
ou passés en force de chose jugée, devaient être inscrits sur
les registres, en marge de l'acte réformé.

    Ainsi l'on distinguait à cet égard deux juridictions : l'une,
que nous appellerons *gracieuse*, lorsque le tribunal ordonnait d'office la rectification ; l'autre, *contentieuse*, lorsque la
rectification était ordonnée sur la demande des parties : ce
dernier mode forme le second système.

    Le premier système a paru susceptible d'inconvéniens, en
ce que l'on entamait la question des nullités des actes de l'état
civil qu'il est impossible de préciser assez exactement, et
qu'il vaut mieux laisser en litige et à l'arbitrage des juges,
suivant les circonstances, sauf quelques cas graves spécialement déterminés aux divers titres du Code civil, tels que
celui du mariage, celui de la paternité et de la filiation.

    Ensuite on a pensé que rien ne justifiait cette vérification
d'office requise par le commissaire et ordonnée par le tribunal : on ne conçoit pas comment elle pourrait être faite sans
donner lieu à de graves inconvéniens. Les registres de l'état
civil sont, comme nous l'avons déjà dit, un dépôt sacré;
nulle autorité n'a le droit de modifier ou de rectifier d'office

les actes qui y sont inscrits. Si le commissaire près le tribunal est tenu de vérifier l'état des registres lorsqu'ils sont déposés au greffe, ce ne peut être que pour constater les contraventions ou les délits commis par les officiers de l'état civil, et pour en requérir la punition; c'est une vérification de police qui ne doit nullement influer sur la validité des actes : c'est ainsi que la loi de 1792 l'avait décidé. Les erreurs, les omissions et tous les vices qui peuvent se rencontrer dans les actes de l'état civil, acquièrent des droits à des tiers. S'il y a lieu à rectification, elle ne doit être ordonnée que sur la demande des parties, contradictoirement avec tous les intéressés; en un mot, la rectification officieuse serait absolument inutile, puisque les partisans de ce système ne peuvent pas s'empêcher de convenir qu'elle ne pourrait être opposée à ceux qui n'y auraient pas consenti, ou qui n'y auraient pas été appelés.

Le projet de loi n'adopte donc la rectification que sur la demande des parties, et contradictoirement avec tous les intéressés. La rectification ne peut jamais être opposée à ceux qui y ont été étrangers. Lorsque le jugement qui l'ordonne est rendu en dernier ressort, ou passé en force de chose jugée, il doit être inscrit sur les registres, en marge de l'acte réformé. 99 à 101

Il n'y a point de modèles, ou formules d'actes annexés à la loi. Il peut être utile d'en transmettre aux officiers de l'état civil, pour en faciliter la rédaction et pour la rendre uniforme; mais ces modèles sont susceptibles de perfection. Il faut que l'on puisse y faire les changemens dont l'expérience démontrera l'utilité. Il serait fâcheux d'être lié à cet égard par une loi, par un Code civil dont la perpétuité doit être dans le vœu des législateurs et des citoyens. Le Code règle la forme des actes : des modèles ne sont plus qu'un acte d'exécution, dont à la rigueur on pourrait se passer; mais le gouvernement y pourvoira. fin du tit. 2

Tels sont, Législateurs, les motifs du projet de loi qui vous est présenté.

COMMUNICATION OFFICIELLE AU TRIBUNAT.

Le projet et l'exposé ayant été communiqués par le Corps législatif au Tribunat, le renvoi en fut fait à la section de législation, qui, après les avoir examinés, désigna M. Siméon pour faire le rapport à l'Assemblée générale.

RAPPORT FAIT PAR LE TRIBUN SIMÉON,
AU NOM DE LA SECTION DE LÉGISLATION.

(Séance du 17 ventose an XI. — 8 mars 1803.)

Tribuns, la nécessité de conserver et de distinguer les familles a, dès long-temps, introduit chez les peuples policés des registres publics où sont consignés la naissance, le mariage et le décès des citoyens.

On a écarté ainsi la difficulté et le danger des preuves testimoniales; on a donné un titre authentique à la possession, garanti les citoyens contre la perte, les omissions ou l'inexactitude des titres domestiques. La grande famille s'est constituée gardienne et dépositaire des premiers et des plus essentiels titres de l'homme; il ne naît point en effet pour lui seul ni pour sa famille, mais pour l'état (a). En constatant sa naissance, l'état pourvoit à la fois à l'intérêt public de la société et à l'intérêt privé de l'individu.

Ces registres sont communs à toutes les familles, par quelque rang, quelques fonctions, quelques richesses qu'elles soient distinguées. Destinés à marquer les trois grandes époques de la vie, ils nous rappellent que nous naissons, que nous nous reproduisons, que nous mourons tous selon les mêmes lois; que la nature nous crée égaux (b), sans nous faire pourtant semblables, *pares magis quam similes ;* que les

____

(a) *Non tantum parenti cujus esse dicitur, verum etiam reipublicæ nascitur.* Digeste. *De ventre possess. mittendo.*

(b) *Quoad jus naturale attinet, omnes homines æquales sunt.* L. 32. ff. *De regul. juris.*

dissemblances proviennent d'une organisation plus heureuse ou mieux cultivée, du droit de propriété, des institutions et des conventions sociales, qui, si elles ne sont pas du droit naturel proprement dit, n'en sont ni moins respectables ni moins nécessaires.

La révolution trouva les registres de l'état civil dans les mains des curés. Il était assez naturel que les mêmes hommes dont on allait demander les bénédictions et les prières aux époques de la naissance, du mariage et du décès, en constatassent les dates, en rédigeassent les procès-verbaux. La société ajouta sa confiance à celle que déjà leur avait accordée la piété chrétienne. Seulement on les assujétit à remettre le double de leurs registres aux greffes des tribunaux, protecteurs et juges de l'état civil, dont les prêtres ne pouvaient être que les premiers dépositaires.

Il faut avouer que les registres étaient bien et fidèlement tenus par des hommes dont le ministère exigeait de l'instruction et une probité scrupuleuse ; leur conduite, surveillée par les lois, comme celle de tous les autres citoyens, était garantie par la sanction plus spéciale de la religion qu'ils enseignent. Ils n'ont pas toujours été heureusement remplacés dans cette fonction importante ; on a fréquemment remarqué dans plusieurs communes des inexactitudes, des omissions, quelquefois même des infidélités, parce que dans les unes ce n'était plus l'homme le plus capable, et dans d'autres le plus moral qui était chargé des registres.

Néanmoins on doit espérer que les inconvéniens assez nombreux qu'on a éprouvés disparaîtront. Ils eurent leur cause dans des choix qui s'améliorent à mesure que les citoyens éclairés et propriétaires sont appelés aux emplois.

La religion catholique romaine n'étant plus dominante, on ne peut pas obliger les familles qui ne la suivent pas à recourir à ses ministres à l'époque des événemens qui excitent le plus leur intérêt. La nation, qui ne doit pas, comme les individus, se diviser en sectes, a dû établir, pour tous les citoyens, des registres et des officiers dont ils pussent tous se servir sans répugnance.

Quand même tous les Français professeraient le même culte, il serait bon encore de marquer fortement que l'état civil et la croyance religieuse n'ont rien de commun ; que la religion ne peut ôter ni donner l'état civil; que la même indépendance, qu'elle réclame pour ses dogmes et pour les intérêts spirituels, appartient à la société pour régler et maintenir l'état civil et les intérêts temporels.

C'est donc avec raison qu'on a conservé l'institution des officiers de l'état civil, conçue par l'Assemblée constituante, et exécutée par la législative. Le principe en est juste et bon : l'exercice s'en perfectionnera par les qualités des hommes qui en seront chargés, par l'intérêt de tous les citoyens, empressés de surveiller des actes d'une si grande importance pour toutes les familles, et par les sages précautions prises dans la loi qui est proposée.

Elle est divisée en six chapitres.

Le premier contient *les dispositions générales* communes à tous les actes civils.

Trois chapitres sont relatifs aux trois espèces d'actes destinés à faire preuve de la naissance, du mariage et du décès.

Un cinquième chapitre traite de ce qui concerne l'état civil des militaires hors du territoire de la République.

Enfin, malgré les précautions prises pour la meilleure rédaction des actes de l'état civil, il est possible qu'ils aient quelquefois besoin d'être rectifiés. C'est l'objet du sixième chapitre.

Tel est le plan de la loi. En voici les principaux détails.

Elle ne considère ici la naissance, le mariage, le décès, que comme des faits dont la société recueille la preuve au moment où ils arrivent; c'est à d'autres époques qu'on en jugera, s'il y a lieu, la vérité et les conséquences. Rien donc ne doit être inséré dans les registres, que ce qui appartient essentiellement à ces faits eux-mêmes. Aucune circonstance qui en altérerait l'uniforme simplicité, qui ferait l'avantage ou le préjudice, soit des parties qui y ont intérêt, soit des tiers qui y sont étrangers, ne doit y trouver place.

Les officiers de l'état civil, rédacteurs et conservateurs de ce que les parties leur déclarent, n'ont qu'un ministère passif à remplir. Quelques formalités leur sont imposées pour la clarté et la perfection des actes, mais aucune déclaration de leur chef, aucune énonciation, aucune note ne leur est permise. Ils ne sont point juges, ils sont greffiers, commissaires enquêteurs; ils ne peuvent écrire que ce qu'on leur dit, et même uniquement ce qu'on doit leur dire.

Souvent, par un zèle inconsidéré, d'autres fois par un sentiment plus répréhensible, les rédacteurs des actes civils s'étaient permis de contrarier ou d'affaiblir les déclarations qui leur étaient faites. On en avait vu suspecter la légitimité qui leur était certifiée, nier ou révoquer en doute le mariage dont on leur disait qu'un enfant était né, en demander les preuves, et changer en inquisition des fonctions simples qui se bornent à recueillir des déclarations.

L'article 35 du projet prévient cet abus que l'ancienne jurisprudence avait déjà réprimé, et qu'il faut à jamais proscrire. Il contient même une grande amélioration, lorsqu'en prohibant toute énonciation ou note quelconque du chef des officiers de l'état civil, il a soin d'exprimer qu'ils ne peuvent écrire que *ce qui doit leur être déclaré par les parties*.

C'est-à-dire que si l'enfant qui leur est présenté est né de parens qu'on leur dit mariés, ils le déclareront; que s'il est né hors du mariage, d'un père qui l'avoue, ils le déclareront; que s'il est né hors du mariage d'un père qui ne l'avoue pas, ils ne feront pas mention du père; car ce qui *doit être déclaré* par les parties, c'est un père certain, ou par le mariage, ou par son aveu; ce n'est point un père qui se cache et dont la loi ne permet point la recherche.

Nous trouvons ici la solution d'une question qui fut, l'année dernière, vivement débattue dans le Tribunat.

D'après cette règle, que l'officier de l'état civil n'en est point le juge, qu'il est le rédacteur des déclarations à recueillir sur le fait qui doit être constaté, on avait pensé que si, en lui présentant un enfant né hors du mariage, on en désignait le père, cette désignation devait être écrite, toutefois avec la mention formelle qu'elle était faite par la mère. On voulait conserver ainsi au prétendu père tous ses droits contre une assertion fausse et injurieuse.

On opposa à cette disposition l'espèce de flétrissure qui en pourrait résulter pour le père désigné, le trouble qu'elle jeterait peut-être dans un ménage bien uni, l'encouragement qu'elle donnerait à la calomnie et à l'audace des prostituées.

On la défendit par la nécessité de constater le fait de la naissance ; elle suppose toujours un père : s'il est connu, de quelque manière qu'il le soit, il doit être désigné. On disait qu'il est juste de permettre à une femme malheureuse de nommer à la société l'homme qui la rendit mère, qu'il serait cruel de lui imposer un silence qui la confondrait avec les femmes perdues, qui ne connaissent pas même ceux à qui elles s'abandonnent. On faisait valoir l'intérêt de l'enfant; il lui importe de connaître un jour à qui il pourra s'adresser, et de quel homme il pourra plus particulièrement réclamer la tendresse, au moins la pitié.

Si la recherche de la paternité hors le mariage était admise, la désignation du père, faite au nom de la mère dans l'acte de naissance, en serait sans doute une base désirable et essentielle.

Mais la recherche de la paternité non avouée devant être interdite hors du mariage, il faut convenir que la désignation du père serait sans but. L'intérêt moral de la mère et de l'enfant ne peuvent pas être un motif suffisant pour le législateur qui s'occupe principalement des intérêts civils. Il est d'ailleurs mille rapports moraux sous lesquels il est bon de prohiber la recherche de la paternité hors du mariage, et par conséquent des déclarations qui, malgré la loi, commenceraient cette recherche, en marquant aux yeux de tout le monde l'individu désigné comme père.

Vous voyez que ceux qui ont concouru à la préparation de la loi ne sont restés attachés ni à leurs premières idées, ni à des rédactions arrêtées : n'ayant pour but que la justice et la vérité, ils sont revenus avec empressement sur leurs pas.

L'article 35 règle donc avec une louable précision les de- 35 voirs de tous ceux dont les actes civils sont l'ouvrage. Les officiers rédacteurs ne peuvent ajouter ni diminuer aux dé- clarations qui *doivent* leur être faites : mais les parties ne *doi- vent* déclarer que ce que la loi demande. Si elles vont au-delà, l'officier public peut et doit refuser ce qui, dans leurs décla- rations, excède ou contrarie le désir de la loi.

L'article précédent indique tout ce qui doit être énoncé 34-36 dans les actes de l'état civil : l'année, le jour, l'heure où ils seront reçus ; les prénoms, noms, âge, profession et domi- cile de tous ceux qui y seront dénommés, ou de leurs pro- cureurs spécialement fondés, si les parties ne comparaissent pas en personne.

Les actes de l'état civil ne sont pas livrés aveuglément à la 37 à 39 foi des officiers publics ; ils doivent être certifiés par des té- moins mâles, âgés de vingt-un ans au moins, et choisis par les parties intéressées. Il fera mention de la lecture qui leur en aura été faite, ainsi que de la cause, s'ils n'ont pas signé, qui les en aura empêchés.

Les actes seront inscrits sur des registres tenus doubles. 40

Ces doubles répéteront tout ce qui aura été originairement 49 inscrit sur les premiers registres, et tout ce qui pourra y être ajouté par addition ou correction.

Pour la sûreté des registres, ils seront paraphés sur chaque 41-41 feuillet par le président du tribunal de première instance : les actes y seront inscrits de suite sans aucun blanc ; les ra- tures et renvois seront signés et approuvés. On n'y emploiera ni abréviations ni chiffres.

43   Ils seront clos et arrêtés tous les ans, et déposés, l'un au greffe de la commune, l'autre au greffe du tribunal.

44   Les procurations et autres pièces dont il y sera mention y seront annexées, et déposées avec le double des registres aux greffes des tribunaux.

—   La sollicitude d'une tendre mère qui veille sur l'existence de ses enfans, ne leur prodigue pas plus de soins que la loi n'en a donné à la confection des actes civils. On ne peut imaginer aucune sûreté qu'elle n'ait prise.

45   Ces actes n'appartiennent pas seulement aux parties et à leurs familles : ils sont à la société entière. Les registres où ils sont inscrits et conservés seront donc ouverts à tout le monde ; chacun en pourra prendre communication et en demander extrait.

46   Si, malgré l'injonction de la loi, il n'a pas été tenu de registres ; si la malice des hommes ou l'injure des temps les ont soustraits, alors la preuve légale et authentique qu'ils sont destinés à fournir sera suppléée par la preuve testimoniale ; alors les registres et papiers émanés des père et mère seront consultés, malgré la juste répugnance des lois pour la preuve testimoniale. La première chose, avant tout, c'est l'assurance ou le rétablissement de l'état des hommes.

   Après leur avoir préparé les moyens les plus authentiques de le constater, il faut leur accorder au besoin des moyens subsidiaires.

47-48   Par le même principe, si un Français n'est pas à portée de recourir aux registres de sa patrie, s'il se trouve en pays étranger, il pourra, à son choix, employer les formes et les registres établis dans le pays, ou s'adresser aux agens de sa nation qui y résident.

50 à 52   Tant de soins pris en faveur des citoyens pour leur état tourneraient cependant contre eux et contrarieraient l'intention de la loi, si de leur omission il en pouvait résulter des nullités. A moins donc que les actes ne soient reconnus faux, leurs imperfections ne les laisseront pas sans force : ils donneront toujours aux citoyens un titre quelconque ; mais les

officiers négligens ou coupables seront punis selon l'exigence
des cas, et seront responsables des négligences et des fautes
qu'ils auront commises; et si les dépositaires de ces registres
les laissaient altérer, même sans connivence avec les auteurs
de l'altération, ils seraient civilement tenus du préjudice qui
en pourrait résulter.

La sollicitude de la loi n'est pas encore épuisée, il lui reste 53
un dernier moyen. A la fin de chaque année, au moment où
le double des registres est remis au greffe des tribunaux, le
commissaire du gouvernement les vérifiera; il dénoncera et
poursuivra les contraventions, non pour les faire réparer; il
faut, dans une matière aussi délicate, attendre la réquisition
des parties intéressées; mais il fera punir l'officier négligent
pour le ramener à l'observance de ses devoirs.

Voici maintenant les règles particulières que trace le chapitre II, relativement aux naissances.

D'abord, la naissance doit être déclarée dans les trois jours 55
de l'accouchement. Je ne répéterai pas les motifs expliqués
par l'orateur du gouvernement au Corps législatif, qui ont
déterminé à supprimer la peine que la loi de 1792, sur l'état
civil, prononçait en cas de retard; ils sont d'une évidente
sagesse. J'ajouterai seulement que, quoiqu'on n'ait pas voulu
menacer ceux qui dissimuleraient la naissance d'un enfant,
de peur que la crainte du châtiment ne leur devînt un motif
de persévérer dans leur faute, on n'a pas entendu néanmoins
laisser impunis des retards ou un silence qui dégénéreraient
en suppression d'état. Selon les circonstances, il y aurait lieu
à poursuite, soit civile, soit criminelle, de la part des parties
intéressées ou même de la partie publique.

La naissance est un fait : il doit donc être justifié à celui
qui en donne acte. L'enfant sera présenté à l'officier de l'état
civil.

L'acte de naissance doit faire connaître le sexe de l'enfant, 57
ses nom et prénoms, ceux de ses père et mère, leur profession et domicile.

De l'obligation de nommer le père, on n'induira point qu' il doit être nommé s'il ne se déclare pas, ou s'il n'est pas connu par son mariage avec la mère. Ainsi que je l'ai dit en expliquant l'article 35, ce sont des faits certains qui doivent être déclarés. L'existence de l'enfant est un fait ; l'accouchement est un fait : la mère est certaine et connue. Sans doute la naissance suppose un père ; mais quel est-il ? Il est incertain, à moins que son mariage ne le manifeste, ou que, déchirant lui-même le voile sous lequel le mystère de la génération le tient enveloppé, il ne le montre, et ne se nomme. Le sens de l'article 57 est donc qu'on n'énoncera que le père qui veut ou qui doit être déclaré.

L'enfant qui naît dans le mariage est un présent que ses parens font aux mœurs et à l'État : fruit et récompense de l'union des époux, il est par eux accueilli avec allégresse et transports ; leurs amis, leurs voisins prennent part à leur joie ; et la société consigne honorablement dans ses registres son avénement à la vie et l'accroissement d'une famille.

Mais le mariage ne produit pas seul des enfans ; il en naît d'unions furtives et illégitimes ; les uns sont avoués par leurs deux parens ; à d'autres il ne reste que leur mère ; d'autres enfin, orphelins dès leur naissance, abandonnés par leur père, qui peut-être n'a conservé aucune relation avec leur mère, repoussés du sein qui les porta, paraissent n'appartenir à personne. Ce ne sont pas moins des hommes : plus ils sont isolés, plus la grande famille leur doit de protection et d'assistance.

Quoique le but principal des registres ait été de conserver et de distinguer les familles, de préparer et de former les preuves de la paternité et de la filiation, ils seraient incomplets s'ils ne contenaient la mention de tous ceux qui naissent.

Appartenir à une famille, être légitime, être reconnu par un père hors du mariage, ce sont là des modifications de l'état, et des distinctions purement civiles et arbitraires, uniquement fondées sur les mœurs de chaque peuple ou sur la volonté absolue du législateur (a); c'est l'état particulier ou l'état de tel individu. Mais avoir droit à la liberté, à la cité, à la protection de ses lois, c'est l'état public, l'état du citoyen. Tous les membres de la société en sont investis, de quelque manière qu'ils y viennent; c'est dans ce sens qu'ils sont égaux.

C'est pour cela que la loi ordonne d'énoncer avec le même soin et dans les mêmes registres la naissance des enfans légitimes ou illégitimes, présentés par leurs parens, quels qu'ils soient, ou recueillis par une main bienfaisante ou par la commisération publique.

Si une rigueur justement adoptée pour l'intérêt et le repos des familles, interdit à ses enfans la recherche de leur père, la loi n'en prescrit pas moins de décrire avec exactitude tout ce qui leur a été laissé dans leur abandon. Un simple vêtement, un haillon, pourront quelquefois aider à un retour de tendresse ou de remords, et à rendre des enfans à des parens qui les voudraient retrouver, ou auxquels un heureux hasard les fera reconnaître; ici la loi n'est pas seulement prévoyante, elle est affectueuse et paternelle.

Elle pourvoit avec la même sagesse à ce que les naissances et les décès arrivés dans un voyage de mer soient constatés, et que les actes en parviennent aux officiers de l'état civil, chargés du dépôt général où tout se conserve et se doit retrouver. Ainsi, on a renfermé dans un même cadre tout ce qui concerne l'état civil, et l'on sera dispensé d'aller chercher des dispositions éparses dans diverses lois. Déjà notre législation avait statué sur les naissances et les décès arrivés en mer; mais on l'améliore beaucoup en exigeant que les actes en soient rapportés aux registres généraux de l'état civil, où ils seront inscrits.

Des circonstances et des motifs, dont il vous sera rendu compte dans le rapport sur le titre de la paternité et de la

(a) D'Aguesseau, Essai sur l'état des personnes, tome 5, page 417.

filiation, laisseront notre législation, à l'égard des enfans naturels, non pas aussi relâchée qu'elle le fut pendant le règne
de la Convention nationale, mais moins sévère qu'elle ne
l'avait été avant la révolution. Il continuera d'être permis de
reconnaître des enfans naturels : cette reconnaissance assure
et adoucit leur sort, elle leur donne une naissance civile; elle
doit donc se trouver dans les registres de l'état civil; et il en
doit être fait mention en marge de l'acte de naissance, s'il
en existait un, que la reconnaissance vient si puissamment
appuyer : c'est à quoi pourvoit l'article 62, qui termine le
chapitre des naissances.

63-64   Nous naissons pour nous reproduire, c'est le vœu de la nature et le besoin de la société; en même temps qu'elle en-
courage les mariages, elle doit donc veiller à leur preuve.
C'est l'objet du troisième chapitre.

Un mariage n'est pas seulement l'affaire des deux individus qui le contractent; il intéresse et leurs familles et la
société; il est susceptible d'oppositions et d'empêchemens;
il doit emporter une possession publique de l'état d'époux :
il faut donc qu'il soit connu; il faut qu'il le soit avant même
d'être contracté, afin que s'il souffre des obstacles légitimes,
ils aient leur effet.

De là vient la nécessité des publications.

Comme elles appartenaient autrefois aux curés, qui étaient
les ministres du contrat civil de mariage, ainsi qu'ils étaient
les dispensateurs du sacrement, maintenant que le contrat
est tout-à-fait séparé et indépendant du sacrement, elles
appartiendront aux officiers de l'état civil.

La loi du 20 septembre 1792 n'avait exigé qu'une publication. Avec raison, la loi présente en impose deux. C'est le
supplément de ce qu'avait autrefois de plus éclatant et de
plus vulgaire, la publication aux prônes. Une grande foule
entendait malgré soi ce que personne n'est contraint d'aller
lire à la porte de la maison commune. Le bruit de la publication pouvait facilement parvenir à ceux même qui n'y

avaient pas assisté : parce que cela ne peut plus être, il y aura deux publications.

Afin qu'on ne profite pas scandaleusement de publications 65 surannées, ou qu'on n'élude pas des oppositions dont la cause serait postérieure, les publications n'auront valeur que pendant un an, après lequel, si le mariage n'a pas été célébré, elles devront être renouvelées.

¹ En vertu du principe que les officiers de l'état civil en 66 à 69 sont les ministres et non les juges, les oppositions, pourvu qu'elles soient en forme régulière, les arrêteront. Ils ne feront pas l'acte du mariage, que les tribunaux n'aient fait main-levée des oppositions. Il devra donc leur conster qu'il n'y a point eu d'oppositions, ou qu'elles ont été levées.   ·

L'âge des époux doit être exprimé ; et si l'un d'eux ne 70 à 72 peut rapporter son acte de naissance, il y sera suppléé par un acte de notoriété. De peur qu'il n'y ait dans le défaut de présentation de l'acte de naissance quelque fraude à l'autorité paternelle ou à la loi, le mérite et la suffisance de l'acte de notoriété supplétoire seront jugés par les tribunaux.

Les droits des parens sur les mariages sont conservés ; 73-75 l'officier de l'état civil ne peut en dresser acte qu'il ne lui apparaisse de leur consentement ou des actes respecteux par lesquels on l'a requis ou de la demande de conseils, et il en fera mention.

Enfin, le domicile, quant au mariage, est déterminé par 74 six mois d'habitation continuelle dans la commune. Le mariage ne pourra être célébré que dans la commune où l'un des deux époux aura son domicile.

La loi, qui veille sur nous dès le moment de notre naissance, nous suit jusqu'à notre mort, et nous protége encore dans le tombeau.

Le chapitre IV commence par une disposition importante 77 de police, et ne permet l'inhumation que sur l'autorisation de l'officier de l'état civil. En s'assurant de la certitude du décès, il en empêche la supposition, et, par le délai de vingt-quatre heures qu'il doit faire observer, il écarte les dangers d'une précipitation trop funeste.

81   S'il y a des signes, des indices, ou des soupçons de mort violente, un officier de police sera appelé pour en dresser procès-verbal; car, s'il y a un délit, il faut saisir le dernier moment qui reste pour le constater.

79   Les actes de décès, comme les autres actes de l'état civil, doivent contenir tout ce qui sert à désigner l'individu, à constater son identité, à faire suite à sa naissance, à son mariage, à compléter les actes de son passage sur la terre.

80   Les décès dans les hôpitaux et autres maisons publiques y seront consignés dans des registres particuliers, mais sans préjudice de l'obligation de les rapporter et de les insérer dans les registres généraux et communs.

85   Les actes de naissance, de mariage et de décès ne devant contenir que ce qui est essentiel à la preuve de ces faits, le genre de mort sera soigneusement exclu des actes de décès; il ne s'agit point de recueillir des notes pour l'éloge ou la censure du défunt; on ne veut, on ne doit constater que le jour où il a cessé de vivre. On n'affligera donc point les familles d'une mention qui irait hors du but. L'infamie du supplice ne poursuivra pas jusque dans le tombeau l'homme qui a satisfait à la loi.

Cette disposition, renouvelée d'une loi de l'Assemblée constituante, est digne d'une nation humaine et éclairée. Elle peut servir à éteindre le préjugé qui étend à une famille entière la honte d'un seul de ses membres; elle ménage l'honorable délicatesse qui est un des traits les plus marquans du caractère français.

ch. 5.   Le chapitre V des actes de l'état civil, concernant les militaires hors du territoire, est une création nouvelle.

L'accroissement que notre état militaire a pris, la loi qui y appelle tous les jeunes Français sans exception, ont dû la déterminer.

Quand on soignait avec une attention si scrupuleuse l'état

civil au dedans du territoire, il ne fallait pas l'abandonner au-dehors à l'égard de ces nombreux bataillons, qui vont soutenir au-delà des frontières la gloire des armes et du nom français. La patrie pour laquelle ils combattent sera toujours avec eux dans leurs camps et sous leurs drapeaux ; s'ils lui prodiguent leur sang, elle leur prodiguera tous ses soins. Ils préfèrent la gloire à la vie, l'état à leurs familles ; ils affrontent la mort : la loi recueillera tout ce qui concerne leur état civil, dont ils s'occupent trop peu dans leurs immenses sacrifices ; elle veillera à ce que leur honorable trépas ne reste pas inconnu dans la poussière d'un champ de bataille et sur une terre étrangère. Des registres seront tenus par leurs officiers dans les mêmes formes que les registres de l'état civil ordinaire. Les expéditions des actes qui y seront reçus seront adressées à l'officier de l'état civil du domicile des parties intéressées, lequel les insérera dans les registres généraux et communs à tous les citoyens.

Cette institution est pleine d'avantages. D'abord elle protége et assure, mieux qu'il ne l'avait jamais été, l'état civil des militaires et les intérêts de leurs familles.

Elle oppose un frein nécessaire au tumulte et à la licence des camps. Elle met obstacle à des mariages abusifs, et à la supposition de ceux qui n'existèrent même pas abusivement.

Elle fournit de meilleurs moyens de constater et les décès nécessairement si multipliés, et les naissances aussi ; car on en rencontre quelquefois dans les camps, comme ces fleurs rares dont la nature égaie les monumens funèbres, et couronne les arcs de triomphe.

Enfin, les militaires invités, assujétis même, au milieu des armées, à des formes civiles, seront rappelés à cette idée dont il est si essentiel qu'ils se pénètrent, que la profession des armes, sans contredit la plus brillante de toutes, n'est pas l'état naturel de l'homme et du citoyen ; que la société, les droits individuels et la propriété se conservent habituellement par des voies, des formes et des professions plus douces ; que la guerre est un remède violent, un état de crise ; qu'on est soldat par accident, qu'on est continuellement ci- toyen, et, à ce titre, toujours soumis aux lois, toujours pro- tégé par elles.

ch. 6.   Le chapitre VI de la rectification des actes de l'état civil complète la loi.

Cette rectification que des erreurs, des négligences, quel- quefois même des délits, peuvent rendre nécessaire, ne dé- pendra jamais de ceux qui dressent les actes, ni de ceux qui les conservent. Ce qui est écrit, est écrit. Il ne leur est pas permis de toucher au dépôt qui leur est confié. Les tribunaux seuls, en grande connaissance de cause, à la réquisition des parties, après avoir appelé tous ceux qui y ont intérêt, et en- tendu le commissaire du gouvernement pour l'intérêt public, peuvent ordonner la rectification.

Telle est, citoyens tribuns, l'analyse du titre que je suis chargé de vous présenter.

Je ne vous ai pas rendu compte du travail de votre section de législation sur chaque article, sur chaque terme des dis- positions ; je ne vous ai pas parlé de ses utiles communica- tions avec la section correspondante du Conseil d'État, et des efforts faits en commun pour porter la loi à une perfection digne de la sanction du Corps législatif et de la reconnaissance de la nation.

Ce que je vous dirais à cet égard est commun à tous les titres du Code, est semblable à ce que vous faites chacun dans les sections du Tribunat, relativement aux matières qui sont dans leurs attributions.

Une discussion moins éclatante, mais plus approfondie, qui laisse moins de champ aux talens oratoires, mais qui produit une utilité plus réelle, est le résultat des travaux prépara- toires du Tribunat dans ses sections. Comme Minerve, qui sortit tout armée du cerveau de Jupiter, la loi se présente pour subir ses dernières et publiques épreuves, épurée et perfectionnée dans des épreuves particulières.

Le droit civil et la jurisprudence de la France, malgré la diversité et la bizarrerie de plusieurs coutumes, étaient déjà les meilleurs de l'Europe. La sagesse de ses tribunaux, les talens de ses jurisconsultes, l'observance du droit romain dans une grande partie de son territoire, le respect et l'autorité de la raison écrite qu'il avait obtenus dans les provinces même où il n'était pas reçu comme loi, les travaux des l'Hôpital, des Lamoignon, des d'Aguesseau et de tant d'autres illustres magistrats; tout cela avait concouru à corriger, autant qu'il était possible, ce que le droit positif présentait de défauts plus saillans. Tout cela avait fait mieux connaître les véritables principes de la justice distributive, et facilité leur application par des règlemens et des ordonnances qui ont plus d'une fois servi de modèle à d'autres nations.

Deux choses restaient à désirer, une grande et belle uniformité qui, par la communion des mêmes droits civils, resserrerait l'union politique de tous les citoyens français ; un corps complet de lois où seraient rassemblées en un même volume les règles fondamentales relatives aux personnes, aux biens et aux conventions, où l'on trouverait les décisions principales sur chaque matière, jusqu'à présent éparses dans des milliers de volumes.

C'est la même entreprise qui immortalisa Justinien ; mais elle est renouvelée avec les avantages que le siècle présent a sur le sien, par l'esprit méthodique, la clarté, la précision, qui le distinguent par-dessus tous ceux qui se sont écoulés.

Ils n'en seront pas moins respectables, ces antiques jurisconsultes qui furent à la fois des savans, des orateurs, des magistrats, des philosophes, dont Rome s'honora dans toutes les époques de sa grandeur, sous ses rois, sous ses consuls, et dans le siècle d'Auguste. Ceux qui leur refusent l'hommage que l'univers leur a rendu ne connaissent pas les nombreux oracles de raison et de sagesse que contiennent leurs décisions ; ils s'arrètent superficiellement à l'espèce de confusion qu'ils remarquent dans la collection qui nous les a conservées; défaut qui ne leur appartient pas, et qui peut être dû autant à l'abondance et à la richesse des matières, qu'au temps où elle fut faite.

Sont-elles bien plus méthodiques, sont-elles surtout plus équitables, ces coutumes, débris des lois des Barbares et des Visigoths, établies, au gré de la féodalité, dans l'enclave de chaque comte ou de chaque haut-justicier, suivies par ses vassaux, inconnues hors de ses domaines; variant d'une contrée à l'autre, parce qu'ayant peu de principes fixes, elles étaient arbitraires?

Mais il ne s'agit point d'élever entre le droit coutumier et le droit romain une guerre dès long-temps terminée par le consentement unanime des nations : il ne s'agit point de consacrer dans notre Code des dispositions, parce qu'elles appartenaient aux lois d'Athènes et de Rome, ou d'en dédaigner d'autres, parce qu'elles remontent à des époques moins anciennes et moins brillantes. Les coutumes, les ordonnances des rois, la jurisprudence des parlemens, les décrets des assemblées nationales, fournissent à l'envi d'excellens matériaux. Il faut puiser avec choix et impartialité dans ces mines abondantes; prendre, de chacun des droits qui ont régi successivement la France, ce qui conviendra le mieux à nos mœurs présentes, ce qui ménagera le plus des préjugés et des habitudes qui se combattent, ce qui sera le plus approprié à cette transaction qu'il faut établir entre des contrées dont on change et on modifie les usages, pour les amener toutes aux mêmes règles.

C'est le but que se sont constamment proposé les estimables rédacteurs des premiers projets du Code, et tous ceux que le gouvernement a appelés à revoir et à perfectionner avec eux leur plan : il ne tiendra pas à votre section de législation, à vous, citoyens tribuns, auxquels elle soumet le jugement de ses travaux, au Corps législatif qui médite, rejette ou adopte les vœux formés dans votre sein et sanctionne les lois, que ce grand ouvrage ne s'accomplisse d'une manière digne de la nation, et du siècle, et des époques où il aura été sérieusement entrepris et terminé.

Il me reste à vous dire, pour en revenir à ce qui fait le sujet particulier de mon rapport, que le titre des actes de l'état civil est digne, tel qu'il est, d'être admis dans notre Code ; c'est le recueil le plus complet et le plus parfait de ce que les ordonnances, les arrêts de règlement et la loi du 20 septembre 1792 avaient statué sur cette importante matière. Les dispositions anciennes ont été encore améliorées, quand elles ont pu l'être ; des dispositions nouvelles y ont été ajoutées : en un mot, la prévoyance et les précautions ont été poussées aussi loin qu'elles peuvent l'être, sans devenir pourtant minutieuses et embarrassantes.

La section de législation vous en propose l'adoption.

Le Tribunat vota l'adoption dans la séance du 18 ventose an XI, sans qu'aucun orateur, autre que le rapporteur, ait pris la parole, et il fit présenter son vœu au Corps législatif, le 20, par MM. Chabot (de l'Allier), Siméon et Curée.

DISCUSSION DEVANT LE CORPS LÉGISLATIF.

DISCOURS PRONONCÉ PAR LE TRIBUN CHABOT (de l'Allier).

Législateurs, le premier titre du Code civil a déterminé quelles sont les personnes qui jouissent *des droits civils*, et comment on en perd la jouissance.

Les autres titres du Code régleront la nature de ces droits, et comment on en jouit.

Il s'agit en ce moment de remonter jusqu'à leur origine, de déterminer comment on les acquiert, d'établir des règles pour les constater, d'assurer leur existence par des formes légales, et de constituer, en un mot, *l'état civil*, qui est le but de toute association politique, et qui a tant d'influence sur le bonheur individuel.

Tel est, citoyens législateurs, l'objet du second titre que nous venons soumettre à votre examen.

L'origine et les preuves de l'état civil doivent être constatées par des actes publics, puisqu'il intéresse la société tout entière.

C'est donc à la loi seule qu'il appartient de régler la forme de ces actes, d'en assurer la vérité, de leur imprimer le caractère de l'authenticité, et d'en garantir la conservation.

Les droits civils prennent leur source à trois époques principales de la vie de l'homme, la naissance, le mariage et le décès; la loi devait donc attacher à ces trois époques la confection des actes de l'état civil.

En effet, il faut d'abord constater la naissance de l'individu, pour qu'il commence à jouir de tous les droits qu'accorde la loi civile : il faut aussi constater la filiation, pour qu'on connaisse la famille à laquelle il appartient, et dans laquelle il exercera ses droits.

A l'époque du mariage, il faut que ce contrat, le plus saint de tous, qui doit créer une nouvelle famille, et donner à la société de nouveaux membres qui auront aussi leurs droits, reçoive de la loi même sa sanction, et qu'un acte solennel en constate l'existence et l'époque.

Lorsque l'individu cesse de vivre, il faut encore constater la certitude de son décès, afin de prévenir d'horribles méprises et de criminelles précipitations; le genre de sa mort, si elle a été l'effet d'un crime, pour en rechercher et en punir les auteurs; enfin, l'époque précise à laquelle, en mourant, il a transmis ses droits à d'autres individus.

C'est de la preuve de tous ces faits, relatifs aux naissances, aux mariages et aux décès, que résultent les droits civils, et c'est cette preuve que les actes de l'état civil ont pour objet de recueillir et de constater.

Il ne peut donc y avoir d'actes plus importans que ceux de l'état civil : c'est sur eux que reposent l'état des hommes et la constitution des familles, qui sont les bases de l'ordre social.

Aussi le projet de loi en règle la forme avec le plus grand soin, et ne néglige aucun des moyens, aucune des précautions que peuvent suggérer la sollicitude et la prudence, pour assurer l'exactitude et la fidélité de ces actes, pour les défendre de l'erreur, de la négligence, de la prévarication, et pour en garantir le dépôt et la conservation.

Mon devoir, citoyens législateurs, est de vous faire connaître ces moyens et ces précautions réglementaires, qui forment la partie essentielle du projet de loi ; je serai donc forcé d'entrer dans des détails souvent arides, souvent minutieux en apparence, et qui ne peuvent avoir rien d'intéressant que leur objet ; mais cet intérêt, que vous ne perdrez pas de vue, fixera votre attention, et j'abrégerai le plus qu'il sera possible.

Il y a dans le projet de loi des règles générales qui s'appliquent à tous les actes de l'état civil ; il y en a de particulières à chaque espèce d'actes.

Le premier chapitre comprend les règles générales.

Dans le second, le troisième et le quatrième, se trouvent les règles particulières aux actes de naissance, aux actes de mariage et aux actes de décès.

L'état civil des militaires hors du territoire de la République demandait encore des règles différentes : elles font la matière du cinquième chapitre.

Le sixième enfin, établit les moyens de réparer les erreurs qui auraient été commises dans la rédaction des divers actes de l'état civil.

Ce plan, très-méthodique, que nous suivrons aussi dans la discussion, ne comprend pas les actes relatifs au divorce et à l'adoption, quoiqu'ils appartiennent à l'état civil ; mais il a paru plus convenable de les renvoyer aux titres mêmes du *divorce* et de l'*adoption*, parce qu'ils doivent se lier avec les autres dispositions sur ces matières, qui d'ailleurs ne sont pas d'un usage aussi général, et doivent être discutées dans leur ensemble.

24   Vous verrez d'abord avec plaisir, citoyens législateurs,
dans le premier chapitre du projet de loi, que la rédaction
des actes de l'état civil est conservée à l'autorité civile.

C'est la loi seule qui confère et garantit l'état civil, qui en
détermine les droits, en règle les effets, et en fait cesser la
jouissance, suivant que l'exige l'intérêt de la société. Tout ce
qui concerne l'état civil se trouve donc exclusivement dans
le domaine de la loi, et la puissance ecclésiastique, absolument étrangère à cet objet, ne doit y exercer aucune influence.

La loi ne touche point aux actes purement religieux ; la
religion ne doit pas toucher aux actes purement civils.

Ce principe fut proclamé par l'Assemblée constituante ; la
première législature le consacra solennellement par la loi du
20 septembre 1792, et ce ne serait point après le concordat
qu'on voudrait le méconnaître et le contester.

41-42-   Vous applaudirez encore, citoyens législateurs, à cette
43-44   autre disposition générale du projet de loi, qui restitue à
l'autorité judiciaire les attributions de police et même de
juridiction que la loi du 20 septembre 1792 avait conférées
à l'autorité administrative, sur la forme, la tenue, le dépôt
et la rectification des registres de l'état civil.

Autrefois les baillis et sénéchaux avaient ces attributions,
et il est évident qu'elles appartiennent réellement à l'autorité judiciaire.

S'élève-t-il des contestations sur l'état civil? ce sont les
tribunaux qui en connaissent. Dans aucun cas, la connaissance ne peut en appartenir aux administrations.

Il faut donc que les registres de l'état civil soient placés
sous la surveillance des tribunaux, et qu'ils soient déposés
dans leurs greffes, pour que, dans tous les cas où il sera
nécessaire d'y faire des vérifications, comme en matière de
faux, d'altération, et même de simples erreurs ou omissions,
ces vérifications puissent être faites promptement, sans déplacement des registres, et sans qu'il soit besoin de vérifier

encore les signatures et paraphes qui auraient été apposés par les préfets et sous-préfets.

Le projet de loi fait un autre changement très-utile à la loi du 20 septembre 1792, en ne prescrivant qu'un seul registre tenu double pour tous les actes de l'état civil.

La déclaration de 1736 n'avait également prescrit qu'un seul registre double pour tous les actes.

La loi du 20 septembre 1792 en ordonna un double pour chaque espèce d'actes. Son but était de faciliter, par la distinction des registres, la distinction des divers actes de l'état civil.

Mais l'expérience a prouvé que cette multiplicité de registres n'opérait que de la confusion, et donnait lieu à une foule d'erreurs. Il est donc préférable de n'en avoir qu'un seul, tenu double, sur lequel tous les actes seront inscrits à leurs dates, et à la suite les uns des autres. Il faut, autant que possible, simplifier l'opération ; autrement, dans un grand nombre de communes rurales, il ne se trouverait pas d'hommes en état de la faire.

Le registre sera tenu double, pour que la perte de l'un puisse être réparée par l'existence de l'autre ; et, à cet effet, ils seront remis à la fin de chaque année dans deux dépôts différens, l'un aux archives de la commune, l'autre au tribunal de première instance, après avoir été clos et arrêtés par l'officier de l'état civil.

Les dépositaires ne pourront en refuser à personne des extraits. L'état civil des hommes doit être public, et les registres qui le constatent doivent être ouverts à tous les citoyens.

Un autre article très-important, et qui préviendra bien des difficultés, dit expressément, que les officiers de l'état civil n'auront aucune espèce de juridiction sur les actes qu'ils recevront, et ne pourront rien y insérer, soit par note, soit par énonciation quelconque, que ce qui *doit* être déclaré par les comparans.

Or, ce qui *doit* être déclaré par les comparans, c'est ce que la loi ordonne d'insérer dans les actes, et rien de plus.

Ainsi, les parties ne pourront faire d'autres déclarations que celles qui sont exigées par la loi, et les officiers de l'état civil ne pourront en demander ni en recevoir d'autres. Ces déclarations ne pourront porter que sur les faits que la loi veut faire consigner dans les actes, et devront être rigoureusement restreintes dans les bornes qu'elle a fixées.

Ainsi, l'on ne trouvera plus, dans les actes de l'état civil, de ces assertions vagues ou infidèles, dictées par la passion ou par l'intérêt personnel, qui pouvaient souvent compromettre l'état des citoyens.

Ainsi, les officiers de l'état civil ne pourront plus se permettre aucune interpellation, ni recherche, ni inquisition sur des faits qui ne devront pas être consignés, ou sur la vérité des déclarations faites par les parties : leur ministère se bornera à recevoir ces déclarations lorsqu'elles seront conformes à la loi ; ils n'auront le droit ni de les commenter, ni de les contredire, ni de les juger. L'état des citoyens ne devait pas être abandonné à leur discrétion.

34   Le projet de loi détermine ensuite, avec l'attention la plus scrupuleuse, la forme des actes de l'état civil, et tout ce qui doit y être inséré.

Ces actes énonceront l'année, le jour et l'heure où ils seront reçus, les prénoms, nom, âge, profession et domicile de tous ceux qui y seront dénommés.

44   Pour prévenir toute surprise, les individus qui représenteront les parties intéressées non comparantes, seront tenus de rapporter des procurations spéciales et authentiques : ces procurations seront annexées aux actes, et déposées ensuite, avec le double du registre, au greffe du tribunal.

37   Les témoins ne pourront être que du sexe masculin, âgés de vingt-un ans au moins, et seront choisis par les parties intéressées.

42   Les actes seront inscrits sur les registres, de suite et sans

aucun blanc ; il n'y sera rien écrit par abréviation, aucune
date ne sera mise en chiffres ; enfin, les ratures et renvois
seront approuvés et signés, ainsi que le corps de l'acte, par
les officiers de l'état civil, par les comparans et les témoins ;
ou mention sera faite de la cause qui empêchera les comparans et les témoins de signer.

Aucune de ces formalités, citoyens législateurs, ne doit
paraître inutile ou minutieuse, lorsqu'on considère combien
il est important pour la société tout entière que les actes de
l'état civil ne contiennent rien que de certain et de vrai, et
qu'ils soient mis, par tous les moyens possibles, à l'abri des
altérations et des faux.

Mais le projet de loi ne se borne point à prescrire des me- 50
sures sages et utiles ; il en assure l'exécution en prononçant
des peines contre les contraventions, et en soumettant à la
responsabilité les fontionnaires chargés de la rédaction et de
la conservation des actes.

Les simples erreurs ou omissions seront punies d'une
amende.

Les altérations, les faux et l'inscription des actes faite sur 52
une feuille volante, et autrement que sur les registres, donneront lieu aux dommages–intérêts des parties, sans préjudice des peines portées au Code pénal.

Le dépositaire des registres sera même responsable civile- 51
ment des altérations qui y seraient faites par tout autre que
lui, sauf son recours, s'il y a lieu, contre les auteurs de ces
altérations.

Chaque année le commissaire du gouvernement près le 53
tribunal de première instance sera tenu de vérifier l'état
des registres lors du dépôt qui en sera fait au greffe, dressera procès-verbal de la vérification, dénoncera les contraventions et les délits, et en poursuivra la peine.

Cependant ce n'était pas encore assez que d'avoir pris des 46
moyens sévères pour la tenue, pour la fidélité, pour la conservation des registres, il fallait encore prévoir le cas où,

par quelque événement que ce pût être, il n'aurait pas
existé de registres, et celui où ils seraient perdus. Le projet
de loi dit que la preuve en sera reçue tant par titres que par
témoins, et que, dans ces cas, les mariages, naissances et
décès pourront être prouvés tant par les registres et papiers
émanés des père et mère décédés, que par témoins.

Ce n'est qu'avec regret sans doute que le législateur autorise, dans une matière si importante, la preuve testimoniale ; mais ici elle est nécessaire, elle est le seul moyen que
puissent invoquer une foule d'individus qu'il serait aussi
trop injuste de priver de leur état, parce que les registres où
il aurait été constaté seraient perdus.

47   Enfin, le projet de loi contient une règle générale sur les
actes de l'état civil faits en pays étranger. Comme il ne pouvait exiger pour ces actes les formes qu'il a établies pour
ceux faits en France, il dispose que tout acte de l'état civil
des Français et des étrangers, fait en pays étranger, fera
foi, s'il a été rédigé dans les formes usitées dans ledit
pays.

48   Cependant il donne aussi la faculté aux Français qui sont
en pays étranger, de faire constater, conformément aux lois
françaises, les actes de leur état civil par les agens diplomatiques ou commerciaux de la France.

Nous avons exposé, citoyens législateurs, les principales
règles qui s'appliquent à tous les actes de l'état civil. Celles
qui sont particulières à chaque espèce d'actes méritent aussi
votre attention.

Le chapitre second comprend celles relatives aux actes de
naissance.

55 à 57   Il détermine d'abord les déclarations qui doivent être
faites concernant les naissances, par quelles personnes et
dans quels délais doivent être faites ces déclarations, l'obligation de présenter l'enfant à l'officier public, et tout ce qui
est nécessaire pour constater la date précise de sa naissance,
son sexe, les nom et prénoms qui lui sont donnés, et les

prénoms, nom, profession et domicile des père et mère, ainsi que ceux des témoins.

Les lois des 20 septembre et 19 décembre 1792 avaient prononcé la peine d'emprisonnement contre le père et l'accoucheur présens à la naissance, ou contre la personne chez qui une femme serait accouchée, s'ils ne déclaraient pas la naissance à l'officier de l'état civil.

On avait pu croire, en effet, que cette peine était nécessaire dans un temps où l'autorité ecclésiastique, s'appuyant sur une longue usurpation, contestait à l'autorité civile le droit de constater l'état des citoyens ; dans un temps où l'on avait à craindre que, par esprit d'opposition et de parti, ou par de fausses alarmes jetées dans les consciences, les parens ne se refusassent à présenter leurs enfans aux officiers de l'état civil ; et l'expérience n'a que trop prouvé que cette crainte était fondée.

Mais les circonstances ne sont plus les mêmes. Un gouvernement bien organisé, un gouvernement sage a rallié tous les esprits ; le concordat a fait cesser les dissensions religieuses, et fixé d'une manière précise la ligne de démarcation entre l'autorité civile et l'autorité ecclésiastique : on ne doit donc plus craindre qu'il se trouve encore aujourd'hui des hommes assez imprudens, pour compromettre leur état, celui de leurs enfans et la tranquillité de leurs familles, en refusant d'obéir à la loi, puisque d'ailleurs chacun pourra faire sanctifier par les solennités de l'église tous les actes relatifs à l'état civil.

Ainsi, toutes dispositions pénales à cet égard ont dû paraître inutiles, et ce qui a déterminé surtout à les supprimer, c'est qu'elles priveraient souvent la mère et l'enfant à l'époque de sa naissance, des secours de la pitié, de l'art, et même de l'amitié. La crainte d'une peine produit presque toujours l'effet d'éloigner des occasions où l'on se trouve exposé à l'encourir.

Cependant, s'il y avait des intentions coupables dans le défaut de déclaration de la naissance, si on ne refusait cette déclaration que pour supprimer l'enfant ou son état, il est bien évident que l'indulgence de la loi ne s'étendrait pas à cette fraude criminelle. Alors le défaut de déclaration de naissance serait un délit qui pourrait, suivant les circonstances, prendre un caractère encore plus grave, et devrait être toujours réprimé avec une grande sévérité.

57 et ap.   Avant de passer aux autres articles du projet de loi, c'est ici le lieu de faire une observation d'un grand intérêt, puisqu'elle a pour objet de prévenir des contestations et de diriger la jurisprudence des tribunaux sur un point très-important de la législation relative aux enfans nés hors de mariage.

On se rappelle que dans le projet de loi qui fut présenté en l'an X sur la matière qui nous occupe, se trouvait un article ainsi conçu :

« S'il est déclaré que l'enfant est né hors mariage, et si
« la mère en désigne le père, le nom du père ne sera inséré
« dans l'acte de naissance qu'avec la mention formelle qu'il a
« été désigné par la mère. »

Cet article fut fortement combattu dans le sein du Tribunat.

On dit qu'il était inutile à la mère et inutile à l'enfant, puisque la déclaration de la mère ne pouvait, en aucun cas, suppléer à la reconnaissance qui devait être formelle de la part du père, et ne donnerait conséquemment aucun droit ni à la mère, ni à l'enfant, contre le père désigné.

On ajouta que cet article était effrayant pour tous les citoyens, et immoral dans ses conséquences ; qu'il porterait le trouble dans les familles, diviserait les époux, les pères et les enfans, outragerait la sainteté du mariage et les bonnes mœurs, donnerait aux femmes des prétextes d'inconduite, et autoriserait les calomnies qui ne troublent que trop souvent le repos des gens de bien.

Le gouvernement a senti toute la force de ces raisons, et comme il n'a d'autre orgueil que celui de faire le bien, comme il ne cherche que la justice et la vérité, il n'a pas reproduit l'article dans le nouveau projet de loi.

Sans doute il faut conclure de la suppression de cet article, que ce qu'il autorisait ne doit pas être exécuté, et qu'en conséquence on ne pourra point insérer dans l'acte de naissance d'un enfant hors mariage le nom du père qui veut rester inconnu, fût-il même désigné par la mère.

Cela paraît très-évident.

L'objet est néanmoins trop important, pour laisser sans réponse une objection que ne manqueront pas de faire les partisans de l'opinion contraire. Ils diront que l'article 57 du nouveau projet de loi, qui ordonne l'insertion dans les actes de naissance des noms des père et mère, s'expliquant en termes généraux à l'égard des pères, et sans aucune exception, doit s'appliquer aux pères des enfans nés hors mariage, comme aux pères légitimes.

Si tels devaient être le sens et l'effet de l'article qu'on oppose, il présenterait bien plus d'inconvéniens encore que celui qui a été supprimé.

Celui-ci *autorisait* seulement à insérer le nom du père, lorsque l'enfant était né hors mariage, et l'article maintenu *ordonnerait* expressément cette insertion.

En second lieu, suivant l'article supprimé, le nom du père naturel ne pouvait être inséré que sur la désignation faite par la mère : et, suivant l'article maintenu, la désignation de la mère ne serait plus nécessaire, puisqu'elle n'est pas exigée, et que, dans tous les cas, et sans exception, le nom du père devrait être inséré dans l'acte de naissance.

La contradiction élevée contre l'article qui depuis a été supprimé, et les excellentes raisons sur lesquelles on l'avait établie, auraient donc produit un effet tout contraire à celui qu'on devait en attendre ; elles n'auraient servi qu'à aggraver le mal, et à amener des résultats encore plus funestes, au lieu de les faire cesser.

Ce n'est pas là l'intention des rédacteurs du projet, et il est, au reste, très-aisé de répondre à l'objection.

L'article maintenu ne s'appliquait, dans le projet de loi

présenté en l'an X, qu'aux enfans légitimes, puisqu'on y avait inséré un autre article *particulier* pour les enfans nés hors mariage. Cet article, qui a été maintenu dans le nouveau projet de loi, et auquel il n'a été fait aucun changement, ne s'applique donc encore qu'aux enfans légitimes ; et l'article particulier aux enfans nés hors mariage ayant été supprimé, tout ce qu'il ordonnait se trouve écarté de la législation.

La loi ne reconnaît de père que dans deux cas, lorsqu'il y a mariage, *pater est quem nuptiæ demonstrant,* ou lorsque le père d'un enfant né hors mariage vient se déclarer lui-même pour être réellement le père : elle ne reconnaît pas la paternité non avouée, et n'en autorise pas la recherche.

On ne peut donc appliquer l'article 57 du projet de loi qui parle du père, et ordonne l'insertion de son nom dans l'acte de naissance de l'enfant, qu'au père qui est indiqué par le mariage, ou à celui qui se présente lui-même pour reconnaître l'enfant né hors mariage.

Le projet de loi n'ordonne l'insertion dans les actes de l'état civil que de faits *certains :* on ne peut supposer que le législateur ait l'intention de laisser insérer des faits faux, ou seulement douteux, dans des registres qui doivent constater à perpétuité l'état des citoyens.

Les parties qui ne *doivent* déclarer que ce que la loi permet d'insérer, ne peuvent donc aussi déclarer que des faits qui soient certains.

Or, il n'est pas certain, au moins aux yeux de la loi, que l'individu qui ne reconnaît pas un enfant né hors mariage soit réellement son père, et on ne peut le forcer à cette reconnaissance.

Il n'est donc permis à personne de le déclarer père dans l'acte de naissance ; et si cette déclaration était faite contre le vœu de la loi, l'officier de l'état civil ne pourrait l'insérer dans l'acte, parce qu'il ne doit y insérer que ce que les parties *doivent* déclarer.

C'est dans cet esprit, citoyens législateurs, que l'un des orateurs, chargés de défendre devant vous le projet de loi, a traité la question dans l'excellent rapport qu'il a fait au Tribunat. Aucune voix ne s'est élevée pour le contredire ; nous pouvons donc assurer que le Tribunat a voté dans le même sens, et nous croyons pouvoir dire avec une égale confiance, que le gouvernement a eu les mêmes motifs et les mêmes intentions, en supprimant l'article qui avait une disposition contraire.

Il nous a paru très-essentiel, pour le maintien des bonnes mœurs et pour la tranquillité des familles, de fixer sur ce point, d'une manière très-positive, la volonté du législateur.

Je reprends maintenant les autres dispositions du projet 58 à 61 de loi, et je les discuterai plus rapidement.

Le chapitre second a pris encore les précautions les plus sages, soit à l'égard des enfans abandonnés, pour recueillir tout ce qui peut un jour les faire reconnaître par leurs parens, soit à l'égard des enfans qui naissent pendant un voyage de mer, pour que leur état soit bien constaté et que les actes de naissance ne se perdent point en cas de naufrage.

Le chapitre III traite ce qui concerne les actes de mariage, 63 et commence par régler ce qui est relatif aux publications.

L'ordonnance de Blois exigeait trois publications ; la loi du 20 septembre 1792 n'en prescrivit qu'une seule. Le projet de loi prend un terme moyen, il ordonne deux publications à huit jours d'intervalle.

Une seule publication ne suffisait pas pour prévenir les abus des mariages clandestins ; et cependant comme il pourrait être nécessaire, dans certains cas, d'abréger les délais, vous examinerez au titre du *mariage*, citoyens législateurs, s'il n'est pas convenable d'autoriser le gouvernement à accorder la dispense d'une publication.

Pour que les publications produisent réellement la publicité, elles seront faites les jours où les citoyens ont l'habitude de se réunir.

64　·Mais ce ne peut être que sous ce rapport que les dimanches sont indiqués pour les publications qui, d'ailleurs, seront faites par l'officier civil et à la porte de la maison commune, où elles resteront affichées.

Elles seront rédigées de manière à ce qu'on ne puisse se tromper sur l'identité des individus, et le mariage ne pourra être célébré que trois jours après la seconde publication.·

Les articles suivans règlent ce qui concerne les oppositions aux mariages.

66　Les actes d'opposition seront signés, sur l'original et sur la copie, par les opposans ou par leurs fondés de procuration spéciale et authentique ; ils seront signifiés, avec la copie de la procuration, à la personne ou au domicile des parties et à l'officier de l'état civil, qui mettra son visa sur l'original.

Ces précautions préviendront beaucoup d'abus.

68　Dans aucun cas, l'officier civil ne sera juge du mérite des oppositions ; et il ne pourra célébrer le mariage avant qu'on lui en ait remis la main-levée, sous peine de trois cents francs et de tous dommages et intérêts.

On verra, au titre du *mariage*, quelles sont les personnes qui doivent être autorisées à former ces oppositions.

70　L'acte de naissance de chacun des futurs époux sera remis à l'officier de l'état civil, pour qu'il vérifie s'ils ont l'âge requis par les lois.

71-72　Si l'acte de naissance ne peut être représenté, il sera suppléé par un acte de notoriété, qui ne sera valable qu'après avoir été homologué par le tribunal de première instance, sur les conclusions du commissaire.

73　L'acte authentique du consentement des père et mère, aïeuls et aïeules, ou celui de la famille dans les cas où ils sont requis, ou les actes respectueux, s'il a dû en être fait, seront pareillement remis à l'officier de l'état civil, et il ne pourra célébrer le mariage, si les consentemens exigés par la loi n'ont pas été donnés.

74　Le mariage sera célébré dans la commune où l'un des deux

époux aura son domicile, et ce domicile, quant au mariage, s'établira par six mois d'habitation continue dans la commune.

Le mariage sera célébré par l'officier civil, dans la maison 75 commune et en présence de quatre témoins.

Enfin, le projet de loi détermine avec beaucoup de soin la 76 forme de l'acte du mariage; et tous ces détails n'ont besoin d'aucun développement.

Le chapitre concernant les actes de décès est rédigé avec 77 le même soin et la même prévoyance. •

Le décès sera constaté de la manière la plus certaine, et par l'officier civil lui-même, avant que l'inhumation ait lieu.

L'inhumation ne pourra être faite sans une autorisation de l'officier civil, et que vingt-quatre heures après le décès, sauf les cas prévus par les règlemens de police.

L'acte du décès sera dressé sur la déclaration de deux té- 78 moins, et contiendra tout ce qui peut être nécessaire pour faire reconnaître et la personne décédée et sa famille.

Lorsqu'il y aura des signes ou indices, ou même seulement 81 des soupçons de mort violente, l'inhumation ne sera faite qu'après qu'un officier de police, assisté d'un officier de santé, aura dressé procès-verbal de l'état du cadavre; et tout est prévu pour que les renseignemens qui en résulteront ne restent pas inutiles.

Vous verrez encore avec beaucoup d'intérêt, citoyens lé- 85 gislateurs, cette autre disposition qui porte que, dans tous les cas de mort violente, ou de décès dans les prisons, ou d'exécution à mort, il ne sera fait sur les registres aucune mention de ces circonstances, et que les actes de décès seront rédigés dans la forme ordinaire.

Le repos des familles rendait nécessaire cette mesure bienfaisante. La raison et la philosophie n'ont pas encore assez gravé dans les cœurs cette maxime, cependant si juste et si vraie, que le crime étant personnel à l'individu qui l'a commis, ne doit avoir aucune influence morale sur les autres membres de la famille qui en sont innocens.

86-87   Ce qui concerne les décès en mer est réglé de la même manière que l'a été précédemment ce qui concerne les naissances.

88   Le chapitre V fixera particulièrement votre attention, il intéresse nos braves militaires.

Leur état civil ne peut plus être constaté, comme celui des autres citoyens, lorsque les armées dans lesquelles ils sont employés se trouvent hors du territoire de la République; il fallait donc à leur égard un mode particulier. ·

Devait-on les soumettre aux lois du pays pour faire constater les actes de leur état civil? Pouvait-on les autoriser à contracter mariage dans un pays où ils n'auraient pas eu un domicile de six mois?

Le premier magistrat de la République a tranché la difficulté par une idée infiniment heureuse, qui porte tout à la fois le caractère de la grandeur et de la vérité.

« Le drapeau, dans quelque endroit qu'il se trouve, *a dit* « *le Premier Consul,* fixe la véritable résidence du militaire « français : lorsqu'il est sous ce drapeau, il n'est pas chez « l'étranger. »

Ce principe politique, dont la conception appartenait naturellement au héros qui, tant de fois, a conduit nos armées triomphantes sur le territoire ennemi, va recevoir son application.

. Ainsi, la qualité prééminente de citoyen français accompagnera toujours nos militaires aux armées, quelque part qu'elles se trouvent : elle les suivra partout, pour les protéger sans cesse; elle les fera jouir sur la terre étrangère de tous les droits dont ils jouiraient dans leurs foyers.

90   Il y aura donc dans chaque corps de troupe, et dans chaque armée, un registre pour les actes civils.

89   Des officiers désignés rempliront les fonctions d'officiers civils.

90   Les registres seront conservés de la même manière que les

autres registres des corps et états-majors, et déposés aux archives de la guerre à la rentrée des corps ou armées.

Les publications de mariage des militaires et employés à la suite des armées seront faites au lieu de leur dernier domicile, et seront mises, en outre, vingt-cinq jours avant la célébration du mariage, à l'ordre du jour du corps ou de l'armée. 94

Pour que les actes de naissance, de mariage et de décès ne restent point inconnus aux familles, l'officier chargé de la tenue des registres en adressera immédiatement des extraits aux officiers de l'état civil des derniers domiciles des parties, et ceux-ci seront tenus de les inscrire de suite sur leurs registres. 93

On ne peut qu'applaudir à toutes ces dispositions inconnues jusqu'à présent dans notre législation, et qui vont faire cesser enfin les incertitudes et les difficultés qui s'élevaient chaque jour sur l'état des militaires.

Le chapitre relatif à la rectification des actes de l'état civil complète le projet de loi.

Il consacre en principe que la rectification d'un acte de l'état civil ne peut avoir lieu que d'après une demande formelle, qu'elle ne peut être prononcée que par les tribunaux, et qu'elle ne doit l'être qu'après que les parties intéressées ont été appelées. 99

Aucune rectification ne pourra donc être faite *d'office* ni par les tribunaux, ni par aucune autre autorité.

Le commissaire du gouvernement près le tribunal qui est chargé de vérifier l'état *matériel* des registres ne pourra pas même, lorsqu'il reconnaîtra qu'il y a eu erreur, défaut de formalités ou simple omission dans un acte, en requérir, de son propre mouvement, la rectification. Le projet de loi ne lui donne à cet égard que le droit de requérir une peine contre les auteurs des contraventions : c'est un droit de police qu'il exerce, et non pas un droit de réformation. Ib. et 53

Dans tous les cas, et pour toutes les rectifications quelconques, il faudra la réquisition préalable de l'une des parties intéressées, et que toutes soient appelées pour le jugement.

100   On ne pourra point, en conséquence, opposer, dans aucun temps, le jugement de rectification aux parties intéressées qui ne l'auraient pas requis, ou qui n'y auraient point été appelées.

Ces dispositions sont infiniment sages.

Les registres de l'état civil sont un dépôt sacré, qu'on violerait en y faisant la moindre altération. Ils sont sous la garde des tribunaux, mais non pas à leur discrétion.

L'état civil des citoyens est leur propriété; et cette propriété, inviolable comme toutes les autres, ne doit être soumise qu'aux mêmes règles et aux mêmes formes.

Législateurs, je me hâte de terminer une discussion que l'abondance des matières et l'importance du sujet ne m'ont pas permis de présenter d'une manière plus rapide.

J'aurai atteint le but que je m'étais proposé, si vous êtes convaincus que le projet de loi a parfaitement rempli son objet; que le système en a été bien conçu et le plan bien exécuté; que toutes les précautions qu'il a prises pour assurer l'état des citoyens attestent la sollicitude du gouvernement dans une matière aussi grave, et sont combinées d'ailleurs avec une grande sagesse; que toutes ses dispositions, justes et bienfaisantes, auront l'influence la plus étendue comme la plus utile sur le bonheur des individus et le repos des familles, puisqu'elles embrassent la vie de l'homme tout entière, le saisissent dès sa naissance pour ne l'abandonner qu'au tombeau, et règlent tous les actes qui le lient à sa famille et à la société; qu'enfin le projet de loi est digne d'entrer dans le Code national, et mérite, sous tous les rapports, de réunir vos suffrages comme il a réuni ceux du Tribunat.

Personne ne demanda la parole, et le Corps législatif adopta le projet dans la même séance; la loi fut ensuite promulguée le 30 ventose an XI (21 mars 1803).

TITRE TROISIÈME.

Du Domicile.

DISCUSSION DU CONSEIL D'ÉTAT.

(Procès-verbal de la séance du 16 fructidor an IX. — 3 septembre 1801.)

M. EMMERY présente le titre *du Domicile*.

Les articles 1ᵉʳ et 2 sont soumis à la discussion; ils sont ainsi conçus :

Art. 1ᵉʳ. « Les conditions et les effets du domicile, relati-« vement à l'exercice des droits et des actions civiles, dépen-« dront uniquement de la loi civile. »

Art. 2. « Le domicile, considéré, sous ce rapport, sera, « pour tout individu français, le lieu où il a son principal « établissement. »

LE CONSUL CAMBACÉRÈS dit qu'il n'est peut-être pas exact de donner deux domiciles au même individu.

M. EMMERY répond qu'autrefois on en distinguait deux; l'un de droit, l'autre de fait; que les rédacteurs du projet de Code civil ont aussi distingué le domicile politique du domicile civil; et la section, pour ne laisser aucune équivoque, propose de décider que le domicile civil sera réglé par la loi civile.

M. TRONCHET dit qu'en principe chaque individu n'a qu'un domicile, quoiqu'il puisse avoir plusieurs résidences; il est utile de rappeler et de poser d'abord ce principe. Au surplus, il ne s'agit ici que du domicile civil; le domicile politique est hors du Code civil. Le principal intérêt des questions de domicile portait autrefois sur les successions, à cause de la diversité des coutumes locales; désormais, les questions de domicile ne s'éleveront plus que relativement aux actions, et pour savoir devant quel juge elles doivent être intentées : or, sous ce rapport, un individu ne peut avoir qu'un domicile; tous les autres lieux qu'il habite tour à tour ne sont que de simples résidences.

M. EMMERY dit que la section n'a voulu déterminer qu'un point dans cet article; c'est que le domicile civil n'est pas essentiellement le même que le domicile politique. L'unité du domicile est établie par l'article suivant : si cependant on veut l'exprimer d'une manière plus formelle, c'est à l'article 2 que se place naturellement la définition; la section ne l'a supprimée que pour éviter les répétitions.

M. TRONCHET dit qu'il ne faut pas négliger les définitions : elles sont utiles, parce qu'elles deviennent des lois auxquelles les juges doivent se conformer. Il convient donc d'établir une distinction formelle entre le domicile et la résidence; puis de fixer les caractères du domicile.

La règle du droit est certaine : les lois appellent *domicile* le lieu où un individu a établi *larem rerumque ac fortunarum suarum summam*. Il n'y a jamais eu de procès et de questions que sur le fait. Lorsqu'un citoyen avait plusieurs habitations également importantes, et qu'il se partageait entre elles, on pouvait douter dans laquelle il avait fixé son domicile. Alors on recourait aux actes qu'il avait souscrits, parce que la déclaration du domicile y était insérée : mais souvent cette formule, *demeurant ordinairement*, était appliquée à plusieurs lieux dans les divers actes; et le juge demeurait embarrassé. C'était pour prévenir de semblables difficultés que les rédacteurs du projet de Code civil avaient proposé de décider que le principal établissement d'un citoyen est là où il exerce ses droits politiques : tout citoyen actif ayant nécessairement une résidence, la règle avait ses effets à l'égard du plus grand nombre. Cependant la commission ne s'était pas dissimulé que cette règle ne recevrait pas d'application à l'égard d'un certain nombre d'individus qui ne peuvent avoir de domicile politique; telles sont, par exemple, les femmes non mariées ou divorcées : mais, du moins, cette disposition faisait tomber la plupart des procès. La section, pour les extirper entièrement, voudrait obtenir de chacun un acte déclaratif du domicile qu'il se choisit. Cette disposition serait bonne, si l'on pouvait imaginer des moyens d'en assurer l'exécution ; mais il n'en existe pas ; et, dès-lors, elle laisserait subsister toutes les difficultés qu'on se propose de faire cesser. La règle simple que les rédacteurs du Code civil ont proposée paraît donc préférable.

M. Emmery dit que les réclamations des tribunaux ont beaucoup contribué à déterminer la section à s'écarter de l'opinion des rédacteurs. Elle a discuté leur système ; et elle a reconnu qu'outre l'inconvénient de ne pouvoir être appliqué qu'aux citoyens actifs, il présente des difficultés qui le rendraient inapplicable même à une partie des personnes de cette classe. En effet, l'article 2 de la Constitution reconnaît pour citoyen français tout homme qui, né en France, et âgé de vingt-cinq ans, s'est fait inscrire sur le registre civique de son canton. L'article 6 cependant ne lui permet l'exercice des droits de cité dans un arrondissement communal que lorsqu'il y a acquis domicile par une année de résidence, et ne l'a pas perdu par une année d'absence. Il peut donc arriver qu'un individu soit citoyen français sans avoir de domicile politique. Il en est ainsi de celui qui se trouve inscrit dans un arrondissement, et qui, après avoir établi son domicile dans un autre, le quitte sans en reprendre un nouveau, ou sans l'avoir encore acquis. D'où il suit que les contestations sur le domicile politique deviendraient des incidens dans les procès sur le domicile civil, et que les tribunaux en demeureraient les juges ; ce qui peut n'être pas sans inconvénient. Cette considération a porté la section à faire la part de la loi politique et celle de la loi civile. Quant à la preuve de l'intention, c'est toujours une question de fait qui dépend des circonstances. La section n'exige pas une déclaration pour preuve ; mais elle propose de décider que, quand cette déclaration existera, elle fera preuve : à défaut de ce genre de preuve, on recourrait aux circonstances, de la manière spécifiée dans l'article 6 du projet.

M. Tronchet réduit la question à savoir s'il faut, sur le domicile, une seule règle commune à tous, ou si l'on doit en admettre plusieurs.

Il pense qu'une seule suffit, et qu'en décidant qu'un individu a son domicile civil au lieu où il est inscrit pour exercer ses droits politiques, on fait tomber cette foule de difficultés que la section avoue elle-même, puisqu'elle propose diverses mesures pour reconnaître l'intention. Il resterait, il est vrai, des doutes, à l'égard d'une partie des citoyens ; mais ce serait beaucoup obtenir que de les faire cesser à l'égard du plus grand nombre.

On objecte que l'inscrit peut changer de domicile, et que, d'après l'article 6 de la Constitution, il n'acquiert de domicile nouveau que par une résidence d'une année.

Mais le domicile peut être formé en une heure, si l'intention n'a rien d'équivoque. Que cette circonstance ne donne qu'après un an la faculté d'exercer les droits de cité dans le domicile nouveau, c'est une précaution sage pour prévenir les fraudes et les brigues ; cependant il n'en est pas moins constant que le domicile est formé aussitôt que l'intention et le fait de la résidence concourent pour l'établir.

M. Emmery observe que la Constitution exige si impérieusement une année de résidence pour acquérir le domicile politique, qu'il est impossible de supposer qu'on puisse en changer en une heure.

Il ajoute qu'on peut être citoyen actif, sans avoir, pendant toute sa vie, de domicile politique. Cependant, où traduirait-on un individu qui serait dans cette position, si son domicile politique et son domicile civil devaient être nécessairement le même ? La Constitution à la main, il déclinerait tous les tribunaux.

M. Roederer dit que le système de la section ferait naître des procès innombrables. Il y aura toujours beaucoup de difficulté à distinguer où un homme a placé la masse de ses affaires. Par exemple, un citoyen nommé à une fonction importante à Paris, aura eu jusque là sa famille et la masse de ses affaires dans un département. Persuadé qu'il sera conservé long-temps dans ses fonctions, il appelle auprès de lui sa femme et ses enfans; il vend la maison qu'il habitait dans le lieu de son domicile : où sera la masse de ses affaires?

' Il y a même eu, sur ce sujet, des variations qui dépendaient des vues du gouvernement. Quand on a voulu obliger les évêques à la résidence, on a jugé qu'ils étaient domiciliés dans leurs diocèses, quoiqu'ils fussent réellement établis à Paris. C'est cette variété qu'il faut faire cesser. Les premiers rédacteurs du projet de Code civil en ont trouvé le moyen, en s'attachant fortement à une institution nouvelle, celle du domicile politique.

Lorsque la Constitution a voulu que nul ne pût élire ni être élu que dans un lieu déterminé, elle a entendu que le domicile civil et le domicile politique seraient le même. Pourquoi, en effet, exige-t-elle un domicile politique? c'est afin que chacun soit connu dans le lieu où il exerce les droits de cité; c'est pour empêcher les intrigans répoussés par ceux sous les yeux desquels ils vivent, de parcourir successivement les lieux où, à la faveur d'une résidence passagère, ils pourraient espérer plus de succès de leurs brigues. On n'est parfaitement connu que là où l'on est toujours, que là où l'on a ses affaires. Le domicile politique est donc là où se trouve le domicile civil; il n'en est pas divisible : la loi et le bon sens veulent qu'ils soient les mêmes. Le domicile civil aide à remplir l'objet du domicile politique, qui est de faire connaître les citoyens qui ont droit d'élire et d'être élus : le domicile politique aidera à son tour à constater le domicile civil; et, par ce moyen, une source d'innombrables procès sera fermée : il faut donc qu'ils soient les mêmes. Il n'a jamais été dans les vues de la Constitution qu'un citoyen pût dire hautement devant la loi, devant les tribunaux, *mon domi-*

cile civil est à Baïonne, mon domicile politique est à Paris ; ce serait un scandale. Le bon sens répondrait à cet homme, qu'il ne peut élire et être élu que là où il connaît et est connu ; que son domicile politique ne peut donc être que dans le lieu où il est censé résider habituellement, c'est-à-dire dans son domicile civil. Encore une fois, la loi ne peut en autoriser deux.

Mais, dit-on, beaucoup d'individus, les femmes, les mineurs, les prolétaires, n'ont pas de domicile politique.

Leur domicile n'en est pas moins certain : les premiers partagent celui de leur père, de leur mari, de leur tuteur ; quant au prolétaire, son domicile est au lieu où est son titre de Français.

M. Regnaud (de Saint-Jean-d'Angely) pense que le système de la section embarrasserait les juges. La section leur offre trois caractères, dont chacun indique le domicile : mais si ces trois caractères se trouvent séparés, auquel s'arrêtera le tribunal? Un individu peut être né dans un arrondissement, exercer ses droits politiques dans un autre, et payer ses contributions personnelles dans un troisième : laquelle de ces circonstances prévaudra? On l'ignore : les tribunaux décideront donc arbitrairement. Ce serait un scandale s'ils préféraient un indice quelconque à celui qu'offre l'exercice des droits politiques. Le système de M. *Tronchet*, beaucoup plus simple, écarte l'arbitraire et les embarras : s'il ne s'applique pas à tous, il s'applique au moins au plus grand nombre.

M. Portalis voudrait aussi qu'on pût arriver à découvrir une règle unique et simple ; mais celle qu'on propose ne préviendrait les procès ni à l'égard des veuves, ni à l'égard des filles, ni à l'égard des étrangers, ni à l'égard des individus non inscrits sur le registre civique, ni par conséquent à l'égard d'une portion considérable de la masse des Français.

En examinant la proposition sous le nouveau rapport sous

lequel on l'a envisagée, sous son rapport moral, on y trouvera également de grandes difficultés.

Il est dans l'esprit de la Constitution, a-t-on dit, de fixer
chacun dans le lieu où il est connu.

Forcer la résidence, ce serait blesser la liberté.

On doit être aussi libre dans le choix et dans le changement de son domicile, que dans ses autres actions. D'ailleurs,
à quoi servirait la contrainte? L'ambitieux qui voudra se
faire élire ira s'inscrire dans une petite commune où il
croira pouvoir parvenir avec plus de facilité, et cependant il
établira le centre de ses affaires dans une ville plus considérable, plus populeuse, et où il travaillera mieux à sa fortune.

D'un autre côté, si celui qui s'est fait inscrire abandonnait
son inscription, il pourrait être assigné dans un lieu où il ne
serait plus, et avec lequel il n'aurait pas conservé de rapports.

Enfin, quand on voit un individu former dans un lieu un
grand établissement, on ne soupçonne pas que c'est ailleurs
et dans un petit lieu où il s'est fait inscrire, qu'il faut l'assigner.

Puisque, dans le système de M. *Tronchet,* on est forcé de
respecter dans quelques-uns la liberté naturelle et civile de
résider où l'on veut, pourquoi ne la respecterait-on pas dans
tous?

M. Roederer observe que la question n'est pas de savoir
si chacun résidera où le conduira sa volonté ou son goût; la
loi lui a déjà assuré cette liberté dans toute son étendue :
mais il s'agit de décider si le domicile civil sera nécessairement où est le siége des affaires.

M. Boulay dit qu'on tombe dans l'erreur lorsqu'on soutient que le système de M. *Tronchet* prévient les procès à
l'égard de la majorité des Français ; sur trente millions d'individus dont la nation se compose, quatre millions seulement
sont aptes à jouir des droits de cité et à avoir un domicile
politique.

A l'égard des fonctionnaires publics, ils ont le droit de

choisir ou de conserver leur domicile politique loin de leur résidence et dans un lieu où ils ne sont pas.

M. Roederer dit que personne n'a jamais eu le droit de se donner un domicile politique idéal et purement de fantaisie; que quand les membres des autorités actuelles ont déclaré où ils voulaient établir le leur, ils ont entendu indiquer le lieu où ils se proposaient d'avoir leur existence civile et où ils l'avaient précédemment eue.

M. Boulay dit que l'intention constitue le domicile civil; qu'il faut ensuite le fait, qui n'exige qu'un instant; mais qu'il n'en est pas de même du domicile politique; il n'est constitué que par une résidence d'un an. Ainsi, si les deux domiciles étaient confondus, un individu pourrait être un an sans domicile civil.

Le Premier Consul dit qu'il ne voit aucun inconvénient à ce qu'un individu ne puisse acquérir de domicile civil qu'après le laps d'une année; qu'au surplus il est persuadé que la Constitution a voulu placer le domicile civil où est le domicile politique.

M. Tronchet répond au calcul de M. *Boulay*. Il dit qu'on a trop resserré le nombre des citoyens actifs en le bornant à quatre millions; mais, quand ce nombre serait exact, il faudrait reconnaître, d'après les règles de la statistique, que chacun de ces quatre millions de chefs de famille fixe le domicile de cinq personnes au moins.

M. Cretet dit qu'il n'y a pas d'inconvénient d'admettre une double règle pour la fixation du domicile, et qu'en l'adoptant on donne une règle fixe à tous les citoyens, ce qui est conforme à l'égalité; qu'en se réduisant à une règle unique, qui ne peut être appliquée à tous, on blesse l'égalité des droits, attendu qu'on règle l'action des tribunaux à l'égard des uns, et qu'on abandonne les autres à l'arbitraire.

Le système de M. *Tronchet* entraînerait des inconvéniens dans l'exécution : on peut avoir son domicile politique dans un lieu où l'on n'habite pas. Il suit de là qu'il serait quelquefois très-difficile de former une demande judiciaire. Le demandeur serait forcé d'abord de découvrir où est le domicile politique : or, il est possible que la trace en soit perdue.

La proposition de déclarer que le domicile civil suit toujours le domicile politique est mise aux voix et rejetée.

Le Consul Cambacérès dit que la faculté de prendre un domicile d'élection répond aux difficultés que prévoit M. *Cretet.*

M. Tronchet dit que l'article en discussion abolirait cette faculté.

M. Emmery dit que cet article se borne à mettre le domicile civil sous l'empire de la loi civile, sans rien préjuger sur ce qu'elle statuera ; que le Code de la procédure, faisant partie des lois civiles, pourra déterminer à quel domicile les assignations seront valablement données.

Le Premier Consul dit qu'à proprement parler, il n'y a pas de domicile politique ; qu'il n'y a que la détermination d'un lieu où chacun exerce ses droits de cité pendant un an ; que l'article 1er contrarie cette idée, en supposant qu'il y a un domicile politique ; qu'il convient donc de le retrancher.

Le Ministre de la Justice observe que tout serait expliqué, si l'article 2 était rédigé ainsi : « Le domicile d'un « Français est le lieu où il a son principal établissement. »

Le Consul Cambacérès partage cette opinion : il dit que l'exercice des droits politiques étant un des caractères du principal établissement, ce caractère sera appliqué à ceux auxquels il pourra convenir ; qu'on déterminera, par les autres indices, le domicile de ceux qui ne jouissent pas des droits de cité.

L'article 1er est adopté.

L'article 2 est également adopté, sauf rédaction, et dans le sens fixé par le Consul *Cambacérès* et par le Ministre de la Justice.

103   L'article 3 est soumis à la discussion ; il est ainsi conçu :

« Le domicile se formera par l'intention, jointe au fait
« d'une habitation réelle.

« Il se conservera par la seule intention.

« Il ne changera que par une intention contraire, jointe
« au fait de l'habitation réelle. »

LE MINISTRE DE LA JUSTICE demande que la loi explique
ce qu'elle entend par habitation réelle ; il pense qu'il serait
nécessaire de ne la réputer constituée qu'après un délai.

M. EMMERY dit que les tribunaux ont aussi proposé un
délai ; mais que la volonté étant le principal moyen d'établir le domicile, on ne pourrait, sans contrarier la liberté,
n'admettre les effets de la volonté qu'après un délai.

LE PREMIER CONSUL voudrait que l'habitation réelle, jointe
à l'intention, ne pût changer le domicile que lorsque l'intention aurait été manifestée trois mois d'avance. La possibilité de former brusquement un domicile nouveau pourrait
devenir un moyen de se soustraire à ses créanciers.

M. EMMERY dit que cette opinion ramène à la question de
savoir si le domicile doit être constitué par une déclaration.
Le domicile dépendant de la volonté, la volonté doit suffire
pour le conserver. C'est ainsi qu'on a jugé, au parlement de
Paris, qu'un individu absent depuis quarante ans de la ci-
devant province d'Anjou, où il était né, y avait néanmoins
conservé son domicile, parce qu'il avait constamment manifesté, par sa correspondance, l'intention d'y revenir.

LE CONSUL CAMBACÉRÈS dit que l'article est trop absolu ;
qu'il est nécessaire de distinguer le domicile de naissance du
domicile de choix, de régler comment on conservera le premier, et comment on acquerra le second.

LE PREMIER CONSUL dit que cette expression, *le domicile se
formera*, n'est pas exacte. Le domicile est formé, de plein
droit, par la naissance. C'est dans le lieu où un homme naît
qu'est d'abord l'établissement principal auquel l'article précédent attache l'effet de constituer le domicile : il faut donc

expliquer, non comment le domicile se forme, mais comment il peut changer. L'article devrait être rédigé dans cet esprit, et contenir une disposition qui déciderait que le domicile ne change que lorsque l'intention de le transférer a été déclarée trois mois d'avance.

M. Cretet pense que le délai de trois mois devrait être attaché au fait de la résidence plutôt qu'à la déclaration d'intention.

M. Regnier répond que, dans les questions de domicile, le fait n'est considéré que comme une preuve de l'intention, parce qu'à cet égard la volonté est tout.

On ne pourrait, au surplus, exiger une déclaration d'intention sans gêner considérablement ceux que la nature de leurs affaires, ou des motifs raisonnables et imprévus, obligeraient à changer souvent de domicile.

Le Premier Consul dit qu'on ne pourrait aussi admettre les changemens brusques et fréquens sans blesser l'intérêt de tiers.

M. Regnier observe que tout changement frauduleux de domicile serait sans effet, parce que la fraude vicie tout acte quelconque.

Le Premier Consul dit qu'un premier mouvement de volonté n'est qu'un caprice, et qu'on ne peut regarder l'intention comme formée, que lorsqu'elle a été réfléchie, et qu'elle s'est maintenue pendant un temps suffisant pour qu'on puisse la croire solide ; qu'ainsi on peut l'éprouver par un délai.

M. Defermon dit que l'intérêt public et l'intérêt des tiers sont des motifs suffisans pour assujettir à des règles les effets du changement de volonté.

Certes, on n'autorisera pas les citoyens à se marier, au bout de vingt-quatre heures, dans le lieu qu'ils auront déclaré adopter pour leur domicile : cette prohibition peut être étendue à d'autres cas.

M. Boulay dit que c'est dans cette vue qu'on exige *l'habitation réelle*.

Le Ministre de la Justice dit que le transport de quelques meubles dans le lieu de la nouvelle résidence pourrait être réputé habitation réelle ; qu'il est donc nécessaire de s'exprimer d'une manière plus positive.

Le Consul Cambacérès dit que, dans cette matière, il est difficile de s'expliquer avec une précision parfaite. D'une part, on n'exigera pas une résidence continue pendant un temps déterminé, comme indice nécessaire de l'habitation réelle ; et, d'un autre côté, il serait difficile d'en trouver un autre. En général, les changemens de domicile, quand ils ne sont pas réels, sont presque toujours frauduleux : tantôt on se propose d'échapper à des créanciers, tantôt de masquer la célébration de son mariage. Mais il y a des dispositions suffisantes pour réprimer la fraude ; et c'est tenter l'impossible que de vouloir trouver des dispositions tellement absolues, qu'elles préviennent tous les procès : cette impuissance a d'ailleurs aujourd'hui moins de danger, puisque le domicile n'influe plus sur l'ordre des successions.

Le Premier Consul dit qu'il est frappé de ce qu'on modifie, par une exception relative au mariage le principe sur le changement du domicile. Il serait à désirer que la section trouvât le moyen de rendre le principe assez général pour que cette exception devînt inutile.

Le Ministre de la Justice objecte, contre l'opinion du Consul *Cambacérès*, que ce n'est pas pour l'intérêt de celui qui change son domicile que l'habitation réelle est exigée, mais pour l'intérêt des tiers : il est donc nécessaire que le tiers soit averti par quelque chose de sensible.

L'article est adopté.

104   L'article 4 est soumis à la discussion ; il est ainsi conçu :
« La preuve de l'intention dépendra des circonstances, si
« elles sont telles, qu'elles supposent de la part de l'individu
« la volonté de se fixer dans le lieu par lui habité. »

M. Boulay demande la suppression de cet article comme inutile, à raison des deux articles suivans.

M. Emmery dit que l'objet de l'article est d'empêcher qu'on ne s'arrête exclusivement aux circonstances énoncées dans les articles 5 et 6. Il propose de le refondre avec l'article suivant, lequel porte :

« Cette preuve résultera nécessairement d'une déclaration « expresse qui aurait été faite au secrétariat de la munici-« palité. »

M. Brune propose d'expliquer que la déclaration devra être faite également à la municipalité du domicile qu'on quitte, et à la municipalité du domicile qu'on prend.

Les articles 4 et 5 sont adoptés avec la proposition de M. *Emmery* et l'amendement de M. *Brune*.

On passe à la discussion de l'article 6 ; il est ainsi conçu : 105

« A défaut de déclaration, l'intention sera suffisamment « manifestée dans chacun des cas qui suivent :

« 1°. Si l'individu a son habitation dans la commune où il « est né ;

« 2°. S'il exerce ses droits politiques dans le lieu où il a « son habitation ;

« 3°. S'il y acquitte ses charges personnelles. »

M. Emmery observe qu'on a parlé ailleurs du fait de l'habitation, laquelle est toujours nécessaire ; qu'ici l'on spécifie les indices de l'intention. Cette réflexion répond à l'objection qu'a faite précédemment M. *Regnaud* contre la difficulté de préférer un indice à un autre. La circonstance de l'habitation détermine la préférence.

Le Premier Consul dit qu'en partant du principe que le domile est là où est l'établissement principal, et que le lieu de la naissance est toujours le lieu du premier établissement, on doit retrancher de l'article ce qui est dit sur le domicile d'origine, et se borner à fixer les indices du changement.

Il convient aussi, si la déclaration d'intention n'est pas forcée, de la remplacer par la nécessité d'une résidence d'un an, appuyée de preuves supplétives de la volonté. La facilité de changer subitement son domile donnerait lieu à beaucoup de fraudes : on en abuserait même pour se soustraire aux contributions.

M. BERLIER dit qu'il est indispensable, pour mettre l'intérêt des tiers à couvert, de ne donner à l'habitation réelle l'effet de changer le domicile qu'après un délai déterminé. S'il en était autrement, où le créancier assignerait-il son débiteur, et devant quel tribunal le traduirait-il en matière personnelle ? Dans ce passage d'un domicile à un autre, il serait trop facile à un débiteur de mauvaise foi de se rendre maître de la condition de son créancier, en présentant une résidence fortuite et passagère comme un nouveau domicile, ou en soutenant qu'il n'en a pas changé et qu'il conserve l'esprit de retour dans son ancien domicile ; alternative qui tournerait au détriment de ses créanciers.

Si donc on peut changer de domicile sans une déclaration authentique qui précède le changement, au moins faut-il que ce changement soit signalé par d'autres caractères, par un délai suffisant pour avertir les tiers de cette volonté constante, qui seule peut convertir une résidence en un vrai domicile.

M. EMMERY dit que la condition d'un délai sera elle-même une source de contestations : si un individu meurt, avant l'expiration du délai, dans la ville où il veut transporter son domicile, devant quel tribunal actionnera-t-on ses héritiers ?

LE PREMIER CONSUL dit que la succession doit s'ouvrir dans le lieu où l'individu habitait, parce qu'il est utile que ses créanciers puissent agir là où il a ses meubles.

M. RÉAL dit que si, jusqu'à l'expiration du délai, un individu demeurait justiciable du tribunal de son ancienne résidence, il faudrait actionner à Marseille, pour des dettes contractées à Versailles, celui qui aurait transféré de Marseille à Versailles ses meubles et sa résidence, dans l'intention d'y établir son domicile.

LE PREMIER CONSUL dit que cet individu aurait son domicile à **Versailles**, au moment même qu'il y arriverait, parce que, trois mois d'avance, il aurait déclaré qu'il veut l'y transférer.

La question, continue le Consul, se réduit à ces termes : Doit-on permettre de changer de domicile, comme on change de résidence? Est-ce blesser la liberté que de ne donner d'effet à la volonté de changer de domicile que trois mois après qu'elle est manifestée?

M. REGNIER observe que des circonstances qu'on n'a pu prévoir trois mois d'avance, telles que l'ouverture d'une succession, peuvent déterminer une personne à changer de domicile.

LE PREMIER CONSUL dit que si, dans ces cas, la volonté ne peut venir trois mois avant les événemens, le domicile peut ne venir que mois mois après la volonté. La loi ne peut attacher d'effets à cette volonté versatile, qui changerait de domicile, pour ainsi dire, à chaque poste : le domicile est là où se trouve le principal établissement; et, pour se résoudre à le changer, pour effectuer ce changement, il ne faut pas moins de trois mois.

M. RÉAL dit que supposer fictivement un homme dans une ville qu'il a quittée, c'est l'obliger à y avoir un fondé de pouvoir, pour empêcher que des jugemens par défaut n'opèrent sa ruine.

LE PREMIER CONSUL dit que c'est précisément parce que cet individu est exposé à des condamnations dans le lieu d'où il sort, qu'il faut y laisser son domicile pendant trois mois après son départ. Cette disposition est indifférente à celui qui n'a pas de dettes. On peut d'ailleurs éviter le déplacement qu'elle entraîne, en faisant sa déclaration trois mois avant de quitter la résidence. Enfin, il faut nécessairement, ou que le créancier ou que le débiteur se déplace : dans cette alternative, les incommodités du changement doivent tomber sur celui qui l'opère, et qui a pu même par une déclaration les épargner et aux autres et à lui.

M. Réal dit que le créancier a pu aussi prévoir que son débiteur changerait peut-être de domicile, et prendre ses précautions; que, pour obtenir l'effet qu'on désire, il faudrait que la déclaration fût double, et qu'on la publiât; que la loi sera d'une exécution difficile à l'égard des personnes qu'elle trouvera déplacées au moment de sa promulgation; qu'elle ne sera jamais assez précise; qu'il vaudrait mieux laisser subsister ce qui existe, puisqu'il n'en est résulté que peu de procès.

Le Premier Consul dit que rien ne s'oppose à ce qu'on prenne toutes les mesures nécessaires pour assurer l'effet de la déclaration; qu'une loi sur les questions de domicile est indispensable, puisque les caractères distinctifs du domicile ne sont expliqués par aucune; que cette loi aura de la précision si elle détermine quel est le domicile primitif, et comment il peut changer; que l'article proposé laisse subsister de grandes difficultés.

M. Regnier dit qu'il n'y a pas de règles sûres pour juger quand il y a changement de domicile; qu'il est urgent d'en donner, parce que les tribunaux ne savent comment prononcer sur la validité des assignations, lorsqu'on allègue qu'elles n'ont pas été données au domicile actuel.

Le Premier Consul dit que, si l'on croyait inutile d'expliquer comment s'opère le changement du domicile, il suffirait de l'article 2.

Le Consul Cambacérès dit que l'arbitraire du juge est souvent moins à craindre que l'arbitraire de la loi; et que cette assertion, qui paraît un paradoxe, sera vérifiée dans plusieurs cas.

M. Regnier dit que c'est parce que les questions de domicile dépendent des circonstances, que jusqu'ici l'on n'a pas fait de loi sur cette matière.

Le Consul Cambacérès dit que l'on pourrait borner le projet de loi aux articles 2, 3, 7 et suivans, et supprimer en entier les articles intermédiaires.

M. Bigot-Préameneu préfère, pour l'établissement du domicile, une habitation de trois mois à une déclaration d'intention faite trois mois d'avance, parce qu'il peut survenir des raisons justes et imprévues qui déterminent à changer subitement de domicile : l'habitation donne de la notoriété au changement, et laisse aux créanciers le temps de prendre leurs mesures.

Le Premier Consul renvoie à la section les observations qui ont été faites, et la charge de revoir la totalité du projet.

Les articles non discutés sont ainsi conçus :

Art. 7. « Le domicile de la femme mariée sera celui du 108 « mari.

« Le domicile du mineur non émancipé sera celui de ses « père, mère ou tuteur.

« Le domicile du majeur interdit sera celui de son tuteur. »

Art. 8. « Le domicile des majeurs qui servent ou qui tra- 109 « vaillent habituellement chez autrui sera celui de la per- « sonne qu'ils servent, ou chez laquelle ils travaillent, lors- « qu'ils demeureront avec elle dans la même maison. »

Art. 9. « L'acceptation de fonctions publiques exigeant 107 « résidence, conférées à vie et non révocables, opérera la « translation du domicile civil du fonctionnaire, dans le lieu « où il doit exercer ses fonctions. »

Art. 10. « Le lieu où les successions s'ouvrent, celui où les 110 « exploits non remis à la personne doivent être adressés, se- « ront déterminés par le domicile civil ; c'est devant le juge « de ce domicile que seront portées les actions personnelles, « lorsque la loi n'en aura pas autrement disposé. »

(Procès-verbal de la séance du 12 brumaire an X. — 3 novembre 1802.)

M. Emmery présente la seconde rédaction du titre III, intitulé *du Domicile.*

L'article 1er est soumis à la discussion ; il est ainsi conçu :

« Le domicile de tout Français est le lieu où il a son prin- 102 « cipal établissement. »

M. Defermon fait observer que la difficulté de savoir où est le principal établissement n'est pas levée par cet article.

Le Consul Cambacérès dit qu'il y aura toujours à cet égard des débats; mais que le principal établissement est le caractère décisif et unique du domicile.

M. Maleville fait observer que la question de savoir si on peut avoir plusieurs domiciles ne laissera pas de subsister ; que l'affirmative a été décidée par plusieurs arrêts ; qu'il n'y a pas de raison pour dire qu'un homme qui réside la moitié de l'année dans un lieu, et l'autre moitié dans un autre, a son domicile dans celui-ci plutôt que dans celui-là ; qu'il est même juste que des marchands ou des ouvriers qui auront des demandes à former contre lui pour objets fournis ou ouvrages faits à la campagne, ne soient pas obligés de venir le poursuivre devant les tribunaux de Paris ; qu'enfin la question doit être décidée.

M. Regnier dit qu'il est utile que chaque individu n'ait qu'un domicile.

M. Boulay dit que, d'ailleurs, la section admet le domicile conventionnel, pour faciliter l'exécution des contrats ; qu'au surplus, le Code du commerce réglera les principes du domicile par rapport aux affaires commerciales.

Le Consul Cambacérès dit que cependant un homme peut partager sa résidence entre plusieurs lieux, et qu'alors il y a des doutes sur le tribunal devant lequel on intentera contre lui les actions personnelles.

M. Berlier dit que, s'il est reçu en principe qu'un homme peut avoir plusieurs domiciles, l'application de la maxime sera indéfinie lorsque l'individu aura un grand nombre de maisons où il résidera successivement. Il faut donc une définition claire et simple ; et elle existe dans la disposition qui donne à chacun, pour domicile, le lieu de son établissement principal : cette disposition est nécessaire, non seulement pour fixer la régularité des citations qui ne seront pas laissées parlant à la personne, mais encore pour déterminer, en matière pure personnelle, quel est le tribunal compétent.

Le-Consul Cambacérès dit qu'il y aurait plus d'inconvénient à obliger les créanciers d'un individu de déterminer le lieu de son principal établissement, qu'à décider en général qu'on pourra l'assigner partout où il réside. Au surplus, il se formera sur ce point une jurisprudence qui lèvera les doutes et aplanira les difficultés.

M. Emmery dit que le Code du commerce pourra dissiper beaucoup d'incertitudes, en autorisant les marchands et les artisans à citer leur débiteur dans le lieu où la fourniture lui a été faite. Au-delà, et par rapport aux questions personnelles, on ne rencontre que des questions interminables.

L'article est adopté.

Les articles 2, 3 et 4 sont soumis à la discussion; ils sont ainsi conçus :

Art. 2. « Le changement de domicile sera constaté par une 104 « déclaration expresse, faite tant à la municipalité du lieu « qu'on quittera, qu'à celle du lieu où on aura transféré son « domicile. »

Art. 3. « A défaut de déclaration expresse, le changement 105 « de domicile s'opérera par le fait d'une habitation continuée « pendant trois mois dans un autre lieu, joint à l'intention d'y « fixer son principal établissement. »

Art. 4. « La preuve de l'intention dépendra des circons- Ib. « tances; par exemple,

« Si l'individu exerce ses droits politiques dans le lieu où « il a son habitation;

« S'il y remplit des fonctions publiques exigeant résidence;

« S'il y acquitte ses charges personnelles. »

M. Maleville dit que l'article 3 du projet paraît contredire l'article 6 de la Constitution, lequel exige une année de résidence pour exercer ses droits politiques.

M. Emmery répond que M. *Maleville* ne saisit pas l'esprit du projet. Le lieu de l'exercice des droits politiques n'est rappelé dans l'article 4 que comme une indication de la volonté, et seulement pour fournir un exemple ; mais cette indication cède souvent à d'autres preuves de l'intention.

LE CONSUL CAMBACÉRÈS demande s'il est nécessaire de citer de pareils exemples.

M. EMMERY répond qu'il est d'avis de les supprimer.

Cette suppression est adoptée.

M. RÉAL fait observer que l'article 3 exige qu'une habitation continue pendant trois mois soit ajoutée à l'intention pour opérer le changement de domicile. Cette disposition lui paraît sujette à de grands inconvéniens. Par exemple, lorsqu'un citoyen aura transféré son domicile de Marseille au Hâvre, s'il vient à mourir avant les trois mois, il faudra retourner à Marseille pour faire nommer un tuteur à ses enfans, et poursuivre les affaires de sa succession.

LE CONSUL CAMBACÉRÈS est de l'avis de M. *Réal.* Il pense qu'il suffit de dire que le domicile se forme par l'habitation réelle, jointe à l'intention, et qu'il change de même.

M. BOULAY dit que cet avis est celui de la section.

M. BERLIER fait observer que le fait actuel *de la résidence*, avec l'intention de la rendre *perpétuelle*, est en effet tout ce qui peut raisonnablement constituer le domicile, et que la preuve de l'intention ne doit pas exclusivement dépendre d'un délai quelconque ; car tel réside pendant un an dans un lieu où il ne veut évidemment pas prendre de domicile, surtout s'il laisse ailleurs ses affaires et sa famille, tandis que tel autre prouve son intention de se domicilier par le seul fait de sa résidence, accompagnée des caractères qui en indiquent la permanence, et non par le délai.

LE CONSEIL adopte en principe que le fait, joint à l'intention, suffit pour former et pour changer le domicile.

Les articles 5 et 6 sont soumis à la discussion, et adoptés ainsi qu'il suit :

108   Art. 5. « Le domicile de la femme mariée sera celui du mari.

« Le domicile du mineur non émancipé sera celui de ses « père, mère ou tuteur.

« Le domicile du majeur interdit sera celui de son tuteur. »

Art. 6. « Le domicile des majeurs qui servent ou qui tra- 109)
« vaillent habituellement chez autrui sera celui de la per-
« sonne qu'ils servent, ou chez laquelle ils travaillent, lors-
« qu'ils demeureront avec elle dans la même maison. »

L'article 7 est soumis à la discussion, ainsi qu'il suit : 110.

« Le lieu où les successions s'ouvrent, celui où les exploits
« non remis à la personne doivent être adressés, seront déter-
« minés par le domicile. C'est devant le juge du domicile que
« doivent être portées les actions personnelles, lorsque la loi
« n'en aura pas autrement disposé. »

M. DEFERMON demande le renvoi de cet article au Code de
la procédure.

M. MALEVILLE dit que, comme le changement de domicile
ne sera pas toujours connu, pouvant s'opérer surtout d'une
manière aussi brusque, il est nécessaire de modifier cet article par une disposition qui déclare valables les citations
données pendant un an au domicile ancien ; que telle était
aussi la jurisprudence. Cette disposition, au surplus, serait
mieux placée au Code de la procédure.

LE CONSUL CAMBACÉRÈS dit que le Code de la procédure
n'est pas encore terminé, et que, d'ailleurs, il importe de
fixer ici le principe général, lequel recevra par d'autres lois
les explications dont il est susceptible ; que cependant il paraît inutile d'ajouter à l'article l'exception qui le termine.

La proposition de M. *Defermon* est rejetée.

L'amendement proposé par M. *Maleville* est discuté.

M. RÉAL demande qu'il ne soit pas appliqué au cas de l'article 2, parce qu'alors le nouveau domicile est connu.

M. EMMERY objecte qu'alors il faudrait peut-être rétablir
la disposition qui n'admettait le changement de domicile
qu'après un délai ; disposition qu'on a sagement écartée.

LE CONSUL CAMBACÉRÈS propose de borner l'effet de l'article aux successions.

Cette proposition est adoptée.

L'article 8 est adopté ainsi qu'il suit :

111   « Lorsqu'un acte contiendra, de la part des parties, ou de
« l'une d'elles, élection de domicile dans un autre lieu que
« celui du domicile réel, les significations, demandes et pour-
« suites relatives à cet acte, pourront être faites au domicile
« convenu, et devant le juge de ce domicile. »

106-107   M. MALEVILLE demande que, par un nouvel article, on
statue sur le domicile des fonctionnaires sujets à résidence ;
car il peut arriver qu'ils n'aient pas entendu transférer leur
domicile dans le lieu où ils exercent leurs fonctions.

LE CONSUL CAMBACÉRÈS ne croit pas que cet article soit
utile. Le maintien du domicile politique, dont le Code civil
ne doit pas s'occuper, peut seul être de quelque intérêt pour
les fonctionnaires publics; mais un fonctionnaire n'a pas d'intérêt à être cité devant un tribunal éloigné du lieu où il réside. S'il meurt, il n'est pas avantageux à son épouse et à ses
enfans, qui habitent avec lui, d'être obligés de se transporter au loin pour régler les affaires de sa succession.

La proposition de M. *Maleville* est rejetée.

(Procès-verbal de la séance du 12 frimaire an X. — 3 décembre 1801.)

M. EMMERY présente la dernière rédaction du projet de loi
sur *le Domicile.*

102-104   Les articles 1 et 2 (*sont les mêmes que ceux du précédent*
procès-verbal).

103   Art. 3. « A défaut de déclaration expresse, le changement
« de domicile s'opérera par le fait d'une habitation réelle
« dans un autre lieu, joint à l'intention d'y fixer son princi-
« pal établissement. »

105   Art. 4. « La preuve de l'intention dépendra des circons-
« tances. »

108   Art. 5. « La femme mariée n'a point d'autre domicile que
« celui de son mari. Le mineur non émancipé a son domicile
« chez ses père, mère ou tuteur ; le majeur interdit chez son
« curateur. »

Art. 6. « Les majeurs qui servent ou travaillent habituel- 109
« lement chez autrui ont le même domicile que la personne
« qu'ils servent ou chez laquelle ils travaillent, lorsqu'ils de-
« meurent avec elle dans la même maison. »

Art. 7. « Le domicile qu'avait un défunt au moment de 110
« son décès déterminera le lieu où sa succession sera ou-
« verte, et où devront s'exercer les actions relatives à cette
« succession. »

Art. 8 (*le même que celui du précédent procès-verbal*). 111

LE CONSEIL adopte cette rédaction.

COMMUNICATION OFFICIEUSE

A LA SECTION DE LÉGISLATION DU TRIBUNAT.

MM. Emmery et Regnaud (de Saint-Jean-d'Angely)
avaient été nommés par le Premier Consul pour présenter le projet au Corps législatif, dans la séance du 25 frimaire an X (16 décembre 1801); et pour en soutenir la
discussion dans celle du 15 nivose (5 janvier suivant);
mais la présentation fut empêchée par le message du gouvernement, et lorsque les communications officieuses
furent organisées, on l'envoya, tel que le Conseil
l'avait arrêté, à la section de législation du Tribunat, qui
l'examina dans sa séance du 9 thermidor an X (28 juillet
1802).

OBSERVATIONS DE LA SECTION.

La section examine le projet de loi sur *le Domicile*.

Ce projet est divisé en huit paragraphes ou articles numé-
rotés.

La section adopte le premier article, en substituant, comme 101
plus exact, le mot *au* au mot *le*, en disant :

« Le domicile de tout Français est *au* lieu où il a son prin-
« cipal établissement. »

104-103 Les articles 2, 3 et 4 sont adoptés.
et 105
106 et 107   Ici, l'on observe qu'il importe de déterminer d'une manière précise le domicile des fonctionnaires civils et militaires,
en distinguant ceux qui ne remplissent que des fonctions
temporaires ou révocables, d'avec ceux dont les fonctions
sont à vie. Cette précaution paraît indispensable, pour prévenir une foule de contestations que ferait naître le silence
de la loi.

On propose, en conséquence, et la section adopte les articles
suivans, conçus en ces termes :

« Le citoyen appelé à une fonction publique, civile ou mi-
« litaire, si elle est temporaire ou révocable, conserve le do-
« micile qu'il avait auparavant, s'il n'a pas manifesté d'in-
« tention contraire.

« Quant aux fonctions à vie, elles emportent translation
« immédiate de domicile dans le lieu où elles s'exercent. »

La section, en adoptant ces deux articles, exprime son
vœu pour qu'on insère dans la suite du Code une disposition
portant, qu'à l'égard des dettes mobilières contractées par
un fonctionnaire civil ou militaire dans le lieu de l'exercice
de ses fonctions, il puisse toujours être actionné devant le
tribunal de ce lieu, pendant qu'il continuera d'y exercer ses
fonctions.

Le surplus du projet est adopté.

RÉDACTION DÉFINITIVE DU CONSEIL D'ÉTAT.

(Procès-verbal de la séance du 4 frimaire an XI. — 25 novembre 1802.)

M. EMMERY, d'après la conférence tenue avec le Tribunat,
présente la rédaction définitive du titre *du Domicile*.

LE CONSEIL l'adopte en ces termes :

102   Art. 1er. « Le domicile de tout Français, quant à l'exercice
« de ses droits civils, est au lieu où il a son principal éta-
« blissement. »

103   Art. 2. « Le changement de domicile s'opérera par le fait

« d'une habitation réelle dans un autre lieu, joint à l'inten-
« tion d'y fixer son principal établissement. »

Art. 3. « La preuve de l'intention résultera d'une décla- 104
« ration expresse, faite tant à la municipalité du lieu qu'on
« quittera, qu'à celle du lieu où on aura transféré son domi-
« cile. »

Art. 4. « A défaut de déclaration expresse, la preuve de 105
« l'intention dépendra des circonstances. »

Art. 5. « Le citoyen appelé à une fonction publique, tem- 106
« poraire ou révocable, conservera le domicile qu'il avait
« auparavant, s'il n'a pas manifesté d'intention contraire. »

Art. 6. « L'acceptation de fonctions conférées à vie empor- 107
« tera translation immédiate du domicile du fonctionnaire
« dans le lieu où il doit exercer ces fonctions. »

Art. 7. « La femme mariée n'a point d'autre domicile que 108
« celui de son mari. Le mineur non émancipé aura son do-
« micile chez ses père et mère ou tuteur. Le majeur interdit
« aura le sien chez son curateur. »

Art. 8. « Les majeurs qui servent ou travaillent habituelle- 109
« ment chez autrui auront le même domicile que la per-
« sonne qu'ils servent ou chez laquelle ils travaillent, lors-
« qu'ils demeureront avec elle dans la même maison. »

Art. 9. « Le lieu où la succession s'ouvrira sera déterminé 110
« par le domicile. »

Art. 10. « Lorsqu'un acte contiendra, de la part des par- 111
« ties ou de l'une d'elles, élection de domicile pour l'exécu-
« tion de ce même acte, dans un autre lieu que celui du
« domicile réel, les significations, demandes et poursuites
« relatives à cet acte, pourront être faites au domicile con-
« venu, et devant le juge de ce domicile. »

MM. Emmery, Berlier et Dupuy furent nommés pour
présenter ce projet au Corps législatif dans la séance du 11
ventose an XI (2 mars 1803), et en soutenir la discussion
dans celle du 23 ventose.

PRÉSENTATION AU CORPS LÉGISLATIF

ET EXPOSÉ DES MOTIFS, PAR M. EMMERY.

·102 Législateurs, le maintien de l'ordre social exige qu'il y ait des règles d'après lesquelles on puisse juger du vrai domicile de chaque individu.

Il n'appartient qu'à la Constitution de poser celles du domicile politique.

Les règles du domicile, considéré relativement à l'exercice des droits civils, sont du ressort de la loi civile. Il n'est ici question que de celles-ci.

Le citoyen cité devant un magistrat est obligé de comparaître ; mais cette obligation suppose qu'il a été touché de la citation.

Il n'est pas toujours possible de la donner à la personne ; on peut toujours la remettre à son domicile.

On entend par là le lieu où une personne, jouissant de ses droits, a établi sa demeure, le centre de ses affaires, le siége de sa fortune, le lieu d'où cette personne ne s'éloigne qu'avec le désir et l'espoir d'y revenir dès que la cause de son absence aura cessé.

Le domicile de tout Français, quant à l'exercice de ses droits civils, est donc au lieu où il a son principal établissement.

108 L'enfant n'a pas d'autre domicile que celui de son père ; et le vieillard, après avoir vécu long-temps loin de la maison paternelle, y conserve encore son domicile, s'il n'a pas manifesté la volonté d'en prendre un autre.

103 Le fait doit toujours concourir avec l'intention. La résidence la plus longue ne prouve rien, si elle n'est pas accompagnée de volonté ; tandis que, si l'intention est constante, elle opère avec la résidence la plus courte, celle-ci ne fût-elle que d'un jour.

Vous voyez que toute la difficulté, dans cette matière,

tient à l'embarras de reconnaître avec certitude quand le
fait et l'intention se trouvent réunis : tant qu'un homme n'a
pas abandonné son premier domicile, on ne peut pas lui
prêter une volonté contraire à celle que le fait rend sensible.

La difficulté commence lorsque, de fait, il y a changement 10}
de résidence ; si les motifs de ce changement restent incertains ; s'ils sont tels, qu'on ne puisse pas en conclure l'intention de quitter pour toujours l'ancien domicile, et d'en
prendre un nouveau.

Ces questions tombent nécessairement dans le domaine
du juge ; l'ancienne législation les y avait laissées, la nouvelle
tenterait vainement de les en tirer ; il n'y a pas moyen de
prévoir tous les cas.

Ce que peut faire le législateur, c'est d'offrir à la bonne
foi de ceux qui veulent changer de domicile un moyen légal de manifester leur volonté sans équivoque, en sorte qu'il
n'y ait plus de prétexte aux argumentations qu'on voudrait
leur opposer.

On propose en conséquence de faire résulter la preuve de
l'intention, d'une déclaration expresse qui aurait été faite,
tant à la municipalité du lieu qu'on quitte, qu'à celle du lieu
où l'on transfère son domicile.

Cette déclaration n'est point obligée : l'homme qui n'aura
que des motifs honnêtes pour user de sa liberté naturelle,
en changeant de domicile, ne craindra pas d'annoncer hautement sa volonté, que nul n'a le droit de contrarier ; le fait
concourant avec elle, l'évidence se rencontrera des deux
côtés, et il n'y aura plus matière à contestation.

Mais l'homme qui, par exemple, fuira ses créanciers, 105
n'aura garde de signaler sa fuite par des déclarations ; celui-
ci ne pourra pas non plus faire admettre comme certain ce
qui restera toujours en question par rapport à lui : à défaut
de déclaration expresse, la preuve de son intention dépendra
des circonstances dont le juge deviendra l'arbitre.

Un citoyen appelé à des fonctions publiques, hors du lieu 106-107 où il avait son domicile, le perdra-t-il en acceptant des fonctions qui l'obligent de résider ailleurs? Cette question, d'un intérêt général dans la République, demandait une solution positive.

Il a paru qu'elle sortirait naturellement des principes, si l'on distinguait entre les fonctions temporaires et révocables, et celles qui sont conférées à vie.

Un fonctionnaire a l'intention de remplir ses devoirs dans toute leur étendue, la loi ne peut du moins admettre une autre supposition. Celui qui accepte des fonctions inamovibles contracte, à l'instant même, l'engagement d'y consacrer sa vie; lors donc qu'il se transporte au lieu fixé pour l'exercice de ses fonctions, ses motifs ne sont pas douteux; à côté du fait constant se place une intention moralement évidente : il y a donc translation immédiate du domicile de ce fonctionnaire inamovible dans le lieu où il doit exercer ses fonctions.

Mais si elles ne sont que temporaires ou révocables, la volonté d'abandonner l'ancien domicile n'est plus également présumable : on le quitte pour remplir des obligations auxquelles on voit un terme; quand ce terme est arrivé, il n'y a plus de raison pour prolonger le sacrifice de toutes les habitudes de sa vie, pour induire un changement de domicile de l'acceptation de fonctions temporaires ou révocables : il faudra donc que l'intention de renoncer à son ancienne demeure soit clairement manifestée.

108   L'ancien droit, fondé sur la nature même des choses, doit subsister, et subsistera par rapport aux femmes mariées, aux mineurs non émancipés et aux majeurs interdits. Le domicile des premières est chez leurs maris; celui des autres, chez leurs pères, mères, tuteurs ou curateurs.

109   Les majeurs qui servent ou qui travaillent habituellement chez autrui ont le même domicile que la personne qu'ils servent, ou chez laquelle ils travaillent, pourvu qu'ils demeurent avec cette personne, et dans la même maison. Cette

condition suffit pour restreindre le principe général dans ses justes bornes, et prévenir toute incertitude dans l'application.

On rappelle, pour la confirmer, la règle en vertu de laquelle le lieu d'ouverture de la succession est déterminé par le domicile du défunt. Il importe à tous les intéressés de savoir précisément à quel tribunal ils doivent porter leurs demandes. Un homme peut mourir loin de chez lui, ses héritiers peuvent être dispersés ; ces circonstances feraient naître de grands embarras, s'il n'y était pourvu par le moyen qui est en usage, et qu'il a paru sage de maintenir.

Enfin, législateurs, on a cru devoir autoriser la convention par laquelle des parties contractantes, ou l'une d'elles, éliraient un domicile spécial et différent du domicile réel, pour l'exécution de tel ou tel acte. La loi ne fait en cela que prêter sa force à la volonté des parties, qui n'a rien que de licite et de raisonnable ; seulement on exige que l'élection de domicile soit faite dans l'acte même auquel elle se réfère ; et pour qu'on ne puisse pas en abuser, on a soin de restreindre l'effet d'une semblable stipulation aux significations, demandes et poursuites relatives à ce même acte : elles seules pourront être faites au domicile convenu, et devant le juge de ce domicile.

COMMUNICATION OFFICIELLE AU TRIBUNAT.

Le Corps législatif communiqua officiellement ce projet au Tribunat, le 12 ventose an XI (3 mars 1803); M. Mouricault en fit le rapport à l'assemblée générale, le 18 ventose, et la discussion eut lieu le 20.

RAPPORT FAIT PAR LE TRIBUN MOURICAULT,
AU NOM DE LA SECTION DE LÉGISLATION.

Tribuns, vous avez renvoyé à l'examen de votre section de législation le titre du projet de Code civil, intitulé *du Do-*

micile; je viens, au nom de la section, vous rendre compte
du résultat de cet examen.

J'observerai, d'abord, qu'il ne peut y avoir de doute sur
la nécessité de s'occuper, dans le Code civil, des moyens de
reconnaître le domicile de chacun. Tout individu a, dans la
société, des devoirs à remplir et des droits à exercer : il ne
peut faire l'un et l'autre que par le moyen d'actes et de magistrats. Dans quel lieu les actes doivent-ils se faire, et les
magistrats doivent-ils être invoqués ? Il est naturel que ce soit
au lieu de la principale habitation du citoyen intéressé. Il
faut donc, non seulement que la loi l'ordonne, mais encore
qu'elle indique la manière légale de s'assurer du lieu de cette
principale habitation, ou du vrai domicile ; qu'elle déclare
enfin ce qui le caractérise.

Je conviendrai qu'il existe, à cet égard, une immense différence entre notre ancien droit et celui qui lui succède.
Lorsque deux cents coutumes se partageaient le territoire
français ; lorsque leurs dispositions différaient entre elles sur
une multitude d'objets importans, tels que l'époque de la
majorité, la communauté légale entre conjoints, la faculté
plus ou moins étendue de disposer, les droits de primogé-
niture, de masculinité, de représentation en succession, etc.;
lorsque ces différences mettaient à tout instant les Français
aux prises ; lorsque, pour prononcer entre eux, il fallait, selon les cas, déterminer le véritable domicile des mineurs,
des époux, des donateurs, des testateurs, ou des individus
morts intestats ; cette recherche était aussi fréquente qu'importante.

La source de toutes les difficultés de ce genre va se trouver
tarie par l'uniformité que la législation nouvelle proclame
pour toute la République ; mais il restera toujours des occasions où la recherche du lieu du domicile sera nécessaire.—Il
faudra toujours, par exemple, que chaque citoyen remplisse,
à son domicile, les formalités relatives à son état civil, qu'il
y reçoive les significations et les citations ; qu'enfin il y soit

jugé du moins en matière personnelle, et s'il est défendeur.

Tous ces actes du droit civil réclament donc, dans le Code
de ce droit, des dispositions relatives au domicile.

Était-ce dans le livre de l'*état des personnes* que ces dispositions devaient se placer? Je ne vois pas qu'il puisse y avoir
sur cela plus de doute.

N'y eût-il que la nécessité de remplir, au domicile de
chaque citoyen, la plupart des formalités relatives à son état
civil, telles que les actes de la publication et de la célébration du mariage, ceux du divorce, ceux de la tutelle et de la
curatelle; il n'en faudrait pas davantage pour qu'il fût convenable de trouver à l'ouverture du livre de l'état des personnes les dispositions relatives au domicile. Mais quand on
considère que c'est là que chacun doit recevoir toutes les citations qui sont à lui faire; que c'est là qu'il doit être jugé
lorsqu'il défend à des actions mobilières; que c'est là que sa
succession s'ouvre; que le domicile, enfin, se constitue par
l'habitation de la personne, et change au gré de la personne :
on demeure convaincu qu'il tient essentiellement à l'individu;
qu'il concourt à former l'état civil de la personne, que seul
il le complète.

Après avoir constaté la nécessité d'une loi civile sur le domicile, et la convenance de placer cette loi dans le livre de l'état
des personnes, il me reste à discuter les dispositions du projet,
et à vérifier si elles s'accordent avec les principes.

Il en est un éminent dans cette matière; savoir, que le pre-   108
mier domicile du citoyen est celui de son *origine*, c'est-à-dire
celui de son père (a). L'article numéroté 108 dans le projet
rend hommage à ce principe, en déclarant que *le mineur
non émancipé a son domicile chez ses père et mère.*

Mais le citoyen n'est pas enchaîné à ce domicile. Libre, à
sa majorité, ou même à son émancipation, de disposer de sa
personne, il peut choisir sa résidence où bon lui semble; il
peut quitter, non seulement son domicile d'origine pour un

(a) *Patris originem unusquisque sequitur.* L. 36. C. De curator.

autre, mais encore celui-ci pour un nouveau; il peut, en un mot, en changer au gré de son intérêt, ou seulement de sa fantaisie. Or, c'est ici que les difficultés commencent à naître.

Et d'abord on peut demander de quelle manière ce changement doit s'opérer. Suffira-t-il d'en manifester la volonté, ou de changer de résidence? Non, tribuns : l'*intention*, qui n'est point accompagnée du fait, peut n'indiquer qu'un projet sans issue; le *fait*, qui n'est point accompagné d'intention déterminée, peut n'indiquer qu'un essai, qu'un déplacement passager, que l'établissement d'une habitation secondaire. Il faut donc, pour consommer un *changement de domicile*, la réunion manifeste du fait et de l'intention; tandis que, pour conserver le domicile d'origine ou un domicile quelconque bien acquis, il suffit de l'intention (a). Or, ce second principe est également consacré par le projet de loi, dont l'article numéroté 103 porte, que *le changement de domicile s'opérera par le fait d'une habitation réelle dans un autre lieu, joint à l'intention d'y fixer son principal établissement.*

A présent, comment cette intention se reconnaîtra-t-elle, comment la démêlera-t-on, surtout quand le même individu ne fixera pas sa résidence dans un seul endroit, quand il aura plusieurs habitations simultanées? Cette difficulté n'est point la moins ardue.

Il y a bien, à cet égard, un principe fondamental qui doit toujours guider; c'est celui que le premier article du projet pose en ces termes : *Le domicile de tout Français, quant à ses droits civils, est au lieu où il a son principal établissement.* Mais c'est ce lieu, *du principal établissement*, qu'il n'est pas toujours aisé de reconnaître; et la loi doit nous diriger, autant qu'il est possible, dans sa recherche.

On pouvait d'abord admettre quelques *présomptions naturelles;* et c'est ce qu'a fait le projet.

1°. Il fixe le domicile du fonctionnaire à vie dans le lieu de l'exercice de ses fonctions; et voici de quelle manière s'en

_____

(a) Argou, *Inst. au Droit Franc.* liv. 1. chap. 12.

expliquent les articles 106 et 107, qui ont soigneusement distingué toutes les autres fonctions de celles-là : *Le citoyen appelé à une fonction publique, temporaire ou révocable, conservera le domicile qu'il avait auparavant, s'il n'a pas manifesté d'intention contraire. L'acceptation de fonctions conférées à vie emportera translation immédiate du domicile du fonctionnaire dans le lieu où il doit exercer ses fonctions.* Cette disposition était de toute convenance. La loi doit croire que le citoyen qui accepte des fonctions perpétuelles, veut fermement s'y dévouer, remplir ses devoirs avec exactitude, s'établir à cet effet au lieu de l'exercice, exister du moins principalement dans ce lieu. Elle ne pourrait admettre une autre présomption, à l'égard du fonctionnaire à vie, qu'autant qu'elle aurait l'intention de se prêter à une conduite différente; et ce serait la calomnier, que de lui supposer cette inconséquence ou cette faiblesse.

2°. Le projet établit une présomption également nécessaire à l'égard du serviteur ou de l'ouvrier, par l'article 109, en ces termes : *Les majeurs qui servent ou travaillent habituellement chez autrui auront le même domicile que la personne qu'ils servent ou chez laquelle ils travaillent, lorsqu'ils demeureront avec elle dans la même maison.* C'est en effet dans ce lieu que doit être présumé placé l'établissement principal de l'individu que son service ou son travail y retient; de l'individu dont ce service ou ce travail journalier forme le moyen d'existence, et constitue l'état.

Les rédacteurs du premier projet de Code avaient proposé une autre présomption nécessaire en faveur du *lieu de l'exercice des droits politiques.* Mais on a remarqué que cette présomption, qui ne peut atteindre les filles majeures, les femmes veuves, et tous les individus non inscrits sur le registre civique; qui n'atteindrait même pas le citoyen inscrit au registre civique d'un arrondissement, s'il n'avait, depuis son inscription, acquis domicile dans cet arrondissement par une année de résidence non interrompue (a); on a remarqué, dis-je, que cette présomption pourrait n'être pas applicable, même au citoyen ayant la faculté d'exercer ses droits politiques. Il n'y a rien en effet de nécessairement commun entre le domicile politique et le domicile civil. On peut légitimement avoir et conserver celui-ci ailleurs que celui-là, qui se constitue par la *résidence* d'une année, sans que la Constitution exige d'intention d'établissement absolu. On peut, de fait, après s'être inscrit au registre civique d'un arrondissement, s'y ménager cette résidence d'une année, à l'effet de s'y assurer l'exercice des droits politiques, sans pour cela entendre y fixer son principal établissement; puisqu'à la différence des fonctions locales à vie, les droits politiques peuvent s'exercer successivement dans toute la France, ou même alternativement s'exercer et se négliger.

Il a donc paru convenable de renoncer à cette troisième présomption, et de s'en tenir aux deux seules énoncées dans le projet.

104　Les tribunaux de Lyon et de Poitiers avaient proposé d'exiger du moins une *déclaration authentique d'intention*, de la part de celui qui voudrait changer son domicile.

Mais quelle sanction pourrait-on donner à une pareille disposition? quelle peine pourrait-on attacher à l'omission de la déclaration? et qu'est-ce qu'une loi que rien ne sanctionne?

On ne ne pouvait que donner aux citoyens l'avis et la faculté de cette déclaration; et c'est ce que fait le projet, par l'article 104, en ces termes : *La preuve de l'intention résultera d'une déclaration expresse, faite, tant à la municipalité du lieu qu'on quittera, qu'à celle du lieu où on aura transféré son domicile.*

105　Si l'individu qui veut changer de domicile, ou qui a plusieurs habitations, a négligé cette déclaration expresse, par laquelle serait indiqué sans équivoque le lieu du vrai domicile; si d'ailleurs il n'est pas dans l'un des cas de présomp-

(a) Const. art. 2 et 6.

tion légale exprimé par les articles 107 et 109, l'intention ne peut plus être reconnue que par les circonstances, comme le déclare l'article 105. Or, leur recherche et leur appréciation sortent absolument du domaine de la loi, et n'appartiennent qu'aux tribunaux.

On peut bien se représenter une partie des circonstances qui sont de nature à caractériser le lieu du *principal éta-blissement;* c'est, comme le dit Domat, d'après les lois romaines, qui nous guident sur tant d'objets (a), « c'est le « lieu où l'individu tient le siége et le centre de ses affaires; « où il a ses papiers; qu'il ne quitte que pour quelque cause « particulière; d'où, quand il est absent, on dit qu'il est en « voyage; où, quand il revient, on dit qu'il est de retour;…. « où il porte les charges; etc. » On peut y ajouter l'inscrip-tion civique, et surtout l'exercice des droits politiques. On peut trouver, dans la réunion de toutes ces circonstances, ou d'une partie, des motifs convenables de décision. Mais la loi ne doit en énoncer particulièrement aucune; parce que les juges, voyant parler la loi, pourraient se croire tenus de né-gliger les circonstances par elle omises; parce que, d'ailleurs, chaque circonstance ne peut être bien appréciée que par ses nuances; qu'il est impossible à la loi de détailler ni même de prévoir.

Le projet a donc sagement fait de ne déterminer aucunes circonstances, et de les abandonner toutes à la sagacité des juges.

Il me reste à vous entretenir d'une précaution qui était indiquée par le tribunal de Grenoble, et qui avait ses par-tisans. « Au moins faudrait-il, disait-on, pour changer le do-« micile originaire ou celui manifestement acquis, pour « opérer légalement ce déplacement de domicile qui exige la « réunion du fait et de l'intention, qu'il ne pût être *consommé* « que par une *résidence effective de quelque durée* dans la nou-

(a) *Droit public,* liv. 1, tit. 16, sect. 5.

« velle habitation. Ce serait imiter la sagesse de la Constitu-
« tion, qui veut une année de résidence dans le lieu de l'in-
« scription civique, pour qu'on y puisse exercer les droits de
« citoyen. La certitude de l'intention trouverait ainsi sa preuve
« dans la constance de la démarche. Ce serait d'ailleurs le
« moyen de prévenir la fraude de la part de débiteurs qui,
« pour se soustraire aux recherches de leurs créanciers, non
« seulement négligeraient la déclaration expresse, mais en-
« core cacheraient le lieu de leur habitation nouvelle, ou
« même en changeraient coup sur coup. »

La proposition était spécieuse. Mais c'était une loi générale qu'on proposait; et il a été bientôt reconnu que l'application pouvait en devenir fort injuste. Par exemple, qu'un
citoyen de Marseille se trouve appelé à Anvers par l'entreprise d'un établissement important de manufacture ou de
commerce, ou par l'ouverture d'une succession opulente; il
est tout simple que cet événement lui fasse abandonner Marseille, et le détermine à se fixer sur-le-champ à Anvers; et
son changement de domicile se trouvera immédiatement
évident par le fait et par l'intention, comme il sera sans
fraude et de bonne foi. Cependant, en conséquence de la
disposition générale proposée, cela ne lui suffirait pas; il lui
faudrait encore un an, six ou trois mois de résidence à Anvers, avant d'y être domicilié de droit : de sorte qu'il serait
tenu, jusque là, de faire à son domicile abandonné de Marseille tous les actes relatifs à son état civil; de tenir pour
bien adressées à ce domicile désert toutes les significations et
les citations qui y seraient faites ou données; de comparaître
enfin en matière personnelle, en défendant, devant les tribunaux de Marseille, devenus pour lui des tribunaux
étrangers. Il faudrait même, s'il venait à mourir à Anvers
avant l'expiration du délai, que sa succession fût réputée ouverte à Marseille, et que toutes les opérations relatives à
cette succession y fussent faites; quoique la matière de ces
opérations fût à Anvers, quoique la femme et les enfans du

défunt résidassent à Anvers. Cette conséquence de la disposition générale proposée ne serait-elle pas étrange?

Puisqu'on ne peut faire, de la nécessité d'une résidence effective plus ou moins longue, une loi générale qui soit équitable, tenons-nous-en donc à des précautions particulières ; et laissons aux lois subséquentes le soin d'y pourvoir, selon la matière, soit en prenant exemple de la constitution (dont les statuts n'ont pourtant rien d'essentiellement commun avec le Code civil), soit de toute autre manière. Ainsi, renvoyons au titre *du mariage* la stipulation d'un certain temps de résidence préalable dans le lieu où l'on voudra en faire les publications et la célébration ; renvoyons au titre des *actions* à autoriser les citations au dernier domicile connu, lorsque la résidence nouvelle n'aura pas été suffisamment manifestée. Rapportons-nous-en surtout à l'intérêt que tout créancier a de suivre de l'œil les démarches de son débiteur, et de tâcher de remettre à la personne de celui-ci, quelque part qu'elle soit, les significations qu'on n'est pas assuré de pouvoir placer à son vrai domicile.

Quant au titre qui nous occupe, à ce titre où il ne s'agit que de principes généraux, adoptons, avec toute sa latitude, celui qui fait dépendre la preuve de l'intention uniquement des circonstances, et qui n'admet aucune atteinte à la liberté que chacun doit avoir de se déplacer quand il veut, comme il veut, aussi subitement et aussi fréquemment qu'il le veut (a).

Ce que j'ai parcouru jusqu'à présent ne s'applique qu'aux individus qui ont la libre disposition de leur personne ; il y a d'autres règles pour ceux qui ne l'ont pas.

Ainsi la *femme mariée*, que le devoir tient auprès de son mari ; qui n'en peut être légitimement éloignée que par la séparation de corps, le divorce, ou la mort ; qui peut être forcée de retourner à lui quand elle le délaisse ; qui ne peut en conséquence avoir de résidence distincte que par l'effet

(a) *Nihil est impedimento quominus quis, ubi velit, habeat domicilium.* L. 31. D. *ad municip.*

d'une espèce de délit de sa part, ou d'une tolérance momentanée de la part de son mari : la femme mariée, disons-nous, n'a pas d'autre domicile légal que le domicile marital.

De même, *le mineur non émancipé*, qui n'a ni père ni mère, ne peut avoir d'autre domicile que celui de son tuteur. On doutait ci-devant que le tuteur pût changer le domicile de son pupille; mais, comme la succession mobilière sera désormais la même partout, il n'y a plus d'intérêt à maintenir le domicile d'origine du mineur jusqu'à sa majorité accomplie, ou même seulement jusqu'à son émancipation; il n'y a plus de fraude à craindre de la part du tuteur, ou de qui que ce soit, dans ce changement. Le projet a donc pu, sans inconvénient, s'en tenir sur cela au principe général, qui donne au tuteur, à défaut des père et mère, tout pouvoir sur la personne du pupille : le projet a pu même ne lier le mineur, soit au domicile de ses père et mère, soit à celui de son tuteur, que jusqu'à l'émancipation qui affranchit sa personne.

Enfin, le *majeur interdit* ne peut avoir d'autre domicile que celui du curateur sous l'inspection duquel il est placé.

Tous ces principes sont textuellement consignés dans l'article 108 du projet.

111 Indépendamment du domicile *réel*, l'usage en a introduit un *de choix*, stipulé souvent pour faciliter l'exécution de certains actes. Il était bon de maintenir cet usage utile : c'est ce qu'a fait l'article 111 du projet, en ces termes : *Lorsqu'un acte contiendra, de la part des parties, ou de l'une d'elles, élection de domicile, pour l'exécution de ce même acte, dans un autre lieu que celui du domicile réel, les significations, demandes et poursuites relatives à cet acte pourront être faites au domicile convenu, et devant le juge de ce domicile.* Sans doute on aurait pu se borner ici à consacrer la faculté de cette élection de domicile spécial, et renvoyer l'énoncé de ses conséquences au titre *des actions;* mais il n'y a pas d'inconvénient à les trouver dès ce moment réunies.

Il n'y en a pas davantage à trouver ici la disposition de 110
l'article 110, qui porte que *le lieu où la succession s'ouvrira*
sera déterminé par le domicile, quoiqu'il eût pu se placer aussi
bien au titre *des successions*.

J'ai parcouru toutes les dispositions du projet ; j'ai constaté que toutes sont conformes aux principes. Elles suffiront
d'ailleurs pour résoudre toutes les difficultés qu'on peut imaginer désormais dans la recherche du domicile du lieu où
doivent s'exercer ou se remplir les droits ou les devoirs civils.

Par ces considérations, tribuns, la section de législation
a donné son assentiment au projet ; et elle vous propose d'en
voter l'adoption.

Le Tribunat vota l'adoption du projet dans la séance
du 20 ventose, et nomma MM. Mouricault, Malherbe et
Eschassériaux, pour porter son vœu au Corps législatif.

DISCUSSION DEVANT LE CORPS LÉGISLATIF.

DISCOURS PRONONCÉ PAR LE TRIBUN MALHERBE,
L'UN DES ORATEURS DU TRIBUNAT.

(Séance du 23 ventose an XI. — 14 mars 1803.)

Législateurs, les difficultés sur la fixation du domicile 102
naissaient de la diversité des règles établies pour déterminer
l'état des personnes et la nature des biens. Lorsque toutes
les parties du territoire français seront régies par un Code
civil uniforme, les droits personnels et réels de chaque individu seront les mêmes, dans quelque lieu que soit le siége de
ses affaires. Il n'y aura plus d'intérêt à se ménager la ressource d'un double domicile, ou à laisser incertaine la fixation de celui qu'on voudra choisir. On ne sera plus obligé
de recourir à des actes faits en fraude de la loi pour éluder
les entraves de tel ou tel statut local : ainsi disparaîtront tou-

tes les causes de ces contestations ruineuses que la chicane avait tant de facilité à créer et à entretenir dans la vaste carrière que lui ouvrait la discordance des lois sur les actes les plus fréquens dans la société. L'esprit de fraude n'aura plus d'aliment, et les hommes contracteront l'heureuse habitude de la bonne foi dans toutes leurs transactions.

Il était cependant utile et même nécessaire de fixer par des règles précises les véritables caractères du domicile civil; et tel est l'objet du projet de loi dont j'ai à vous rendre compte.

Chaque individu ne peut avoir qu'un domicile, quoiqu'il puisse avoir plusieurs résidences. Il était essentiel de ne laisser aucun doute sur l'unité de domicile, pour prévenir les erreurs et les fraudes que pouvait produire le principe contraire, admis par l'ancienne jurisprudence : cette unité est positivement établie par le premier article de la loi proposée.

Le domicile unique, quant à l'exercice des droits civils, est pour tout Français au lieu où il a son principal établissement. On entend par principal établissement le lieu dans lequel se trouvent réunies toutes les circonstances qui annoncent l'intention d'une résidence fixe ; et, à cet égard, les principes ne peuvent pas changer. *In eo loco singulos habere domicilium non ambigitur, ubi quis larem ac fortunarum suarum summam constituit.* Cod. Leg. VII, *de Incolis.* Mais le concours du fait et de l'intention étant exigé pour constituer le domicile, et l'intention pouvant même prévaloir sur le fait d'abord proposé comme règle générale, il était nécessaire d'établir l'exception et de donner un moyen de la constater ; elle était surtout indispensable dans le cas de changement de domicile, soit pour un temps limité, soit pour une translation définitive de résidence.

104-105 Le projet de loi autorise en conséquence la preuve de l'intention par une déclaration expresse, ou, à défaut de cette déclaration, par les circonstances. Ce dernier moyen prête sans doute à l'arbitraire ; mais d'abord on ne peut pas s'en plaindre lorsqu'il existe un mode simple pour l'éviter ; il faut ensuite faire attention que les juges, à la prudence desquels son application est confiée, seront dirigés par les faits qui servent à marquer le lieu du principal établissement, et que, parmi ces faits, il en est plusieurs contre lesquels on ferait inutilement valoir une supposition d'intention contraire : il n'était pas possible d'en spécifier le caractère avec assez de précision pour établir une règle de préférence invariable.

Les décisions qui doivent être le résultat d'un examen de diverses circonstances plus ou moins isolées, et quelquefois en opposition les unes aux autres, restent nécessairement dans le domaine du juge ; il y a d'autant moins de danger à les y laisser, dans la loi proposée, qu'il est évident que la nouvelle législation civile, en soumettant la personne et les biens de tous les Français à des règles uniformes, écartera toutes les considérations qui faisaient naître le plus souvent des doutes et des procès sur la fixation du domicile.

Lorsque les lois sont en harmonie entre elles, la société offre rarement le spectacle scandaleux d'une opposition coupable à l'obéissance qui leur est due.

L'esprit de fraude n'est excusable, ni dans le for intérieur, ni dans le for extérieur ; il reste le partage de ces hommes de mauvaise foi, qui emploient toutes les ressources de l'injustice pour échapper aux poursuites de leurs créanciers : mais, quelques précautions qu'on prît, il serait impossible de les atteindre par une règle immuable ; il suffit que la loi investisse les magistrats du pouvoir nécessaire pour déconcerter et punir les combinaisons frauduleusement ajustées pour s'y soustraire.

Des considérations d'intérêt public ont exigé qu'il n'y eût pas une variation trop rapide dans le domicile politique ; on ne peut en changer qu'après un an ; ce terme, ou tout autre moins long, ne pouvait pas convenir au domicile civil.

L'action de la loi civile est de tous les jours. L'exercice des droits politiques n'a lieu qu'à des époques fixes et éloignées

les unes des autres. L'action de la loi civile est indépendante
de la volonté. Chaque citoyen est libre de s'abstenir d'exercer
ses droits politiques sans courir les risques de compromettre
ses intérêts. La loi civile agit sur tous et pour tous; il était
nécessaire de fixer le domicile civil par une règle commune
à tous.

La loi peut et doit même quelquefois ordonner que le
changement de domicile n'aura d'effet qu'après un certain
laps de temps : le mariage en est un exemple. Il était nécessaire de prévenir les inconvéniens et les fraudes qui pouvaient résulter d'un changement de domicile ajusté pour
favoriser des unions clandestines, ou pour éluder de justes
oppositions. Mais il y a une grande différence entre l'objet
d'une modification aussi importante, et l'exercice habituel
des droits civils.

Le changement de domicile civil doit, sous tous les rapports, suivre la nature des faits qui l'opèrent, lorsque l'intention de leur donner cet effet est constante. Tel était aussi
l'ancien usage, et l'opinion contraire de quelques auteurs a
été généralement considérée comme une erreur.

Le projet de loi a fixé les vrais principes en n'exigeant ni
délai, ni déclaration préalable pour constituer un nouveau
domicile.

106-107   Les fonctions publiques étant, ou temporaires, ou conférées à vie, il était naturel qu'elles n'eussent pas le même
effet pour la fixation du domicile. La différence est établie
par les 5e et 6e articles du projet (106 et 107).

Le fonctionnaire public temporaire conserve presque toujours l'esprit de retour dans le lieu où était son domicile,
lorsqu'il a été appelé. Sa mission finie, il s'empresse de retourner dans ses foyers, lorsqu'il peut y espérer la récompense de ses services, l'estime de ses concitoyens et la considération publique. Il était juste de lui donner la faculté de
conserver son domicile sans qu'il pût en changer autrement
que par l'expression positive de sa volonté.

Le devoir du fonctionnaire public à vie exigeant au contraire sa perpétuelle résidence dans le lieu où ses fonctions l'appellent, il ne pouvait pas être douteux que ce lieu ne dût être celui de son domicile. Son principal établissement est là; et ce caractère essentiel du domicile ne peut même pas alors être effacé par aucune circonstance, ni contredit par une déclaration de volonté contraire. La loi ne peut pas admettre une supposition qui blesserait toutes les convenances sociales.

Le domicile étant établi pour fixer le lieu de l'exercice des 108 droits civils actifs et passifs, les personnes qui ne peuvent exercer ces droits que sous l'autorisation ou par le ministère d'un protecteur ou d'un administrateur légal, doivent avoir le même domicile que lui. Cette règle, qui a toujours été suivie pour les femmes mariées, les mineurs et les majeurs interdits, est conservée par l'article 7 (108). Elle ne peut cesser d'avoir son application que lorsque la qualité à laquelle elle est attachée change par l'effet de la loi ou de la nature.

L'article 8 (109) établit une distinction pour les majeurs qui 109 servent ou travaillent habituellement chez autrui. Ceux qui ont une habitation séparée de la maison où leur état les appelle restent soumis à la règle ordinaire pour la fixation de leur domicile. Ceux qui habitent la même maison que les personnes qui les emploient sortent du droit commun, et ne peuvent pas constituer leur domicile ailleurs. Cette disposition détermine sans équivoque le domicile d'une classe très-nombreuse de la société : elle le fait dépendre d'une circonstance qui écarte toute incertitude dans l'application; et, sous l'un et l'autre rapport, elle offre des avantages sans nul inconvénient.

L'article 9 (110) énonce un principe universellement reçu, 110 en décidant que le lieu où la succession s'ouvrira sera déterminé par le domicile.

L'article 10 (111) conserve à chaque individu le droit de dé- 111

roger aux règles établies par la loi pour fixer son domicile ;
mais il faut que cette dérogation soit stipulée dans chacun
des actes auxquels elle se rapporte, et elle ne peut avoir
d'effet que pour l'exécution de ce même acte. Ainsi le système de la loi est toujours le même entre toutes autres personnes que celles qui ont contracté, ou leurs ayant droits. Je
dis leurs ayant droits, parce que l'effet de la stipulation
permise n'ayant pas été limité aux seuls contractans, il est
évident qu'il se transmet comme toutes les autres actions.

Telles sont, citoyens législateurs, toutes les dispositions
du projet de loi sur le domicile. Elles présentent, dans un
cadre très-simple, la réunion de principes qui n'avaient jusqu'à présent été rapprochés dans aucune loi, et dont l'application sera aussi juste que facile.

Le Tribunat nous a chargés, mes collègues Mouricault,
Echassériaux et moi, de vous apporter son vœu d'adoption.

Le projet fut adopté au Corps législatif dans la séance
du 23 ventose an XI, et la promulgation eut lieu le 3
germinal (24 mars 1803).

TITRE QUATRIÈME.

Des Absens.

DISCUSSION DU CONSEIL D'ÉTAT.

(Procès-verbal de la séance du 16 fructidor an IX. — 3 septembre 1801.)

M. Thibaudeau présente à la discussion le titre *des Absens*.

Il fait lecture du chapitre premier, intitulé, *de l'Absence en général, et de la manière dont elle doit être constatée.*

L'article 1er est ainsi conçu :

« Celui qui, après avoir quitté le lieu de son domicile
« ou de sa résidence, n'aura point reparu depuis cinq années,
« ou dont on n'aura reçu aucune nouvelle depuis ce temps,
« pourra être déclaré absent. »

M. Defermon dit que le délai de cinq ans est trop long ; qu'il est de l'intérêt de l'absent que l'administration de ses biens ne demeure pas abandonnée pendant un si long espace de temps.

M. Tronchet pense qu'on blesserait au contraire les intérêts de l'absent si l'on abrégeait le délai. Il est dangereux de donner connaissance par un inventaire, à des collatéraux avides, des affaires d'un absent. Les tribunaux ont demandé qui administrera cependant les biens, s'il n'y a pas de fondé de pouvoir. La réponse à cette objection est que la loi protège la propriété des citoyens, mais qu'elle ne dirige pas leurs affaires : elle n'est le tuteur que de ceux qui sont incapables de gouverner leurs biens. L'absent majeur, lorsqu'il ne veille pas à ses intérêts, est, par rapport à la loi, dans le même cas que l'individu présent qui les néglige. Il n'y a qu'une circonstance où la loi doive agir pour lui ; c'est lorsque la culture de ses terres demeure abandonnée : alors les lois de police rurale veulent qu'il y soit pourvu ; mais cette disposition n'a pas pour but l'intérêt de l'absent ; elle est fondée sur l'intérêt qu'a la société d'assurer ses propres subsistances.

M. Regnier dit que l'humanité et la justice réclament le
secours de la société pour le citoyen dont l'absence est forcée,
et qui n'a pu prévoir la durée de son éloignement. Il serait
trop dur de laisser ses biens à l'abandon. Personne n'en
doit avoir la jouissance; mais on doit veiller à leur conservation.

M. Réal observe qu'on ne peut pourvoir à l'administration
des biens de l'absent immédiatement après son départ; qu'on
ne pourra demander l'ouverture de ses portes le lendemain de
son absence; qu'il faudra laisser écouler un laps de temps; et
que, pendant ce délai quelconque, toutes les difficultés qu'on
veut prévenir subsisteront. Il est facile à l'absent de pourvoir
à la conservation de ses biens en laissant une procuration.
Il faut au surplus distinguer entre les biens d'un absent et
les biens abandonnés.

M. Regnier dit que, dans l'ancien ordre de choses, le
procureur du roi était le défenseur des absens, et veillait à
leurs intérêts. La loi existe encore; il serait utile d'en répéter
ici la disposition.

M. Tronchet dit que le ministère public n'intervenait
dans les affaires de l'absent que dans le cas où il lui était
échu une succession. L'ordonnance de 1667 avait avec raison
supprimé l'usage de donner un curateur à l'absent. Cet usage
était dangereux, 1° parce qu'il nécessitait la confection d'un
inventaire qui découvrait le secret de ses affaires; 2° parce
que les jugemens rendus contre le curateur étant réputés
contradictoires, et ayant force de chose jugée, il suffisait de
corrompre le curateur pour ruiner l'absent.

Le Premier Consul dit que le mot *reçu* qu'emploie l'article est trop exclusif : on peut avoir des nouvelles de l'absent, sans les recevoir directement de lui.

L'article est adopté avec le retranchement du mot *reçu*.

116   L'article 2 est soumis à la discussion; il est ainsi conçu :
« L'absence sera constatée par une enquête ordonnée par

« le tribunal de première instance de l'arrondissement où
« l'absent avait son domicile, et par celui de l'arrondisse-
« ment où il avait sa résidence, s'il en avait une distincte de
« son domicile. L'enquête sera faite contradictoirement avec
« le commissaire du gouvernement. »

Le Consul Cambacérès demande par qui l'enquête sera
provoquée.

M. Tronchet répond que ce sera par les personnes intéressées qui poursuivront la déclaration d'absence.

Le Consul Cambacérès demande si la section a entendu
accorder aux héritiers d'un degré postérieur le droit de provoquer la déclaration d'absence, lorsque ceux du premier
degré négligeraient de le faire.

M. Tronchet répond que ce droit doit appartenir à tout
parent, quel que soit son degré.

M. Bigot - Préameneu propose de fondre avec l'article 2
l'article 5, qui est ainsi conçu :

« Le jugement qui statuera sur la question d'absence sera
« rendu sur les conclusions du commissaire du gouvernement,
« sauf l'appel. »

La proposition de M. *Bigot-Préameneu* est adoptée.

Les articles 3 et 4 sont soumis à la discussion ; ils portent : ap. 116

Art. 3. « Les dernières nouvelles de l'absent doivent ré-
« sulter d'actes authentiques ou d'actes privés, signés de lui
« ou écrits de sa main, et, en cas de contestation, vérifiés
« par experts. »

Art. 4. « L'existence, à une époque déterminée, de l'in-
« dividu prétendu absent, pourra néanmoins être constatée
« par témoins, ou même par la représentation de lettres
« écrites par des tiers dignes de foi, et dont l'écriture pour-
« rait être vérifiée. »

Le Premier Consul dit que ces articles sont trop précis. Il
peut exister une opinion générale et une masse de certitudes
qui résultent d'autres circonstances que de celles énoncées

dans ces deux articles. Il convient donc de s'abandonner à l'arbitrage du juge.

M. PORTALIS observe que le juge n'appelle des témoins que quand la loi l'y autorise; qu'il est donc nécessaire de lui permettre d'employer tous les moyens qu'il croira propres à opérer la conviction.

M. THIBAUDEAU partage l'opinion du Premier Consul; il propose de supprimer les deux articles, et de dire que l'absence sera prouvée par une enquête qui sera appréciée par le tribunal, suivant les circonstances.

La proposition de M. *Thibaudeau* est adoptée.

M. THIBAUDEAU présente la section première du chapitre premier, intitulée, *des Effets de l'Absence relativement aux propriétés que l'absent possédait au jour de sa disparition.* Elle est composée des articles qui suivent :

Art. 6. « Dans le cas où l'absent n'aura point laissé de « procuration pour l'administration de ses biens, ses héritiers « présomptifs pourront, après cinq années révolues depuis « cette époque, ou depuis les dernières nouvelles, se faire « envoyer en possession provisoire des biens qui lui appar- « tenaient au jour de son départ. »

Art. 7. « Si l'absent a laissé une procuration, ses héritiers « présomptifs ne pourront demander l'envoi en possession « provisoire qu'après dix années révolues depuis les dernières « nouvelles. »

Art. 8. « Lorsque les héritiers présomptifs auront obtenu « l'envoi en possession provisoire, les légataires, les dona- « taires, l'époux de l'absent, et tous ceux qui avaient sur ses « biens des droits suspendus par la condition de son décès, « pourront les exercer provisoirement, à la charge de donner « caution. »

Art. 9. « L'envoi en possession provisoire des héritiers « présomptifs de l'absent ne sera qu'un séquestre et un « dépôt qui leur donnera l'administration de ses biens, et

« qui les rendra comptables envers lui, en cas qu'il repa-
« raisse. »

Art. 10. « Les héritiers présomptifs de l'absent devront 126
« faire procéder à l'inventaire de son mobilier et des titres
« en présence du commissaire du gouvernement près le tri-
« bunal de première instance, ou d'un juge de paix commis
« par ledit commissaire.

« Ils devront faire vendre le mobilier, et en faire emploi,
« ainsi que des fruits et revenus échus à l'époque de l'envoi
« en possession.

« Les héritiers présomptifs pourront requérir, pour leur
« sûreté, qu'il soit procédé, par un expert nommé par le
« tribunal, à la visite des immeubles, à l'effet d'en constater
« l'état. Son rapport sera homologué en présence du commis-
« saire du gouvernement : les frais en seront pris sur les
« biens de l'absent.

« Les héritiers présomptifs ne pourront se mettre en pos-
« session qu'après avoir donné caution pour sûreté de leur
« administration, et des restitutions mobiliaires dont ils
« pourraient être tenus. »

Art. 11. « Si l'absence a continué pendant dix années ré- 127
« volues de l'envoi en possession provisoire des héritiers pré-
« somptifs, ils seront déchargés de l'obligation de lui rendre
« compte des fruits échus pendant leur jouissance. Le tribu-
« nal devra seulement, dans le cas où l'absence aura cessé,
« accorder à l'absent une somme convenable pour subvenir à
« ses premiers besoins. »

Art. 12. « Les héritiers présomptifs, tant qu'ils ne jouiront 128
« qu'en vertu de l'envoi provisoire, ne pourront aliéner ni
« hypothéquer les immeubles de l'absent.

« Néanmoins, si l'absence a continué pendant trente ans 129
« depuis l'envoi provisoire, ils pourront, à l'expiration de ce
« délai, demander l'envoi en possession définitive ; et ils se-
« ront rendus propriétaires incommutables, en vertu du ju-

« gement qui la leur accordera, en présence et du consente-
« ment du commissaire du gouvernement. »

129   Art. 13. « A cette époque, la caution donnée par tous ceux
« qui, ayant sur les biens de l'absent des droits suspendus
« par la condition de son décès, les auraient réclamés pro-
« visoirement, sera déchargée. »

Ib.   Art. 14. « Dans tous les cas, la succession de l'absent sera
« ouverte après cent ans révolus du jour de sa naissance. »

130   Art. 15. « L'ouverture de la succession remontera au jour
« de la disparition, des dernières nouvelles ou du décès
« prouvé de l'absent, au profit de ceux qui, à l'une ou l'autre
« de ces époques, étaient ses héritiers présomptifs. »

Ib.   Art. 16. « Dans les cas de l'article ci-dessus, les parens, et
« ceux qui, ayant des droits suspendus par la condition du
« décès de l'absent, auraient joui de ses biens, et se trouve-
« raient évincés, ne devront point la restitution des fruits. »

Art. 17. « Le délai de trente ans, après lequel les héritiers
« présomptifs pourront demander l'envoi définitif, ne courra
« contre l'absent mineur que du jour où il aura atteint sa
« majorité. »

Art. 18. « Si les enfans et descendans que l'absent avait
« emmenés avec lui, ou qu'il a eus depuis son départ, se re-
« présentent dans les trente années de l'envoi provisoire ac-
« cordé à ses autres héritiers présomptifs, sans pouvoir jus-
« tifier de la mort de leur père, ils seront mis en possession
« provisoire à la place des héritiers, ou concurremment, s'ils
« sont au même degré. »

133   Art. 19. « Si les enfans et descendans de l'absent ne se re-
« présentent qu'après que ses autres héritiers présomptifs au-
« ront obtenu l'envoi définitif, ils ne pourront réclamer les
« biens de leur auteur, qu'autant qu'ils justifieront de sa
« mort à une époque certaine, et qu'à cette époque ils étaient
« mineurs.

« Dans ce cas, ils ne seront remis en possession des biens
« de leur auteur, qu'autant qu'en réunissant le temps écoulé

« depuis leur majorité à celui qui avait couru avant la mort
« du père, il ne se trouvera point un laps de trente années
« révolues, qui ait rendu irrévocable l'envoi en possession
« définitive des autres héritiers présomptifs de l'absent. »

Art. 20. « Après l'envoi des héritiers présomptifs en pos- 134
« session provisoire, toute personne qui aurait des droits à
« exercer contre l'absent ne pourra les poursuivre que contre
« lesdits héritiers. »

L'article 6 est soumis à la discussion. 120

LE PREMIER CONSUL pense qu'il conviendrait de faire in- tit. 4
sérer au Bulletin le jugement qui déclare l'absence, et de ne
lui donner d'effet qu'après un an. Ces précautions sont nécessaires pour en assurer la notoriété, surtout dans les villes
éloignées et peu populeuses, où cependant on peut avoir des
nouvelles de l'absent.

M. THIBAUDEAU dit que, dans des temps où il y avait moins
de relations entre les peuples et où les communications étaient
moins faciles et moins fréquentes, cette précaution eût pu
être nécessaire; mais actuellement que toutes les parties du
monde sont ouvertes, que le commerce et les relations politiques ont lié toutes les nations, que la civilisation s'est étendue sur toute la terre, un absent a une foule de moyens de
donner de ses nouvelles : la publication du jugement n'est
donc pas si utile.

LE PREMIER CONSUL dit que l'envoi en possession provisoire accordé aux héritiers est indispensable; mais qu'il doit
être entouré de la plus grande publicité, afin d'éveiller l'attention dans les villes de commerce. Le retour est quelquefois si difficile, qu'il n'est pas permis de négliger les précautions.

M. TRONCHET demande si l'on suspendra l'envoi en possession pendant l'année de la publication; ce qui le reculerait à
six ans.

LE PREMIER CONSUL dit qu'il tient moins au nombre des

années qu'à la grande publicité. Il voudrait que l'enquête fût faite après quatre ans, la publication de l'absence prononcée aussitôt après l'enquête; qu'elle fût ordonnée par le tribunal, et que l'envoi en possession fût accordé un an après.

Le Consul Cambacérès ne voudrait pas qu'on fût toujours obligé d'attendre l'expiration du premier délai pour prononcer l'envoi en possession. Il est des immeubles qui dépérissent faute d'entretien, comme sont les maisons, les usines. Le ministre de la justice pourrait donc faire publier, après deux ans, que tel citoyen est absent et a laissé des propriétés immobilières qui se dégradent : ensuite, et après un second délai, on prononcerait l'envoi en possession de ses biens.

La distinction que fait le projet de loi entre l'absent qui a laissé un fondé de pouvoir, et celui qui n'en a pas laissé, est sage. Il en est de même de la disposition qui donne les fruits aux héritiers après dix ans; mais celle qui, après trente ans, leur donne la propriété incommutable est injuste. A quelque époque qu'un absent se représente, lui ou ses enfans, ils ne doivent pas être expropriés par fin de non-recevoir. Il est d'ailleurs contradictoire de n'admettre qu'après cent ans la présomption de la mort de l'absent, et de le dépouiller cependant après trente, comme s'il n'existait plus. Le respect dû à la propriété exige qu'en tout temps l'absent reprenne son patrimoine, mais seulement en l'état où il le trouve, de manière qu'il ne puisse même revenir sur les aliénations qui auraient été faites.

Il est encore une autre question, qu'il sera nécessaire d'examiner : c'est celle de savoir si la déclaration d'absence donne lieu à l'ouverture du testament.

Le Ministre de la Justice fait lecture de différens articles du Code prussien, desquels il résulte, 1° que l'État doit nommer des tuteurs aux absens, pour veiller à la conservation de leurs biens, lorsque pendant une année entière on n'a pas eu de nouvelles de l'absent; 2° qu'après dix années d'absence sans nouvelles de l'absent, on peut requérir la sentence de déclaration de mort; 3° que l'effet de cette déclaration de mort est de faire passer les biens à ceux à qui ils appartiennent, d'après les dispositions de la loi sur les successions ; de faire ouvrir et exécuter le testament de l'absent, s'il en a été déposé un en justice ; 4° que si l'absent se présente après la déclaration de mort, il peut redemander son bien, en tant que le bien lui-même, ou le prix qu'on en aurait reçu, existerait encore ; 5° que, s'il ne reparaît qu'après trente ans depuis la déclaration de mort, il n'a droit d'exiger du possesseur des biens, en tant qu'ils y peuvent suffire, que l'entretien nécessaire d'après les convenances de son état ; 6° que dans les mêmes délais, les descendans de l'absent ont les mêmes droits que lui.

Il en conclut que le projet de la section n'a pas pourvu à tous les cas qui peuvent résulter de l'absence.

M. TRONCHET dit que le système du Code prussien a tous les inconvéniens de cette ancienne jurisprudence, qu'on a sagement réformée, et, en outre, des vices qui lui sont particuliers.

Il est ridicule de déclarer l'absent mort : un absent n'est, aux yeux de la loi, ni mort ni vivant. L'absence peut être une présomption de la mort ; mais hors les cas de fraude, la loi n'admet de certitude que d'après des preuves. Il est également bizarre de faire ensuite revivre celui qu'on a déclaré mort.

Un principe et plus naturel et plus simple, c'est de regarder la vie et la mort de l'absent comme également incertaines. Tout demandeur doit prouver : or l'héritier de l'absent, ou veut lui succéder, ou veut le faire succéder ; dans le premier cas, il est tenu de prouver que l'absent est mort ; dans le second, qu'il vit : dans les deux, il est exclu, jusqu'à ce qu'il ait fait cette preuve. Cependant, comme il est nécessaire de régler le sort des biens qui sont là, et qui forment le patrimoine actuel de l'absent, il faut ou les déclarer vacans, ou les mettre sous le séquestre. Il est utile à l'absent que le séquestre de ses biens soit déféré à ceux qui ont le plus d'intérèt à les conserver : c'est pourquoi , après un certain temps, on accorde l'envoi en possession à ses héritiers. Comme néanmoins l'absent peut avoir négligé de donner de ses nouvelles, et que cette négligence , ainsi que le séquestre, ne doivent pas tourner à sa ruine, on ne laissait autrefois que les fruits aux héritiers , et l'on exigeait d'eux une caution pour toutes les restitutions qu'ils auraient à faire, si l'absent reparaissait.

Cette jurisprudence avait l'inconvénient de faire les héritiers administrateurs indéfiniment et pour toujours. On y a pourvu , surtout à Paris, en leur accordant, après un temps, l'envoi en possession définitive. Cependant l'absent n'était pas privé irrévocablement de ses biens : les héritiers ne possédant que comme dépositaires , ils ne pouvaient changer le titre de leur possession , et devenir propriétaires ; d'un autre côté , leur possession n'étant fondée que sur la présomption de la mort de l'absent, et toute présomption cédant aux preuves , les droits des héritiers cessaient nécessairement quand l'absent se représentait. Aussi tous les auteurs s'accordent-ils à dire que les effets de l'envoi en possession définitive sont de décharger la caution fournie par les héritiers , d'autoriser ceux-ci à vendre les biens ; mais qu'ils ne les dispensent pas de rendre à l'absent son patrimoine , si l'absent reparaît. Les tribunaux demandent que la possession des héritiers ne soit pas irrévocable , même après cent ans.

Les héritiers n'acquièrent pas d'abord , puisqu'ils ne peuvent prouver que la succession est ouverte ; mais ils acquièrent ensuite par la prescription. Cette voie leur est ouverte, attendu que leur possession est fondée sur un titre légal.

La section ne s'est écartée de la jurisprudence ancienne , beaucoup plus simple et plus naturelle que le Code prussien, que par rapport aux effets de l'envoi en possession définitive. En modifiant son système par les amendemens du Premier Consul et du Consul *Cambacérès* , on le rendra parfaitement exact.

LE PREMIER CONSUL demande si, après l'absence déclarée, on ouvrira le testament.

M. TRONCHET dit que, comme le provisoire profite à tous ceux qui ont quelque intérêt, le testament de l'absent doit être ouvert aussitôt que l'absence est déclarée, afin que les légataires jouissent par provision.

LE PREMIER CONSUL demande quels héritiers seront admis à l'envoi en possession provisoire. Seront-ce ceux qui étaient appelés à la succession au moment où l'individu s'est absenté, ou ceux qui l'étaient au moment du jugement par lequel l'absence a été déclarée?

M. TRONCHET répond que ce seront ceux qui se trouvaient héritiers au moment de l'absence.

LE PREMIER CONSUL demande si cet ordre subsistera même dans le cas où l'on recevrait des renseignemens sur la mort de l'absent, et où l'on saurait qu'elle est arrivée à une époque où il aurait eu d'autres héritiers que ceux qui ont été envoyés en possession provisoire de ses biens.

M. TRONCHET répond que l'époque de la mort étant certaine, elle règle l'ordre de la vocation.

M. MALEVILLE dit que l'article 15 semble exclure l'idée que la succession puisse être ouverte avant cent ans écoulés depuis la naissance de l'absent, si d'ailleurs on n'a pas reçu de nouvelles certaines de sa mort.

M. THIBAUDEAU répond que l'âge de cent ans acquis à l'absent vient au contraire comme une exception en faveur des héritiers, qui sont, dans ce cas, dispensés de tous les délais que le projet oppose à leur envoi en possession; qu'au surplus, si l'on trouve quelque ambiguité dans la rédaction, il est facile de la faire disparaître.

LE PREMIER CONSUL demande si l'on nommera un curateur à l'absent lorsqu'il lui écherra une succession.

M. THIBAUDEAU répond que les inconvéniens qui, dans cette matière, ont fait rejeter en général les curateurs, s'opposent aussi à ce que l'on en nomme dans le cas prévu par le

Premier Consul ; que les droits de l'absent, lorsqu'il s'ouvre une succession à son profit, se confondent avec ses autres biens et suivent le même sort ; qu'en un mot, la section a pensé qu'il valait mieux que, jusqu'à la déclaration de l'absence, les biens et droits de l'absent souffrissent un peu, que d'introduire quelqu'un dans le secret de ses affaires, et d'y porter souvent le désordre, sous le prétexte de veiller à ses droits.

M. Tronchet dit que quand on est certain que l'absent existe, un officier public le représente dans les successions auxquelles il est appelé ; que le projet pourvoit au cas où l'existence de l'absent est douteuse.

Le Premier Consul dit qu'il est nécessaire de pourvoir aussi à l'administration des biens avant la déclaration d'absence.

M. Bigot-Préameneu rend compte de ce qui se pratique. Ceux qui se trouvent dans la nécessité d'agir contre l'absent non déclaré, ou d'exercer des droits qui leur sont communs avec lui, lui font nommer un curateur spécial. Il en est de même quand il s'ouvre une succession à son profit et qu'aucun fondé de pouvoir ne se présente.

M. Tronchet dit que, dans ce dernier cas, l'absent est représenté par un notaire ; qu'au surplus, les dispositions sur ces divers points appartiennent à la loi qui sera faite sur les absens connus.

Le Premier Consul dit que quand un absent a laissé un fondé de pouvoir, tout est terminé ; mais que si ce fondé de pouvoir vient à mourir, ou si l'absent, étant pauvre, n'a pas donné de procuration, et que cependant il s'ouvre ensuite une succession à son profit, il est nécessaire de donner un administrateur à ses biens.

M. Cretet dit que, pour rendre la loi précise, il faut établir une distinction entre l'absence présumée et l'absence constatée.

La suite de la discussion est continuée à la prochaine séance.

(Procès-verbal de la séance du 24 fructidor an IX. — 11 septembre 1801.)

M. Thibaudeau fait lecture d'une nouvelle rédaction du titre *des Absens*.

Le chapitre Ier, intitulé *des Individus éloignés de leur domicile, et non encore déclarés absens*, est soumis à la discussion ; il est ainsi conçu :

Art. 1er. « Lorsqu'une personne décédera, laissant pour « héritiers des individus éloignés de leur domicile et non en- « core déclarés absens, le juge compétent apposera les scellés « sur les effets de la succession. »

Art. 2. « Le maire de la commune où la personne sera dé- « cédée sera tenu d'en donner avis sans délai au juge, s'il « ne réside pas dans la commune. »

Art. 3. « S'il y a lieu de faire des inventaires, comptes, [113] « partages et liquidations, dans lesquels se trouvent intéres- « sés des individus non encore déclarés absens, et qui n'ont « pas de fondés de procuration, la partie la plus diligente « s'adressera au tribunal de première instance, qui, après avoir « entendu le commissaire du gouvernement, commettra d'of- « fice un notaire pour procéder à la confection desdits actes.»

Art. 4. « S'il y a nécessité de pourvoir à l'administration de [112] « tout ou partie des biens laissés par une personne éloignée « de son domicile et non encore déclarée absente, ou à la « conservation des droits qui lui sont échus depuis son dé- « part, il y sera pourvu par le tribunal de première instance, « sur les conclusions du commissaire du gouvernement. »

Art. 5. « Les commissaires du gouvernement près les [114] « tribunaux seront spécialement chargés de veiller, dans « tous les cas, aux intérêts des personnes éloignées de leur « domicile et non encore déclarées absentes. »

M. Tronchet observe que l'article 1er, et en général le cha- pitre, est restreint aux individus éloignés de leur domicile, quoique non encore déclarés absens ; que cependant il envelopperait dans ses dispositions ceux qui sont seulement éloignés du lieu où s'ouvre la succession.

Pour sentir la difficulté qui en résulterait, il faut considérer que la jurisprudence distingue entre les absens dont l'existence est incertaine, et ceux dont l'existence est certaine. Les premiers sont ceux dont l'absence a été légalement déclarée : les seconds sont dans la même position que les autres citoyens ; on n'agit pour eux que dans le seul cas où une succession à laquelle ils sont appelés s'ouvre hors du lieu qu'ils habitent. Le ministère public veille à leurs intérêts, et fait apposer les scellés ; on les cite ensuite à son domicile. S'ils ne se présentent pas, on procède par défaut : le juge ordonne ou suspend, suivant sa prudence, la levée des scellés et les opérations subséquentes ; s'il les ordonne, l'héritier absent est représenté par un notaire : telles sont les dispositions de la loi du 11 février 1791.

Les précautions qu'elle prend tomberaient avec les dispositions qui les prescrivent, si l'article qu'on discute pouvait être appliqué à tout homme absent du lieu où s'ouvre la succession.

Il faut donc changer la rubrique du chapitre, et comprendre les deux cas dans l'article 1er.

M. THIBAUDEAU répond que l'article 3 rappelle et maintient les dispositions de la loi de 1791 ; que, cependant il adopte l'amendement.

M. REGNIER croit le changement et l'addition qu'on propose inutiles. Le titre entier n'est relatif qu'aux absens ; or, un absent est celui qui a quitté son domicile, et non celui qui n'est pas présent au lieu où s'ouvre une succession à laquelle il est appelé : l'article 1er n'abroge donc pas la loi de 1791.

M. TRONCHET dit que le Code civil manquerait son but, s'il n'abrogeait toutes les lois civiles dont il n'aura pas recueilli les dispositions ; qu'il abrogera donc aussi la loi de 1791 ; qu'ainsi il n'y aura plus de dispositions sur celui qui ne se

trouve pas au lieu de la succession, si l'on n'étend expressément à lui celles qu'on discute. A la vérité, dans la langue,
le mot *absent* a deux acceptions, dont une s'applique à l'homme
qui n'est pas dans un lieu où sa présence serait nécessaire;
mais, dans le langage des lois, on n'entend par absent que
celui dont on ignore la résidence, et dont l'existence est incertaine.

M. REGNIER répond que le chapitre entier ne concerne
évidemment que les absens proprement dits; qu'il ne peut
donc être appliqué à ceux dont parle la loi de 1791; qu'ainsi
il laisse à cette loi tous ses effets; que le Code civil ne l'abroge
pas en ne répétant pas ses dispositions, attendu qu'il n'abrogera implicitement que les dispositions contraires à ce qu'il
décide.

M. BOULAY dit que la disposition finale du projet de Code
civil est rédigée dans le sens que lui donne M. *Regnier*.

M. BIGOT-PRÉAMENEU pense que, pour prévenir toute
équivoque, on pourrait exprimer, dans le chapitre, qu'il
concerne également ceux qui, sans être absens du lieu de
leur domicile, sont absens du lieu où s'ouvre une succession
qu'ils sont appelés à recueillir.

M. REGNIER dit qu'alors il faudrait changer la rubrique du
chapitre; mais que ce changement est inutile; que la loi
de 1791 pourvoit au cas qui n'est pas prévu ici.

M. THIBAUDEAU dit que la loi du 11 février 1791 ne fait
pas de distinction entre les absens; qu'il n'y a pas d'inconvénient à donner l'explication que M. *Bigot-Préameneu* demande; qu'elle établit une mesure conservatoire qui a de
l'analogie avec la matière; qu'on changerait la rubrique du
chapitre, si la proposition était adoptée.

LE PREMIER CONSUL dit que la rubrique du chapitre semble indiquer qu'on ne veut parler que des individus présumés
absens, et qu'ainsi elle ne s'accorde pas avec les articles 1 et 2.
Si la section a eu en vue, indépendamment des absens pré-

sumés, les personnes seulement éloignées de leur domicile, elle n'a pas réglé tout ce qui les concerne.

M. Thibaudeau répond que la section, pour se conformer aux bases adoptées dans la dernière séance, s'est attachée à pourvoir à la conservation des droits et à l'administration des biens des absens qui n'ont pas laissé de procuration : mais celui qui donne de ses nouvelles ne peut être réputé absent, quoiqu'il soit éloigné de son domicile.

Le Premier Consul dit qu'alors la rubrique est exacte; mais que la section devait se borner à parler des prévenus d'absence, et non des personnes qui ne sont pas présentes à leur domicile : et même les mots *éloignés de leur domicile* ne désignent pas exactement ces derniers sous le rapport sous lequel les voit la section; car elle n'a pas voulu sans doute, par cette dénomination, désigner l'homme qui n'est éloigné que de dix lieues de la ville qu'il habite. Il aurait fallu, dans tous les cas, que le projet de loi expliquât plus dogmatiquement à quelles personnes ses dispositions doivent s'appliquer.

M. Tronchet pense qu'en effet il faudrait s'expliquer plus précisément : le projet de loi serait très-clair s'il débutait par la définition de l'absent et du prévenu d'absence.

Le Premier Consul dit qu'il partage cette opinion.

Il voudrait encore que la section pût écarter l'expression *absent*, laquelle, dans l'usage, ne désigne que celui qui n'est pas actuellement présent dans un lieu, et qu'elle trouvât un mot technique qui fût exempt d'ambiguité.

Le Consul Cambacérès dit que les dispositions du chapitre ne sont pas à leur place; qu'elles seraient mieux au titre *des Successions;* que l'ordre des idées exigerait que le titre commençât par le chapitre II.

Il est arrêté que le chapitre II sera d'abord discuté.

La discussion du chapitre II, intitulé *de l'Absence et de la manière dont elle doit être constatée,* est ouverte.

M. Thibaudeau fait lecture de l'article 6; il est ainsi 115
conçu :

« Celui qui, après avoir quitté le lieu de son domicile ou
« de sa résidence, n'aura point reparu depuis quatre années,
« ou dont on n'aura eu aucune nouvelle depuis ce temps,
« pourra être déclaré absent. »

Le Consul Cambacérès trouve la disposition insuffisante ;
il reconnaît qu'il est avantageux de ne pas trop se hâter de
remettre les biens de l'absent, soit à sa famille, soit à l'autorité publique ; mais il voit beaucoup de difficultés à les laisser
pendant quatre ans dans un état de vacance et d'abandon.

M. Boulay observe qu'on a remédié à cet inconvénient
dans le chapitre Ier.

Le Premier Consul dit que ceux qui poursuivent la déclaration d'absence doivent être soumis à prouver que celui
qu'ils veulent faire déclarer absent a quitté son domicile. Il
peut arriver en effet qu'on ait, sur la mort d'un individu
qui n'est pas sorti de son domicile des indices très-forts,
quoiqu'on n'ait pas retrouvé son cadavre. On peut dire de
cet homme qu'il a disparu, mais on ne peut pas dire qu'il est
absent.

L'amendement du Premier Consul est adopté.

Le Ministre de la Justice demande qu'on substitue la
conjonctive *et* à la disjonctive *ou*, dont se sert l'article.

Cet amendement est adopté ainsi que l'article.

L'article 7 est soumis à la discussion; il est ainsi conçu : 116
« L'absence sera constatée, à la diligence des parties inté-
« ressées, par une enquête ordonnée par le tribunal de pre-
« mière instance de l'arrondissement où l'absent avait son
« domicile, et par celui de l'arrondissement où il avait sa
« résidence s'il en avait une distincte de son domicile. L'en-
« quête sera faite contradictoirement avec le commissaire du
« gouvernement. »

Le Ministre de la Justice observe que l'article suppose

qu'il y aura une double enquête ordonnée et faite par deux tribunaux ; que le tribunal du domicile doit être le seul juge de l'absence ; qu'on peut cependant, par une commission rogatoire et par les moyens usités, recueillir des preuves dans d'autres lieux ; mais que, provoquer deux jugemens par des tribunaux différens, c'est s'exposer à avoir deux résultats.

M. Boulay répond que l'article suivant prouve qu'un seul tribunal doit juger.

M. Defermon dit que l'intention de la section paraît avoir été qu'il serait fait deux enquêtes, mais qu'elles seraient ordonnées toutes deux par le tribunal du domicile.

MM. Boulay et Thibaudeau disent que cette intention est celle de la section.

M. Tronchet dit qu'il doit être fait une enquête dans tous les lieux où le prévenu d'absence avait coutume de résider ; autrement, la fraude aurait trop d'avantage : on ferait une enquête au lieu où l'existence de l'individu serait douteuse, et l'on négligerait le témoignage de ceux qui ne l'ont pas perdu de vue.

Les tribunaux ont demandé, ajoute. M. *Tronchet*, que les héritiers présomptifs ne pussent être témoins dans l'enquête.

M. Thibaudeau dit que la section n'a pas cru devoir les exclure, parce que les parens les plus proches sont présumés ordinairement être plus en état d'avoir des nouvelles de l'absent : il n'y a d'ailleurs nul inconvénient, puisque le tribunal jugera de la valité des dépositions contenues dans l'enquête, et qu'il pesera le résultat des preuves.

L'article est adopté avec l'amendement de M. *Tronchet*.

117   L'article 8 est discuté ; il porte :

« Le tribunal statuera sur la demande en déclaration de « l'absence, suivant qu'il trouvera suffisantes ou insuffisantes « les preuves résultant de l'enquête ou de toutes autres piè- « ces et documens. Le jugement sera rendu sur les conclu-

« sions du commissaire du gouvernement, sauf l'appel. »

M. Maleville demande que cet article soit fondu avec l'article précédent.

L'article est adopté avec la proposition de M. *Maleville*.

L'article 9 est soumis à la discussion ; il est ainsi conçu : 118-119

« Le commissaire du gouvernement enverra le jugement « définitif au ministre de la justice, pour être rendu pu-« blic ; il ne sera exécutoire qu'un an après sa date. »

M. Defermon propose de placer ici l'article 4 du chapitre Ier.

M. Thibaudeau propose de le rédiger ainsi : « Néanmoins, « si, avant la déclaration d'absence, et aussi pendant l'année « de la suspension du jugement, il y a nécessité de pour-« voir, etc. »

M. Tronchet dit qu'il est dangereux d'autoriser qui que ce soit à fouiller dans les secrets de la fortune et de la maison de l'absent ; il serait intolérable qu'une simple demande en déclaration d'absence, ou même une absence de six mois, donnât ce droit à des héritiers. La loi doit donner à chacun la faculté de défendre sa propriété ; elle ne doit administrer pour personne : *vigilantibus jura succurrunt*. Ce principe ne souffre qu'une seule exception ; c'est lorsque la culture des terres est abandonnée. C'est avec raison que l'ordonnance de 1667 a fait cesser l'usage de nommer des curateurs aux absens.

M. Boulay dit que le procès-verbal de conférence explique que c'est par rapport aux ajournemens que l'ordonnance a retranché les curateurs comme inutiles : d'ailleurs, le tribunal juge avant tout s'il y a nécessité d'en nommer.

Le Premier Consul dit qu'il est dangereux aussi de laisser à l'abandon les affaires d'un individu qui s'est absenté sans constituer un fondé de pouvoir : ses lettres de change seront protestées, son crédit perdu, ses débiteurs deviendront insolvables ; sa ruine enfin sera consommée. Il y aurait du danger sans doute à laisser ses héritiers prendre connaissance de sa situation ; mais pourquoi l'autorité publique, qui protége les orphelins et les veuves, parce qu'ils ne peuvent se défendre, ne protégerait-elle pas le majeur qui n'est pas là pour veiller à ses intérêts ? Qu'elle l'abandonne à lui-même lorsqu'il est présent et qu'il est capable d'administrer, rien de plus juste ; et c'est en ce sens qu'on peut entendre l'adage cité par M. *Tronchet;* mais, s'il est absent, la société devient sa tutrice, et doit le mettre à l'abri des vols et des dilapidations.

M. TRONCHET répond qu'il n'y a qu'un cas réellement difficile, c'est celui où les lettres de change faites par l'absent sont échues : mais alors la loi offre un remède ; elle donne aux créanciers le droit de faire apposer les scellés, parce que le non-paiement, joint à la disparition, caractérise la faillite. Il est toujours dangereux de donner un curateur à l'absent.

LE PREMIER CONSUL dit que les motifs qui font donner un tuteur au mineur doivent décider à faire administrer les biens de l'absent : l'un et l'autre, quoique par des causes différentes, sont également hors d'état de régir leur patrimoine. L'intérêt public exige aussi quelquefois qu'on ne laisse pas dépérir les biens de l'absent. Il est de l'intérêt public que les pensions dues par l'absent soient payées, que les marchandises qu'il a vendues soient livrées, que les denrées qu'il a emmagasinées ne soient pas perdues pour la consommation. Au surplus, on ne propose de pourvoir à l'administration des biens de l'absent que lorsqu'il n'a pu y pourvoir lui-même, ou lorsque les précautions qu'il a prises deviennent inutiles.

M. TRONCHET dit qu'il n'a pu être empêché d'y pourvoir que quand un accident est la cause de son absence.

LE MINISTRE DE LA JUSTICE dit que ce cas est le moins ordinaire ; que la loi a surtout intention de pourvoir à la conservation du patrimoine abandonné par l'effet d'une absence dont la cause n'est pas connue ; car celui qui s'absente avec intention laisse presque toujours un fondé de pouvoir.

Au reste, les biens mobiliers de l'absent, les provisions qu'il a faites en grains, en denrées, sont du nombre des choses dont la République a besoin, et que, par cette raison, elle doit conserver. Aussi tous les projets de Code civil ont-ils jusqu'à présent admis la nomination de curateur à l'absent.

M. PORTALIS dit que lorsque des pièces appartenant à un tiers sont déposées dans la demeure d'un absent, la justice peut en ordonner la recherche et la restitution. Cet exemple prouve qu'on ne compromet pas les intérêts de l'absent en s'introduisant chez lui, lorsque la nécessité ou l'intérêt d'un tiers le commande. Il serait difficile de fixer le délai dans lequel on doit pourvoir à la conservation de ses biens ; c'est par la nécessité et par les circonstances qu'il faut en juger ; mais il n'y a pas de danger à ce que les tribunaux aient le droit de se régler à cet égard par l'urgence, et à prononcer suivant les cas.

M. TRONCHET dit que le danger d'exposer l'absent à des condamnations contradictoires qui le ruinent s'il a un curateur perfide, ne laisse pas de subsister ; que des jugemens par défaut ne l'exposent pas de même, puisqu'ils ne l'empêchent pas de revenir contre la condamnation.

M. PORTALIS observe que les jugemens par défaut deviennent définitifs après un certain temps.

Peut-être cependant conviendrait-il de donner à l'absent la faculté de se pourvoir contre les jugemens contradictoires rendus avec son curateur : une institution qui a pour objet l'intérêt de l'absent ne doit pas tourner contre lui. On pourra donc la modifier sous ce rapport ; mais la nomination d'un curateur est nécessaire dans une foule d'autres circonstances. On doit penser d'ailleurs que le tribunal prendra le curateur de l'absent parmi les personnes qui s'intéressent à son sort. En tout cas, il y a beaucoup moins de dangers, si le juge ne donne de curateur que lorsque les circonstances l'exigeront.

M. Tronchet dit que, si l'on ne donne aux jugemens contradictoires rendus contre le curateur tous les effets qu'ils ont ordinairement, l'ordonnance de 1667 a donc eu raison de rejeter les curateurs comme inutiles.

M. Regnier dit que les curateurs aux absens sont nécessaires sous d'autres rapports. L'absent peut avoir besoin de payer ses créanciers; de poursuivre ses débiteurs; et alors, et dans beaucoup d'autres cas, il faut qu'il soit représenté. On exagère au surplus les dangers de cette institution. Le système de la section, expliqué par M. *Portalis*, n'est pas qu'il soit nommé des curateurs indistinctement à tous les absens, mais seulement lorsque les circonstances l'exigent. Tous les absens n'ont pas intérêt que leurs affaires demeurent absolument ignorées; et d'ailleurs le curateur ne fouille pas arbitrairement dans les papiers de l'absent; la justice lui donne communication de ceux qu'il a besoin de connaître pour remplir le ministère qu'elle lui confie. Dans tous les cas, le plus grand des dangers est que les affaires de l'absent demeurent abandonnées à la merci des événemens. L'ordonnance de Lorraine, dont on connaît la sagesse, a statué d'après ce principe.

M. Maleville dit, à l'appui de l'opinion de M. *Portalis*, que si un absent a été mal défendu par son curateur, il doit avoir, comme le mineur, la faculté de se pourvoir par requête civile; l'analogie entre les deux cas est parfaite, et l'équité répugne à ce qu'un absent soit puni de la négligence et peut-être de la perfidie d'un curateur qui n'est pas de son choix.

M. Réal dit que l'avis de M. *Maleville* conduit à prononcer que l'absent sera assimilé au mineur, et que l'absence aura tous les priviléges de la minorité.

M. Regnier dit que le curateur de l'absent serait une

sorte de fondé de procuration, dont la justice réglerait les pouvoirs.

M. EMMERY dit que, quand on nommerait un curateur pour chaque cas qui paraîtrait l'exiger, il n'en faudrait pas moins faire un inventaire, constituer un gardien, et occasioner ainsi à l'absent des frais considérables ; qu'il serait possible même que les circonstances obligeassent à nommer successivement plusieurs curateurs à l'absent.

M. REGNIER répond qu'un inventaire ne sera pas nécessaire ; que le juge se transportera, visitera les papiers, et remettra au curateur les papiers et les titres dont il aura besoin pour remplir sa mission.

M. TRONCHET dit que l'expérience a prouvé avec quelle négligence on procède à ces opérations.

M. RÉAL ajoute qu'on peut juger combien elles seront dispendieuses par les frais qu'elles entraînent, même lorsque les parties sont présentes ; qu'on ne se bornera jamais à de simples recherches, et qu'on n'arrivera jamais aux papiers nécessaires au curateur qu'après avoir inutilement consulté tous les autres.

M. REGNIER dit qu'on n'aura pas à craindre ces inconvéniens lorsque l'ordonnance du juge n'ordonnera qu'une simple distraction.

M. PORTALIS ajoute que les distractions ont lieu pour d'autres cas, et qu'elles n'entraînent pas les suites fâcheuses qu'on prévoit.

M. EMMERY dit que les recherches qui ont lieu dans d'autres cas sont ordonnées pour l'intérêt de tiers qui ne doivent pas souffrir de l'éloignement de l'absent ; mais qu'il est inutile que la loi les ordonne généralement pour l'intérêt de l'absent, parce que sa famille, ses amis, ses voisins, prendront soin de ses affaires, et demanderont aux tribunaux les autorisations que les circonstances pourront exiger.

M. REGNIER répond qu'il n'est pas certain qu'ils prennent tant de soins : il pourrait d'ailleurs n'être pas toujours dans l'intérêt de l'absent qu'ils entrassent dans le secret de ses affaires. Il n'en est pas de même de la justice, qu'on suppose impartiale et désintéressée. Tout se réduit donc à savoir si l'absent a intérêt d'être défendu. Or, son absence ne doit pas lui être plus nuisible qu'à des tiers.

M. EMMERY se rend à l'opinion de M. *Portalis*, si la loi exprime clairement que la mesure proposée n'aura lieu que dans le cas d'une extrême nécessité.

M. BIGOT-PRÉAMENEU rend compte de l'usage.

A Paris, principalement, le tribunal ordonne l'ouverture, en présence du juge de paix, de la porte de la personne absente. Si le juge de paix trouve des papiers, il en réfère au tribunal ; et le tribunal nomme un curateur à l'absent, lorsque les circonstances l'exigent. L'ordonnance de 1667 ne s'oppose pas à cet usage ; elle n'exclut pas en général les curateurs aux absens. La section ne propose donc que ce qui se pratique.

On donne des curateurs aux absens ; mais il faut que les circonstances le rendent indispensable.

M. PORTALIS dit que ce n'est que dans l'intérêt de tiers que l'ordonnance de 1667 a supprimé, comme inutiles, les curateurs aux absens.

L'article est adopté, sauf rédaction, avec la modification proposée par M. *Portalis*, l'addition des dispositions des articles 3, 4 et 5 du chapitre premier, et la substitution de ces mots, *réputés absens*, à ceux-ci, *éloignés de leur domicile*.

LE MINISTRE DE LA JUSTICE demande quel sera le mode de donner de la publicité au jugement.

M. BOULAY répond que le mode est arbitraire, et que la loi l'abandonnera à la sagesse du ministre.

M. THIBAUDEAU fait lecture de la section première, intitulée, *des Effets de l'absence relativement aux propriétés que l'absent possédait au jour de sa disparition.*

Elle est composée des articles suivans :

Art. 10. « Dans le cas où l'absent n'aura pas laissé de pro- ₁₂₀
« curation pour l'administration de ses biens, ses héritiers
« présomptifs au jour de son départ ou de ses dernières nou-
« velles, pourront, un an après le jugement définitif qui aura
« déclaré l'absence, se faire envoyer en possession provisoire
« des biens qui appartenaient à l'absent au jour de son dé-
« part. »

Art. 11. « Si l'absent a laissé une procuration, ses héritiers ₁₂₁
« présomptifs ne pourront demander l'envoi en possession
« provisoire qu'après dix années révolues depuis sa dispa-
« rition ou depuis ses dernières nouvelles, et qu'après avoir
« fait déclarer l'absence dans les formes prescrites par les
« articles ci-dessus. »

Art. 12. « Si, après les cinq ans de la disparition ou des ₁₂₂
« dernières nouvelles de l'absent, la procuration vient à ces-
« ser par la mort, la renonciation du procureur fondé, ou toute
« autre cause, les héritiers présomptifs pourront se pourvoir
« pour faire déclarer l'absence. »

Art. 13. « Lorsque les héritiers présomptifs auront obtenu ₁₂₃-₁₂₄
« l'envoi en possession provisoire, l'époux de l'absent pourra
« demander la dissolution provisoire de la communauté, et
« exercer, également à titre de provision, tous les droits
« résultant de son contrat de mariage, à la charge de donner
« caution. »

Art. 14. « L'envoi en possession provisoire des héritiers ₁₂₅
« présomptifs de l'absent ne sera qu'un séquestre et un
« dépôt qui leur donnera l'administration de ses biens, et
« qui les rendra comptables envers lui en cas qu'il repa-
« raisse. »

« Art. 15. « Les héritiers présomptifs de l'absent devront ₁₂₆
« faire procéder à l'inventaire de son mobilier et des titres, en
« présence du commissaire du gouvernement près le tribunal
« de première instance, ou d'un juge de paix commis par
« ledit commissaire.

« Ils devront faire vendre le mobilier, et en faire emploi,

« ainsi que des fruits et revenus échus à l'époque de l'envoi
« en possession.

« Les héritiers présomptifs pourront requérir, pour leur
« sûreté, qu'il soit procédé, par un expert nommé par le
« tribunal, à la visite des immeubles, à l'effet d'en constater
« l'état : son rapport sera homologué en présence du commis-
« saire du gouvernement ; les frais en seront pris sur les biens
« de l'absent.

« Les héritiers présomptifs ne pourront se mettre en pos-
« session qu'après avoir donné caution pour sûreté de leur
« administration et des restitutions mobiliaires dont ils pour-
« raient être tenus. »

127   Art. 16. « Si l'absence a continué pendant dix années ré-
« volues de l'envoi en possession provisoire des héritiers pré-
« somptifs, ils seront déchargés de l'obligation de lui rendre
« compte des fruits échus pendant leur jouissance. Le tribu-
« nal devra seulement, dans le cas où l'absence aura cessé,
« accorder à l'absent une somme convenable pour subvenir
« à ses premiers besoins. »

128   Art. 17. « Les héritiers présomptifs, tant qu'ils ne jouiront
« qu'en vertu de l'envoi provisoire, ne pourront aliéner ni
« hypothéquer les immeubles de l'absent.

129   « Néanmoins, si l'absence a continué pendant trente ans
« depuis l'envoi provisoire, ou s'il s'est écoulé cent ans ré-
« volus depuis la naissance de l'absent, les cautions seront
« déchargées, et les héritiers présomptifs pourront, à l'ex-
« piration de ce délai, faire prononcer l'envoi en possession
« définitif par le tribunal de première instance, en présence
« et du consentement du commissaire du gouvernement. »

123   Art. 18. « Lorsque les héritiers présomptifs auront obtenu
« l'envoi en possession définitif, les légataires, les dona-
« taires, et tous ceux qui avaient des droits suspendus par
« la condition du décès de l'absent, pourront les exercer. »

130   Art. 19. « Dans le cas du décès prouvé de l'absent pendant
« l'envoi provisoire, sa succession sera ouverte, du jour de

« son décès, au profit des héritiers les plus proches à cette
« époque ; et les parens qui auraient joui des biens de l'ab-
« sent seront tenus de les restituer, sous la réserve des
« fruits par eux acquis par l'article 16. »

Art. 20. « Si l'absent reparaît, ou si son existence est 131
« prouvée pendant l'envoi provisoire, les effets du jugement
« qui aura déclaré l'absence cesseront, sans préjudice des
« mesures conservatoires prescrites pour l'administration de
« ses biens. »

Art. 21. « Si l'absent reparaît, ou si son existence est 132
« prouvée, même après l'envoi définitif, il recouvrera ses
« biens dans l'état où ils se trouveront, et le prix de ceux
« qui auraient été aliénés, à moins qu'il n'en ait été fait
« emploi. »

Art. 22. « Les enfans et descendans directs de l'absent 133
« pourront également, dans les trente ans, à compter de
« l'envoi définitif, demander la restitution de ses biens,
« comme il est dit en l'article précédent. »

Art. 23. « Après l'envoi des héritiers présomptifs en pos- 134
« session, provisoire ou définitif, toute personne qui aurait
« des droits à exercer contre l'absent ne pourra les pour-
« suivre que contre lesdits héritiers. »

L'article 10 est soumis à la discussion, et adopté. 120

Les articles 11 et 12 sont discutés.

121-122

Le Premier Consul demande sur quoi est fondée la différence qu'ils établissent, quant à l'envoi en possession, entre
l'absent qui a laissé un fondé de pouvoir et celui qui n'en a
pas laissé.

M. Thibaudeau répond qu'elle l'est sur ce que l'administrateur constitué par la volonté de l'absent doit être préféré à celui que la loi pourrait lui donner.

Le Premier Consul dit qu'elle peut être fondée sur la
présomption du retour de l'absent. Cette espérance existant,
si la procuration vient à cesser pendant les cinq ans qui pré-

cèdent la déclaration d'absence, les héritiers seront–ils admis
à provoquer, dans les délais ordinaires, le jugement d'envoi
en possession, et ce jugement aura-t-il son effet un an après
qu'il aura été rendu?

M. TRONCHET répond que les dispositions sur le cas où il
y a un fondé de pouvoir sont une exception à la règle générale; et que cette exception cessant, le droit commun reprend
son cours.

M. DEFERMON dit que la loi n'a qu'un seul objet, c'est de
veiller à l'intérêt de l'absent; qu'ainsi, lorsqu'il y a eu un
fondé de pouvoir, à quelque époque que la procuration ait cessé,
les héritiers ne doivent être envoyés en possession qu'après
dix ans; que jusque là, ils ne peuvent réclamer que l'application de l'article 4.

M. TRONCHET dit qu'en principe général, l'administration
des biens de l'absent appartient aux héritiers; que ce principe
doit avoir tous ses effets lorsque l'exception qui en suspendait
l'application vient à cesser.

M. THIBAUDEAU dit qu'avant de continuer la discussion, il
faut bien préciser la question résultant de l'observation du
Premier Consul. Elle est de savoir si, dans le cas de cessation
de la procuration après les cinq ans, les héritiers peuvent,
du jour même où la procuration a cessé, poursuivre la déclaration d'absence et l'envoi provisoire, ou s'ils sont obligés
d'attendre pendant un délai de quatre ans, comme à l'article 6.

M. TRONCHET dit que, s'ils étaient obligés d'attendre ce
délai, les biens de l'absent demeureraient trop long-temps
abandonnés.

LE PREMIER CONSUL dit que d'après le projet, la condition
des héritiers ne serait pas la même dans les deux cas. Lorsqu'il
n'y a pas de procuration, ils perçoivent et consomment les
fruits, sauf restitution, après un laps de cinq ans; ils ne les
perçoivent et ne les consomment qu'après dix ans, lorsqu'il
y a une procuration. Or, si l'on ne veut accorder aucune

faveur à l'absent qui a pourvu à l'administration de ses biens pendant son absence, il faut livrer aux héritiers les revenus de tous les absens indistinctement après le même délai. Si l'on pense, au contraire, que la prévoyance d'un absent doit lui donner quelque avantage, on ne doit pas le priver de ses revenus parce qu'un accident fait cesser la procuration et rend inutiles les mesures qu'il a prises. Il serait injuste de ne le pas traiter mieux que l'absent imprévoyant, et de ne pas convertir, pendant dix ans, ses revenus en une masse de capitaux qu'il retrouverait à son retour.

M. Emmery dit que l'on accorde à la prévoyance de l'absent tout ce qu'elle peut produire, lorsqu'on respecte sa procuration pendant cinq ans, et qu'on double le temps après lequel l'envoi en possession pourrait être obtenu si elle n'existait pas.

M. Regnier dit que, suivant le projet, les héritiers de l'absent qui a laissé une procuration ne peuvent être envoyés en possession provisoire qu'après dix ans; qu'ils n'acquièrent les fruits que dix ans après l'envoi en possession; qu'ainsi l'absent n'est privé de ses revenus qu'après vingt ans. Il serait injuste de lui ôter ces avantages, parce que la mort de son fondé de pouvoir trompe sa prévoyance : l'absent n'en a pas moins fait ce qu'il a pu pour échapper à la disposition qui donne les fruits aux héritiers quinze ans après la disparition.

M. Tronchet répond que l'absent n'a pas fait tout ce qu'il a pu, lorsque, dans la procuration, il n'a pas substitué, ou donné à son fondé de pouvoir le droit de substituer.

M. Réal objecte que le procureur substitué pourrait aussi venir à mourir.

M. Emmery dit que l'exception qui fait respecter la procuration de l'absent pendant dix ans, est une faveur qui n'oblige pas de lui en accorder une seconde, en ne donnant les fruits aux héritiers qu'après vingt ans.

M. Réal dit qu'il n'y a pas là faveur, mais justice : l'absent est parti avec sécurité, dans la confiance qu'il avait pourvu à ses affaires.

M. Defermon dit qu'il est difficile de concilier entre elles les dispositions sur l'absent qui n'a pas laissé de procuration, celles sur l'absent qui en a laissé, et celle qui le répute mort après cent ans de vie.

L'autorité publique veille pendant cinq ans pour celui qui n'a pas laissé de procuration; on ne présume l'absent mort qu'après cent ans : or, par quelle présomption traite-t-on l'absent qui a laissé une procuration, mais dont le fondé de pouvoir est mort, autrement qu'on ne traite, pendant cinq ans, celui qui n'a pas constitué de fondé de pouvoir?

M. Emmery répond que la déclaration d'absence établit le doute et non la présomption de la mort de l'absent.

Le Premier Consul dit qu'on se propose, sans doute, de mieux traiter l'absent qui a laissé une procuration, parce qu'il a prévu son absence, et qu'on peut espérer son retour. Il ne faut donc lui donner, pendant quinze ans, que des administrateurs de son bien, si ceux qu'il a constitués viennent à manquer. Mais alors on ne doit pas dire que ses héritiers seront envoyés en possession avant quinze ans ; on doit dire qu'ils prendront la place de son fondé de pouvoir. Si ce n'est là le but du projet, la distinction entre les deux espèces d'absens devient inutile.

Mais l'uniformité des dispositions à l'égard des absens conduirait à des injustices. Certainement celui qui n'est absent que parce qu'il a entrepris un voyage de long cours, et a pourvu à ses affaires, est plus favorable que celui qui a disparu subitement. Il convient donc ou que la loi le distingue des autres, ou qu'on laisse les tribunaux décider, suivant les circonstances, si la procuration doit être prorogée, et pendant combien de temps elle doit l'être.

M. Cretet dit que les procurations données en vue d'absence ont des caractères particuliers auxquels il est facile de reconnaître si l'absent les a données par prévoyance et dans l'espoir du retour ; elles sont générales, et souvent elles expriment le motif qui a déterminé à les donner.

M. TRONCHET dit que l'embarras de cette discussion vient de ce que l'on confond deux choses très-distinctes, la déclaration d'absence, et l'envoi en possession.

La déclaration d'absence est fondée sur l'incertitude de la vie de l'absent ; elle doit être prononcée après cinq ans, soit qu'il y ait, soit qu'il n'y ait pas de fondé de pouvoir ; le silence de l'absent y autorise.

Ensuite, il faut prendre un parti sur les biens de l'absent : cette mesure est très-distincte de la déclaration d'absence. Le fondé de pouvoir qu'a laissé l'absent doit avoir la préférence sur tout autre administrateur ; mais lorsqu'il n'en existe pas, l'administration doit être confiée aux héritiers, parce que ce sont eux qui ont le plus d'intérêt à la conservation des biens.

Cet ordre d'administration établi, les dispositions sur les fruits doivent être les mêmes pour tous les absens ; aucun ne doit être privé de ses revenus avant un laps de quinze ans.

M. REGNIER adopte la partie de cette opinion qui tend à uniformiser les dispositions sur la jouissance des héritiers de tout absent indistinctement ; mais il pense que fixer cette jouissance à quinze ans dans tous les cas, c'est se montrer plus rigoureux que le projet envers le propriétaire, puisque le projet recule la jouissance à vingt ans, lorsque l'absent a laissé un fondé de pouvoir : or, comme l'intérêt du propriétaire doit prédominer sur celui des héritiers, et qu'il convient d'admettre les mêmes dispositions dans tous les cas, M. *Regnier* demande que les héritiers ne puissent acquérir les fruits que vingt ans après le départ de l'absent, soit qu'il ait laissé une procuration, soit qu'il n'en ait pas laissé.

M. BOULAY observe que si les héritiers étaient obligés de restituer les fruits perçus pendant vingt ans, il rendraient une somme égale au capital.

M. TRONCHET dit que, s'il est juste de favoriser l'absent,

il est juste aussi de ne pas ruiner ses héritiers pour avoir conservé et administré ses biens. La négligence de l'absent qui, pendant quinze ans, n'a pas donné de ses nouvelles est rarement excusable.

M. REGNIER pense, au contraire, qu'il est rare qu'on puisse reprocher avec justice à un absent de n'avoir pas donné, pendant quinze ans, de ses nouvelles. Peu d'hommes sont assez indifférens sur la conservation de leurs biens, pour négliger de s'informer de l'état où ils se trouvent. Leur long silence est ordinairement causé par l'impossibilité de donner de leurs nouvelles.

M. PORTALIS observe que la discussion ne porte plus sur l'idée proposée par le Premier Consul.

Le Premier Consul ne propose pas d'uniformiser les dispositions sur l'administration des biens des absens, puisque toutes les absences ne sont pas accompagnées des mêmes circonstances; mais de laisser à l'arbitrage du juge de proroger la procuration donnée par l'absent.

Toute la faveur doit être pour l'absent; ses héritiers n'en peuvent avoir que dans la considération de son intérêt : il ne faut donc pas les soumettre à restituer vingt années de jouissance; ils ne voudraient pas se charger d'administrer, s'ils étaient exposés à une semblable restitution : or, comme on mène les hommes par leur intérêt, il convient de donner aux héritiers de l'absent quelques avantages qui les déterminent à se rendre administrateurs de ses biens.

Mais ceci est étranger à l'idée mise en avant par le Premier Consul. Il peut être dans l'intérêt d'un absent, tantôt que la procuration qu'il a laissée soit prorogée, tantôt qu'elle cesse d'avoir ses effets : il convient donc de donner au tribunal le droit de proroger la procuration, ou d'appeler les héritiers à la place du fondé de pouvoir.

M. REGNIER observe que les héritiers trouvent toujours de l'avantage à recueillir les fruits, puisqu'ils en jouissent et les rendent sans en payer d'intérêts; que d'ailleurs leur intérêt principal est de conserver et d'améliorer un patrimoine auquel ils sont appelés à succéder.

Le Premier Consul dit qu'un citoyen, dont les dernières nouvelles sont datées des Indes, ne doit être déclaré absent que long-temps après qu'il a cessé d'en donner; car il ne peut revenir qu'après beaucoup de temps et en surmontant une multitude d'obstacles.

M. Boulay dit que cet individu ne peut pas être réputé absent après un espace de dix années.

M. Tronchet dit que la loi pourrait ne pas donner de règle fixe au juge, mais l'autoriser à prononcer l'absence d'après les circonstances.

Le Premier Consul dit que l'article 6 ne donne pas cette liberté au juge.

On pourrait laisser subsister le droit commun, qui est qu'en général l'absence peut être déclarée après cinq ans, et le modifier en ajoutant, « à moins que des circonstances « particulières ne fassent penser au tribunal que l'absent n'a « pu donner de ses nouvelles. »

M. Boulay observe que, dans le droit commun tel qu'il a été adopté, l'absence peut être déclarée après quatre ans, parce que l'envoi en possession provisoire n'a lieu qu'après la cinquième année; que, pour reculer la déclaration d'absence à cinq ans, il faut mettre en dehors de ce terme l'année de délai.

Le Premier Consul ne trouve aucun inconvénient à cette modification; il voudrait que le juge ne fût pas forcé de prononcer la déclaration d'absence, pour la seule raison que depuis quatre ans l'absent n'a pas donné de ses nouvelles; mais qu'on laissât à sa conviction et à sa conscience à décider si les circonstances caractérisent l'absence.

Le Consul Cambacérès propose la question suivante :

Un homme que des spéculations commerciales doivent conduire loin de sa résidence, prévoit qu'il ne pourra de très-long-temps donner de ses nouvelles : pour empêcher que ses héritiers ne s'immiscent dans ses affaires jusqu'à l'époque où ils peuvent demander l'envoi en possession définitive, il organise pour trente ans l'administration de son patrimoine. L'acte qu'il fera aura-t-il ses effets? La loi doit s'en expliquer, si l'on veut qu'il reçoive son exécution, attendu qu'en pareil cas ce n'est ni un testament, ni une disposition de dernière volonté.

M. Portalis dit que cet acte ne serait pas exécuté dans le système qui, après un terme, fait cesser l'effet d'une procuration.

M. Tronchet dit que la loi ne peut, sous aucun rapport, valider un tel acte. Si c'est un acte à cause de mort, il blesse les dispositions qui défèrent la succession à l'héritier ; si c'est un acte entre-vifs, il ne peut durer que tant qu'on administre la preuve de la vie de l'absent.

M. Portalis dit que l'acte serait bon dans le système actuel.

Ce serait une procuration ordinaire de trente ans, si l'absent n'avait nommé que des administrateurs ; et les administrateurs seraient comptables envers lui.

On ne peut gêner un absent, au point de ne lui pas permettre de graduer ses fondés de pouvoir. Le principe est que l'absent ne peut être réputé ni vivant ni mort. L'acte qui doit avoir ses effets si l'absent est vivant, ne peut donc les perdre que quand la preuve de la mort de l'absent est acquise.

On objectera que l'absent a pu faire des dispositions en haine de ses héritiers ; mais, à cet égard, les prohibitions seraient inutiles, car il lui resterait d'autres moyens de signaler cette haine.

124   Le Premier Consul dit que le projet de loi doit s'occuper aussi des femmes des absens, et empêcher que les héritiers envoyés en possession provisoire ne les excluent de la maison de leurs maris.

M. Boulay dit que le sort de la femme de l'absent est le même que celui de ses héritiers ; qu'elle exerce provisoirement les droits et les avantages que la mort de son mari lui aurait donnés.

LE PREMIER CONSUL dit que cette disposition ne suffit pas ; qu'il faut encore pourvoir à ce que la femme ne soit pas arrachée à ses habitudes et à ses affections, pour l'intérêt d'héritiers collatéraux : elle ne saurait être tout à la fois mariée et non mariée ; et il ne doit pas être au pouvoir des héritiers de son mari de lui enlever son nom et son état, si elle veut les conserver.

M. PORTALIS demande si les héritiers seront contraints de demeurer en communauté avec la femme.

M. BOULAY dit qu'il faut ou que la femme administre les biens de son mari, ou qu'elle les cède aux héritiers.

M. THIBAUDEAU dit que l'article 13 est positif ; la femme seule peut demander la dissolution de la communauté, ou la continuer : c'est une option que la loi doit lui donner.

M. TRONCHET dit qu'il est impossible d'obliger des héritiers à demeurer, malgré eux, dans un contrat de société.

M. THIBAUDEAU répond que les héritiers n'ont dans ce cas aucun droit personnel ; ils ne jouissent encore que pour l'absent ; ils entrent provisoirement dans ses droits, ils sont tenus de ses obligations. La continuation de la communauté n'est donc pas, au moins sous ce rapport, contraire aux principes.

M. DEFERMON dit que ce principe ne s'accorde pas avec les suites que l'article 15 donne à l'envoi en possession ; qu'il sera donc nécessaire de modifier cet article.

LE PREMIER CONSUL dit que le sort de la femme serait trop affligeant, si l'absence de son mari lui faisait perdre les avantages de leur union.

M. TRONCHET dit qu'au lieu de donner l'administration des biens de l'absent à ses héritiers, on pourrait la donner à son épouse.

M. DEFERMON observe que si un mari s'absente pour des opérations relatives à un commerce que sa femme conduit avec lui, les héritiers de l'absent pourraient venir, après cinq ans, détruire le commerce, et ruiner à la fois la femme et le mari.

M. Lacuée dit que la femme cesse d'être exposée, lorsque les héritiers sont les enfans.

Le Premier Consul dit que ses intérêts n'en sont pas moins blessés ; que d'ailleurs elle peut avoir de justes sujets de plainte contre ses enfans ; qu'il est d'autant plus bizarre d'appeler les héritiers de l'absent, au préjudice de sa femme; que peut-être le testament, qu'on n'ouvre pas, transmet à la femme toute l'hérédité de son mari.

M. Tronchet dit que le testament de l'absent sera ouvert.

M. Thibaudeau dit que, dans le premier projet, la section avait pensé qu'il était conséquent d'ouvrir les droits des légataires au moment de l'envoi provisoire des héritiers; mais on trouva qu'il était inconvenant d'ouvrir le testament d'un homme contre lequel il n'y avait encore que de légères présomptions de mort. C'est d'après cette observation que la section a proposé de renvoyer à un plus long délai l'ouverture du testament.

M. Boulay dit que le remède à l'inconvénient dont a parlé le Premier Consul, est de donner à la femme l'administration des biens de l'absent.

M. Portalis dit que l'absent n'étant réputé ni mort ni vivant, il en résulte qu'on est obligé de prouver la vie ou la mort de l'absent, suivant que l'action qu'on exerce est fondée sur l'hypothèse de son existence ou de sa non-existence. Il s'agit de savoir si, sans blesser ce principe, on peut ouvrir le testament de l'absent et pourvoir au sort de son épouse. L'ouverture du testament contredirait le principe, puisqu'un testament n'a de date et de force que par la mort du testateur.

A l'égard de la femme, toutes les fictions qui la favorisent peuvent être adoptées : son mariage conserve de plein droit tous ses caractères ; mais on peut, suivant son intérêt, laisser subsister la communauté ou la rompre, ouvrir son douaire, enfin admettre tout ce qui lui conserve ses avantages.

M. TRONCHET dit qu'on pourrait lui donner l'option d'être envoyée en possession des biens de son mari, ou de rompre sa communauté.

LE PREMIER CONSUL dit qu'on arrive infailliblement à un terme où le principe que l'absent n'est réputé ni mort ni vivant ne peut plus être suivi, et où sa mort est présumée. La marche de la loi est combinée en conséquence de ce système. Après cinq ans, il est déclaré absent; après dix ans, ses héritiers jouissent de ses revenus; après trente ans, ils disposent des biens, parce qu'on présume l'absent mort. Pourquoi donc, après un délai donné, la présomption de sa mort ne serait-elle pas admise pour autoriser l'ouverture de son testament? Il ne faut pas que ses malheurs éteignent en lui la capacité de tester.

M. BOULAY dit que le principe que l'absent n'est réputé ni mort ni vivant est sans doute bizarre, mais qu'il est le produit de la sagesse des siècles; qu'on n'a pu parvenir à en trouver un meilleur.

LE PREMIER CONSUL dit que le système de la matière repose tout entier sur des inductions.

Pourquoi l'article 10 appelle-t-il les héritiers présomptifs de l'absent? C'est parce qu'on suppose qu'il ne se représentera pas. Mais, s'il a laissé un testament, que la même supposition permet aussi d'ouvrir, il se peut que ceux qu'on regarde comme ses héritiers cessent d'être appelés à recueillir ses biens. En appelant les héritiers de l'absent, on se propose de donner à sa mort présumée les effets que sa mort réelle aurait par rapport à sa succession; mais alors, pour être conséquent, il faut établir aussitôt un ordre de choses qui ne puisse plus changer dans la suite par l'ouverture du testament.

M. MALEVILLE dit qu'en effet il n'y a pas plus de motif de

donner la possession provisoire des biens aux héritiers présomptifs qu'au légataire universel.

M. THIBAUDEAU rappelle que la section avait proposé l'envoi en possession provisoire des légataires, et qu'elle n'a modifié son projet que parce que sa proposition a été combattue. On peut d'ailleurs revenir sur ce point, la matière des absens étant toute arbitraire et uniquement fondée sur des présomptions.

M. TRONCHET dit que les rédacteurs du Code civil avaient aussi proposé l'envoi en possession provisoire des légataires. Le légataire est fondé en effet à réclamer pour lui-même la provision qu'on accorde à l'héritier d'après la présomption de la mort de l'absent.

LE PREMIER CONSUL dit que l'article 15 fixe un délai trop court pour la vente des meubles de l'absent.

M. RÉAL propose de décider d'abord si la femme aura l'option entre l'envoi en possession provisoire des biens de son mari et l'exercice de ses reprises.

LE PREMIER CONSUL dit que, si l'on part de la supposition que le mari est vivant, il ne s'agit que de l'administration de ses biens, et qu'il n'y a pas de difficulté à la confier à sa femme; que, si l'on part de la supposition que l'absent est mort, les lois règlent le sort de ses biens et de la communauté; mais, si l'on ne considère le mari ni comme mort, ni comme vivant, il peut être dangereux d'abandonner absolument à sa femme l'administration de son patrimoine.

M. MALEVILLE dit que, s'il y a communauté, la femme doit avoir l'option dont on a parlé; que, s'il n'y en a pas, les héritiers doivent être envoyés en possession.

M. BOULAY dit que, dans le système de M. *Portalis*, la provision pourrait être accordée à la femme, même quand il y aurait communauté.

M. TRONCHET dit qu'elle doit lui être accordée même quand il n'y en a pas, parce que la femme non commune profite des revenus de son mari.

LE CONSUL CAMBACÉRÈS propose de charger la section de rédiger deux projets, un dans chaque système.

Cette proposition est adoptée.

(Procès-verbal de la séance du 4 frimaire an X. — 25 novembre 1801.)

M. THIBAUDEAU rappelle et analyse les différens projets qui ont été présentés sur la matière des absens, la discussion à laquelle ils ont donné lieu dans les séances des 16 et 24 fructidor an IX; résume les principes qui ont été arrêtés, et présente un projet rédigé d'après ces principes : il fait observer que ce projet est antérieur à l'arrêté qui supprime la division par chapitres.

Le chapitre Ier, intitulé *des Prévenus d'absence*, est soumis à la discussion.

L'article Ier est discuté.

Art. Ier. « S'il y a nécessité de pourvoir à l'administration « de tout ou partie des biens laissés par une personne pré- « venue d'absence, et qui n'a pas laissé de procuration, ou « à la conservation des droits qui lui sont échus depuis son « départ, il y sera statué par le tribunal de première ins- « tance, sur la demande des parties intéressées. »

LE MINISTRE DE LA JUSTICE, pour éviter toute équivoque et prévenir les conflits entre le tribunal du domicile et celui de la situation des biens, propose de déclarer que le tribunal de première instance dont parle cet article est celui du domicile.

M. BÉRENGER dit qu'en effet si plusieurs tribunaux étaient admis à pourvoir à l'administration des biens, il y aurait lieu de craindre que leurs décisions ne fussent contradictoires : l'un pourrait déclarer qu'il y a prévention d'absence; l'autre, que cette prévention n'existe pas. Le tribunal du lieu où l'individu habitait est sans doute celui qui peut le mieux juger s'il doit être réputé absent.

M. REGNIER dit que, ne s'agissant pas encore de prononcer

sur l'absence ; mais de pourvoir provisoirement à la conservation des biens , il est naturel que chaque tribunal prenne
les précautions nécessaires à l'égard des biens situés dans
l'étendue de son ressort.

Le Ministre de la Justice répond qu'il est convenable de
simplifier la procédure , et de ne pas obliger les parties intéressées, à la requête desquelles il est pourvu à l'administration des biens , de s'adresser à plusieurs tribunaux, et d'engager plusieurs instances.

M. Regnier objecte que le tribunal du domicile n'a pas de
juridiction sur les biens situés dans le ressort d'un autre tribunal.

Le Ministre de la Justice conteste ce principe ; il pense
que , dans le cas de l'absence, la juridiction doit être réglée
comme dans le cas de l'ouverture des successions.

M. Tronchet dit qu'avant de pourvoir à l'administration
des biens , il faut juger le fait de la prévention d'absence ;
or , il ne peut l'être bien que là où l'individu est connu ,
c'est-à-dire au lieu de son domicile. Ce n'est pas au lieu de
la situation des biens , dans lequel souvent il n'a jamais paru,
qu'on peut décider s'il doit être réputé absent. Il serait scandaleux d'exposer un citoyen qui n'aurait pas quitté sa demeure à voir ses biens séquestrés dans un autre département.

M. Regnier dit que la prévention d'absence doit être déclarée par le tribunal du domicile , et que , d'après ce jugement , chaque tribunal doit pourvoir à l'administration des
biens situés dans son ressort.

Le Premier Consul et M. Tronchet adoptent cette opinion.

L'article est adopté avec l'amendement de M. *Regnier*.

113   L'article 2 est discuté.

Art. 2. « S'il y a lieu de faire des inventaires, comptes,
« partages et liquidations dans lesquels se trouvent intéressés
« des individus prévenus d'absence , et qui n'ont pas de fon-

« dés de procuration, la partie la plus diligente s'adressera
« au tribunal de première instance, qui, après avoir entendu
« le commissaire du gouvernement, commettra d'office un
« notaire pour procéder à la confection desdits actes. »

M. Defermon dit qu'un notaire n'est appelé, dans le cas
de cet article, que pour représenter l'absent, et non pour
faire le partage ; la rédaction doit donc être changée.

Le Consul Cambacérès dit que l'opinion de M. *Defermon*
est appuyée sur les décrets des 24 janvier et 11 février 1791.

M. Thibaudeau répond que les termes de l'article sont les
mêmes que ceux de la loi de janvier 1791 ; que l'article 7 de
celle du 6 octobre est cependant plus conforme au but que
l'on se propose, en ce qu'en admettant les notaires à représenter les absens, il porte qu'ils ne pourront en même
temps instrumenter dans les opérations qui les concernent.
Il propose de rédiger l'article d'après l'amendement de
M. *Defermon*.

Cette proposition est adoptée.

L'article 3 est adopté ; il est ainsi conçu : 114
« Les commissaires du gouvernement près les tribunaux
« sont spécialement chargés de veiller aux intérêts des pré-
« venus d'absence. »

Le chapitre II, intitulé *de l'Absence et de la manière dont
elle doit être constatée*, est soumis à la discussion.

Les articles 4 et 5 sont adoptés.

Art. 4. « Toute personne qui aura disparu du lieu de son 115
« domicile ou de sa résidence depuis quatre années, ou dont
« on n'aura eu aucune nouvelle depuis cette époque, pourra
« être déclarée absente. »

Art. 5. « L'absence sera constatée, à la diligence des par- 116
« ties intéressées, par pièces, documens, et par une enquête
« ordonnée par le tribunal de première instance, et faite
« dans l'arrondissement où l'absent avait son domicile et
« dans celui où il avait sa résidence, s'il en avait une dis-

« tincte de son domicile. L'enquête sera faite contradictoi-
« rement avec le commissaire du gouvernement. »

117   L'article 6 est discuté.

Art. 6. « Le tribunal, en statuant sur la demande, aura tou-
« jours égard aux motifs de l'absence , à sa durée présumée ,
« et aux causes qui ont pu empêcher d'avoir des nouvelles du
« prévenu d'absence. Il appréciera les preuves résultant de
« l'enquête et des pièces et documens. Le jugement sera
« rendu sur les conclusions du commissaire du gouverne-
« ment. »

M. PORTALIS demande la suppression de ces mots *durée
présumée*, parce que c'est là un fait , et non une présomption.

Cet amendement est adopté.

LE MINISTRE DE LA JUSTICE dit que l'expression *prévenu
d'absence* est impropre et équivoque ; il lui paraît préférable
de désigner les absens par les quatre époques que le projet
distingue dans l'absence.

M. FOURCROY propose de dire *réputé* absent.

M. BOULAY dit qu'en effet le mot *prévenu* ne s'emploie
qu'au criminel ; qu'au civil, on se sert du mot *présumé*. Il
propose d'employer cette expression dans tous les articles du
projet.

Cette proposition est adoptée.

LE PREMIER CONSUL voudrait que la déclaration d'absence
ne fût prononcée qu'après cinq ans. Il y aurait , après quatre
ans, un premier jugement qui ne serait que préparatoire , et
qui donnerait aux héritiers l'administration des biens, dans
le cas où l'on n'aurait pas de nouvelles de l'absent pendant
le cours de la cinquième année. Le jugement définitif, qui
n'interviendrait qu'un an après, serait déterminé par les faits
parvenus à la connaissance du tribunal pendant cet inter-
stice.

M. BÉRENGER pense que l'article en discussion anéantit
toute la législation sur les absens , puisqu'il dispense les juges

de suivre les règles qu'elle établit, et leur permet d'apprécier les preuves résultant de l'enquête, des pièces et des
documens. Les règles trop précises entraînent sans doute des
inconvéniens, car elles pèchent quelquefois dans l'application ; mais il y a plus d'inconvéniens encore à ne pas établir
de règles.

Le Premier Consul dit que l'article 4 prévient l'arbitraire,
en donnant aux juges des règles dont l'article 6 ne les affranchit pas. Il ne leur permet de déclarer un individu absent
que lorsque depuis quatre ans on n'a pas reçu de ses nouvelles.

En général, continue le Consul, on s'est souvent plaint,
dans le cours de la discussion du projet de Code civil, de ce
qu'il ne donne pas assez de latitude aux juges. L'inconvénient
de trop préciser a été senti par presque tous les peuples : ils
n'ont mis dans leurs lois que des principes généraux, lumi-
neux et féconds en conséquences. On a conçu que les combinaisons d'application, variant à l'infini, on tenterait en
vain de les fixer toutes, et que, cependant, si l'on en omet-
tait quelqu'une, les lois rédigées dans cet esprit de précision
seraient nécessairement incomplètes ; que d'ailleurs elles seraient souvent vicieuses dans l'application. On reproche avec
raison ce défaut au projet de Code civil. Dans une foule de
circonstances, on le trouvera rebelle à l'équité.

M. Bérenger convient que les lois trop précises font des
victimes ; mais, dit-il, la question est de savoir si cet inconvénient est plus dangereux que le système dans lequel les
intérêts privés seraient abandonnés à l'arbitraire du juge.
L'idée de M. *Bérenger* n'est pas de préciser tous les cas particuliers, mais de sacrifier ceux sur lesquels la loi n'aurait pu
établir une règle.

Le Consul Cambacérès dit que cette idée accuserait la loi
d'injustice. Il faut que les juges trouvent dans la loi le principe de leurs décisions, et non leurs décisions toutes formées.

M. Bérenger reconnaît que son système donnera lieu à

des injustices ; mais, ajoute-t-il, la loi doit se régler par les considérations d'utilité publique, bien plus que par des considérations de justice particulières ; or, l'utilité publique ne permet pas de donner trop de latitude aux tribunaux. Les juges qui ne sont pas liés par des règles peuvent être impunément corrompus et prévaricateurs : lorsqu'au contraire des règles limitent leur pouvoir, chaque citoyen, connaissant ces règles, peut disposer sa conduite et ses affaires de manière à s'en ménager l'application si elle lui est favorable, à l'éviter si elle doit lui nuire. Quelques intérêts cependant se trouveront lésés, sans qu'il y ait eu ni faute ni imprévoyance ; mais cet inconvénient doit-il l'emporter sur un inconvénient bien plus général ?

LE PREMIER CONSUL dit que ce système suppose que la loi peut être injuste : une telle maxime doit suffire pour le faire proscrire. L'injustice peut se rencontrer dans les juges, parce que ce sont des hommes : il est contre la nature des choses qu'elle se rencontre jamais dans la loi, et que la loi force le juge d'être injuste malgré lui.

Au reste la question est mal posée.

Elle se réduit à savoir s'il y a plus d'inconvénient à enchaîner les tribunaux par des règles précises d'application, qui, après tout, ne les empêcheraient pas d'être injustes s'ils voulaient l'être, que de s'en rapporter à eux sur l'application des principes généraux que la loi établirait d'après l'expérience. On ne peut balancer entre les deux inconvéniens, quand on considère qu'il est impossible de faire des lois qui prévoient tous les cas, et qui ne laissent pas à l'arbitrage du juge le plus grand nombre de ceux sur lesquels il doit prononcer.

LE CONSUL CAMBACÉRÈS ajoute que la proposition de M. *Bérenger* ne peut être admise. Il a déjà été reconnu, dans les discussions précédentes, que la matière de l'absence est, de toutes celles du Code civil, la moins susceptible de règles très-précises : en général, le système de tout législateur éclairé doit être de poser de grands principes, dans lesquels les juges trouvent les bases de leurs décisions.

M. Thibaudeau dit que ces principes sont surtout applicables à la matière des absens, dont la législation ne peut reposer que sur des présomptions; qu'il est par conséquent impossible de lui donner des règles précises qui ne permettraient pas aux juges de prononcer suivant les circonstances, qui doivent être d'un grand poids quand il ne peut pas y avoir de faits positifs pour baser leur jugement.

L'article est adopté avec les changemens déjà admis, et l'amendement du Premier Consul.

L'article 7 est adopté ainsi qu'il suit : 118-119

« Le commissaire du gouvernement enverra le jugement « au ministre de la justice, pour être rendu public ; il ne sera « exécutoire qu'un an après sa date. »

La section Ire du chapitre II, intitulée *des Effets de l'absence relativement aux biens que possédait l'absent au jour de sa disparition*, est soumise à la discussion.

Les articles 8 et 9 sont adoptés ainsi qu'il suit :

Art. 8. « Dans le cas où l'absent n'aurait point laissé de 120 « procuration pour l'administration de ses biens, ses héritiers « présomptifs, au jour de son départ ou de ses dernières « nouvelles, pourront, un an après le jugement définitif qui « aura déclaré l'absence, se faire envoyer en possession pro- « visoire des biens qui appartenaient à l'absent au jour de « son départ, à la charge de donner caution pour sûreté de « leur administration. »

Art. 9. « Si l'absent a laissé une procuration, ses héritiers 121 « présomptifs ne pourront demander l'envoi en possession « provisoire qu'après dix années révolues depuis sa dispa- « rition, ou depuis ses dernières nouvelles, et qu'après avoir « fait déclarer l'absence dans les formes prescrites par les ar- « ticles ci-dessus. »

L'article 10 est discuté.

122   Art. 10. « Si après les cinq ans de la disparition ou des der-
« nières nouvelles de l'absent, la procuration cesse par la
« mort du fondé de pouvoirs, sa renonciation, ou toute autre
« cause, il sera pourvu à l'administration des biens de l'ab-
« sent, comme il est dit aux articles 1, 2 et 3 ci-dessus, et
« les héritiers présomptifs ne pourront poursuivre la décla-
« ration de l'absence, qu'après dix ans révolus du jour de son
« départ ou des dernières nouvelles. »

M. Lacuée demande si, dans le cas où l'absent a laissé une
procuration qui vient à cesser, le délai après lequel il sera
pourvu à l'administration de ses biens doit courir du jour
de son départ, ou du jour de la cessation de la procuration.

M. Thibaudeau répond que l'on avait d'abord proposé
d'envoyer les héritiers en possession provisoire des biens,
aussitôt que la procuration viendrait à cesser. On observa
que, par ce moyen, l'absent était traité aussi défavorable-
ment, dans le cas de la procuration, que lorsqu'il n'en avait
pas laissé; que c'était contrevenir au principe d'après lequel,
par respect pour les intentions de l'absent, on maintenait
pendant dix ans l'effet de la procuration; qu'on lui faisait
perdre les fruits après quinze ans de sa disparition, comme
dans le cas où il n'aurait pas laissé de procuration, ce qui ne
paraissait ni juste ni conséquent; qu'il serait plus convenable,
en cas de cessation de la procuration, de pourvoir, pendant
ce qui resterait à expirer du terme de dix ans, à l'administration des biens, comme dans le cas de simple présomption
d'absence. Ces idées ont été adoptées, et elles ont présidé à
la rédaction de l'article soumis à la discussion. L'intention
d'éviter l'envoi en possession provisoire de ses biens qu'a manifestée un citoyen en laissant sa procuration, est respectée.
Cependant, s'il ne reparaît pas après les dix ans, on ne doit
pas argumenter de sa procuration pour détruire la présomption d'absence qui a couru contre lui, et attendre encore cinq
ans pour le faire déclarer absent; ce délai serait inutile. C'est
donc à l'expiration des dix ans que les héritiers ont le droit

de provoquer la déclaration d'absence. La sage lenteur que le titre II apporte dans la procédure qui doit avoir lieu est une garantie suffisante pour le présumé absent.

M. PORTALIS dit que l'absent qui a laissé une procuration est traité comme présent, que cependant il ne l'est pas ; qu'ainsi les présomptions qui surviennent sur le fait de la mort doivent avoir leur effet : le délai ne peut donc être absolu.

M. REGNAUD (de Saint-Jean-d'Angely) partage cet avis; et il pense que, pour y conformer la rédaction, il est nécessaire de rendre la disposition extensive, et non restrictive ; qu'en conséquence, au lieu de dire, *les héritiers présomptifs ne pourront poursuivre la déclaration d'absence qu'après dix ans*, il conviendrait de dire, *les héritiers présomptifs pourront poursuivre la déclaration d'absence après dix ans*.

L'article est adopté avec cet amendement.

L'article 11 est adopté ainsi qu'il suit :

« Lorsque les héritiers présomptifs auront obtenu l'envoi
« en possession provisoire, s'il y a un testament, il sera ou-
« vert à la réquisition des parties intéressées ou du commis-
« saire du gouvernement près le tribunal; et les légataires ,
« les donataires, et tous ceux qui avaient sur les biens de
« l'absent des droits subordonnés à la condition de son dé-
« cès, pourront les exercer provisoirement, à la charge de
« donner caution. »

On passe à la discussion de l'article 12 ; il est ainsi conçu :

« Si l'absent était marié , l'époux présent pourra opter pour
« la continuation ou pour la dissolution provisoire de la com-
« munauté. Dans le premier cas, il conservera, par préférence
« aux héritiers présomptifs, l'administration des biens de
« l'absent; dans le deuxième cas, il exercera provisoirement
« toutes ses reprises et tous les droits résultant de son con-
« trat de mariage , à la charge de donner caution pour les
« choses susceptibles de restitution.

« La faculté accordée par cet article ne nuit point au droit
« qu'a la femme de renoncer à la communauté et d'en de-
« mander la dissolution, même après qu'elle aurait opté pour
« sa continuation. »

M. Maleville demande qu'on fixe un terme à la faculté
que cet article donne à la femme de renoncer à la communauté. Elle ne doit pas avoir le droit de l'abandonner et de
la reprendre intempestivement, et quand il lui plaira, au
préjudice des héritiers.

M. Regnaud (de Saint-Jean-d'Angely) voudrait que la
femme, après avoir opté pour la continuation de la communauté, ne fût plus admise à y renoncer; car elle pourrait ne
la répudier qu'après l'avoir dilapidée; ce qui arriverait particulièrement lorsque l'absent serait un négociant dont la fortune entière est dans son magasin ou dans son portefeuille,
et dont la femme peut abuser avec facilité de l'administration
qui lui est laissée : on ne sauve pas la difficulté par l'obligation où elle est de faire inventaire, parce que l'inventaire
n'ôte pas la disposition des meubles, et n'en empêche ni la
soustraction ni la perte.

M. Maleville pense qu'on ne peut lui refuser le droit de
renoncer à la communauté, mais qu'il ne doit lui être permis
de l'exercer que lors de l'envoi des héritiers en possession
définitif.

M. Regnier dit que la femme qui a opté pour la continuation de la communauté, qu'elle aurait d'abord acceptée lors
de l'envoi en possession provisoire, ne peut être privée de la
faculté d'y renoncer ensuite; puisque, de droit commun, il
lui est permis d'en demander la dissolution dans tous les
temps. La femme, d'ailleurs, ne connaît pas ordinairement
les charges de la communauté; elles se découvrent successivement : il serait donc injuste d'assigner un terme fatal à la
faculté de renoncer. Au surplus, la femme ne pourra dilapi-
der la communauté, car il sera fait un inventaire.

M. Thibaudeau fait observer que M. *Maleville* ne conteste

pas le principe, mais qu'il désire que le droit de renoncer soit éteint après l'envoi en possession définitif des héritiers : cette proposition est juste ; mais l'article 16 lève toute équivoque, puisqu'il fixe l'époque à laquelle les droits de toutes les parties intéressées sont réglés ; et il est bien évident que la femme devra alors consommer son droit.

L'article est adopté.

L'article 13 est adopté ainsi qu'il suit : [125]

« Dans tous les cas, l'envoi en possession provisoire des « biens de l'absent ne sera qu'un dépôt, qui donnera à ceux « qui l'obtiendront l'administration des biens de l'absent, et « qui les rendra comptables envers lui, en cas qu'il repa- « raisse, ou qu'on ait de ses nouvelles. »

L'article 14 est soumis à la discussion.

Art. 14. « Les héritiers présomptifs qui auront obtenu [126] « l'envoi provisoire, ou l'époux qui aura opté pour la conti- « nuation de la communauté, devront faire procéder à l'in- « ventaire du mobilier et des titres de l'absent, en présence « du commissaire du gouvernement, près le tribunal de pre- « mière instance, ou d'un juge de paix commis par ledit « commissaire.

« Le tribunal ordonnera, s'il y a lieu, de vendre tout ou « partie du mobilier. Dans le cas de vente, il sera fait emploi « du prix, ainsi que des fruits échus.

« Les héritiers présomptifs ou l'époux pourront requé- « rir, pour leur sûreté, qu'il soit procédé, par un expert « nommé par le tribunal, à la visite des immeubles, à l'effet « d'en constater l'état. Son rapport sera homologué en pré- « sence du commissaire du gouvernement ; les frais en seront « pris sur les biens de l'absent. »

M. Tronchet demande qu'on retranche de l'article la dis- position qui fait commettre le juge de paix par le commis- saire du gouvernement. Il est naturel, dit-il, que la loi elle- même commette invariablement le juge de paix du domicile, et ne laisse pas à l'arbitrage du commissaire un choix qui pourrait être frauduleux. '

M. THIBAUDEAU dit que la section n'a proposé de faire commettre le juge de paix par le commissaire du gouvernement, que pour multiplier les précautions qui doivent assurer la conservation des droits de l'absent. Le commissaire du gouvernement est le défenseur des droits de l'absent; il présente plus de garantie qu'un simple juge de paix; ainsi, s'il ne peut se déplacer, il est naturel qu'il se fasse remplacer par le juge de paix dans lequel il a le plus de confiance.

L'article est adopté.

127   L'article 15, ainsi conçu, est discuté :

« Dans tous les cas, tous ceux qui auront joui des biens de
« l'absent par suite de l'envoi provisoire, seront déchargés,
« après quinze ans révolus, depuis la disparition de l'absent
« ou ses dernières nouvelles, de l'obligation de lui rendre
« compte des revenus échus pendant leur jouissance. Le tri-
« bunal accordera seulement à l'absent, sur lesdits revenus,
« une somme convenable pour subvenir à ses premiers be-
« soins. »

M. DEFERMON demande si l'héritier qui n'aura pas partagé la jouissance que donne l'envoi en possession pourra, après quinze ans, en réclamer sa part : l'article est limitatif, et paraît l'exclure.

M. RÉAL répond que l'article ne préjuge rien à cet égard ; que ses dispositions sont bornées au compte qui doit être rendu à l'absent lorsqu'il se représente.

M. THIBAUDEAU ajoute que, d'ailleurs, les articles 4 et 8 lèvent toute difficulté ; et dès que la loi appelle à la jouissance provisoire tous les héritiers, l'héritier qui y aurait eu droit, et qui ne l'aurait pas obtenue pour sa portion, pourrait toujours en demander compte à ses cohéritiers.

LE CONSUL CAMBACÉRÈS propose de fixer les secours que l'absent pourra réclamer à une année de son revenu.

M. Regnier demande si l'action que l'absent aura contre ses héritiers pour en obtenir des secours sera solidaire ou partiaire.

M. Portalis répond qu'elle doit être solidaire, puisqu'elle a pour objet d'obtenir des alimens. Si elle était divisée, l'existence de l'absent pourrait se trouver compromise.

M. Regnier dit que l'article doit donc, en ce cas, consacrer textuellement la solidarité de l'action.

M. Réal objecte que la solidarité serait injuste ; elle exposerait chaque héritier à donner quelquefois plus qu'il n'a reçu. Les suites de l'absence doivent tourner contre l'absent seul, et non contre son héritier, à qui elle ne peut être imputée.

M. Portalis fait observer que, suivant l'article, les secours sont exigés après dix ans de jouissance ; ainsi chaque héritier profiterait des fruits perçus pendant neuf années. Il ne s'agit, au surplus, que de secours et d'alimens : or, il serait fâcheux que la loi obligeât celui qui a le droit de vivre de ses biens, à mourir de besoin en attendant qu'il ait trouvé ceux qui doivent le nourrir. On a objecté que les suites de l'absence doivent retomber en entier sur l'absent ; mais on oublie que toutes les absences ne sont pas volontaires, et qu'il y en a de très-favorables.

M. Réal dit que si l'action était solidaire, la loi serait forcée de donner à chaque héritier le droit de prendre ses sûretés vis-à-vis des autres.

M. Regnier ajoute qu'aucun héritier n'ayant choisi ses cohéritiers, il ne doit pas demeurer responsable de leur insolvabilité.

M. Portalis répond que ces objections seraient fondées, s'il s'agissait d'une restitution totale des fruits : mais tout se réduit à de modiques secours nécessaires à la vie de l'absent, et donnés par ceux qui ont eu une longue jouissance de ses biens. Chacun des héritiers qui les doivent a été averti qu'il jouirait sous la condition de les donner ; et il est probable

qu'il eût souscrit à cette condition , si l'on eût exigé de lui un
engagement formel au moment où il a demandé l'envoi en
possession.

LE CONSEIL rejette la proposition de rendre l'action solidaire.

La proposition du Consul *Cambacérès* est discutée.

M. THIBAUDEAU dit que les tribunaux ne sont pas d'accord
sur la quotité des secours que l'absent doit obtenir lorsqu'il
reparaît. La section n'a pas cru devoir la fixer, attendu que
ces secours doivent être mesurés sur la quotité des revenus.

M. BÉRENGER dit que cette diversité d'opinions qui règne
dans les tribunaux est un motif de plus pour leur donner
une règle. Sans cette précaution, la jurisprudence varierait
à l'infini ; les tribunaux seraient obligés de se livrer à l'examen d'une foule de circonstances, et, en définitif, demeureraient les arbitres suprêmes de leurs décisions.

LE PREMIER CONSUL pense que, lorsque l'absent revient
avec une fortune considérable, il ne lui est rien dû : il n'a pas
le droit de se plaindre ; ses biens sont conservés ; et s'il est
privé de ses revenus, il ne peut imputer cette perte qu'à la
négligence qu'il a mise à donner de ses nouvelles.

M. BOULAY propose de décider que les secours, quand ils
seront dus, ne seront pas au-dessous du revenu d'une année.

LE CONSUL CAMBACÉRÈS propose de décider qu'ils ne pourront excéder une année de revenu.

M. REGNIER dit que la variété inévitable des circonstances
doit déterminer le législateur à ne pas établir de règle générale, et à laisser une grande latitude aux tribunaux.

LE PREMIER CONSUL objecte que les juges prononceraient
nécessairement comme ils voudraient qu'on prononçât à leur
égard, s'ils se trouvaient dans la position de l'absent. La pitié pourrait les égarer, et les porter à une libéralité indiscrète. La règle qui leur interdirait d'accorder, par forme de
secours, plus d'une année de revenu, aurait donc des avantages. Elle remplirait d'ailleurs l'objet qu'on se propose ; car

celui qui, en un instant, reçoit une année de son revenu est certainement mis au-dessus du besoin.

Le Premier Consul propose d'ajouter aussi à l'article, que l'absent pourra obtenir les secours que lui accorde l'article, lorsqu'il aura donné de ses nouvelles.

M. Thibaudeau répond que le but du dernier amendement du Premier Consul est rempli par l'article 18, et que, si l'on veut fixer le secours, on doit se régler à une année du revenu.

L'article est adopté avec cet amendement.

Les articles 16, 17 et 18 sont adoptés ainsi qu'il suit :

Art. 16. « Tous ceux qui ne jouiront qu'en vertu de l'en- 128-129 « voi provisoire ne pourront aliéner ni hypothéquer les im- « meubles de l'absent.

« Si l'absence a continué pendant trente ans depuis l'envoi « provisoire, ou s'il s'est écoulé cent ans révolus depuis la « naissance de l'absent, les cautions seront déchargées ; tous « les ayant droits pourront demander le partage des biens de « l'absent, et faire prononcer l'envoi en possession définitif « par le tribunal de première instance. »

Art. 17. « La succession de l'absent sera ouverte, du jour de 130 « son décès prouvé, au profit des héritiers les plus proches à « cette époque ; et les parens qui auraient joui des biens de « l'absent seront tenus de les restituer, sous la réserve des « fruits par eux acquis en vertu de l'article 15. »

Art. 18. « Si l'absent reparaît, ou si son existence est prou- 131 « vée pendant l'envoi provisoire, les effets du jugement qui « aura déclaré l'absence cesseront, sans préjudice, *s'il y a lieu*, « des mesures conservatoires prescrites pour l'administration « de ses biens. »

L'article 19 est soumis à la discussion.

Art. 19. « Si l'absent reparaît, ou si son existence est prou- 132 « vée, même après l'envoi définitif, il recouvrera ses biens « dans l'état où ils se trouveront, et le prix de ceux qui au- « raient été aliénés, à moins qu'il n'en ait été fait emploi. »

M. Defermon demande l'explication de cette expression , *faire emploi*.

M. Thibaudeau répond que l'objet de cette disposition est d'obliger l'absent qui se représente après l'envoi définitif en possession, de reprendre ses biens en l'état qu'ils se trouvent, et, par une suite nécessaire, d'accepter un immeuble acquis en remplacement d'un autre.

Le Consul Cambacérès dit que l'idée de la section serait rendue plus clairement, si l'article portait, *ou les biens provenant de l'emploi qui aurait été fait du prix de ses biens vendus*.

L'article est adopté avec la proposition du Consul *Cambacérès*.

Les articles 20 et 21 sont adoptés comme il suit :

133   Art. 20. « Les enfans et descendans directs de l'absent
« pourront également, dans les trente ans à compter de l'en-
« voi définitif, demander la restitution de ses biens, comme
« il est dit en l'article précédent. »

134   Art. 21. « Après l'envoi en possession provisoire ou défini-
« tif des biens de l'absent, toute personne qui aurait des
« droits à exercer contre lui ne pourra les poursuivre que
« contre ceux qui auront été envoyés en possession. »

La section II, intitulée *des Droits éventuels qui peuvent compéter aux individus absens , ou présumés tels*, est soumise à la discussion.

Les articles 22 et 23 sont adoptés ainsi qu'il suit :

135   Art. 22. « Quiconque réclamera un droit qui ne serait échu
« à un absent que depuis son départ devra prouver que le-
« dit individu existait quand le droit a été ouvert ; jusqu'à
« cette preuve, il sera déclaré non recevable, quant à présent,
« dans sa demande. »

136   Art. 23. « Toute succession sera dévolue exclusivement aux
« seuls parens avec lesquels l'absent aurait eu droit de con-
« courir, ou aux parens du degré subséquent. »

L'article 24 est soumis à la discussion ; il est ainsi conçu : 137

« Les dispositions des deux articles précédens auront lieu « sans préjudice des actions en pétition d'hérédité et d'autres « droits, lesquelles compéteront à l'absent où à ses repré- « sentans et ayant cause, et ne s'éteindront que par le laps « de temps établi pour la prescription. »

M. MALEVILLE dit que, si une succession échoit à l'absent avant la déclaration d'absence, et qu'ensuite l'absence soit déclarée, les héritiers de l'absent doivent être tenus de la restituer, parce que la déclaration d'absence le fait réputer mort depuis le jour de sa disparition. Ce cas peut arriver très-fréquemment ; cependant il n'est prévu ni dans cette section ni dans aucune autre de ce titre. M. *Maleville* propose de réparer cette lacune par l'article suivant :

« S'il est échu une succession ou quelque autre droit à l'ab- « sent depuis sa disparition, et avant qu'il fût déclaré tel, et « que depuis il ne revienne pas, ou que son existence, à l'é- « poque de l'ouverture du droit ou de la succession ne soit « pas constatée, ses héritiers seront tenus de le restituer à « ceux qu'il en aura privés. »

M. RÉAL dit que la présomption ne remonte pas, en ce cas, au jour du départ, lequel n'est pas légalement constaté.

M. MALEVILLE répond qu'il y avait diversité de jurispru- dence sur la question de savoir à quelle époque l'absent était présumé mort ; qu'à Toulouse et à Bordeaux il n'était censé tel qu'après dix ans ; mais qu'à Paris, on le présumait mort au jour de sa disparition ou de ses dernières nouvelles, et que, dans le projet de ce titre, on a suivi cette dernière opinion.

M. REGNIER dit que la présomption de la vie de l'absent ne s'applique pas à tous les cas. Par exemple, lorsque l'ab- sent est créancier d'une rente viagère, ses héritiers ne peu- vent la toucher qu'en prouvant son existence.

M. PORTALIS dit que cette condition n'est pas particulière

à l'absent, elle est de droit commun, et s'étend même au créancier présent.

M. Tronchet dit qu'il y a des actions qui sont subordonnées à la condition de prouver l'existence de celui au nom de qui elles sont intentées. De ce nombre est l'action en paiement d'une rente viagère; de ce nombre encore est l'action en pétition d'hérédité. Si un fondé de pouvoir de l'absent se présente pour recueillir une succession au nom de son commettant, et que la procuration ait une date trop ancienne, il ne sera admis qu'en prouvant l'existence de l'héritier qu'il représente. Ces règles ne doivent pas être confondues avec les suppositions que la loi admet quand il s'agit de pourvoir à l'administration des biens de l'absent. L'absent sera exclu des successions, même avant la déclaration d'absence, si son existence n'est pas prouvée. Il ne pourra revenir que par l'action en pétition d'hérédité qui dure trente ans.

Le Premier Consul dit que, si, dans le fait, l'absent est incapable de succéder, on ne peut conserver dans le projet de loi les dispositions relatives à la manière de recueillir les successions qui s'ouvrent à son profit.

Au surplus, il faut aussi voir le cas inverse de celui dont a parlé M. *Tronchet;* car, s'il est vrai que l'absent ne puisse venir à une succession qu'autant que son existence est prouvée, ne pourrait-on pas également exiger du cohéritier qui devait concourir avec lui, que, pour prendre exclusivement l'hérédité, il prouve que l'absent est mort.

M. Tronchet dit que tout le système du projet de loi sur les absens pose sur le principe que l'absent n'est réputé ni vivant ni mort, à moins que son décès ne soit prouvé. Il faut donc distinguer deux cas : si des tiers se présentent pour recueillir sa succession, ils sont obligés de prouver qu'il n'existe plus, et, faute de faire cette preuve, ils ne peuvent obtenir que l'envoi en possession; si, au contraire, des tiers se présentent pour recueillir du chef de l'absent une succession à laquelle il était appelé, ils sont obligés de prouver son existence.

LE PREMIER CONSUL dit que la question tombe sur le cas où il y a concours entre l'absent et un autre parent qui recueillerait seul la succession si ce concours n'existait pas. Il demande si, pour hériter exclusivement, ce parent sera obligé de prouver la mort de l'absent.

LE MINISTRE DE LA JUSTICE dit que la succession sera dévolue à l'héritier présent, sans qu'il soit besoin de prouver la mort de l'absent, parce qu'en matière de succession, les tribunaux ne connaissent que les héritiers qui se présentent, sauf aux absens ensuite à s'adresser à ces héritiers, et à leur faire restituer la portion qui pouvait leur appartenir.

M. MALEVILLE fait observer que cependant les articles 1 et 2 du projet supposent qu'elle sera recueillie par l'absent, et que c'est ce principe qu'il propose de modifier.

M. RÉAL dit que, dans le système de M. *Maleville*, il faudrait prouver la mort de l'absent, pour retirer des mains de ses héritiers la succession qu'ils auraient recueillie de son chef.

LE CONSUL CAMBACÉRÈS dit que cette preuve n'est pas nécessaire. Tout se réduit à une distinction infiniment simple : ceux qui se présentent pour recueillir une succession du chef de l'absent sont obligés de prouver qu'il existe ; ceux qui se présentent pour hériter à défaut de l'absent n'ont rien à prouver ; ils tirent leur droit d'eux-mêmes, et l'exercent exclusivement, lorsque personne ne se trouve en état de réclamer le concours.

M. RÉAL dit que, d'après ces principes, l'absent, même quand il aura laissé une procuration, sera privé des successions qui lui écherront, et qu'alors toute absence devient dangereuse.

LE PREMIER CONSUL dit que l'article proposé par M. *Maleville* remédie à cet inconvénient, en n'excluant des successions que l'absent déclaré.

M. Regnaud (de Saint-Jean-d'Angely) propose d'ajouter : *tel par le tribunal.*

M. Portalis dit qu'avant la déclaration d'absence, la preuve de l'existence ne doit pas être exigée pour admettre à l'hérédité l'absent qui a laissé un fondé de pouvoir; autrement un citoyen serait à peine embarqué, qu'il deviendrait incapable de succéder.

M. Regnier dit que, pour succéder, il faut exister et justifier de son existence : ainsi, lorsqu'on allègue le fait de l'existence pour entrer en partage d'une succession, on est obligé de le prouver. Cependant on ne perd pas irrévocablement la succession faute de faire cette preuve ; car il reste la pétition d'hérédité qui dure trente ans.

M. Portalis dit qu'après la déclaration d'absence, la vie de l'absent n'est pas plus probable que sa mort, et qu'ainsi elle doit être prouvée pour recueillir une succession ; mais tant que l'absence n'est pas légalement reconnue, l'absent est réputé vivant par la loi, à moins que sa mort ne soit prouvée. Si cet ordre de présomption était changé, l'individu qui résiderait en Amérique enverrait inutilement une procuration pour se faire représenter au partage d'une hérédité : on pourrait demander la preuve de son existence, sur le fondement que peut-être il est décédé entre la signature et l'arrivée de la procuration. Alors il n'y aurait plus de rapport possible entre ceux qui n'habitent pas la même contrée, et le principe qui permet d'agir par un fondé de pouvoir serait effacé de la législation. La nécessité des certificats de vie doit donc être bornée aux rentes viagères.

M. Tronchet dit qu'il faut distinguer entre l'absent dont l'existence n'est pas certaine et l'absent dont l'existence est reconnue par les parties intéressées à la contester. Ce sont ces derniers que le commissaire du gouvernement est chargé de représenter dans les successions ; ce sont eux que concernent les lois du 24 janvier et du 11 février 1791 ; c'est aux autres que s'applique le projet en discussion. Jamais on n'a reçu , dans les successions, les fondés de pouvoir des héritiers absens dont l'existence est ignorée. Les certificats de vie n'étaient pas exigés alors seulement que la date de la procuration ne pouvait faire naître de doutes, ou que l'existence était certaine.

M. Thibaudeau observe que l'article 22 décide la question.

M. Tronchet répond que cet article ne fait pas cesser l'équivoque de l'article 1er, duquel on pourrait conclure qu'en matière de succession, il n'y a d'absent que celui qui est déclaré tel ; tandis que, sous ce rapport, on nomme indifféremment *absent* celui qui ne se trouve pas sur les lieux.

M. Tronchet propose de substituer au mot *absent*, dans les articles 22 et 23 , ces mots : *l'individu dont l'existence ne sera pas reconnue*.

Cette proposition et l'article 24 sont adoptés.

L'article 25 est adopté ainsi qu'il suit : 138

« Tant que l'absent ne se représentera pas, ou que les ac-
« tions ne seront point exercées de son chef, les parens qui
« auront recueilli la succession gagneront les fruits par eux
« perçus de bonne foi. »

La section III , intitulée *des Effets de l'Absence relativement au mariage* , est soumise à la discussion.

L'article 26 est adopté ainsi qu'il suit : av. 139

« L'absence de l'un des époux , quelque longue qu'elle soit,
« ne suffira point pour autoriser l'autre à contracter un nou-
« veau mariage; il ne pourra y être admis que sur la preuve
« positive du décès de l'autre époux. »

L'article 27 est discuté ; il est ainsi conçu : 13.

« Si néanmoins il arrivait qu'il eût été contracté un nou-
« veau mariage, il ne pourra être dissous sous le seul prétexte
« de l'incertitude de la vie ou de la mort de l'absent ; et,
« tant que l'époux absent ne se représentera point, on ne ré-
« clamera point par un fondé de procuration spéciale, muni
« de la preuve positive de l'existence de cet époux. »

M. Bérenger dit que cet article et l'article 26 paraissent se contrarier. Le premier décide que l'absence de l'un des époux n'autorise, en aucun cas, l'autre époux à contracter un nouveau mariage ; le second suppose qu'un tel mariage a pu être contracté.

M. Tronchet répond que ces articles ne se contrarient pas, mais qu'ils érigent en loi les belles maximes de l'avocat-général *Gilbert-de-Voisins*, lequel disait : « L'incertitude de la « mort de l'un des époux ne doit jamais suffire pour contrac- « ter un mariage nouveau ; mais elle ne doit jamais suffire « aussi pour troubler un mariage contracté. »

M. Thibaudeau dit que, quoique la sagesse de ces maximes ne puisse être contestée, il y a cependant quelque inconvenance dans la manière dont elles sont rédigées ; l'exception présente une contradiction trop formelle avec la règle. Il ne faut pas que la loi, en prévoyant la possibilité de tels mariages, paraisse les autoriser ouvertement ; elle ne doit présenter qu'un remède pour un cas qui peut arriver.

Le Consul Cambacérès propose d'effacer l'article 26, d'énoncer d'abord la disposition de l'article 27, et de rédiger ainsi la fin de cet article : « Néanmoins, si l'époux absent se « représente, ce mariage sera déclaré nul. »

M. Thibaudeau dit qu'il rédigera un article dans ce sens, que *l'époux absent pourra seul attaquer le mariage de son conjoint.*

La proposition du Consul *Cambacérès* est adoptée.

140   L'article 28 est adopté ainsi qu'il suit :
      « Si l'époux absent n'a point laissé de parens habiles à lui « succéder, l'autre époux peut demander le même envoi pro- « visoire que la loi accorde aux parens. »

La section IV, intitulée *des Effets de l'Absence relativement aux enfans mineurs de l'absent*, est soumise à la discussion.

Adoption sans discussion des articles 29, 30 et 31, ainsi conçus :

Art. 29. « Si le père a disparu, laissant des enfans mineurs 14¹
« issus d'un commun mariage, la mère en aura la surveillance,
« et elle exercera tous les droits du mari, quant à leur édu-
« cation et à l'administration de leurs biens. »

Art. 30. « Si la mère était décédée lors du départ du père, ¹4²
« six mois après sa disparition, la surveillance des enfans sera
« déférée, par le conseil de famille, aux ascendans les plus
« proches, et, à leur défaut, à un tuteur provisoire.

« Il en sera de même si la mère vient à décéder avant que
« l'absence du père ait été déclarée. »

Art. 31. « Dans le cas où l'un des époux absent laissera ¹4³
« des enfans mineurs issus d'un mariage précédent, ils pas-
« seront sous l'administration de leurs ascendans ou du tu-
« teur provisoire nommé par la famille »

Le Premier Consul demande si l'absence sera une cause ᵗⁱᵗ· 4
de divorce.

M. Berlier dit que, dans les discussions précédentes, on a
refusé d'admettre pour cause de divorce l'absence de cinq
ans; mais qu'on a agité la question de savoir s'il en serait de
même de l'absence de trente ans.

M. Thibaudeau répond que le divorce ne peut jamais être
fondé que sur les torts d'un des époux envers l'autre. L'absence n'est point un tort ni un délit, c'est le plus souvent
un malheur; la loi doit toujours le présumer. Ainsi, ce serait dénaturer le remède extraordinaire du divorce que de
l'admettre dans le cas de l'absence, quelle qu'elle soit. Au
surplus, la question agitée par rapport à l'absence de trente
ans est oiseuse, parce qu'à cette époque l'époux présent est
ordinairement trop avancé en âge pour désirer de former un
mariage nouveau, et pour que la société ait aucun intérêt à
le favoriser.

Le Conseil décide que le projet de loi sur les absens ne
contiendra aucune disposition sur les effets de l'absence par
rapport au divorce.

Le Premier Consul ordonne que le projet de loi, tel qu'il

vient d'être adopté, sera réimprimé, pour être définitivement arrêté dans la séance du 12 frimaire.

(Procès-verbal de la séance du 12 frimaire an X. — 3 décembre 180..)

M. Thibaudeau présente la dernière rédaction du projet de
loi sur *les Absens*.

Il dit qu'il a inséré dans cette rédaction les amendemens
adoptés dans la dernière séance ; que quelques personnes
avaient désiré, à l'occasion notamment de l'article 1er, qu'on
exprimât que les parties intéressées auraient toujours la faculté d'interjeter appel des jugemens des tribunaux de première instance ; mais que l'expression de cette faculté aurait
nécessité des répétitions fastidieuses ; qu'il suffirait que la loi
ne fît point une exception formelle aux règles de l'ordre judiciaire, pour que cette faculté subsistât de droit.

Les chapitres I et II sont adoptés sans discussion.
Ils sont ainsi conçus :

CHAPITRE Ier.

De la Présomption d'Absence.

112   Art. 1er. « S'il y a nécessité de pourvoir à l'administration
« de tout ou partie des biens laissés par une personne présu-
« mée absente, en vertu d'un jugement du tribunal de pre-
« mière instance de son domicile, et qui n'a point de procu-
« reur fondé, il y sera statué, sur la demande des parties
« intéressées, par le tribunal de première instance de la si-
« tuation des biens. »

113   Art. 2. « Le tribunal, à la requête de la partie la plus di-
« ligente, commettra un notaire pour représenter les présu-
« més absens, dans les inventaires, comptes, partages et li-
« quidations dans lesquels ils seront intéressés. »

114   Art. 3. « Le ministère public est spécialement chargé de
« veiller aux intérêts des personnes présumées absentes, et
« il sera entendu sur toutes les demandes qui les concernent. »

CHAPITRE II.

De la Déclaration d'Absence.

Art. 4. « Lorsqu'une personne aura cessé de paraître au
« lieu de son domicile ou de sa résidence, et que depuis
« quatre ans on n'en aura point eu de nouvelles, les parties
« intéressées pourront se pourvoir devant le tribunal de pre-
« mière instance, afin que l'absence soit déclarée. »

Art. 5. « Pour constater l'absence, le tribunal, d'après
« les pièces et documens produits, ordonnera qu'une enquête
« soit faite, contradictoirement avec le commissaire du gou-
« vernement, dans l'arrondissement du domicile, et dans
« celui de la résidence, s'ils sont distincts l'un de l'autre. »

Art. 6. « Le tribunal, en statuant sur la demande, aura
« d'ailleurs égard aux motifs de l'absence et aux causes qui
« ont pu empêcher d'avoir des nouvelles de l'individu pré-
« sumé absent. »

Art. 7. « Le commissaire du gouvernement enverra, aus-
« sitôt qu'ils seront rendus, les jugemens, tant préparatoire
« que définitif, au Ministre de la Justice, qui les rendra publics.

« Le jugement de déclaration d'absence ne sera rendu
« qu'un an après le jugement qui aura ordonné l'enquête. »

La section première du chapitre **III**, intitulée *des Effets de
l'Absence relativement aux biens que l'absent possédait au jour
de sa disparition*, est soumise à la discussion.

Les articles 8, 9, 10, 11, 12 et 13 sont adoptés ; ils sont
ainsi conçus :

Art. 8. « Dans les cas où l'absent n'aurait point laissé de
« procuration pour l'administration de ses biens, ses héritiers
« présomptifs, au jour de sa disparition ou de ses dernières
« nouvelles, pourront, en vertu du jugement définitif qui
« aura déclaré l'absence, se faire envoyer en possession pro-
« visoire des biens qui appartenaient à l'absent au jour de son
« départ ou de ses dernières nouvelles, à la charge de donner
« caution pour la sûreté de leur administration. »

121   Art. 9. « Si l'absent a laissé une procuration, ses héritiers
« présomptifs ne pourront poursuivre la déclaration d'absence
« et l'envoi en possession provisoire qu'après dix années ré-
« volues depuis sa disparition ou depuis ses dernières nou-
« velles. »

122   Art. 10. « Il en sera de même si la procuration vient à
« cesser ; et, dans ce cas, il sera pourvu à l'administration
« des biens de l'absent, comme il est dit aux articles 1, 2, 3
« et 4 ci-dessus. »

123   Art. 11 (*tel qu'il est porté au procès-verbal de la précédente séance*).

124   Art. 12. « L'époux commun en biens, s'il opte pour la con-
« tinuation de la communauté, pourra empêcher l'envoi
« provisoire, et conserver par préférence l'administration
« des biens de l'absent : s'il demande la dissolution provi-
« soire, il exercera ses reprises et tous les droits résultant de
« son contrat de mariage, à la charge de donner caution pour
« les choses susceptibles de restitution. »

Ib.   « Art. 13. « La femme, en optant pour la continuation de
« la communauté, conservera le droit d'y renoncer ensuite. »

126   L'article 14 est discuté ; il est ainsi conçu :
« Les héritiers présomptifs qui auront obtenu l'envoi pro-
« visoire, ou l'époux qui aura opté pour la continuation de
« la communauté, devront faire procéder à l'inventaire du
« mobilier et des titres de l'absent, en présence du commis-
« saire du gouvernement près du tribunal de première in-
« stance, ou d'un juge de paix commis par ledit commissaire.
« Le tribunal ordonnera de vendre, s'il y a lieu, tout ou
« partie du mobilier. Dans le cas de vente, il sera fait emploi
« du prix, ainsi que des fruits échus.
« Les héritiers présomptifs, ou l'époux, pourront requé-
« rir, pour leur sûreté, qu'il soit procédé, par un expert
« nommé par le tribunal, à la visite des immeubles, à l'effet
« d'en constater l'état. Son rapport sera homologué en pré-

« sence du commissaire du gouvernement ; les frais en seront
« pris sur les biens de l'absent. »

M. Defermon dit que, d'après cet article, le tribunal se
croirait autorisé à faire vendre les meubles d'un absent malgré l'opposition d'un époux présent : il pourrait donc ordonner la vente des magasins d'un négociant, quoiqu'il fût avantageux à la femme de continuer le commerce. Cette disposition,
dangereuse en soi, se concilie mal, d'ailleurs, avec celle qui
attribue l'administration des biens à l'époux présent. La confiance que la loi lui accorde ne permet pas de donner aux tribunaux la latitude de pouvoir que leur suppose cet article.

M. Réal dit que, dans le cas d'opposition de la part de
l'époux présent, il s'engagerait une contestation sur laquelle
le tribunal serait obligé de prononcer en connaissance de
cause.

M. Thibaudeau soutient que la disposition attaquée est
dans l'intérêt de l'absent, et que le tribunal doit avoir le
pouvoir de statuer suivant l'exigence des cas.

M. Regnier ajoute que quelquefois la vente des meubles
est nécessaire pour prévenir leur dépérissement ; il serait
imprudent, dans ce cas, d'avoir égard à l'obstination de la
femme. Ses intérêts, au surplus, ne seront pas sacrifiés ; car
le réquisitoire du commissaire du gouvernement ne devient
pas, pour le tribunal, une règle inflexible ; il ne dispense
pas les juges d'examiner si l'utilité des deux époux exige la
mesure que le commissaire propose.

L'article est adopté.

Le Conseil adopte les autres articles de la section première, la section II et la section III, ainsi que l'article 28
du chapitre III.

Ils sont ainsi conçus :

Art. 15. « Si l'absence a duré quinze ans, ceux qui auront
« joui par suite de l'envoi provisoire n'auront aucun compte
« à rendre des revenus échus pendant leur jouissance.

« Néanmoins, sur la demande de l'absent, le tribunal lui
« accordera une année de son revenu, payable par ceux qui
« ont joui de ses biens dans la proportion de leur jouissance. »

128-129-
130-131

Art. 16, 17 et 18 (*les mêmes que ceux du précédent procès-
verbal*).

132

Art. 19. « Si l'absent reparaît, ou si son existence est
« prouvée, même après l'envoi définitif, ils recouvrera ses
« biens dans l'état où ils se trouveront, le prix de ceux qui
« auraient été aliénés, ou les biens provenant de l'emploi qui
« aurait été fait du prix de ses biens vendus. »

133-134

Art. 20 et 21 (*les mêmes qu'au procès-verbal de la séance
précédente*).

SECTION II. *Des Droits éventuels qui peuvent compéter aux
individus absens ou présumés tels.*

135

Art. 22. « Quiconque réclamera un droit échu à un indi-
« vidu dont l'existence ne sera pas reconnue devra prouver
« que ledit individu existait quand le droit a été ouvert; jus-
« qu'à cette preuve, il sera déclaré non recevable dans sa
« demande. »

136

Art. 23. « La succession sera dévolue exclusivement aux
« seuls parens avec lesquels l'individu dont l'existence ne
« sera pas reconnue aurait eu droit de concourir, ou aux
« parens du degré subséquent. »

137-138

Art. 24 et 25 (*les mêmes qu'à la précédente rédaction*).

SECTION III. *Des Effets de l'Absence relativement au mariage.*

139

Art. 26. « L'époux absent dont le conjoint a contracté une
« nouvelle union sera seul recevable à attaquer ce mariage
« par lui-même, ou par son fondé de pouvoir, muni de la
« preuve de son existence. »

140

Art. 27. « Si l'époux absent n'a point laissé de parens ha-
« biles à lui succéder, l'autre époux pourra demander l'envoi
« en possession provisoire des biens. »

CHAPITRE III.

De la Surveillance des enfans mineurs du père qui a disparu.

.Art. 28 (*le même que l'article* 29 *de la précédente rédac-* ¹⁴¹
tion).

Les articles 29 et 30 sont soumis à la discussion tels qu'ils
suivent :

Art. 29. « Six mois après la disparition du père, si la mère ¹⁴²
« était décédée lors de sa disparition, ou si elle vient à décéder
« avant que l'absence du père ait été déclarée, la surveillance
« des enfans sera déférée, par le conseil de famille, aux as-
« cendans les plus proches, et, à leur défaut, à un tuteur
« provisoire. »

Art. 30. « Il en sera de même dans le cas où l'un des époux ¹⁴³
« qui aura disparu laissera des enfans mineurs issus d'un
« mariage précédent. »

M. Berlier craint que ces articles ne préjugent la manière
de déférer la tutelle.

M. Thibaudeau répond qu'ils ne changent rien aux dispositions sur les tutelles. Ils donnent, à la vérité, la préférence aux ascendans, mais seulement quand la famille juge
à propos de leur confier les enfans, et de ne pas nommer un
autre curateur.

Les articles sont adoptés.

COMMUNICATION OFFICIEUSE

A LA SECTION DE LÉGISLATION DU TRIBUNAT.

Le gouvernement avait arrêté que le titre *des Absens*
serait proposé au Corps législatif dans la séance du 5 nivose an XI, et le Premier Consul avait nommé MM. Thibaudeau, Portalis et Français, pour le présenter ; mais le
message du 12 nivose empêcha cette présentation, et

après l'organisation des communications officieuses, le projet, tel qu'il se trouvait adopté par le Conseil d'état, fut communiqué à la section du Tribunat, qui l'examina dans les séances des 14 et 15 thermidor an X (2 et 3 août 1802).

OBSERVATIONS DE LA SECTION.

La commission chargée de l'examen du projet de loi intitulé *des Absens* fait un rapport, par l'organe d'un de ses membres, sur ce projet.

On rappellera seulement ceux des articles qui ont donné lieu à des difficultés, tous les autres devant être regardés comme adoptés.

12 } Il se forme une discussion sur l'article commençant ainsi :

« Lorsque les héritiers présomptifs auront obtenu l'envoi « provisoire. »

La section propose d'en changer ainsi la rédaction :

« Après la déclaration d'absence, le testament, s'il en « existe un, sera ouvert, etc. »

Le motif de ce changement est que l'article, tel qu'il est dans le projet, accorde, ainsi que cela devait être, aux parties intéressées, le droit de faire ouvrir le testament; qu'il veut que les légataires, les donataires, ainsi que tous ceux qui avaient sur les biens de l'absent des droits subordonnés à la condition de son décès, puissent les exercer provisoirement.

Mais, en même temps qu'il consacre tous ces droits, il n'en permet l'exercice que lorsque les héritiers présomptifs auront obtenu l'envoi en possession provisoire.

Or, ce fait peut ne jamais avoir lieu, puisque l'envoi en possession est purement facultatif pour les héritiers présomptifs. On ne peut renvoyer l'exercice d'un droit existant à l'époque d'un fait qui peut ne jamais arriver.

Il a donc paru qu'on devait permettre l'exercice du droit après la déclaration d'absence, et que, dans le cas où il n'y aurait pas d'envoi en possession provisoire, l'action pour l'exercice des droits devait être dirigée contre un curateur *ad hoc*, dont la nomination est proposée par la section à l'article 21.

Article 12, commençant ainsi : 124

« L'époux commun en biens, etc. »

La section propose de substituer à la rédaction de cet article celle qui suit :

« L'époux commun en biens, s'il opte pour la continuation
« de la communauté, pourra empêcher l'envoi provisoire et
« l'exercice provisoire de tous les droits subordonnés à la
« condition du décès de l'absent, et prendre ou conserver
« par préférence l'administration des biens de l'absent. S'il
« demande la dissolution provisoire, il exercera ses reprises
« et tous les droits légaux et conventionnels, à la charge de
« donner caution pour les choses susceptibles de restitution. »

1°. La section a cru que l'époux commun en biens pouvait empêcher non seulement l'envoi provisoire accordé aux héritiers présomptifs, mais encore l'exercice provisoire accordé par le paragraphe précédent aux donataires, légataires et autres ayant droit ;

2°. Le mot *prendre*, ajouté à celui de *conserver*, convient seul à la femme de l'absent : celle-ci, n'ayant auparavant aucun droit sur l'administration de la communauté, dont le mari est le seul maître, doit en être investie. Elle doit *prendre* ;

3°. Il ne suffisait pas de dire : « tous les droits résultant « de son contrat de mariage. » Il peut ne pas y avoir de contrat, et alors il y a exercice des *droits légaux*.

Tels sont les motifs du changement proposé.

Sur l'article 13, commençant par ces mots : 125

« Dans tous les cas, l'envoi en possession provisoire, etc. »

La section propose de retrancher *dans tous les cas*, et de commencer ainsi la rédaction :

« La possession provisoire ne sera qu'un dépôt, etc. »

Dans le cours du projet de loi, il y a plusieurs cas ou la possession provisoire cesse d'être un dépôt. Il paraît donc à propos de faire disparaître des expressions qui présentent une généralité qui n'existe pas.

Ensuite on a cru devoir dire *la possession provisoire*, au lieu de *l'envoi en possession provisoire*, parce que cette nouvelle rédaction comprend le cas de l'administration légale de l'un des époux.

126 Sur l'article 14, la section propose de substituer, au lieu de ces mots, *les héritiers présomptifs qui auront obtenu*, etc., ceux-ci, *ceux qui auront obtenu*, et de substituer encore à ces expressions, *ou d'un juge de paix commis par ledit commissaire*, les expressions suivantes, *ou d'un juge de paix requis par le commissaire*.

D'après la disposition de l'article 11, des ayant droit, autres que les héritiers présomptifs, tels que les légataires, donataires, etc., peuvent être envoyés en possession. La disposition de l'article ne doit donc pas être restreinte aux seuls héritiers présomptifs.

Quant au second changement, il semble être dans les principes qu'un juge de paix ne peut point être commis par un commissaire. Cette attribution semble être réservée aux juges du tribunal. Le mot *requis* paraît plus convenable dans la circonstance. Il aura d'ailleurs le même effet.

127 Au lieu des dispositions des articles 15 et 16, la section propose la rédaction suivante :

« Ceux qui, par suite de l'envoi provisoire, ou de l'admi-
« nistration légale, auront joui pendant quinze ans au moins,
« n'auront à rendre compte que des trois quarts du produit
« des revenus échus pendant leur jouissance.

« Si l'absence se prolonge au-delà de la quinzième année,
« ils ne devront compte que de la moitié du produit des re-
« venus échus pendant leur jouissance.

« Après trente ans, la totalité des revenus leur appar-
« tiendra. »

En donnant au retour de l'absent avant quinze ans l'effet de lui faire recouvrer la totalité des fruits pendant ce temps, et en attribuant à ce retour après les quinze ans l'effet de toute exclusion à ces mêmes fruits, la section a pensé que, dans le premier cas, les envoyés en possession n'étaient pas suffisamment favorisés, et que, dans le second, l'absent était trop maltraité.

Ces nuances de faveur et de rigueur respectives deviennent encore plus frappantes si l'absent revient un jour avant ou un jour après les quinze ans.

La section a cru qu'il fallait mieux balancer les intérêts. C'est dans cette vue qu'elle a adopté une échelle graduée sur trois temps.

Le retour, dans le premier et le second, donne toujours droit sur les fruits à l'absent et aux envoyés, mais avec une différence relative au rapprochement ou à l'éloignement du retour ; et c'est seulement dans le cas de retour dans la troisième période de temps, que l'absent, perdant toute faveur relativement aux fruits, en est exclu.

Sur l'article 16, la section propose la rédaction suivante : 129

« Si l'absence a continué pendant trente ans depuis l'envoi « provisoire, ou depuis l'époque à laquelle l'époux commun « aura pris l'administration des biens de l'absent, ou s'il s'est « écoulé, etc. »

Il y a un cas, qui est celui de l'administration de l'un des époux, auquel le paragraphe du projet ne pourvoit pas.

On pourrait ne pas comprendre sous ces mots, *envoi provisoire*, l'administration légale de l'un des époux. La nouvelle rédaction remédie à la lacune.

Sur l'article 17, la section propose de substituer aux mots, 130 *et les parens qui auraient joui*, ceux qui suivent, *et ceux qui auraient joui.*

On trouve le motif de ce changement dans ce qui a été dit sur l'article 14.

28.

134   La section propose de substituer à la disposition de l'article 21 celle qui suit :

« Après le jugement de déclaration d'absence, toute per-
« sonne qui aurait des droits à exercer contre l'absent ne
« pourra les poursuivre que contre ceux qui ont été envoyés
« en possession des biens, ou qui en ont l'administration
« légale.

« S'il n'y a pas eu d'envoi en possession provisoire, ou
« s'il n'a pas été établi d'administration légale, les personnes
« ayant des droits à exercer contre l'absent se pourvoiront
« devant le tribunal de première instance, qui nommera,
« s'il y a lieu, un curateur *ad hoc,* contre qui les actions se-
« ront dirigées. »

Il faut prévoir le cas de l'administration légale établie par
les articles 12 et 13 ; en sorte qu'on peut actionner cet administrateur légal, s'il existe. Il faut donc le rappeler, en même
temps que les envoyés en possession.

Ensuite, s'il n'y a ni administrateur légal, ni envoyés en
possession, il devient forcé d'appeler un contradicteur légitime, contre lequel les actions doivent être exercées.

On a cependant senti l'inconvénient d'exiger dans tous les
cas la nomination d'un curateur. C'est par cette raison qu'on
laisse toute latitude aux tribunaux par l'emploi de ces expressions, *s'il y a lieu.*

136   Sur l'article 23, la section propose de substituer la rédaction suivante :

« S'il s'ouvre une succession à laquelle soit appelé un in-
« dividu dont l'existence ne sera pas reconnue, cette succes-
« sion sera dévolue exclusivement à ceux avec lesquels il
« aurait eu droit de concourir, ou à ceux qui l'auraient re-
« cueillie à son défaut. »

Cette rédaction paraît plus claire ; et d'ailleurs il est plus
exact d'employer ces expressions, plutôt que : « exclusive-
« ment aux seuls parens, etc., » puisque l'absent peut concourir avec des individus non parens, comme en cas de legs

ou autres dispositions qui lui seraient faites , et à d'autres
avec lesquels il serait conjoint, *re* et *verbis*, de manière à
donner lieu à l'accroissement en faveur des autres conjoints.

RÉDACTION DÉFINITIVE DU CONSEIL D'ÉTAT.

(Procès-verbal de la séance du 22 vendémiaire an XI. — 14 octobre 1802.)

M. THIBAUDEAU , d'après la conférence tenue avec le Tribunat, présente la rédaction définitive du titre *des Absens ;*
elle est adoptée ainsi qu'il suit :

CHAPITRE Ier.
De la Présomption d'Absence.

Art. 1er. « S'il y a nécessité de pourvoir à l'administration 112
« de tout ou partie des biens laissés par une personne pré-
« sumée absente et qui n'a point de procureur fondé, il y
« sera statué par le tribunal de première instance , sur la de-
« mande des parties intéressées. »

Art. 2. « Le tribunal, à la requête de la partie la plus di- 113
« ligente, commettra un notaire pour représenter les présu-
« més absens dans les inventaires, comptes, partages et li-
« quidation dans lesquels ils seront intéressés. »

Art. 3. « Le ministère public est spécialement chargé de 114
« veiller aux intérêts des personnes présumées absentes , et il
« sera entendu sur toutes les demandes qui les concernent. »

CHAPITRE II.
De la Déclaration d'Absence.

Art. 4. « Lorsqu'une personne aura cessé de paraître au 115
« lieu de son domicile ou de sa résidence , et que depuis
« quatre ans on n'en aura point eu de nouvelles , les parties
« intéressées pourront se pourvoir devant le tribunal de pre-
« mière instance , afin que l'absence soit déclarée. »

Art. 5. « Pour constater l'absence, le tribunal, d'après les 116
« pièces et documens produits, ordonnera qu'une enquête

« soit faite, contradictoirement avec le commissaire du gou-
« vernement, dans l'arrondissement du domicile, et dans
« celui de la résidence, s'ils sont distincts l'un de l'autre. »

117   Art. 6. « Le tribunal, en statuant sur la demande, aura
« d'ailleurs égard aux motifs de l'absence et aux causes qui
« ont pu empêcher d'avoir des nouvelles de l'individu pré-
« sumé absent. »

118   Art. 7. « Le commissaire du gouvernement enverra, aus-
« sitôt qu'ils seront rendus, les jugemens, tant préparatoires
« que définitifs, au grand-juge ministre de la justice, qui
« les rendra publics. »

119   Art. 8. « Le jugement de déclaration d'absence ne sera
« rendu qu'un an après le jugement qui aura ordonné l'en-
« quête. »

CHAPITRE III.

Des Effets de l'Absence.

SECTION 1re. *Des Effets de l'Absence relativement aux biens
que l'absent possédait au jour de sa disparition.*

120   Art. 9. « Dans les cas où l'absent n'aurait point laissé de
« procuration pour l'administration de ses biens, ses héri-
« tiers présomptifs, au jour de sa disparition ou de ses der-
« nières nouvelles, pourront, en vertu du jugement définitif
« qui aura déclaré l'absence, se faire envoyer en possession
« provisoire des biens qui appartenaient à l'absent au jour de
« son départ ou de ses dernières nouvelles, à la charge de
« donner caution pour la sûreté de leur administration. »

121   Art. 10. « Si l'absent a laissé une procuration, ses héri-
« tiers présomptifs ne pourront poursuivre la déclaration
« d'absence et l'envoi en possession provisoire qu'après dix
« années révolues depuis sa disparition ou depuis ses der-
« nières nouvelles. »

122   Art. 11. « Il en sera de même si la procuration vient à ces-
« ser; et, dans ce cas, il sera pourvu à l'administration des
« biens de l'absent, comme il est dit au chapitre Ier. »

Art. 12. « Lorsque les héritiers présomptifs auront obtenu 123
« l'envoi en possession provisoire, le testament, s'il en existe
« un, sera ouvert à la réquisition des parties intéressées ou
« du commissaire du gouvernement près le tribunal; et les
« légataires, les donataires, ainsi que tous ceux qui avaient
« sur les biens de l'absent des droits subordonnés à la condi-
« tion de son décès, pourront les exercer provisoirement, à
« la charge de donner caution. »

Art. 13. « L'époux commun en biens, s'il opte pour la 124
« continuation de la communauté, pourra empêcher l'envoi
« provisoire et l'exercice provisoire de tous les droits subor-
« donnés à la condition du décès de l'absent, et prendre ou
« conserver par préférence l'administration des biens de l'ab-
« sent : si l'époux demande la dissolution provisoire de la
« communauté, il exercera ses reprises et tous ses droits lé-
« gaux et conventionnels, à la charge de donner caution pour
« les choses susceptibles de restitution. »

« La femme, en optant pour la continuation de la commu-
« nauté, conservera le droit d'y renoncer ensuite. »

Art. 14. « La possession provisoire ne sera qu'un dépôt, 125
« qui donnera à ceux qui l'obtiendront l'administration des
« biens de l'absent, et qui les rendra comptables envers lui,
« en cas qu'il reparaisse ou qu'on ait de ses nouvelles. »

Art. 15. « Ceux qui auront obtenu l'envoi provisoire, ou 126
« l'époux qui aura opté pour la continuation de la commu-
« nauté, devront faire procéder à l'inventaire du mobilier et
« des titres de l'absent, en présence du commissaire du gou-
« vernement près le tribunal de première instance, ou d'un
« juge de paix requis par ledit commissaire.

« Le tribunal ordonnera, s'il y a lieu, de vendre tout ou
« partie du mobilier. Dans le cas de vente, il sera fait em-
« ploi du prix ainsi que des fruits échus.

« Ceux qui auront obtenu l'envoi provisoire pourront re-
« quérir, pour leur sûreté, qu'il soit procédé, par un expert
« nommé par le tribunal, à la visite des immeubles, à l'effet

« d'en constater l'état. Son rapport sera homologué en pré-
« sence du commissaire du gouvernement ; les frais en seront
« pris sur les biens de l'absent. »

127　　Art. 16. « Ceux qui, par suite de l'envoi provisoire ou de
« l'administration légale, auront joui des biens de l'absent,
« ne seront tenus de lui rendre que le cinquième des reve-
« nus, s'il reparaît avant quinze ans révolus depuis le jour
« de sa disparition ; et le dixième, s'il ne reparaît qu'après
« les quinze ans.

« Après trente ans d'absence, la totalité des revenus leur
« appartiendra. »

128　　Art. 17. « Tous ceux qui ne jouiront qu'en vertu de l'en-
« voi provisoire ne pourront aliéner ni hypothéquer les im-
« meubles de l'absent. »

129　　Art. 18. « Si l'absence a continué pendant trente ans de-
« puis l'envoi provisoire, ou depuis l'époque à laquelle l'é-
« poux commun aura pris l'administration des biens de l'ab-
« sent, ou s'il s'est écoulé cent ans révolus depuis la naissance
« de l'absent, les cautions seront déchargées ; tous les ayant
« droit pourront demander le partage des biens de l'absent,
« et faire prononcer l'envoi en possession définitif par le tri-
« bunal de première instance. »

130　　Art. 19. « La succession de l'absent sera ouverte, du jour
« de son décès prouvé, au profit des héritiers les plus pro-
« ches à cette époque ; et ceux qui auraient joui des biens
« de l'absent seront tenus de les restituer, sous la réserve
« des fruits par eux acquis en vertu de l'article 16. »

131　　Art. 20. « Si l'absent reparaît, ou si son existence est
« prouvée pendant l'envoi provisoire, les effets du jugement
« qui aura déclaré l'absence cesseront, sans préjudice, s'il y
« a lieu, des mesures conservatoires prescrites, pour l'admi-
« nistration de ses biens, au chapitre Ier. »

132　　Art. 21. « Si l'absent reparaît, ou si son existence est
« prouvée, même après l'envoi définitif, il recouvrera ses
« biens dans l'état où ils se trouveront, le prix de ceux qui

« auraient été aliénés, ou les biens provenant de l'emploi
« qui aurait été fait du prix de ses biens vendus. »

Art. 22. « Les enfans et descendans directs de l'absent 133
« pourront également, dans les trente ans, à compter de
« l'envoi définitif, demander la restitution de ses biens,
« comme il est dit à l'article précédent. »

Art. 23. « Après le jugement de déclaration d'absence, 134
« toute personne qui aurait des droits à exercer contre l'ab-
« sent ne pourra les poursuivre que contre ceux qui auront
« été envoyés en possession des biens, ou qui en auront l'ad-
« ministration légale. »

SECTION II. *Des Effets de l'Absence relativement aux droits*
éventuels qui peuvent compéter à l'absent.

Art. 24. « Quiconque réclamera un droit échu à un indi- 135
« vidu dont l'existence ne sera pas reconnue devra prouver
« que ledit individu existait quand le droit a été ouvert ;
« jusqu'à cette preuve, il sera déclaré non recevable dans sa
« demande. »

Art. 25. « S'il s'ouvre une succession à laquelle soit appelé 136
« un individu dont l'existence n'est pas reconnue, elle sera
« dévolue exclusivement à ceux avec lesquels il aurait eu le
« droit de concourir, ou à ceux qui l'auraient recueillie à son
« défaut. »

Art. 26. « Les dispositions des deux articles précédens au- 137
« ront lieu sans préjudice des actions en pétition d'hérédité
« et d'autres droits, lesquels compéteront à l'absent ou à ses
« représentans et ayant cause, et ne s'éteindront que par le
« laps de temps établi pour la prescription. »

Art. 27. « Tant que l'absent ne se représentera pas, ou 138
« que les actions ne seront point exercées de son chef, ceux
« qui auront recueilli la succession gagneront les fruits par
« eux perçus de bonne foi. »

SECTION III. *Des Effets de l'Absence relativement au mariage.*

139   Art. 28. « L'époux absent, dont le conjoint a contracté
« une nouvelle union, sera seul recevable à attaquer ce ma-
« riage, par lui-même, ou par son fondé de pouvoir, muni
« de la preuve de son existence. »

140   Art. 29. « Si l'époux absent n'a point laissé de parens ha-
« biles à lui succéder, l'autre époux pourra demander l'envoi
« en possession provisoire des biens. »

CHAPITRE IV.

*De la Surveillance des Enfans mineurs du père qui a
disparu.*

141   Art. 30. « Si le père a disparu laissant des enfans mineurs
« issus d'un commun mariage, la mère en aura la surveil-
« lance, et elle exercera tous les droits du mari, quant à leur
« éducation et à l'administration de leurs biens. »

142   Art. 31. « Six mois après la disparition du père, si la mère
« était décédée lors de cette disparition, ou si elle vient à
« décéder avant que l'absence du père ait été déclarée, la
« surveillance des enfans sera déférée, par le conseil de fa-
« mille, aux ascendans les plus proches, et, à leur défaut, à
« un tuteur provisoire. »

143   Art. 32. « Il en sera de même dans le cas où l'un des époux
« qui aura disparu laissera des enfans mineurs issus d'un ma-
« riage précédent. »

PRÉSENTATION AU CORPS LÉGISLATIF.

MM. Bigot-Préameneu, Cretet et Boulay furent nommés, par le Premier Consul, pour présenter le projet au
Corps législatif, dans la séance du 12 ventose an XI
(3 mars 1803), et pour en soutenir la discussion dans la
séance du 24 du même mois.

EXPOSÉ DES MOTIFS, PAR M. BIGOT-PRÉAMENEU.

Législateurs, le titre du Code civil qui a pour objet les *Ab-sens* offre les exemples les plus frappans de cette admirable surveillance de la loi, qui semble suivre pas à pas chaque individu pour le protéger aussitôt qu'il se trouve dans l'impuissance de défendre sa personne ou d'administrer ses biens.

Cette impuissance peut résulter de l'âge ou du défaut de raison, et la loi y pourvoit par les tutelles.

Elle peut venir aussi de ce que l'individu absent n'est plus à portée de veiller à ses intérêts.

Ici la loi et les juges ont besoin de toute leur sagesse.

Leur but est de protéger l'absent; mais lors même qu'ils ne veulent que le garantir des inconvéniens de son absence, ils sont le plus souvent exposés aux risques de le troubler dans le libre exercice que chacun doit avoir de ses droits.

L'absence, dans l'acception commune de cette expression, peut s'appliquer à ceux qui sont hors de leur domicile, mais dont on connaît le séjour ou l'existence; il ne s'agit ici que des personnes qui se sont éloignées du lieu de leur résidence ordinaire, et dont on n'a point de nouvelles.

Depuis long-temps le vœu des jurisconsultes était qu'il y eût enfin à cet égard des règles fixes.

On n'en trouve presque aucune dans le droit romain.

Il n'a point été rendu en France, à cet égard, de loi générale.

Les relations du commerce extérieur et les temps de troubles ont plus que jamais multiplié les absences.

Enfin, il n'est point de matière sur laquelle la jurisprudence des tribunaux soit plus variée et plus incertaine.

Lorsque l'absence, sans nouvelles, s'est prolongée pendant un certain temps, on en a tiré, dans les usages des différens pays, diverses conséquences.

Dans les uns, et c'est le plus grand nombre, on a pris pour règle, que toute personne absenté et dont la mort n'est pas constatée, doit être présumée vivre jusqu'à cent ans; c'est-à-dire jusqu'au terme le plus reculé de la vie ordinaire, mais qu'alors même un autre mariage ne peut être contracté.

Dans d'autres pays on a pensé que, relativement à la possession et même à la propriété des biens de l'absent, il devait être présumé mort avant l'âge de cent ans, et que le mariage était le seul lien qui dût être regardé comme indissoluble, avant l'expiration d'un siècle écoulé depuis la naissance de l'époux absent.

D'autres enfin ont distingué entre les absens qui étaient en voyage et ceux qui avaient disparu subitement : dans ce dernier cas on présumait plus facilement leur décès; après un certain temps on les réputait morts du jour qu'ils avaient disparu, et ce temps était moins long lorsqu'on savait qu'ils avaient couru quelque danger.

Ces diverses opinions manquent d'une base solide, et elles ont conduit à des inconséquences que l'on aura occasion de faire observer.

Il a paru préférable de partir d'idées simples et qui ne puissent pas être contestées.

Lorsqu'un long temps ne s'est pas encore écoulé depuis que l'individu s'est éloigné de son domicile, la présomption de mort ne peut résulter de cette absence; il doit être regardé comme vivant.

Mais si pendant un certain nombre d'années on n'a point de ses nouvelles, on considère alors que les rapports de famille, d'amitié, d'affaires, sont tellement dans le cœur et dans l'habitude des hommes, que leur interruption absolue doit avoir des causes extraordinaires, causes parmi lesquelles se place le tribut même rendu à la nature.

Alors s'élèvent deux présomptions contraires, l'une de la mort par le défaut de nouvelles, l'autre de la vie pas son cours ordinaire. La conséquence juste de deux présomptions contraires est l'état d'incertitude.

Les années qui s'écoulent ensuite rendent plus forte la présomption de la mort, mais il n'est pas moins vrai qu'elle est toujours plus ou moins balancée par la présomption de la vie; et si, à l'expiration de certaines périodes, il est nécessaire de prendre des mesures nouvelles, elles doivent être calculées d'après les différens degrés d'incertitude, et non pas exclusivement sur l'une ou l'autre des présomptions de vie ou de mort, ce qui conduit à des résultats très-différens.

Nous avons à parcourir les différentes périodes de l'absence, à examiner sur quel nombre d'années il a été convenable de les fixer, et quelles ont été, dans chacune de ces périodes, les mesures exigées par le propre intérêt de l'absent, par celui de sa famille, et par l'intérêt public, qui veut aussi que les propriétés ne soient pas abandonnées ou trop long-temps incertaines.

La première période est celle qui se trouve entre le moment du départ et l'époque où les héritiers présomptifs de l'absent peuvent être envoyés, comme dépositaires, en possession de ses biens.

Les usages sur la durée de cette période étaient très-variés.

A Paris, et dans une partie assez considérable de la France, elle était de trois ans; dans d'autres pays de cinq, dans d'autres de sept et de neuf ans.

Le cours de trois années n'a point paru suffisant: on doit, en fixant la durée de cette première période, considérer la cause la plus ordinaire de l'absence; ce sont les voyages maritimes, pendant lesquels il est assez ordinaire que plusieurs années s'écoulent avant qu'on ait pu donner de ses nouvelles.

Mais si, pendant cinq années entières, il n'en a été reçu 119 aucunes, on ne pourra plus se dissimuler qu'il y a incertitude sur la vie; et lorsque les tribunaux auront fait, pour découvrir l'existence de l'absent, d'inutiles enquêtes, il y aura, dans le langage de la loi, *absence proprement dite*.

Quant aux précautions à prendre pendant les cinq pre- 112-114 mières années, la loi ne peut, pour l'intérêt des personnes absentes, que s'en rapporter à la surveillance du ministère public et à la prudence des juges.

L'éloignement fait présumer que l'absence *proprement dite* aura lieu; mais lorsqu'elle n'est encore que présumée, il n'est point censé que la personne éloignée soit en souffrance pour ses affaires; il faut qu'il y en ait des preuves positives ; et lors même que cette personne n'a pas laissé de procuration, on doit croire que c'est à dessein de ne pas confier le secret de sa fortune.

Avec quelle réserve les magistrats eux-mêmes, malgré leur caractère respectable et la confiance qu'ils méritent, doivent-ils donc se décider à pénétrer dans le domicile, qui fut toujours un asile sacré !

113   Cependant, celui qui s'est éloigné sans avoir donné une procuration, peut avoir laissé des affaires urgentes, telles que l'exécution des congés de loyer, leur paiement, celui d'autres dettes exigibles. Il peut se trouver intéressé dans des inventaires, dans des comptes, des liquidations, des partages.

Ce sont autant de circonstances dans lesquelles les créanciers ou les autres intéressés ne doivent pas être privés de l'exercice de leurs droits. Ils ont le droit de provoquer la justice ; et tout ce que peuvent les tribunaux en faveur de la personne qui, par son éloignement, s'est exposée à ces poursuites, c'est de se borner aux actes qui sont absolument nécessaires pour que, sur ses biens, il soit satisfait à des demandes justes.

Ainsi, lorsqu'il s'agira du paiement d'une dette, ce sera le magistrat, dont le secret et la bonne foi ne peuvent être suspects à la personne éloignée, qui pénétrera un seul instant dans son domicile pour en extraire la partie de l'actif absolument nécessaire, afin de remplir ses engagemens.

Les successions, les comptes, les partages, les liquidations, dans lesquels les absens se trouvent intéressés, étaient, avant les lois nouvelles, autant de motifs pour leur nommer des curateurs. Trop souvent ces curateurs ont été coupables de dilapidations; trop souvent même, avec de la bonne foi, ils ont, soit par ignorance, soit par négligence à défendre les intérêts de l'absent, soit même par le seul fait du discrédit que causent de pareilles gestions, opéré leur ruine.

Une loi de l'Assemblée constituante, du 11 février 1791, avait réglé que, « s'il y avait lieu de faire des inventaires, « comptes, partages et liquidations dans lesquels se trouve- « raient fondés des absens qui ne seraient défendus par au- « cun fondé de procuration, la partie la plus diligente s'a- « dresserait au tribunal compétent, qui commettrait d'office « un notaire pour procéder à la confection de ces actes. »

L'absent lui-même n'eût pu choisir personne qui, plus qu'un notaire, fût en état de connaître et de défendre ses intérêts dans ce genre d'affaires.

Une mesure aussi sage a été maintenue.

Il n'en résulte pas que les nominations de curateurs soient interdites dans d'autres cas où les tribunaux le jugeront indispensable, mais ils ne le feront qu'en cherchant tous les moyens d'éviter les inconvéniens auxquels cette mesure expose.

Il peut encore arriver que le père qui s'est éloigné ait laissé des enfans mineurs. Il n'est pas de besoin plus urgent que celui des soins qui leur sont dus.

Rien à cet égard n'avait encore été prévu ni réglé.

Il est conforme aux principes qui vous seront exposés au titre *des Tutèles*, que si la femme de l'absent vit, elle ait la surveillance des enfans, et qu'elle exerce tous les droits de son mari relatifs à leur éducation et à l'administration de leurs biens.

C'est l'intérêt des enfans, qui sont, à cet égard, au nombre des tiers ayant droit d'invoquer la justice; c'est le droit naturel de la mère; c'est la volonté présumée en quelque sorte certaine, du père absent, lorsqu'il n'y a aucune preuve d'intention contraire.

142 Si la mère n'existe plus, on ne saurait croire que le père n'ait pris à son départ aucune précaution pour la garde et l'entretien de ses enfans; mais aussi on présume que ces précautions n'ont été que pour un temps peu long, et dans l'espoir d'un prochain retour : on présume qu'elles n'ont point été suffisantes pour établir toutes les fonctions et tous les devoirs d'une tutelle.

Ainsi, lorsqu'un temps que l'on a fixé à six mois depuis la disparition du père se sera écoulé, la surveillance des enfans sera déférée par le conseil de famille aux ascendans les plus proches, et, à leur défaut, à un tuteur provisoire.

143 Cette mesure sera également nécessaire dans le cas où la mère serait morte depuis le départ du père, avant que son absence ait été déclarée, et dans le cas où l'un des époux qui aurait disparu laisserait des enfans mineurs issus d'un mariage précédent.

115-116 Nous sommes parvenus à la seconde période, celle qui commence par la déclaration d'absence.

C'est cette formalité qui doit avoir les conséquences les plus importantes. D'un côté, les biens ne peuvent pas rester dans un plus long abandon; mais d'un autre côté, un citoyen ne peut pas être dépossédé de sa fortune avant qu'on ait employé tous les moyens de découvrir son existence, et de lui faire connaître qu'on le met, dans son pays, au nombre de ceux dont la vie est incertaine.

Des précautions si raisonnables, et qui seront désormais regardées comme étant d'une absolue nécessité, avaient été jusqu'ici inconnues.

La déclaration d'absence ne consistait que dans le jugement qui envoyait les héritiers présomptifs de l'absent en possession des biens. Il n'y avait, pour faire prononcer cet envoi, d'autre formalité à remplir que celle de produire aux juges un acte de notoriété dans lequel l'absence, sans nouvelles, était attestée.

Ceux qui déclarent qu'il n'y a point eu de nouvelles d'un absent ne prouvent rien, si ce n'est qu'ils n'ont point entendu dire qu'il en ait été reçu.

Ce n'est point une preuve positive. Il n'en résulte pas que dans le même pays d'autres personnes n'aient point de renseignemens différens : cela constate encore moins que dans d'autres villes l'existence des absens, dans le cas surtout où ce sont des commerçans soit inconnue.

Il fallait chercher des moyens plus sûrs de découvrir la vérité ; et, s'il en est un dont on puisse espérer de grands succès, c'est celui de donner à la déclaration d'absence une telle publicité, que tous ceux qui, en France, pourraient avoir des nouvelles de l'absent soient provoqués à en donner, et que l'absent lui-même puisse connaître par la renommée les conséquences fâcheuses de son long silence.

Les formes les plus solennelles pour la déclaration de l'absence et pour sa publication vous sont présentées.

A la place d'un simple acte de notoriété dans le lieu du domicile, on propose une enquête qui sera contradictoire avec le commissaire du gouvernement.

L'envoi en possession était provoqué par des parens dont la cupidité, dès-lors allumée par l'espoir d'une propriété future, pouvait les porter à séduire le petit nombre de témoins qui étaient nécessaires pour un acte de notoriété ; ou ils en trouvaient de trop crédules.

Suivant la loi proposée, les témoins seront facilement appelés non seulement par les intéressés qui demanderont la déclaration d'absence, mais encore par le commissaire du gouvernement. Celui-ci se fera un devoir d'appeler tous ceux dont les relations avec l'absent pourront répandre sur son sort quelques lumières.

L'acte de notoriété n'était qu'une formule signée par les

témoins : dans l'enquête, on verra les différences entre leurs
dépositions.

Ce sont ces variations et ces détails qui mettent sur la voie
dans la recherche de la vérité.

Il était encore plus facile aux héritiers de trouver des témoins complaisans ou crédules, lorsque la résidence de l'absent, avant son départ, était dans un autre arrondissement
que son domicile. Cet inconvénient est écarté par la double
enquête qui sera faite, l'une par les juges du domicile, et
l'autre par ceux de la résidence.

117   La formule, en termes positifs, que présentaient aux
juges les actes de notoriété, commandait en quelque sorte
leur jugement d'envoi en possession. Ce jugement n'était
lui-même, pour ainsi dire, qu'une simple formule.

Suivant la loi proposée, il sera possible aux juges de vérifier si l'absence n'a point été déterminée par des motifs qui
existeraient encore, et qui devraient faire différer la déclaration d'absence.

Tel serait le projet que l'absent aurait annoncé de séjour-
ner plusieurs années dans quelque contrée lointaine ; telle
serait l'entreprise d'un voyage de terre ou de mer, qui, par
son objet ou par les grandes distances, exigerait un très-long
temps.

Les juges pourront encore apprendre dans l'enquête si des
causes particulières n'ont point empêché qu'on ne reçût des
nouvelles de l'absent. Telles seraient la captivité, la perte d'un
navire, ou d'autres événemens qui pourront encore déterminer les juges à prolonger les délais.

118   A tous ces moyens de découvrir la vérité, il en a été ajouté
un dont on attend des effets avantageux ; c'est la publicité
que le ministre de la justice est chargé de donner aux jugemens qui auront ordonné les enquêtes pour constater l'absence
sans nouvelles. Ce ministre emploiera non seulement la voie
des papiers publics, mais encore il provoquera, dans les

places de commerce, les correspondances avec toutes les parties du globe.

Cette publication des jugemens deviendra l'enquête la plus solennelle et la plus universelle.

Les résultats en seront attendus pendant une année entière, qui sera la cinquième depuis le départ. Tous ceux qui auraient eu des nouvelles, ou ceux qui en recevraient, auront le temps d'en instruire la justice; et il suffira qu'un seul de ces avis nombreux parvienne à l'absent pour qu'il multiplie les moyens de faire connaître son existence.

C'est ainsi que la loi viendra au secours de l'absent d'une manière plus efficace, et qui sera exempte d'une grande partie des risques et des inconvéniens auxquels il était exposé dans l'ancienne forme d'envoi en possession.

Lorsque avec un simple acte de notoriété un absent était dépossédé de tous ses biens, cette mesure présentait une idée dont on ne pouvait se défendre, celle d'un acte arbitraire et sans garantie pour le droit de propriété.

Mais, lorsque d'une part les biens se trouveront dans l'abandon depuis cinq années, lorsque de l'autre toutes les recherches possibles sur l'existence de l'absent auront été faites, et tous les moyens de lui transmettre des avis auront été épuisés, la déclaration d'absence ne pourra plus laisser d'inquiétudes. Elle ne saurait être, dès-lors, aux yeux du public, qu'un acte de conservation fondé sur une nécessité constante, et pour l'absent lui-même un acte de protection qui a garanti son patrimoine d'une perte qui devenait inévitable.

Le jugement qui déclarera l'absence ne sera même pas rendu dans le délai de cinq ans, si l'absent a laissé une procuration.

Vous aurez encore ici à observer une grande différence entre le droit ancien et celui qui vous est proposé.

L'usage le plus général était de regarder la procuration comme n'étant point un obstacle à l'envoi en possession après le délai ordinaire. Ainsi, l'homme qui prévoyait une longue absence, et qui avait pris des précautions pour que la conduite et le secret de ses affaires ne fussent pas livrés à d'autres qu'à celui qui avait sa confiance, n'en restait pas moins exposé à ce que sa volonté et l'exercice qu'il avait fait de son droit de propriété fussent anéantis après un petit nombre d'années.

Il est vrai que quelques auteurs distinguaient entre la procuration donnée à un parent et celle laissée à un étranger : ils pensaient que la procuration donnée à un parent devait être exécutée jusqu'au retour de l'absent, ou jusqu'à ce que sa mort fût constatée, mais que celle donnée à un étranger était révocable par les parens envoyés en possession.

Cette distinction, qu'il serait difficile de justifier, n'a point été admise ; et la cessation trop prompte de l'effet des pouvoirs confiés par l'absent a été regardée comme une mesure qui ne peut se concilier avec la raison ni avec l'équité.

En effet l'on ne peut pas traiter également celui qui a formellement pourvu à l'administration de ses affaires, et celui qui les a laissées à l'abandon.

Le premier est sensé avoir prévu une longue absence, puisqu'il a pourvu au principal besoin qu'elle entraîne. Il s'est dispensé de la nécessité d'une correspondance, lors même qu'il serait long-temps éloigné.

Les présomptions contraires s'élèvent contre celui qui n'a pas laissé de procuration : on croira plutôt qu'il espérait un prompt retour, qu'on ne supposera qu'il ait omis une précaution aussi nécessaire ; et, lorsqu'il y a manqué, il s'est au moins mis dans la nécessité d'y suppléer par sa correspondance.

L'erreur était donc évidente, lorsque, dans l'un et l'autre cas, on tirait les mêmes inductions du défaut de nouvelles pendant le même nombre d'années : il a paru qu'il y aurait une proportion juste entre les présomptions qui déterminent l'envoi en possession, si on exigeait, pour déposséder l'absent qui a laissé une procuration, un temps double de celui après lequel on prononcera l'envoi en possession des biens de l'absent qui n'a point de mandataire.

Ainsi, la procuration aura son effet pendant dix années, depuis le départ ou depuis les dernières nouvelles, et ce sera seulement à l'expiration de ce terme que l'absence sera déclarée, et que les parens seront envoyés en possession.

On a aussi prévu le cas où la procuration cesserait par la [122] mort ou par un autre empêchement. Ces circonstances ne changent point les inductions qui naissent du fait même qu'il a été laissé une procuration, et on a dû tirer de ce fait deux conséquences; la première, que les héritiers présomptifs ne seraient envoyés en possession qu'à l'expiration du même délai de dix ans; la seconde, qu'il serait pourvu, depuis la cessation du mandat, aux affaires urgentes, de la manière réglée pour tous ceux qui ne sont encore que présumés absens.

Il faut maintenant nous placer à cette époque où les absens, [120] déclarés tels par des jugemens revêtus de toutes les formes, ont pu être dépossédés.

On avait à décider entre les mains de qui les biens devaient être remis.

Il suffit que la loi reconnaisse qu'il y a incertitude de la vie, pour que le droit des héritiers, sans cesser d'être éventuel, devienne plus probable : et, puisque les biens doivent passer en d'autres mains que celles du propriétaire, les héritiers se présentent avec un titre naturel de préférence.

La jurisprudence a toujours été uniforme à cet égard; toujours les héritiers ont été préférés.

Personne ne peut avoir d'ailleurs plus d'intérêt à la conservation et à la bonne administration de ses biens, que ceux qui en profiteront si l'absent ne revient pas.

Heureusement encore l'affection et la confiance entre parens sont les sentimens les plus ordinaires, et on peut présumer que tels ont été ceux de l'absent.

On propose de maintenir la règle qui donne la préférence aux héritiers présomptifs.

125   Au surplus, cette possession provisoire n'est qu'un dépôt confié aux parens. Ils se rendent comptables envers l'absent, s'il revient ou si on a de ses nouvelles.

126   La manière de constater quels avaient été les biens laissés par l'absent était différente, suivant les usages de chaque pays.

Dans la plupart, les formalités étaient incomplètes ou insuffisantes.

On a réuni celles qui donneront une pleine sûreté.

La fortune de l'absent sera constatée par des inventaires en présence d'un magistrat. Les tribunaux décideront si les meubles doivent être vendus; ils ordonneront l'emploi des sommes provenant du prix de la vente et des revenus : les parens devront même, s'ils veulent éviter, pour l'avenir, des discussions sur l'état dans lequel les biens leur auront été remis,
130 le faire constater. Ils seront tenus de donner caution pour sûreté de leur administration.

En un mot, la loi prend contre eux les mêmes précautions que contre un étranger, elle exige les mêmes formalités que pour les séquestres ordinaires; et lors même qu'elle a été mise par l'absent dans la nécessité de le déposséder, elle semble encore ne le faire qu'à regret, et elle s'arme, contre la cupidité ou l'infidélité, de formes qui ne puissent être éludées.

123   La loi proposée a écarté l'incertitude qui avait jusqu'ici existé sur l'exécution provisoire du testament que l'absent aurait fait avant son départ.

En général, les testamens ne doivent être exécutés qu'à la mort de ceux qui les ont faits. La loi romaine portait même la sévérité au point de punir de la peine de faux quiconque se serait permis de procéder à l'ouverture du testament d'une personne encore vivante ; mais en même temps, elle décidait que, s'il y avait du doute sur l'existence du testateur, le juge pouvait, après avoir fait les dispositions nécessaires, permettre de l'ouvrir.

Il ne saurait y avoir d'enquêtes plus solennelles que celles qui précéderont l'envoi en possession des biens de l'absent. D'ailleurs, l'ouverture des testamens et leur exécution provisoire doivent être autorisées par les mêmes motifs qui font donner aux héritiers présomptifs la possession des biens. Le droit qu'ils tiennent de la loi, et celui que les légataires tiennent de la volonté de l'absent, ne doivent également s'ouvrir qu'à la mort; si donc, par l'effet de la déclaration de l'absence, le temps où la mort serait constatée est anticipé par l'envoi en possession des héritiers, il doit l'être également par une délivrance provisoire aux légataires.

Ces principes et ces conséquences s'appliquent à tous ceux qui auraient sur les biens de l'absent des droits subordonnés à son décès; ils pourront les exercer provisoirement.

Les mêmes précautions seront prises contre eux tous; ils ne seront, comme les héritiers, que des dépositaires tenus de fournir caution et de rendre des comptes.

Il n'y a point eu jusqu'ici de loi qui ait décidé si la com— 124-126 munauté entre époux continuait lorsque l'un d'eux était absent.

Suivant l'usage le plus général, la communauté, dans le cas de l'absence de l'un des deux époux, était provisoirement dissoute du jour où les héritiers présomptifs avaient, après le temps d'absence requis, formé contre l'époux présent la demande d'envoi en possession des biens de l'absent.

Elle était pareillement dissoute du jour que l'époux présent avait agi à cet égard contre les héritiers de l'absent.

Si l'absence cessait, on considérait la communauté comme n'ayant jamais été dissoute, et les héritiers qui avaient été mis en possession étaient tenus de lui rendre compte de tous les biens qui là composaient.

Cependant la raison et l'équité veulent que l'époux présent, dont la position est déjà si malheureuse, n'éprouve dans sa fortune que le moindre préjudice, et surtout qu'il n'en souffre pas au profit des héritiers, et par leur seule volonté.

Les héritiers n'ont jamais prétendu que l'époux présent fût tenu de rester malgré lui en communauté de biens avec eux : de quel droit le forceraient-ils à la dissoudre si la continuation lui en était avantageuse, ou plutôt comment pourrait-on les admettre à contester un droit qui repose sur la foi du contrat de mariage? Si l'incertitude a suffi pour les mettre en possession provisoire des biens, ce n'est pas sur une incertitude que des héritiers, n'ayant qu'un droit précaire et provisoire, peuvent, contre la volonté de l'une des parties, rompre un contrat synallagmatique.

Il faut conclure de ces principes, que l'époux présent doit avoir la faculté d'opter, soit la continuation, soit la dissolution de la communauté.

Tel a été le parti adopté dans la loi proposée.

On y a prévu quelles doivent être les conséquences de la continuation ou de la dissolution de communauté.

Dans le premier cas, l'époux présent qui préfère la continuation de communauté ne peut pas être forcé de livrer les biens qui la composent, et leur administration, aux héritiers de l'absent ; ils ne seraient envoyés en possession que comme dépositaires. Et par quel renversement d'idées nommerait-on dépositaires d'une société ceux qui y sont étrangers, lorsque l'associé pour moitié se trouve sur les lieux ?

L'époux présent sera le plus ordinairement la femme ; mais les femmes ne sont-elles pas aussi capables d'administrer leurs biens ? Et dans le cas où, sans qu'il y ait absence, le mari décède laissant des enfans, la femme ne gère-t-elle pas et sa fortune et toute celle des enfans, qui sont plus favorables que les héritiers présomptifs ?

L'époux commun en biens, qui veut continuer la communauté, doit donc avoir la faculté d'empêcher l'envoi des héritiers en possession, et de prendre ou de conserver par préférence l'administration des biens.

Au surplus, la déclaration qu'aurait faite la femme de continuer la communauté, ne doit pas la priver du droit d'y renoncer ensuite. Il est possible que des affaires, entreprises avant le départ du mari, réussissent mal ; et d'ailleurs, les droits que lui donne l'administration des biens de la communauté ne sont pas aussi étendus que ceux du mari. Elle ne peut ni les hypothéquer, ni les aliéner ; leur administration, occasionée par l'absence, n'est pour elle qu'une charge qui ne doit pas la priver d'un droit acquis, avant le départ de son mari, par le contrat de mariage ou par la loi.

Dans le cas où l'époux présent demande la dissolution provisoire de la communauté, l'usage ancien sur l'exercice des reprises et des droits matrimoniaux de la femme était abusif; il y avait une liquidation, mais tous les biens restaient dans les mains des héritiers envoyés en possession : le motif était que, si le mari reparaissait, la communauté serait regardée comme n'ayant point été dissoute, et que ce serait à eux à lui rendre compte de tous les biens qui la composaient.

Ce motif n'est pas équitable : la conséquence à tirer d'une dissolution provisoire de communauté n'est-elle pas plutôt que la femme reprenne aussi provisoirement tous ses droits ? Pourquoi les héritiers seraient-ils plutôt dépositaires de sa propre fortune qu'elle-même? Et s'il est un point sur lequel on a pu hésiter dans la loi proposée, c'est sur la charge imposée à la femme de donner caution pour sûreté des restitutions qui devraient avoir lieu.

C'est ainsi qu'on a réglé tout ce qui concerne l'envoi en possession des biens.

Il fallait ensuite prévoir ce qui pourrait arriver pendant l'absence, et comment seraient exercés les droits de succession, ou tous autres dans lesquels l'absent se trouverait intéressé.

L'usage ancien à Paris, usage encore existant dans quelques pays, était que l'absent fût considéré, par rapport aux droits qui s'ouvraient à son profit, comme s'il eût été présent. Ainsi on l'admettait au partage d'une succession, et ses créanciers avaient le droit d'exercer pour lui les actions du même genre en donnant caution.

On est ensuite revenu à une idée plus simple et la seule qui
soit vraie, celle de ne point considérer la présomption de vie
ou celle de mort de l'absent, mais de s'en tenir, à son égard,
à la règle suivant laquelle quiconque réclame un droit échu
à l'individu dont l'existence n'est pas reconnue doit prouver
que cet individu existait quand le droit a été ouvert, et, jusqu'à cette preuve, doit être déclaré non recevable dans sa demande.

136 S'il s'agit d'une succession, elle sera dévolue exclusivement à ceux avec lesquels celui dont l'existence n'est pas reconnue aurait eu le droit de concourir, ou à ceux qui l'auraient recueillie à son défaut.

Cette règle a été maintenue, et on continuera de l'appliquer aux absens, à l'égard de tous les droits qui pourraient
leur échoir.

137 Après avoir prévu ce qui peut arriver pendant l'absence, il
fallait encore déterminer quels sont les droits de l'absent
lorsqu'il revient.

Il est évident que, s'il revient, ou si son existence est prouvée pendant l'envoi des héritiers en possession, les effets du
jugement qui a déclaré l'absence doivent cesser, et que, dans
le second cas, celui où l'on sait seulement qu'il existe, sans
qu'il soit de retour, on doit se borner, dans l'administration
de ses biens, aux mesures conservatoires prescrites pour le
temps antérieur à la déclaration d'absence.

Mais un point qui souffrait difficulté, et sur lequel les
usages étaient très-variés, c'était celui de la restitution des
revenus recueillis par les héritiers envoyés en possession.

Partout on s'accordait sur ce qu'il eût été trop onéreux
aux héritiers de rendre compte des revenus qu'ils auraient
reçus pendant un nombre d'années. L'existence de l'absent,
qui chaque année devient plus incertaine, les malheurs que
les héritiers peuvent éprouver, l'accroissement du dépôt, la
continuité des soins qu'il serait injuste de laisser aussi long-
temps sans aucune indemnité, le refus qui serait fait d'une

charge aussi pesante : tous ces motifs ont fait jusqu'ici décider qu'après un certain temps les héritiers doivent profiter
des revenus.

L'époque où finissait l'obligation de les restituer à l'absent,
dans le cas de retour, était différente selon les divers pays ;
et, dans tous, la restitution cessait à cette époque d'une manière absolue ; en sorte que si l'absent revenait, il se trouvait, même avec une fortune considérable, privé des ressources qui pouvaient lui être nécessaires au temps de son
arrivée.

En Bretagne et dans d'autres provinces, les héritiers n'é-
taient plus tenus, après dix ans, de restituer les revenus ;
ailleurs, il fallait, pour être dispensé de cette restitution,
quinze ans, à compter de l'envoi en possession ; à Paris,
l'usage était qu'il y eût vingt années depuis cet envoi.

Ce système était vicieux : les sentimens d'humanité le re-
poussent. Comment concilier, avec les idées de justice et de
propriété, la position d'un absent qui voit ses héritiers présomptifs enrichis de ses revenus pendant une longue suite
d'années, et qui ne peut rien exiger d'eux pour satisfaire aux
besoins multipliés que son dénûment peut exiger?

Et d'ailleurs, la jouissance entière des revenus au profit
des héritiers est en opposition avec leur titre, qui n'est que
celui de dépositaires. Qu'ils aient à titre d'indemnité une
portion de ces revenus, que cette portion soit plus ou moins
forte, suivant la longueur de l'absence ; mais que l'absent,
s'il revient, puisse se présenter à ses héritiers comme propriétaire ayant droit à une portion des revenus dont ils ont
joui :

Telles sont les règles adoptées dans la loi qu'on vous propose : ceux qui, par suite de l'envoi provisoire ou de l'administration légale, auront joui des biens de l'absent, ne seront tenus de lui rendre que le cinquième des revenus s'il
reparaît avant quinze ans révolus d'absence, et le dixième
s'il ne reparaît qu'après les quinze ans.

Il vaut mieux, pour l'intérêt de l'absent, qu'il fasse, pendant les premières années, le sacrifice d'une partie de ses revenus, pour ensuite conserver l'autre.

129　Cependant il est un terme au-delà duquel il ne serait ni juste ni conforme à l'intérêt public de laisser les héritiers dans un état aussi précaire.

Lorsque trente-cinq ans au moins se sont écoulés depuis la disparition, d'une part le retour serait l'événement le plus extraordinaire; d'une autre part, il faut que le sort des héritiers soit enfin fixé. L'état de leur famille peut avoir éprouvé de grands changemens par les mariages, par la mort, et par tous les événemens qui se succèdent dans un aussi long intervalle de temps. Il faut enfin que les biens de l'absent puissent rentrer dans le commerce; il faut que toute comptabilité des revenus cesse de la part des héritiers.

On a, par ces motifs, établi comme règle d'ordre public, à laquelle l'intérêt particulier de l'absent doit céder, que, si trente ans sont écoulés depuis que les héritiers ou l'époux survivant ont été mis en possession des biens de l'absent, ils pourront, chacun selon leur droit, demander à la justice l'envoi définitif en possession.

Le tribunal constatera dans la forme ordinaire, qui sera celle d'une enquête contradictoire avec le commissaire du gouvernement, que, depuis le premier envoi en possession, l'absence a continué sans qu'on ait eu des nouvelles, et il prononcera l'envoi définitif.

L'effet de cet envoi à l'égard des héritiers sera que les revenus leur appartiendront en entier; ils ne seront plus simples dépositaires des biens, la propriété reposera sur leur tête : ils pourront les aliéner.

132　Le droit de l'absent, s'il paraît, sera borné à reprendre sa fortune dans l'état où elle se trouvera; si ses biens ont été vendus, il ne pourra en réclamer que le prix, ou les biens provenant de l'emploi qui aurait été fait de ce prix.

129　Si depuis l'envoi provisoire en possession, et avant l'envoi définitif, l'absent était parvenu au plus long terme de la vie ordinaire, celui de cent ans révolus, alors la présomption de mort est telle, qu'il n'y a aucun inconvénient à ce que l'envoi des héritiers en possession soit déclaré définitif.

Un cas qui ne sera point aussi rare, est celui où l'absent 133 aurait une postérité, dont l'existence n'aurait point été connue pendant les trente-cinq ans qui doivent au moins s'être écoulés avant que les autres héritiers présomptifs aient été définitivement envoyés en possession.

Les descendans ne doivent pas être dépouillés par les collatéraux, sous prétexte de cet envoi définitif. En effet, s'ils prouvent l'existence ou la mort de l'absent, tout droit des collatéraux cesse ; s'ils ne prouvent ni l'un ni l'autre de ces faits, ils ont au moins, dans leur qualité de descendans, un titre préférable pour obtenir la possession des biens.

Néanmoins leur action ne devra plus être admise, s'il s'est encore écoulé trente années depuis l'envoi définitif. Cet envoi a transporté aux collatéraux la propriété des biens, et postérieurement encore ils auront possédé pendant le plus long temps qui soit requis pour opérer la prescription. Ils doivent avoir le droit de l'opposer même aux descendans de l'absent, qui ne pourront pas se plaindre, si, après une révolution de soixante-cinq ans au moins depuis la disparition, ils ne sont plus admis à une recherche qui, comme toutes les actions de droit, doit être soumise à une prescription.

Il est de règle consacrée dans tous les temps, qu'on ne peut 139 contracter un second mariage avant la dissolution du premier.

Suivant une jurisprudence presque universelle, la présomption résultante de l'absence la plus longue et de l'âge le plus avancé, fût-il même de cent ans, n'est point admise comme pouvant suppléer à la preuve du décès de l'un des époux. Le plus important de tous les contrats ne saurait dépendre d'une simple présomption, soit pour déclarer anéanti celui qui aurait été formé, soit pour en former un nouveau, qui ne serait, au retour de l'époux absent, qu'un objet de scandale ou de trouble.

Si l'époux d'un absent était contrevenu à des règles aussi certaines, s'il avait formé de nouveaux liens sans avoir rapporté la preuve que les premiers n'existaient plus, ce mariage serait nul; et l'absent qui paraîtrait conserverait seul les droits d'un hymen légitime.

L'état civil de l'enfant né d'un pareil mariage dépend de la bonne foi avec laquelle il a été contracté par ses père et mère, ou même par l'un d'eux. Non seulement la personne avec laquelle se fait le second mariage peut avoir ignoré que le premier existait; il est encore possible que l'époux de l'absent ait cru avoir des preuves positives de sa mort, qu'il ait été trompé par de faux extraits, par des énonciations erronées dans des actes authentiques, ou de toute autre manière.

On a voulu, dans la loi proposée, que le mariage contracté pendant l'absence ne pût être attaqué que par l'époux même à son retour, ou par celui qui serait chargé de sa procuration.

La dignité du mariage ne permet pas de la compromettre pour l'intérêt pécuniaire des collatéraux, et il doit suffire aux enfans nés d'une union contractée de bonne foi d'exercer leurs droits de légitimité; droits qui, dans ce cas, ne sauraient être contestés par les enfans même nés du premier mariage.

Tels sont, citoyens législateurs, les motifs qui ont déterminé les dispositions proposées sur l'absence. Vous verrez sans doute avec plaisir que cette partie de la législation est non seulement amélioré, mais en quelque sorte nouvellement créée pour l'avantage commun de ceux qui s'absentent de leurs familles et de la société entière.

COMMUNICATION OFFICIELLE AU TRIBUNAT.

Le projet de loi fut communiqué au Tribunat par le Corps législatif, le 15 ventose an XI (6 mars 1803), et M. Leroy en fit le rapport au nom de la section de législation, le 21 du même mois.

RAPPORT FAIT PAR M. LEROY (de l'Orne).

Tribuns, votre section de législation, à laquelle vous avez renvoyé le projet de loi formant le titre IV du livre Ier du Code civil, et relatif aux *absens,* m'a chargé de vous rendre compte de l'examen qu'elle en a fait. Je vais m'efforcer de, remplir la tâche qu'elle m'a imposée.

Les spéculations d'un commerce cosmopolite, le goût des arts, l'amour des découvertes, déplacent partout l'homme dans ces siècles modernes. Les conquêtes du commerce enrichissent une nation, celles de la science l'éclairent. Les lumières sont pour elle un autre genre de richesses. Leur flambeau semble ne s'allumer chez cette nation que pour lui faire apercevoir de nouveaux moyens de prospérité. Devant ce même flambeau fuit le préjugé dégradant, et la servitude, sa fidèle compagne. Tout état donc qui, comme le nôtre, tend à s'asseoir sur la double base de la puissance d'un peuple, l'opulence et la liberté, ne doit pas négliger d'offrir, dans ses lois, quelques dispositions protectrices au citoyen qu'enflamme la passion des voyages utiles : tant d'événemens malheureux, tant de combinaisons imprévues et nécessaires au succès de ses projets peuvent enchaîner son retour !

Et pourquoi n'aurait-il pas aussi sa part de la faveur de la législation, l'homme que des chagrins souvent respectables entraînent loin des objets qui les firent naître, et dont la présence ne servirait qu'à les nourrir au fond d'une âme que la douleur a brisée ? Les peines profondes sont presque toujours l'ouvrage de l'état social : n'est-il pas aussi juste que néces-saire qu'il accueille le remède aux maux qu'il a causés ?

A ces considérations générales, j'en ajouterai une qui ap-partient à notre position présente. La lutte civile et étran-gère d'où nous sortons a singulièrement multiplié les dépla-cemens. Le sort d'une infinité de militaires surtout est enve-loppé d'une obscurité funeste au repos des familles. L'instant de la victoire devait être aussi pour le gouvernement celui de l'ordre et de la sollicitude.

Toutes ces diverses réflexions nous amènent à reconnaître la nécessité de bonnes règles sur l'absence. Le jurisconsulte célèbre qui a développé, en présence du Corps législatif, les motifs du projet de loi qui nous occupe, a signalé les lacunes qu'offrent celles actuellement en vigueur, ainsi que la marche peu assurée de la jurisprudence, qui tâche de les remplir. Il a parlé d'une bonne théorie sur les absens comme d'une chose presque toute entière à créer. Il a fait observer que le droit romain lui-même présentait peu de ressources au légis-lateur qui en méditait l'exécution : la vaste prévoyance des lois romaines fait pourtant encore aujourd'hui l'admiration des hommes qui se livrent à la science de la législation. Aussi ce n'est point à l'imprudence de leurs auteurs qu'il faut at-tribuer le silence qu'elles gardent sur la manière de régler beaucoup de cas que nous voyons résulter de l'absence.

Les lois sont filles des besoins des nations; et les causes que nous avons tout à l'heure assignées aux déplacemens sont loin de s'offrir dans le même nombre, avec le même degré d'énergie, surtout chez le grand peuple des temps an-ciens, et chez le grand peuple des temps modernes. Quoi qu'il en soit, ce que le conseiller d'État a dit des imperfections de notre régime sur les absens est d'une vérité dès long-temps reconnue, et qu'il était cependant convenable de reproduire devant ceux appelés à les faire disparaître. Pour moi, pré-cédé, dans cette discussion, par un orateur dont le discours vous a été distribué, je ne retracerai point le tableau de ces imperfections. Je ne pourrais que vous redire les mêmes choses, et je le ferais sans profit pour la question, et avec trop peu de respect pour votre attention, à laquelle je ne dois présenter que des aperçus nouveaux sur la matière, si toutefois cela est possible, lorsqu'un si beau talent a voulu la traiter avec quelque étendue.

Je vais donc envisager le projet de loi en lui-même. C'est tit. 3 aussi beaucoup moins ce qui fut que ce qui sera, qu'il vous importe de connaître; car vous avez à juger les avantages du système qui va commencer, et non les vices de celui qui va finir.

Fixons d'abord la signification du mot *absence*. L'absent, dans le langage des lois, est celui qui n'est pas dans le lieu de sa résidence ordinaire. Cette acception commune se restreint dans le projet qui nous occupe. Une personne cesse de paraître au lieu de son domicile ou de sa résidence depuis cinq ans; on n'en a point eu de nouvelles pendant ces cinq années : c'est l'état de cette personne qui constitue l'absence.

Cette personne peut, sans avoir laissé de procureur fondé, ou en ayant laissé un dont les pouvoirs viennent à cesser, posséder des biens qui périclitent, faute d'être administrés; des droits peuvent s'ouvrir en sa faveur; si elle est mariée, son éloignement ne sera pas sans quelque influence sur l'intérêt de son conjoint, sur ceux de ses enfans mineurs. Ces résultats de l'absence sont trop importans, pour que l'examen et la reconnaissance authentique de tout ce qui peut l'établir, soient abandonnés aux passions ou à l'arbitraire. Enfin, avant que l'absence proprement dite ait lieu, tout ce qui est possible après, relativement aux biens laissés et à ceux susceptibles d'échoir, n'est pas moins possible avant, c'està-dire dans le cours des cinq années que dure la disparition sans nouvelles, ou dans l'état que le projet qualifie présomption d'absence.

La loi doit donc embrasser, et le projet embrasse en effet tous ces différens cas. Pour cela, il se partage en quatre cha-

pitres. Le premier traite de la *présomption d'absence;* le second, *de sa déclaration;* le troisième, *de ses effets.* Ces effets
sont examinés dans trois sections différentes : 1° relativement
aux biens que l'absent possédait au jour de sa disparition;
2° relativement aux droits éventuels qui peuvent lui compéter; 3° relativement au mariage.

Le chapitre IV traite de la surveillance des enfans mineurs
du père qui a disparu. Je les discuterai successivement dans
l'ordre même du projet.

Vous savez déjà que, par la présomption d'absence, on entend l'état d'une personne qui n'est point au lieu de sa résidence accoutumée, et dont on n'a point de nouvelles, mais
dont la disparition n'a point duré pendant cinq ans encore.
Cette personne n'a point laissé de procureur fondé, ses biens
souffrent : dans ce cas, les parties intéressées s'adressent aux
tribunaux, et il est pourvu par eux à l'administration de ses
biens.

Le juge ne doit accueillir la requête de pourvoir à cette
administration, qu'autant qu'il y a nécessité. Ce n'est donc
qu'au nom de la loi impérieuse de la nécessité que le secret
de l'asile et des affaires du présumé absent sera violé ; et par
qui le sera-t-il encore? par le ministère du juge, du magistrat, dont le caractère, comme la nature des choses, garantit
l'impartialité, et par suite la réserve et la discrétion.

Si le présumé absent est intéressé dans des inventaires,
comptes, partages ou liquidations, un notaire est commis
pour le représenter. Les connaissances spéciales d'un tel
fondé, la probité, la prudence que l'on ne peut s'empêcher
de supposer chez un homme qui, par profession, est l'organe et le dépositaire de la foi publique : tout ici, comme
dans l'autre cas, protège ses intérêts.

J'ajouterai que le ministère public est particulièrement
chargé de les embrasser dans sa surveillance, qu'il doit être
entendu sur toutes les demandes qui concernent l'absent ; et
vous serez convaincus que les articles qui composent le pre-

mier chapitre, et dont les dispositions diffèrent peu, d'ailleurs, de ce qui est établi par l'usage et par la loi du 11
février 1791, présentent, en faveur des présumés absens, des
vues telles que nous les avons appelées, en commençant ce
rapport, des vues vraiment paternelles.

Je passe à l'analyse du chapitre second. C'est dans cette 115
partie du projet que se trouve déterminée la manière dont
l'absence devient un fait authentique et légal. Quatre ans se
sont écoulés sans qu'une personne ait paru au lieu de son
domicile ou de sa résidence, et qu'on ait eu de ses nouvelles.
Alors les parties intéressées sont admises à se pourvoir devant
les tribunaux pour faire déclarer l'absence. Des pièces, des 116
documens à l'appui sont apportés par elles à la justice : au
même instant, le tribunal ordonne qu'une enquête sera faite,
contradictoirement avec le commissaire du gouvernement,
dans l'arrondissement du domicile et dans celui de la résidence, s'ils sont distincts. Les circonstances matérielles ré- 117
sultantes de l'enquête pourraient tendre à faire reconnaître
l'absence : elles ne suffiront pas pourtant toujours pour que
le tribunal la déclare; il faudra encore qu'il n'aperçoive aucune cause qui ait pu mettre le présumé absent dans l'impossibilité de donner de ses nouvelles.

Enfin on suppose l'absence *déclarée* : le jugement qui in- 118
tervient dans cette circonstance, ainsi que celui qui a ordonné
l'enquête, sont rendus publics; cette publicité est confiée au
grand-juge, ministre de la justice, à qui les gazettes, nos relations diplomatiques et commerciales, fournissent tous les
moyens de la rendre la plus grande possible, de la faire arriver, au besoin, à tous les points connus du globe. Le juge- 119
ment qui déclare l'absence ne doit être prononcé qu'un an
après celui de l'enquête. Ainsi tous ceux qui auront quelques
rapports d'amitié avec un présumé-absent; ce présumé absent lui-même, dont les oreilles devront être frappées du
bruit des mesures qui vont se prendre contre lui, pourront

30.

· donner aux juges, sur son existence, les renseignemens que l'avidité aurait dissimulés, et déjouer ainsi les menées de la mauvaise foi. Il était difficile que la prévoyance de la loi fût plus scrupuleuse.

‹b. 3. Quoique la raison dise que l'absent ne peut être considéré ni comme vivant ni comme mort, la présomption de la vie a dû jusqu'ici l'emporter sur celle de la mort; mais la solennité de l'enquête change la face des choses. Un individu a, pendant cinq ans, laissé ses biens à l'abandon; le silence de ses parens, de ses amis, atteste qu'il ne leur a pas donné de ses nouvelles; lui-même, que la renommée a dû avertir, ne se représente point : comment imaginer alors qu'un homme puisse ainsi devenir sourd à la voix du sang, de l'amitié, de l'intérêt? La présomption de la mort triomphe donc nécessairement à son tour, et elle devra se fortifier en proportion de la durée de l'état des choses qui lui a donné naissance. Voyons ce que le projet règle à cet égard. Ce qu'il dispose est exprimé au chapitre III : nous allons nous occuper de l'examen des trois sections qui le composent.

120 Le premier article de la première section, ou l'article 120 du projet, autorise les tribunaux à envoyer en possession provisoire les héritiers présomptifs qui le demandent, lorsque l'absence a été déclarée, et dans le cas où il n'a pas été laissé de procuration.

121 Cette disposition est une suite nécessaire et juste de la présomption de mort qui domine. S'il y a une procuration, la déclaration de l'absence et l'envoi en possession provisoire ne pourront être poursuivis par les héritiers qu'après dix années révolues depuis la disparition ou depuis les dernières nouvelles. Cette modification, consacrée dans l'article 121, est raisonnable : la procuration explique comment son auteur a cru pouvoir se dispenser de correspondre pendant un certain temps; mais la présomption de mort reprend ses avantages après onze ans révolus sans nouvelles : les choses doivent donc alors rentrer dans l'ordre général de la loi.

Un autre cas est prévu par l'article 122, c'est celui où la 122
procuration vient à cesser, comme par l'effet de la mort du
fondé ; mais l'intention de l'absent est là pour déposer de l'o-
pinion où il doit être que les pouvoirs qu'il a donnés ont leur
effet. Cet événement n'a donc rien qui puisse affaiblir les inductions favorables que l'on tire de la procuration. Aussi est-
il dit, dans l'article, qu'on attendra de même, pour déclarer
l'absence, en ce cas, la révolution de onze années. Il est
pourvu à l'administration des biens de l'absent, alors abandonnés, ainsi qu'il est réglé au chapitre Ier.

Dans la marche ordinaire des choses, la mort seule devait 123
ouvrir les droits des héritiers présomptifs : une fiction les
saisit provisoirement des biens qu'ils avaient espoir de recueillir un jour ; la même fiction devait saisir provisoirement
aussi de leurs avantages tous ceux qui les attendaient également du décès de l'*absent*, tels que les légataires, donataires
et autres : c'est aussi ce qui aura lieu. Dans le cas de l'envoi des
héritiers présomptifs en possession provisoire, le testament,
s'il en existe un, sera ouvert et exécuté. Et en effet, comment pourrait-on apercevoir quelque différence entre les
droits des uns et ceux des autres? Le droit de l'héritier présomptif, par exemple, et celui de l'héritier testamentaire
n'ont-ils pas une source commune et unique dans la loi qui les
reconnaît ? Or, un droit est quelque chose d'absolu qui n'admet point du plus ou du moins.

S'armerait-on de cette réflexion pour combattre le projet,
qui ne permet pas à l'héritier institué de demander la possession provisoire, et fait ainsi, dans la vérité, dépendre l'exercice de ses droits de la volonté de l'héritier présomptif, qui
peut, suivant ses intérêts, réclamer ou ne pas réclamer l'envoi en cette possession, condition nécessaire de l'ouverture
du testament? Il suffirait de faire remarquer qu'il est de principe qu'un testament est essentiellement révocable. Il pourrait donc arriver que le prétendu légataire ne le fût plus réellement au moment où l'envoi serait prononcé en sa faveur.

L'héritier présomptif, dont les prétentions sont moins précaires, devait donc être privilégié.

Après avoir ainsi réglé les intérêts de tous ceux qui peuvent avoir sur les biens d'un absent des droits subordonnés à la condition de sa mort, le projet de loi s'occupe de ceux de l'époux commun en biens. Si celui-ci opte pour la communauté, il pourra empêcher l'envoi en possession provisoire, ainsi que l'exécution des autres conditions dépendantes du décès. Il conservera ou prendra, suivant son sexe, l'administration des biens. Il paraît d'une justice difficile à contester que le conjoint soit préféré. D'abord, si l'on considère l'avantage de l'absent lui-même, on sentira que personne ne peut offrir plus de garantie d'une administration soigneuse que l'individu qui, en administrant la fortune de l'absent, administrera aussi dans cette fortune la sienne propre.

On suppose les héritiers présomptifs envoyés en possession provisoire à l'exclusion de ce conjoint, et on demande si la communauté alors serait rompue, ou si elle continuerait de subsister.

Dans ce dernier cas, serait-il assez bizarre l'arrangement qui placerait l'administration de la partie des biens qui appartient à l'époux de l'absent entre les mains de tiers qui n'auraient ni son agrément ni sa confiance? D'un autre côté, nulle autorité n'a le droit, nous le pensons, de rompre la communauté. Elle a pour garantie la foi du contrat de mariage, et ce contrat ne peut être anéanti contre la volonté d'une des parties intéressées à le maintenir. Les droits des conjoints sont positifs; ceux des héritiers présomptifs, de leur nature toujours incertains, ne pouvaient soutenir la concurrence; l'époux qui aura d'abord opté pour la continuation de la communauté pourra y renoncer ensuite : la disposition contraire eût été trop rigoureuse. Les biens de la communauté peuvent dépérir entre ses mains, et ce malheur être dû à des causes imprévues et indépendantes de l'admi-

nistrateur, qui n'aura souvent d'ailleurs consenti à le devenir, que déterminé par son attachement aux intérêts de l'absent lui-même. Ce dévouement ne pouvait être payé de la
perte d'un droit dont l'exercice fut une condition de son
union.

Dans cette partie de la première section du chapitre III, 121-123
que nous venons d'analyser, le projet, tout en réglant ce qui à 126-128
est relatif à la possession provisoire, ne perd pas de vue que
la présomption de mort qui y donne lieu n'est pas la certitude de cette mort. Fidèle à son système de protection, il établit différentes mesures dont l'objet est de conserver à l'absent
sa fortune, en cas de retour. Les héritiers présomptifs, les légataires, les donataires, et autres exerçant des droits subordonnés à la condition du décès; l'époux qui, dans le cas de
la dissolution provisoire, exerce ses reprises et autres droits;
tous sont astreints à donner caution. Il est déclaré ensuite
formellement que la possession provisoire n'est qu'un dépôt
qui rend comptables ceux qui l'obtiennent envers l'absent,
en cas qu'il reparaisse et qu'on ait de ses nouvelles. Les dépositaires doivent faire procéder à l'inventaire de son mobilier, de ses titres; le tribunal peut ordonner la vente de tout
le mobilier ou d'une partie; il est fait emploi du prix, ainsi
que des fruits échus au moment de l'envoi; enfin il est défendu à tous ceux qui ne jouiront qu'en vertu de l'envoi en
possession provisoire d'aliéner ou d'hypothéquer les immeubles de l'absent.

L'article 127 n'accorde à l'absent que le cinquième des 127
revenus, s'il reparaît avant quinze ans, et le dixième, s'il
revient après ce laps de temps. Le possesseur provisoire
n'est qu'un administrateur, un dépositaire des biens pendant l'absence; la totalité des revenus ne pouvait lui appartenir ni en l'une ni en l'autre qualité; mais il était équitable
de récompenser les soins de tous gens attachés à sa gestion.
Cette mesure n'était pas moins commandée par les intérêts
de l'absent lui-même, dont la fortune aurait pu rester sans

administrateur, s'il n'y avait eu aucune indemnité à espérer.

129   La graduation établie dans les restitutions, suivant le nombre des années, est justifiée par la nature même des choses. Le fardeau de l'administration deviendra plus lourd à mesure qu'il aura été porté plus long-temps. C'est cette considération, jointe à quelques autres que nous aurons occasion de faire remarquer, qui a dicté l'article 129, ainsi conçu :

« Si l'absence a continué pendant trente ans depuis l'envoi
« provisoire ou l'époque à laquelle l'époux commun aura
« pris l'administration des biens de l'absent, ou s'il s'est
« écoulé cent ans révolus depuis la naissance de l'absent, les
« cautions seront déchargées ; tous les ayant droits pourront
« demander le partage des biens de l'absent, et faire pro-
« noncer l'envoi en possession définitive par le tribunal de
« première instance. »

L'envoi en possession provisoire n'est prononcé qu'après cinq ans de non-présence sans nouvelles : ce n'est donc qu'après trente-cinq ans de cet état qu'il deviendra définitif. Or, après un si long temps, la présomption de la non-existence est dans son *maximum* de force ; il en est de même lorsque cent ans, le terme le plus prolongé en général de la vie humaine, se sont écoulés depuis la naissance de l'absent. Le projet, à cet égard, ne fait au surplus que se conformer à la jurisprudence actuellement subsistante. Seulement, dans le premier cas, il y a en plus, et c'est encore une disposition de faveur pour l'absence, les cinq années qui précèdent la déclaration.

Il était sans motifs plausibles de laisser plus long-temps les héritiers et autres ayant droits possesseurs incertains de biens que toutes les probabilités présentaient comme devenus leur propriété.

132   La présomption de la mort de l'absent, quelque forte qu'elle soit devenue, n'est toujours point la certitude absolue. Le projet doit donc s'occuper de son sort, dans le cas d'un retour, peu probable à la vérité, mais pourtant pos-

sible. Il ordonne que ses biens lui soient rendus, mais dans l'état où ils se trouvent. La bienveillance du législateur ne pouvait aller plus loin. Si l'absent éprouve quelque dommage, il ne doit l'imputer qu'à lui-même. Après tant d'années, son silence ne peut guère n'avoir pas été volontaire.

Le projet prévoit un autre cas : c'est celui où l'absent aurait eu des enfans depuis son départ, et dont l'existence aurait été inconnue au moment de l'envoi en possession définitive de ses biens. 133

L'article 133. conserve à ces enfans le droit d'en réclamer la restitution pendant les trente ans qui suivent cette possession : c'est tout ce qu'il était permis de faire. Les possesseurs auront toujours à présenter aux descendans le temps le plus long, et toutes les autres conditions requises pour la prescription.

J'ai examiné tout ce qui devait l'être dans la première section du chapitre III. Je passe à la seconde.

Il peut échoir des droits à un individu pendant son absence légale; il peut s'ouvrir en sa faveur une succession : la jurisprudence est encore maintenue sur ce point. Quiconque réclamera au nom de l'absent devra prouver son existence. Cette marche était aussi dans la théorie du projet de loi : un absent n'est ni mort ni vivant, d'après cette théorie. C'est parce qu'il n'est pas mort qu'elle ne l'exproprie jamais; c'est parce qu'il n'est pas vivant qu'elle ne l'admet pas à succéder. Tel est l'esprit des dispositions principales contenues dans cette section. 135

Celle qui suit s'occupe, ainsi que nous l'avons annoncé, des effets de l'absence relativement au mariage. 139

Le mariage a toujours échappé aux conséquences générales qu'on a tirées de l'absence par la conduite à tenir à l'égard des biens; il n'y a que la certitude authentique de la mort d'un conjoint qui puisse autoriser l'autre à arguer de sa viduité pour contracter une seconde alliance. La jurisprudence universelle à cet égard a été respectée : un gouvernement

réparateur de la morale publique devait rendre cet hommage
à la sainteté du premier des contrats. La faculté d'attaquer
une nouvelle union est laissée à l'époux absent; mais elle est
bornée à lui seul ou à son fondé de pouvoir. Il eût été peu
sage de multiplier les occasions de procédures toujours scandaleuses : l'honnêteté publique devait ici l'emporter sur
toute espèce de considération.

141   Un père peut avoir disparu, laissant des enfans mineurs
issus d'un commun mariage; la mère en aura la surveillance.
Elle exercera les droits du mari quant à leur éducation et à
142 l'administration de leurs biens. Si elle est décédée, la surveillance des enfans sera déférée par un conseil de famille
aux ascendans les plus proches, et, à leur défaut, à un
tuteur provisoire. Ces dispositions, contenues aux deux premiers articles du chapitre IV, sont concordantes avec celles
du projet sur les tutelles, que les communications officieuses
143 ont fait connaître à votre section. Dans le cas où l'absent
laisserait des enfans issus d'un mariage précédent, il en sera
agi comme dans le cas des enfans communs et du décès de
la mère : l'article 143, le dernier du projet, en le réglant
ainsi, remet les enfans aux mains de ceux que la nature et
la raison désignaient à la loi.

Tribuns, je me suis acquitté, non dignement peut-être,
du devoir que m'avait ordonné de remplir à cette tribune
votre section de législation. Si pourtant j'ai offert à vos esprits, avec quelque fidélité, les motifs de l'assentiment
qu'elle a donné au projet de loi sur lequel vous avez à voter,
vous les aurez particulièrement vus dans la vigilante et infati-
gable protection qu'il garantit à l'absent; dans la sage graduation qu'il établit entre les effets de cette protection, suivant les causes et la durée de l'absence; dans l'heureuse
conciliation de tout ce que l'absent a droit de demander à
l'État et de ce qu'ont le droit aussi d'en attendre les tiers
que peut léser l'incertitude répandue sur son sort; dans l'attention tutélaire enfin, qui n'aura point échappé à vos con-

sciences, avec laquelle les auteurs du projet ont constamment placé les absens et les parties intéressées sous l'égide des tribunaux, sous l'égide d'un pouvoir essentiellement impartial, celui des pouvoirs publics, qui est éminemment le gardien des droits des citoyens.

D'après toutes ces considérations, votre section de législation vous invite à voter l'adoption du projet de loi.

Personne ne demanda la parole, et le Tribunat vota l'adoption du projet de loi dans sa séance du 23 ventose an XI (14 mars 1803).

MM. Leroy, Huguet et Jard-Pauvillers furent chargés de porter ce vœu au Corps législatif.

DISCUSSION DEVANT LE CORPS LÉGISLATIF.

DISCOURS PRONONCÉ PAR M. HUGUET (de la Seine).

(Séance du 24 ventose an XI. — 15 mars 1803.)

Législateurs, jusqu'à présent aucune loi n'avait établi d'une manière positive les diverses règles à suivre dans les cas d'absence. Des usages locaux, une jurisprudence incertaine, variable ou contradictoire, quelques articles de coutumes ou d'ordonnances applicables à des cas particuliers, étaient les documens épars dans lesquels les tribunaux puisaient, sur cette matière, les motifs de leurs décisions, et les citoyens la règle de leur conduite.

Cependant le goût des voyages de long cours et d'outremer, les entreprises de commerce, les déplacemens fréquens des citoyens d'une province ou d'un département à un autre, ont, depuis plus d'un siècle, tellement multiplié les absences, qu'il était indispensable et même urgent de faire une loi positive qui, en embrassant entièrement, autant que possible, toute cette partie de la législation, fît cesser ces incertitudes et en quelque sorte cet arbitraire.

C'était naturellement dans le Code civil que devait se placer une pareille loi.

Législateurs, c'est du projet de cette loi soumis dans ce moment à votre sanction, que je viens vous entretenir.

Elle formera le quatrième titre du Code civil. Il est divisé en quatre chapitres, et contient trente-deux articles, depuis l'art. 112 jusqu'à l'art. 143.

Le premier chapitre traite de la présomption d'absence.

Le second, de la déclaration d'absence.

Le troisième, des effets de l'absence.

Et le quatrième, de la surveillance des enfans mineurs du père qui a disparu.

CHAPITRE Ier.
De la présomption d'absence.

ch. 1   Quant au premier chapitre, *de la présomption d'absence*, il regarde ceux qu'on ne peut pas encore réputer absens proprement dits, soit parce qu'ils ont encore leur domicile ou un dernier domicile connu, soit parce qu'ils ne sont absens que du lieu où il s'ouvre des droits en leur faveur, que dès-lors leur existence est certaine, soit enfin parce qu'il n'y a pas assez de temps qu'ils se sont absentés pour qu'on ne puisse pas croire à leur prochain retour : ce sont des non-présens plutôt que des absens proprement dits.

Les trois articles qui composent ce premier chapitre règlent, dans cet esprit, les précautions d'urgence à prendre à leur égard pour la conservation provisoire de leurs droits.

112   Le premier article ne laisse aux juges la faculté de pourvoir à l'administration de leurs biens, qu'autant qu'il y aurait nécessité, qu'il n'y aurait point de fondé de pouvoir du présumé absent, et qu'autant que la demande en serait formée par des parties intéressées.

On avait d'abord semblé désirer qu'il y eût quelque chose de plus positif, qu'on eût déterminé les cas où il y aurait nécessité de pourvoir à l'administration, qu'on eût fixé le mode de cette administration, enfin qu'on eût moins laissé à faire aux juges.

Mais on n'avait pas assez réfléchi que, dans les cas d'absence, les circonstances qui les accompagnent sont si multipliées, qu'ils présentent tant d'intérêts divers plus ou moins importans, qu'il aurait été impossible d'admettre un mode uniforme, ou de prévoir tous les cas; il est donc plus sage de laisser toute latitude aux tribunaux, et de s'en rapporter à cet égard à leur sagesse; avec d'autant plus de raison, qu'on ne peut pas craindre que l'asile de ce présumé absent soit inutilement et indiscrètement troublé, {puisqu'il ne sera pourvu à l'administration provisoire de ses biens qu'autant, comme je vous l'ai déjà dit, qu'il y aura nécessité, qu'il n'aura pas laissé de procuration, et que la demande en sera formée par des parties intéressées.

Le second article veut que lorsque les présumés absens [113] seront intéressés dans des inventaires, des comptes, partages et liquidations, il soit, par le tribunal, nommé un notaire pour les représenter; ce qui est déjà une règle établie par la loi du 29 janvier 1791.

Enfin, le troisième article de ce chapitre veut que le mi- [114] nistère public soit spécialement chargé de veiller aux intérêts des personnes présumées absentes.

Conformément à l'ordonnance de 1667, il supprime à toujours les fonctions de ces curateurs en titre d'office aux absens qui existaient alors, et qui existent encore aujourd'hui dans la ci-devant province de Lorraine, et dont l'institution extraordinaire est démontrée abusive; il veut que ce soit le ministère public qui soit chargé de veiller à leurs intérêts, et qu'il soit entendu dans toutes les demandes qui seront formées contre eux à leur dernier domicile connu.

Telles sont les règles que ce premier chapitre prescrit à l'égard de ces présumés absens; il ne veut point que provisoirement ils soient dépossédés de leurs propriétés, parce qu'encore une fois on ne peut pas les réputer absens; ils ne sont que des non-présens : mais en même temps il établit des moyens suffisans pour que leurs droits et leurs intérêts soient provisoirement conservés, et que ceux d'autrui contre eux puissent être exercés.

CHAPITRE II.

De la déclaration d'absence.

Ce chapitre regarde l'individu qui aura cessé de paraître au lieu de son domicile ou de sa résidence, et qui, depuis quatre ans, n'aura donné aucune de ses nouvelles.

115 · L'article 115, qui est le premier de ce chapitre, autorise, dans ce cas, les parties intéressées à se pourvoir devant le tribunal pour faire déclarer l'absence.

116-118 · Mais avant, suivant l'article 116, l'absence doit être constatée et prouvée par une enquête faite, tant dans l'arrondissement du domicile de l'absent, que dans celui de sa résidence, s'ils sont distincts l'un de l'autre; que le jugement qui aura ordonné l'enquête et celui qui, un an après, aura déclaré l'absence, sont envoyés au grand-juge ministre de la justice, pour être rendus publics.

Autrefois, avant l'envoi en possession des biens d'un absent, on se contentait d'un simple acte de notoriété pour constater l'absence : l'erreur, même la fraude, pouvaient se glisser facilement dans un pareil acte.

Le projet de loi donne plus de caractère à cette procédure : ce sera une enquête faite devant le juge, et rendue publique par tous les moyens possibles, qui établira la preuve de cette absence. Certes, c'est une amélioration évidente dans cette partie de la législation.

117 · L'article 117 veut que le tribunal, en statuant sur la demande en déclaration d'absence, ait égard aux motifs de l'absence et aux causes qui ont pu empêcher d'avoir des nouvelles de ce présumé absent.

Cette disposition est fondée en justice. Et, en effet, un individu est en voyage de long cours; une guerre maritime, même continentale, ou des circonstances connues, empêchent son retour et gênent les communications : il serait souverainement injuste de hâter la déclaration d'absence, et par suite, la dépossession des biens : c'est ce que ne veut pas cet article, qui, dans ce cas, confère aux juges la faculté de surseoir.

CHAPITRE III.

Des effets de l'absence.

Je passe à l'examen du troisième chapitre : *Des effets de* ch. 3. *l'absence.*

Il est divisé en trois sections.

La première traite des effets de l'absence relativement aux biens que l'absent possédait au jour de sa disparition.

La seconde, des effets de l'absence relativement aux droits éventuels qui peuvent compéter à l'absent.

Et la troisième, des effets de l'absence relativement au mariage.

SECTION 1re. *Des effets de l'absence relativement aux biens que l'absent possédait au jour de sa disparition.*

Quant à la première section relative aux biens que l'absent 120 possédait au jour de sa disparition, vous avez vu, citoyens législateurs, qu'après quatre ans d'absence, les parties intéressées sont autorisées à faire constater l'absence par une enquête rendue publique, qu'un an après elles la font déclarer prouvée et constante ; ce qui forme cinq années, à compter du jour de la disparition. Après ce délai et les formalités remplies, alors les héritiers présomptifs qu'avait cet absent, à l'époque de sa disparition ou de ses dernières nouvelles, ont la faculté, en vertu du jugement définitif qui aura déclaré l'absence, de se faire envoyer en possession provisoire des biens de cet absent, mais à la charge de donner caution. C'est ce qu'autorise l'article 120.

Les délais pour demander l'envoi en possession provisoire ont varié jusqu'à présent, suivant les circonstances, la jurisprudence et l'usage des lieux. A Paris, c'était après trois ans ; dans les ci-devant provinces d'Anjou et du Maine, après sept ans; à Toulouse, neuf ans, et dans la ci-devant Bretagne, dix ans. Le projet de loi propose une règle uniforme, et le terme moyen de cinq années.

121   Si cependant l'absent a laissé une procuration, le terme alors est de dix ans; et, passé ce délai, l'envoi en possession a lieu, parce que, s'il a été juste d'avoir égard à cette procuration pendant un temps, après dix ans elle doit être considérée comme périmée et surannée. C'est ce que veut l'article 121.

122   Si la procuration vient à cesser, par la mort du fondé de pouvoir ou autrement, alors il est pourvu à l'administration des biens de l'absent, comme s'il n'y avait plus de procuration.

123   Après que les héritiers présomptifs auront obtenu l'envoi en possession provisoire, alors le testament, si l'absent en a fait un, sera ouvert; les légataires, les donataires, ainsi que tous ceux qui avaient sur les biens de l'absent des droits subordonnés à la condition de son décès, pourront les exercer provisoirement, à la charge de donner caution. Telles sont les dispositions de l'article 123.

On avait d'abord pensé qu'il y avait beaucoup d'inconvéniens à autoriser l'ouverture du testament d'un absent, parce qu'enfin, disait-on, c'est un acte à cause de mort; celui qui l'a fait a voulu, du moins on doit le présumer, qu'il ne fût ouvert et connu qu'après sa mort naturelle.

Mais, d'un autre côté, on a reconnu qu'il y aurait de l'injustice à priver les légataires et donataires de la jouissance d'une propriété qui leur était dévolue ; que, puisqu'on envoyait les héritiers présomptifs en possession provisoire des biens de l'absent, ce qui pour eux était une succession anticipée, par une conséquence nécessaire et juste, il fallait, dans le cas seulement de l'envoi en possession des héritiers, donner à ces légataires et donataires, aussi par anticipation, la jouissance de leurs legs et des objets à eux donnés, à la charge de donner caution.

Que d'ailleurs ce serait laisser ces héritiers présomptifs dans une incertitude qui leur serait onéreuse.

Car enfin, dans tout état de choses, ils ne pourraient jamais espérer d'être propriétaires des objets légués; ils n'auraient en leur faveur aucune espèce de chance; car, soit que l'absent se représente ou qu'il ne revienne point, il faudra toujours qu'en définitive ils remettent l'objet légué, soit à l'absent, soit au légataire.

Que pour eux mêmes, il était plus intéressant de faire faire l'ouverture du testament, que de les laisser sous le coût d'actions que tôt ou tard ils ne pourraient éviter; que d'ailleurs c'était conforme à quelques arrêts qui l'avaient ainsi jugé. Le Tribunat, entraîné par ces raisons décisives, s'est prononcé pour l'article proposé.

Si, entre époux, un s'absente, celui présent aura la faculté 124 d'opter pour la continuation de la communauté, et, dans ce cas, il empêchera l'envoi provisoire que pourraient demander les présomptifs héritiers.

La justice de cette disposition est évidente; car un époux, par le fait de son absence qui lui est personnelle, ne peut pas nuire à l'autre époux et le priver des avantages de la continuation de la communauté. Si l'époux présent n'avait pas le droit d'empêcher l'envoi en possession des héritiers, on anéantirait l'essence de son union, de son contrat de mariage; on détruirait une convention, un titre sacré.

Est-ce que l'absence méditée, volontaire ou imprévue, d'un des époux, peut nuire à l'autre, en altérer les droits? La mise en communauté et tous les revenus des propres appartiennent et tombent dans la communauté : si l'époux n'avait pas la faculté d'empêcher l'envoi en possession, il en serait privé; ce qui serait une injustice. C'est un événement assez grave pour cet époux, d'être séparé de son autre époux par l'absence, sans encore qu'il perde ses droits. D'ailleurs, ici ce n'est que relativement à l'envoi provisoire; car, ainsi que vous le verrez par la suite, lorsqu'il sera question de l'envoi définitif après trente ans, il faudra qu'il rende compte, et qu'il renonce à ces avantages en remettant les biens aux héritiers de son époux absent.

Si cependant cet époux préfère de demander la dissolution de la communauté, il en sera le maître; et alors il exercera les reprises et tous les droits résultant, soit de son contrat de mariage, soit légaux, en donnant caution pour les objets susceptibles de restitution.

125   Cette possession provisoire ne sera, dans tous les cas, qu'un dépôt qui donnera à ceux qui l'obtiendront l'administration des biens de l'absent, et qui les rendra comptables envers lui, en cas qu'il reparaisse ou qu'on ait de ses nouvelles.

126   Aussitôt l'envoi en possession provisoire ordonné, il sera fait un inventaire des biens de l'absent; le tribunal ordonnera, s'il y a lieu, la vente des objets mobiliers et l'emploi du prix; les envoyés en possession pourront faire constater l'état des immeubles abandonnés, aux frais de l'absent. Telles sont les dispositions des articles 125 et 126, qui sont trop clairs pour qu'il soit besoin de s'y arrêter.

127   Ceux qui, par suite de l'envoi provisoire, auront joui des biens de l'absent ne seront tenus de lui rendre que le cinquième des revenus, s'il reparaît avant quinze ans révolus depuis le jour de sa disparition, et le dixième s'il ne reparaît qu'après les quinze années. Après trente ans d'absence, la totalité des revenus leur appartiendra. C'est ce que veut l'article 127.

Cette disposition ne pouvait éprouver aucune critique raisonnable.

Quoi! un homme s'absente, ses biens sont recueillis, conservés et administrés avec soin et en bon père de famille; au bout de quinze, vingt, trente ans, il revient : il faut non seulement les lui restituer, mais encore la totalité des fruits; c'est-à-dire qu'on aura été gratuitement son mandataire, et il aurait le droit, en demandant tous les arrérages accumulés, de ruiner précisément ceux qui lui ont conservé ses fonds et ses capitaux! Cela ne devait point paraître raisonnable. Le projet de loi donne aux envoyés en possession le cinquième des revenus de l'absent, s'il reparaît dans les quinze années ; le dixième, s'il ne reparaît qu'après ; et rien, s'il a laissé passer les trente années : il faut donner un peu de tort à cet absent, et le forcer à être juste.

Ceux qui ne jouiront qu'en vertu de l'envoi provisoire ne 128 pourront aliéner ni hypothéquer les immeubles.

Si l'absence a continué pendant trente ans, depuis l'envoi 129 provisoire, ou depuis l'époque à laquelle l'époux aura pris l'administration des biens de l'absent, ou s'il s'est écoulé cent ans révolus depuis la naissance de l'absent, les cautions seront alors déchargées ; tous les ayant droits pourront demander le partage des biens de l'absent, et faire prononcer l'envoi en possession définitive : tel est le système que présente l'article 129.

Jusqu'à présent, assez généralement, car il y a très-peu d'usages contraires, les envois en possession n'étaient jamais définitifs. Les envoyés ne pouvaient aliéner ni hypothéquer les immeubles de l'absent, qu'autant qu'il aurait acquis ses cent années, c'est-à-dire le terme où il n'est plus possible de croire à son existence. Il résultait de ce système des inconvéniens très-graves : ces propriétés restaient dans une espèce d'interdiction, souvent abandonnées, faute de réparations auxquelles les revenus ne pouvaient suffire ; elles étaient hors de la circulation du commerce, parce qu'on pouvait craindre que cet absent vînt réclamer sa propriété.

Cependant un homme est absent depuis trente ans, même depuis trente-cinq ans : le projet de loi ne parle de trente ans qu'à compter du jour de l'envoi provisoire ; et comme cet envoi n'est ordonné qu'après cinq ans de la disparition, il y a bien trente-cinq ans. Or, un individu absent depuis trente-cinq ans, dont la déclaration d'absence a été rendue publique d'après les formes indiquées et voulues par le projet, ne doit laisser aucun espoir sur son retour : alors il est donc sage de

débarrasser les envoyés en possession, et surtout leurs cautions, des liens dans lesquels ils sont; il est sage de rendre à
la circulation du commerce des immeubles frappés depuis un
trop long temps de cet état précaire.

L'époux doit alors remettre aux héritiers de son autre
époux les biens dont il n'a conservé l'administration provisoire qu'à cause de sa communauté. Je sais que ce système
altère un peu son contrat de mariage; mais la jurisprudence
actuelle lui était bien plus contraire, puisque l'absence dis-
solvait la communauté : il faut bien d'ailleurs que l'événement de cette absence soit pour lui quelque chose, il faut un
terme raisonnable à sa jouissance; et certes, après trente-cinq
ans, il est bien juste que les héritiers de son époux soient appelés à jouir.

131   Si cependant l'absent reparaît pendant l'envoi en possession
provisoire, les effets du jugement qui aura déclaré l'absence
seront anéantis.

132   S'il reparaît après les trente années de l'envoi en possession
provisoire, il recouvre toujours ses biens; il a toujours le
droit de les réclamer; mais il est obligé de les reprendre dans
l'état où il les trouve; le prix de ceux qui ont été vendus, ou
les biens provenant de l'emploi, lui sont restitués.

133   Ses enfans et descendans directs, non seulement après les
trente ans d'absence, mais encore trente années après l'envoi définitif, c'est-à-dire pendant soixante-cinq ans, pourront demander la restitution de ses biens, également dans
l'état où ils se trouveront, c'est-à-dire le prix, s'ils ont été
vendus, ou les biens provenans de l'emploi. C'est ce que
veulent les articles 131, 132 et 133.

Ces diverses dispositions sont des modifications justes et
nécessaires à celles de l'article 129 dont je viens de vous entretenir. Les envoyés en possession définitive sont bien libres,
après trente-cinq ans, de disposer des immeubles, de les
132   vendre; mais pour cela ils n'en sont pas moins débiteurs et
comptables du prix envers cet absent, s'il reparaît jamais :

car si des vues aussi politiques que justes affranchissent, après trente-cinq ans, les cautions, et autorisent les envoyés à disposer, ce serait en opposition avec leurs propres titres, s'ils ne restituaient pas à l'absent revenu ses capitaux. Et en effet, c'est à cause de l'absence qu'ils sont devenus propriétaires du bien : la cause cessant par la représentation de l'absent, l'effet doit aussi cesser; leur aisance ne peut jamais s'établir et exister au détriment d'un individu alors présent.

Si le décès de l'absent est prouvé, si sa date est certaine, 130 ses héritiers, à cette époque, doivent lui succéder, et ceux des parens qui se sont fait envoyer en possession comme héritiers présomptifs à l'époque de l'absence doivent alors restituer les biens.

Vous avez vu que les envois en possession provisoire et définitive ont été accordés aux héritiers présomptifs de l'absent, à l'époque de sa disparition. Il était juste de se fixer sur cette époque, lorsqu'il ne pouvait être question que de l'incertitude de son existence ; mais depuis qu'on a appris l'époque précise de sa mort, alors il est évidemment juste que ce soient les héritiers qu'il avait à l'époque de cette mort qui lui succèdent, à l'exclusion de ceux qu'il était présumé avoir à l'époque de sa disparition. C'est ce que veut l'article 130.

Enfin, lorsqu'il y a envoi en possession provisoire et définitive, toutes les actions à exercer contre l'absent doivent être 134 dirigées contre les envoyés en possession, parce qu'alors ce sont eux seuls qui sont les représentans légaux de cet absent. C'est ce que veut l'article 134.

SECTION II. *Des effets de l'absence relativement aux droits éventuels qui peuvent compéter à l'absent.*

Je passe maintenant à l'examen de la deuxième section du chapitre III, qui traite des effets de l'absence relativement aux droits éventuels qui peuvent compéter à l'absent.

L'article 135, qui est le premier de cette section, veut que 135 celui qui réclame un droit échu à un individu dont l'existence ne sera pas reconnue, soit tenu de prouver que l'absent existait quand le droit a été ouvert, et, jusqu'à cette preuve, qu'il soit déclaré non recevable.

Cette disposition est on ne peut pas plus raisonnable. Un individu, créancier d'un absent, prétend, par exemple, que son débiteur a droit à une succession ouverte depuis son absence : c'est à lui à prouver l'existence de celui au nom duquel il réclame ; car par son absence il n'est réputé ni vivant ni mort, et la présomption, dans ce cas, ne peut suffire. C'est ce que je vais démontrer plus amplement dans l'examen de l'article suivant.

136 Cet article, qui est le 136, porte : « S'il s'ouvre une succes-
« sion à laquelle soit appelé un individu dont l'existence
« n'est pas reconnue, elle sera dévolue exclusivement à ceux
« avec lesquels il aurait eu le droit de concourir, ou à ceux
« qui l'auraient recueillie à son défaut. »

137 L'article suivant réserve néanmoins à cet absent ses actions en pétition d'hérédité, qui ne s'éteindront que par le laps de temps établi pour la prescription.

138 Enfin, tant que l'absent ne se représentera pas, ou que les actions ne seront point exercées de son chef, ceux qui auront recueilli la succession gagneront les fruits par eux perçus de bonne foi.

Une ancienne jurisprudence voulait que l'absent, tant qu'il n'aurait point acquis ses cent années, fût présumé vivant, et qu'en son nom on pût recueillir les successions, legs, donations et droits éventuels qui lui advenaient pendant son absence, comme s'il eût été présent.

Mais depuis 1634, d'après un arrêt solennel, cette jurisprudence a changé. On décide aujourd'hui que l'absent ne peut être réputé ni vivant ni mort ; que c'est à celui qui a intérêt à le placer dans l'un ou l'autre cas, à le prouver ; que ne paraissant point lors de l'ouverture d'une succession, il devait être considéré comme n'existant pas, et que dès-lors il devait être privé des droits qui lui échoyaient pendant son absence ; que ces droits devaient être dévolus à ses parens , soit égaux en degrés, soit à des degrés subséquens ; sauf, s'il reparaissait, à exercer ses actions en pétition d'hérédité contre ceux qui s'étaient mis à sa place. Cette jurisprudence s'est établie et confirmée par nombre de jugemens, de manière qu'aujourd'hui elle ne fait plus l'ombre d'un doute.

C'est cette jurisprudence que consacrent justement les articles du projet de loi que je viens de citer.

Et en effet, l'absent est incapable d'acquérir à titre d'héritier, de donataire ou de légataire.

Comme héritier, il faut qu'il se représente en personne , qu'il justifie de sa filiation, qu'il justifie surtout de son existence, qu'il administre les preuves de sa capacité à succéder ; qu'il soit en état, par sa présence, de la défendre contre ceux qui la lui contesteraient, qui attaqueraient son degré de parenté, et qui, par exemple, soutiendraient qu'il s'est établi en pays étranger sans esprit de retour, ou qu'il s'y est fait naturaliser.

Le mort saisit le vif : ce n'est point un vivant présumé qu'exige ce principe, mais un vivant qui se présente de fait, ou dont au moins l'existence ne soit point douteuse. D'ailleurs, n'est point héritier qui ne veut ; et comment connaître la volonté d'un absent, dans le cas de succession ? S'il m'est permis de m'exprimer ainsi, il faut payer de sa personne.

Cet absent peut encore moins être donataire ou légataire ; car, pour être donataire, il faut accepter la donation, et dès-lors il faut être présent, ou au moins avoir un fondé de pouvoir.

Pour être légataire , il faut former la demande en délivrance de legs, et l'obtenir, ce que ne peut faire un absent. Ces articles doivent donc obtenir votre assentiment.

SECTION III. *Des effets de l'absence relativement au mariage.*

Je passe maintenant à la troisième section du chapitre III , qui traite des effets de l'absence relativement au mariage.

L'époux absent, dont le conjoint a contracté une nouvelle

union, sera seul recevable à attaquer le mariage par lui-
même, ou par son fondé de pouvoir, muni de la preuve de
son existence.

Sans doute les lois veilleront toujours à ce que les seconds
mariages ne soient contractés qu'autant que la preuve de la
viduité ou de la *dissolution* du premier mariage sera authentique; cependant, par des circonstances imprévues, par des
événemens quelconques, par un concours de fraudes, ou
même d'erreurs involontaires, il est possible qu'un second
mariage soit contracté lors de l'existence du premier époux.

Alors, des tiers, des parens collatéraux, seront-ils admis à
attaquer le second mariage? leur donnera-t-on le droit,
comme dans l'ancienne jurisprudence, d'interjeter appel
comme d'abus de ces seconds mariages, et d'en demander
la nullité, et surtout de demander à prouver que le premier
époux absent n'est décédé que postérieurement au second
mariage, c'est-à-dire d'attaquer un mariage que le décès
postérieur a en quelque sorte validé? Et, parce que cette nullité pourrait convenir à l'intérêt de ces collatéraux, autorisera-
t-on des demandes qui porteraient un trouble aussi notoire
dans les familles?

L'article du projet de loi que je viens de citer refuse ce
droit à ces collatéraux : et en cela il est conforme à la dernière jurisprudence, établie par des arrêts solennels.

Ce droit ne doit appartenir qu'à l'époux qui justifie de son
existence.

140   Si l'époux absent n'a point laissé de parens habiles à lui
succéder, l'autre époux pourra demander l'envoi en possession provisoire des biens.

Cette disposition n'a pas besoin d'être justifiée. Si, naturellement, à défaut de parens, il est juste que l'époux survivant soit héritier de son autre époux, ce que les lois romaines
et notre droit français ont établi en principe, à plus forte raison il doit avoir le droit d'être envoyé en possession des biens
de l'époux absent, quand il n'a pas de parens.

CHAPITRE IV.

De la surveillance des enfans mineurs du père qui a disparu.

Je passe enfin au chapitre IV et dernier, qui traite de la surveillance des enfans mineurs du père qui a disparu. ch. 4

Les dispositions de ce chapitre sont si claires, si positives, et si conformes à la saine raison et à la justice, qu'elles n'ont besoin que de vous être présentées.

Elles laissent à l'épouse d'un père absent la surveillance de ses enfans; elle exerce sur eux tous les droits de son mari, quant à leur éducation et à l'administration de leurs biens. 141

Six mois après la disparition du père, si la mère était dé-cédée, ou si elle venait à décéder avant que l'absence du père soit déclarée, la surveillance des enfans sera déférée par un conseil de famille aux ascendans les plus proches, et, à leur défaut, à un tuteur provisoire. 142

Il en sera de même dans le cas où l'un des époux qui aura disparu aurait laissé des enfans mineurs d'un mariage précé-dent. 143

Telles sont, législateurs, les dispositions de ce projet de loi sur les absens. Vous avez été à même de les apprécier.

Sans doute il est du devoir du législateur de régler les me-sures à prendre pour la conservation des droits des absens; il faut les respecter : mais en même temps il faut leur faire une part telle à la bienveillance de l'autorité publique, qu'elle ne puisse pas nuire aux droits des présens. C'est ce juste milieu qu'il fallait saisir, et c'est ce que fait le projet de loi.

Il ne faut pas comparer des absens à des mineurs : c'est la faiblesse de leur âge, c'est la nature elle-même qui a mis ceux-ci dans l'impuissance d'agir et de défendre leurs droits; et, contre ces obstacles, ils ne peuvent prendre de précau-tions. L'absence, au contraire, étant généralement volontaire, les absens méritent moins de faveur que les premiers.

Ainsi, il ne faut pas que, sous le prétexte de la conservation des biens des absens, les actions des présens soient tellement entravées par des formalités longues et dispendieuses, qu'ils en souffrent un préjudice notable. Le projet de loi a évité ces excès de formalités; il a établi un système simple et consé-quent dans toutes ses parties.

Il ne fallait pas, sous le prétexte que les absens peuvent se représenter, laisser un trop long temps des champs sans culture, des bâtimens en ruine et sans maître.

Il fallait substituer à leur place des présens : l'intérêt pu-blic autant que l'intérêt particulier le voulaient ainsi.

C'est ce que fait le projet de loi, par les envois en posses-sion provisoire et définitif.

Il ne fallait pas perdre de vue que l'absent, proprement dit, n'est réputé ni vivant ni mort; qu'il ne peut être ni hé-ritier, ni donataire, ni légataire. C'est sur quoi statue le projet de loi, lorsqu'il traite des droits éventuels des absens.

Enfin, il fallait s'occuper du sort des enfans des absens, et il y a été pourvu.

Le Tribunat, en examinant ce projet de loi, en a trouvé les bases justes, et tous les articles de détail et d'exécution dignes de votre approbation.

Législateurs, c'est encore un titre du Code civil que vous allez décréter. S'il est la pensée du gouvernement, il n'en sera pas moins votre ouvrage; et vos noms, essentiellement associés à ce grand œuvre, se recommanderont aussi à la re-connaissance nationale.

Le Tribunat nous a chargés de vous porter son vœu pour l'adoption de ce projet de loi.

Le Corps législatif vota de suite l'adoption du projet de loi, et la promulgation eut lieu le 4 germinal suivant (25 mars 1803).

ADDITION AU TOME VIII.

NOTE SUR LE CINQUIÈME ALINÉA DE LA PAGE 47.

LE PREMIER CONSUL « Cette matière est très-importante; ce n'est pas une petite affaire. La guerre n'est pas un cas si rare qu'on ne doive pas le prévoir. Si l'armée est en France et qu'un militaire meure à l'hôpital, vous avez prévu cela par un article précédent. Mais l'armée étant même en France, un militaire peut périr dans un combat. Si l'armée est hors de France, un militaire peut mourir à l'hôpital ou dans une bataille. Ces cas sont très-communs, ce n'est pas une exception. Il faut regarder le drapeau comme le domicile. Partout où est le drapeau, là est la France. C'est à la vérité une fiction. C'est là où doivent être rédigés les actes, et d'où ils doivent être renvoyés au domicile véritable; il ne faut pas permettre d'hériter d'un militaire avant que son acte de mort n'ait été envoyé. Il est aussi nécessaire de s'occuper du mariage. D'après le principe que le drapeau est la France, les soldats se marient tout simplement devant le caporal. Il faut faire finir ce scandale. » (*Propres paroles de Bonaparte, tirées des Mémoires sur le Consulat, pages* 427 *et* 428.)